| 光明社科文库 |

文化自信 大学之道

大学文化研究论文辑刊二

王晓阳◎主编

光明日报出版社

图书在版编目（CIP）数据

文化自信　大学之道：大学文化研究论文辑刊二／王晓阳主编 . -- 北京：光明日报出版社，2018.7

ISBN 978 - 7 - 5194 - 4288 - 0

Ⅰ. ①文… Ⅱ. ①王… Ⅲ. ①高等教育—研究—中国

Ⅳ. ①G649.2

中国版本图书馆 CIP 数据核字（2018）第 139190 号

文化自信　大学之道——大学文化研究论文辑刊二

WENHUA ZIXIN　DAXUE ZHI DAO——DAXUE WENHUA YANJIU LUNWEN JIKANER

主　　编：王晓阳

责任编辑：杨　茹　　　　　　　　　责任校对：赵鸣鸣

封面设计：一站出版网设计部　　　　责任印制：曹　净

出版发行：光明日报出版社

地　　址：北京市西城区永安路 106 号，100050

电　　话：010 - 67078251（咨询），63131930（邮购）

传　　真：010 - 67078227，67078255

网　　址：http://book.gmw.cn

E - mail：yangru@ gmw.cn

法律顾问：北京德恒律师事务所龚柳方律师

印　　刷：三河市华东印刷有限公司

装　　订：三河市华东印刷有限公司

本书如有破损、缺页、装订错误，请与本社联系调换，电话：010 - 67019571

开　　本：170mm×240mm

字　　数：426 千字　　　　　　　　印　张：21.5

版　　次：2019 年 1 月第 1 版　　　　印　次：2019 年 1 月第 1 次印刷

书　　号：ISBN 978 - 7 - 5194 - 4288 - 0

定　　价：95.00 元

目　录
CONTENTS

理论探讨

文化建设

文化育人

国际比较

01

理论探讨

提高哲学自觉，增强文化自信
开拓中国大学之道

胡显章

（清华大学）

世纪之交以来，以 2002 年清华—北大—高等教育出版社联合组建大学文化研究与发展中心，直至 2017 年中国高等教育学会大学文化研究分会的建立为标志，中国大学的文化自觉有了普遍的提升，大学文化理论研究和建设实践正在向广度和深度发展。当今面临的一个共同命题就是进一步提高大学文化自觉，特别是大学的哲学自觉，增强文化自信，开拓中国特色的大学之道，为建设高等教育强国奠定更加坚实的基础。

一、哲学自觉是文化自觉的最高境界

一段时间里，文化自觉成为出现频数越来越高的词汇，这个词汇最先是费孝通先生 1997 年在北京大学正式提出的。费先生回顾了中国知识分子一个多世纪里，对中学与西学、传统与现代文化选择的艰苦历程，提出要把中国的知识分子带到文化自觉中去。指出文化自觉"其意义在于生活在一定文化中的人对其文化有'自知之明'，明白它的来历、形成的过程，所具有的特色和它的发展的趋向，自知之明是为了加强对文化转型的自主能力，取得决定适应新环境、新时代文化选择的自主地位"[①]。他一再呼吁中国知识分子对中国社会和文化进行理性的实事求是的反思。这种通过反思来提高对主体思想的主动认识就是一种哲学自觉。因为"哲学是一种'反思'的思维活动，或者说，是一种'反思'的思维方式"[②]。当今，大学人应该在国际文化交流激荡背景下，对中国高等教育的发展历史、现状和所依据的理念进行理性的反思，以提高自身办学的文化自觉。高等教育在提高人

---

① 费孝通：《文化与文化自觉》，群言出版社 2010 年版，第 403 页。
② 孙正聿：《哲学通论》，辽宁人民出版社 1998 年版，第 146、150 页。

的主体思想的反思自觉和能力上起着关键性作用,而这种反思自觉和能力正是文化自觉自信的基础。

目前,中华民族正在加速实现伟大复兴,文化的反思和振兴是其重要的前提和内涵。中国大学在本质上是功能独特的文化机构,是优秀文化传承创新的重要载体和源泉,对于民族伟大复兴肩负重大责任。大学人应该深刻认识文化在历史进步和大学自身建设中的作用,正确把握国家文化发展和大学文化建设的规律,主动担当发展先进文化的历史责任。为此,大学人首先应该通过整体性的反思,认识在人类文明进程和中国历史文化演变中,中国大学文化的由来、形成的过程,所具有的特色、有益的经验、存在的问题和发展趋向,以取得适应新环境、新时代的文化选择的自主地位,发挥好先进文化对自身、对社会的引领作用。

由于哲学对人的行为具有价值规范、思维导向和理论升华的功能,欲使文化行为具有高度自觉的意识并沿着理性方向前进,就应该使其上升到哲学的高度。正如马克思1842年在《科隆日报》社论中所指,哲学"是自己时代的精神上的精华""哲学正变成文化的活的灵魂"。大学人必须努力提升自身的文化自觉,特别是哲学自觉,哲学自觉是文化自觉的最高境界。

二、拓宽中国大学之道的哲学基础

教育与哲学有着天然的联系,许多教育家往往也是哲学家。在中国古代,教育与哲学难以分割。中国古代教育理论的代表作《大学》对做人、处事、治国等有深刻的哲理性和启迪性论述,对中国教育有着普遍而深远的影响。清华大学老校长梅贻琦曾在著名的教育论文《大学一解》中,对其做了深入的剖析。他认为,《大学》开篇语"大学之道,在明明德,在亲民,在止于至善"体现了"学问之最后目的、最大精神",指出"若论其目,则格物,致知,诚意,正心,修身,属明明德,而齐家,治国,平天下,属亲民"。重视明明德与亲民,体现了儒家人生哲学与教育思想始终如一的核心。指出"今日大学教育之种种措施,始终未能超越此二义之范围"。可以理解此处的大学之道是强调通过求知,推究事物的原理法则而获得洞悉事物本质和待人处事的智慧,同时通过教化、修养、陶冶,适应齐家,治国,平天下的要求。联系到美国教育家、高等教育哲学理论的重要奠基人约翰·S.布鲁贝克在《高等教育哲学》中提到的:"存在两种主要的高等教育哲学,一种哲学主要是以认识论为基础,另一种哲学则以政治论为基础。"可以认为两者在哲学思想和教育理念上有着某种内在的一致性。

我在主持教育部重大委托课题"当代中国大学精神研究"时,在上述基础上,从认识论、政治论、生命论和文化论等四个视角探讨了大学精神文化的哲学基础,可以认为是在哲学上拓宽中国"大学之道"的一种尝试。

基于认识论哲学基础,指出大学存在的目的是为了保存、传授、发展高深学问,要求大学人追求真理,实事求是,勇于探索,保证真理的客观性。

基于政治论哲学基础,指出大学要担负起服务于国家和公众利益的责任,要求大学人具有社会责任感和心系天下的家国情怀,务实奉献。

由于人是教育的主体,教育是发展人的生命的实践,离开了人的生命,教育就失去本源。原湖南师大校长张楚廷提出了教育的生命论哲学基础,其基本点就在于将人的自由全面发展置于大学的中心位置,倡导以人为本和人文日新,追求真善美。

王冀生研究员在其论著《大学之道》中指出:"大学从本质上是一种功能独特的文化机构",它处于人与文化相互建构的高级阶段。大学的重要功能是对文化的传承与创新,通过以文化人、以文育人实现人的文化化。所以我认为,从文化论哲学基础的视角来探讨大学功能的定位和规律十分必要。基于文化论哲学基础,要求大学人具有高度的文化自觉,植根优秀传统文化,包容会通人类文化精华,在综合中推进文化的传承创新。关于文化论哲学基础是初次提出,是我 20 余年从事大学文化研究的心得,对此仍有不同意见,希望能够引起讨论。

我们试着以下述坐标来表述高等教育的哲学基础:

	务实奉献	追求真理	
胸怀天下包容和谐	政治论 哲学基础	认识论 哲学基础	勇于探索崇善尚美
	文化论 哲学基础	生命论 哲学基础	
	厚德载物	自强不息	

实践表明,只有将上述四种哲学基础加以有机辩证的融合,才能全面构筑当代大学精神文化体系,全面体现大学的功能,构建当代中国大学之道。本人依据上述四个方面的哲学基础,试着提出:"大学之道,在明德亲民,在以人为本,在包容会通,在止于至善。"

大学文化研究会的成立,必将为推进大学人提高文化自觉,特别是提升哲学自觉创造更加有利的条件。相信经过锲而不舍的共同努力,可以确立今后一个时期引发大学人思考以至遵循的具有当代中国特色的大学之道,并在国际高等教育领域确立应有的话语权和影响力,这应该是中国大学文化研究会的一个重大使命。

三、历练大学人的哲学性格,增强中国大学文化自信

黑格尔说,一个有文化的民族,如果没有哲学,"就像一座庙,其他方面都装饰得富丽堂皇,却没有至圣的神那样"①。大学是社会的文化高地,哲学应该成为大学存在与运行的基础,哲学生活理应成为大学人不可或缺的精神生活。没有哲学的导引,大学就会像一个没有"神灵"的庙堂。在 1999 年中国科协首届年会上,科协主席周光召指出:为什么 20 世纪初德国成为世界科学中心,因为德国"发挥哲学的突破和指导作用""德国在哲学上率先脱离机械论和绝对论的束缚,发展了辩证法和唯物论。德国的科学家都有很高的哲学素养"。实际上,德国一度成为世界教育和科学中心,正是以柏林大学为代表的德国高校所实施的哲学与教育的融合,或者说正是康德、费希特、洪堡等哲学家兼教育家所奠定的哲学文化基础,包括洪堡在新人文主义哲学观指引下所确立的"教学与科学相结合,由科学达致修养"的大学理念所奠定的人才基础,还有马克思、恩格斯所发展的唯物辩证法的影响。正如恩格斯在《自然辩证法》中所述"一个民族想要站在科学的最高峰,就一刻也不能没有理论思维"。这里强调的理论思维就是哲学思维。砥砺大学自身的哲学性格,提升哲学思维的自觉程度和哲学分析能力,是倡扬大学文化自觉的重要前提与内涵,也是提升文化自信的理性基础。

中国古代有文可查最早提出自信的是哲学家墨子所述:"君子进,不败其志……彼有自信也。"(《墨子·亲士第一》),孔子曰"吾心信其成,则无坚不摧"(《论语·仁语》),梁启超先生说:"自信力者,成就大业之原也。"(《饮冰室文集》之五)。文化自信是人们对自身主导文化价值及其生命力的信心。习近平总书记特别强调文化自信。他认为文化自信,是更基础、更广泛、更深厚的自信。在 5000

---

① 黑格尔:《逻辑学》上卷,杨一之译,商务印书馆 1986 年版。

多年文明发展中孕育的中华优秀传统文化,在党和人民伟大斗争中孕育的革命文化和社会主义先进文化,积淀着中华民族最深层的精神追求,代表着中华民族独特的精神标识。我们要弘扬社会主义核心价值观,弘扬以爱国主义为核心的民族精神和以改革创新为核心的时代精神,不断增强全党全国各族人民的精神力量。他不仅强调了文化自信的重要性,而且指明了我国文化自信的源泉,这理应是我国高等教育文化自信的源泉。

怎样建立中国教育的文化自信? 首先,要确立中国的文化自信。云杉在《红旗文稿》(2010/15)撰文指出:做好文化自信,"需要我们以理性、科学的态度进行文化的反思、比较、展望,正确看待自己的文化,正确对待别人的文化,充分认识中国文化的独特优势和发展前景,进一步坚定我们的文化信念和文化追求。做到文化自信,关键是不忘本来、吸收外来、着眼将来"。指出:"不忘本来"就是勿忘"深厚的民族传统文化、科学的马克思主义指导思想、丰富的革命文化,就是我们文化安身立命的根基";"吸收外来"是指"越是自信,就越能够以积极的态度对待外来文化,越能够在同外来文化的互动交流中得到丰富发展"。"着眼将来"是指"我们的文化自信,不仅来自历史的辉煌,更来自当今中国的蓬勃生机,来自未来发展的光明前景。"而储朝晖研究员在"中国教育的文化自信从哪里来"一文中从教育的角度提出了相似的观点:"中国教育要建立自信,至少包括三个层次。第一个层次,就是中国教育自信建立在中国广博的文化根基之上。第二个层次,当今中国人的教育自信要建立在对包括中国在内的世界教育的全面了解基础上。第三个层次,就是我们的教育自信要基于专业理性,而非简单地与别人比较。"他们都强调了文化自信需要抱理性的科学的态度,在本质上就是要上升到哲学的高度。

实际上,当今中国的文化自信是建立在坚实的发展现实基础上的,中国改革开放所创造的奇迹,让中华民族的文化自信得以确证与彰显。习近平总书记认为,独特的文化传统,独特的历史命运,独特的基本国情,注定了我们必然要走适合自己特点的发展道路。"软实力"提出者、哈佛大学约瑟夫·奈参观了曲阜孔庙后说:"为什么中国能发展好,可能就是因为中国文化。中国文化决定了中国的发展道路。"①美国企业战略家库恩·劳伦斯·罗伯特告诉世人:中国"经济上的变化只是我所看到的第二个最大变化;中国真正最大的变化是人民的思想和精神——他们的看法和见解、开放性的思维、对自己国家和人民的自信、他们走上世

---

① 詹得雄:《历史没有终结 探索永无穷期——对中国式治理的思考》,《参考消息》2015 年7 月2 日。

界舞台时所表现的那种热情,还有他们现实生活中所拥有的个人自由"。① 在这些历史性变化中,中国高等教育的探索实践功不可没。只要深入到高等教育的一线,看看那些为强国富民、探求真理而艰苦拼搏的师生和所取得的骄人业绩,是可以确立必要的自尊与自信的。

同时,文化自觉自信应该建立在清醒的文化自检基础之上。没有认真而深刻的文化自我反思与批判,就不能确立理性的自觉和科学的自信。马克思认为唯物辩证法"对现存事物的肯定理解中同时包含对现存事物的否定理解""辩证法不崇拜任何东西,按其本质来说,它是批判的和革命的"。② 由于"在哲学的反思中,所有的思想都是反思的批判对象。哲学批判所要实现的,是整个思想逻辑层次的跃迁,也就是实现人类的思维方式、价值观念、审美意识和终极关怀的变革"③,所以,以哲学的批判思维思考、认识大学文化,带有整体性和前瞻性的战略意义。从"不忘本来"看,既要看到优秀传统文化和大学自身优良传统在推进社会主义事业和高等教育发展的巨大生命力和影响力,又要清醒认识几千年所积淀的消极文化因素,如官本位、经验主义和人情文化,对作为现代化特征的理性精神文化的阻滞作用和对大学的负面影响;从"吸收外来"看,既要努力吸取西方文化中理性批判思维、法治意识以及对于人的个性发展与主体性的尊重等积极元素,又要规避其个人本位以及以工具理性屏蔽价值理性的消极影响;从"着眼未来"看,更要从民族伟大复兴的前景和要求出发,看到现实世界道德境界和创新意识的不适应。

20 世纪以来,在多元文化交流激荡中,中国知识分子面临着艰难的文化选择,张岱年先生是对文化选择进行哲学探索的一个典范。1936 年,张岱年先生发表了《哲学上一个可能的综合》一文,探索中国哲学的发展新路,主张"唯物、理想、解析综合于一",在 20 世纪 80 年代,他又发表了《综合创新,建立社会主义新文化》一文,明确提出了"文化综合创新论",指出"建设社会主义新文化,一定要继承和发扬本民族优秀的传统文化,同时汲取西方有价值的文化,逐步形成一个以马克思列宁主义思想为指导,以社会主义核心价值观来综合中西优秀文化而创造出一种新型的文化体系"。为中国文化的发展提供了一个明晰的哲学模式。继而,在 20 世纪末,又提出要"把中国古典文化中的活智慧、西方最新科学发展中的新智慧和马克思列宁主义的大智慧,都综合起来,构成现代新型方法论——大成智慧

---

① 库恩・劳伦斯・罗伯特:《我看到的中国变化》,《环球时报》2005 年 11 月 16 日。
② 《马克思恩格斯选集》第 2 卷,人民出版社,1972 年 5 月版,第 218 页。
③ 孙正聿:《哲学通论》,辽宁人民出版社,1998 年 9 月版,第 170 页。

学"①。而他所依据的就是"兼和"哲学观,即"最高的价值准则曰兼赅众异而得其平衡。简云兼和,古代谓之曰和,亦曰富有日新而一以贯之"②。我们应该将大学文化置于互相融合的高等教育认识论、政治论、生命论和文化论的哲学基础上,以张岱年倡导的"兼和"哲学观和"大成智慧学",通过实事求是地理性比较、反思、批判与实践,努力做好文化的选择、兼容和创新,这应当是当代中国文化包括大学精神文化建设体现现实针对性和提升时代适应性的重要指导思想,亦是当今文化自觉自信的哲学基础和重要体现。

---

① 方克立主编:《走向二十一世纪的中国文化》,山西教育出版社,1999年版,第573页。

② 《张岱年文集(第3卷)》,清华大学出版社1992年版,第213页。

教育与文化

——关于文化教育的哲学思考

孟建伟

（中国科学院大学人文学院教授）

摘 要：文化教育是一种崭新的教育理念。它是对狭隘的知识教育所做的重大突破和超越。从知识教育走向文化教育有其深刻的认识论根源和背景，即从知识论的认识论到文化论的认识论的转变。文化教育所蕴含的目的论和方法论是"以人化文"和"以文化人"的有机统一，也就是既用"人化"推进"文化"，同时又用"文化"达成"化人"。"人化"和"化人"的有机统一，有着特别重要的方法论意义。

关键词：教育；文化；文化教育

作者简介：孟建伟，中国科学院大学人文学院教授、博士生导师。

基金项目：本文系国家社会科学基金资助项目"关于科学文化的哲学思考"（批准号：10BZX025）的研究成果之一。

教育与文化的关系问题，是教育哲学最重要也是最基本的问题之一。究竟应当如何理解教育与文化之间的关系？为何要提出文化教育的理念？文化教育的认识论基础是什么？文化教育蕴含什么样的目的论和方法论？这些都是本文所要探讨和研究的问题。笔者试图通过对教育与文化之间关系问题的探讨，从而凝练关于文化教育的理念；同时，通过对文化教育理念的阐述，从而揭示教育与文化之间的深层关系。

一、为何要提出文化教育的理念

关于文化教育的理念从一开始就是针对知识教育提出来的，因而其动因十分明确：其一，在理论上，它要从根本上突破并超越知识教育的狭隘框架，用文化教育的新理念引领教育，从而实现从知识教育到文化教育的范式转变；其二，在实践上，它要从根本上改变教育中普遍存在的文化缺失的现状，用完整而全面发展的文化培育完整而全面发展的人；同时，也让完整而全面发展的人推进文化的完整而全面的发展。

其实，关于教育与文化之间关系最核心也是最深刻的问题就是，如何最大限度地挖掘和调动文化的资源和力量来推进教育，用完整而全面发展的文化培育完整而全面发展的人；与此同时，如何最大限度地挖掘和调动教育的资源和力量来推进文化，用完整而全面发展的人推进文化的完整而全面的发展。当然，无论是培育完整而全面发展的人，还是推进完整而全面发展的文化，都离不开完整而全面发展的教育。这是一种以文化为导向的教育：它将吸纳人类文化中一切有利于人的成长和文化创新的所有元素，并将教育的过程变成文化育人的过程，因而可称其为文化教育。它基于关于教育与文化之间关系的深入思考，将完整而全面发展的教育、完整而全面发展的人和完整而全面发展的文化三者紧密地联系在一起，试图以完整而全面发展的教育，培育完整而全面发展的人并推进完整而全面发展的文化。

可见，文化教育对知识教育的突破和超越是全方位的，包括教育内容、教育方法和教育目的等所有方面。在教育内容上，知识教育强调的只是知识，而文化教育强调的是包括知识在内的整个文化；在教育方法上，知识教育关注的是如何最大限度地获得知识，而文化教育不仅关注如何最大限度地获得知识，而且更注重如何最大限度地学会创新；在教育目的上，知识教育培养的是专门的知识人，并依靠专门的知识人来推动知识的创新和进步，而文化教育不仅要培养专门的知识人，更要培养完整而全面发展的文化人，并依靠完整而全面发展的文化人来推动知识和文化的创新和进步。

当然，文化教育与知识教育二者并非是一种对立关系，而是一种包容关系，因为文化与知识二者并非是一种对立关系，而是一种包容关系。例如，科学文化与科学知识、艺术文化与艺术知识、哲学文化与哲学知识等，都是一种包容关系。所谓文化，例如科学文化、艺术文化或哲学文化等，在本质上都是人的一种精神创造。[1] 而知识，例如科学知识、艺术知识或哲学知识等，则是人的这种精神创造过程中不可或缺的重要元素，或是人的这种精神创造的不可多得的重要成果。尽管不同的知识在相应的文化中所扮演的角色有所不同，例如，科学文化的精神成果具有很强的知识性，以致人们往往将科学等同于知识；艺术文化的精神成果则具有很强的体验性，知识内化成了作品背后的理性的力量；而哲学文化的精神成果有的具有很强的知识性，有的则具有很强的体验性。但是，不同的知识（例如，科学知识、艺术知识或哲学知识等）本身都是不同的文化（例如，科学文化、艺术文化或哲学文化等）中的不可分割的重要组成部分。离开知识来谈论文化，文化就会变得非常模糊而空洞;反之,离开文化来谈论知识,知识就会变得过于僵硬而抽象。因此,文化教育并非要否定和排斥知识教育,而是要揭示知识与文化之间的深刻关联,特别是将知识放在人的整个创造过程中加以研究和考察,从而将僵硬而抽象的知识教育变成生动而鲜活的知识教育,变成整个文化教育中不可分割的重要组成部分。

知识教育的最大缺陷和问题就在于:其一,它将作为整个文化不可分割的重要组成部分的知识,当作教育的唯一内容,而将作为整体的包括知识在内的文化排除在教育的范畴之外。这种定位和导向注定具有其自身难以克服的狭隘性和片面性,也是当今教育为何导致文化缺失的重要根源。

尽管知识本身就是整个文化中的重要组成部分,是人的发展中不可或缺的十分重要的维度,但是,无论如何知识只是整个文化中的一个组成部分,而不是其全部;知识只是人的发展中不可或缺的一个维度,而不是所有的维度。对于整个文化来说,知识更多地代表着逻辑的、实证的和技术的形而下层面,除此以外,文化还包括理想、信念和价值观的形而上层面;知识更多地代表着创造过程中理性的元素,除此以外,文化还包括创造过程中诸多感性(非理性)的元素;知识更多地代表着人所创造的精神成果,除此以外,文化还包括人的整个创造过程。同理,对于人的发展来说,人不仅需要形而下的坚实的逻辑和实证的技术和知识,而且更需要具有形而上的包括理想、信念和价值观在内的丰富的精神世界;人不仅需要有健全的理性,而且更需要有完整而丰满的感性;人不仅需要通过对已有知识的学习和把握,从而能够学以致用,而且更需要通过对创造过程的体验和领悟,从而学会如何创造新的知识、技术和经验。因此知识教育由于其自身难以克服的狭隘性和片面性,使其难以用完整而全面发展的文化去培育完整而全面发展的人,更难以让完整而全面发展的人去推进文化的完整而全面的发展。

其二,它不仅将作为整体的文化排除在教育的范畴之外,而且还从根本上切断了知识的生命之根、文化之根和创造之根,从而不仅从根本上消解了知识的文化内涵,而且还将活的知识变成了死的知识。也就是说,即使就知识教育本身而言,这种定位和导向也有其自身难以克服的局限和偏颇,即它在强调知识教育的系统性和逻辑性的同时,丢失了知识教育本应具有的人性、文化性和创造性,从而不仅进一步导致教育的人性和文化缺失,而且进一步导致教育的创造性缺失。

无疑,知识教育对知识给了特别的重视和强调的确无可厚非。毕竟,知识是所有文化创新中十分重要的元素,也是不少文化特别是科学文化最重要的表达方式和精神成果。况且,知识还具有无与伦比的巨大的社会功能和社会价值。关键是,如何理解知识的本性? 如果将知识一味地理解为同人和文化特别是同人的创造无关的自我封闭的逻辑体系,如逻辑实证主义者石里克所说的"真的经验命题的体系",[2]那么,这样的知识教育不仅势必导致切断知识的生命之根、文化之根和创造之根,使知识失去人性、文化性和创造性,从而使活的知识变成死的知识,而且势必导致切断教育的生命之根、文化之根和创造之根,使教育失去人性、文化性和创造性,从而使活的教育变成死的教育。

无疑,当今教育的诸多问题,特别是人性缺失、文化缺失和创造性缺失问题,都同这种狭隘的知识教育密切相关。提出文化教育的理念,就是要从根本上克服和纠正知识教育的缺陷和偏颇,不仅要重新找回知识的生命之根、文化之根和创造之根,从而提供完备而健全的知识教育,而且更要以完整而全面发展的文化教育,在培养完整而全面发展的人的同时,也推进文化的完整而全面发展。

二、文化教育的认识论基础

文化教育的理念并非凭空想象,而是有其深刻的认识论根源。如果说,知识教育的认识论基础是知识论的认识论,那么,文化教育的认识论基础则是文化论的认识论。所谓文化论的认识论,是蕴含在"科学文化哲学"[3]这种新型科学哲学的一种新型认识论。它对以逻辑实证主义为代表的传统科学哲学所蕴含的知识论的认识论,做了重大突破和超越,从而为文化教育奠定了坚实的认识论的基础。其主要突破和超越在于:

其一,从没有认识主体的认识论走向凸显认识主体的认识论。

知识论的认识论的第一个基本特征是没有认识主体的认识论。所谓"没有认识主体的认识论",原本出自波普尔,用来概括他的所谓"柏拉图式的世界理论"或"客观精神的理论",也即所谓"第三世界"理论。[4]当然,也可以用它来概括波普尔的认识论,因为他把认识论看成是"关于科学知识的理论"。[5]在他看来,"客观意义上的知识是没有认识者的知识:它是没有认识主体的知识"。[6]其实,不仅波普尔的认识论是如此,而且整个当代西方科学哲学的认识论都是如此。

逻辑实证主义的认识论关注的是"经验证实",并将科学的进步归结为"真的经验命题"的积累;批判理性主义的认识论关注的是"经验证伪",强调"知识通过批判和创造而增长";[7]而库恩、拉卡托斯和劳丹的历史主义认识论则关注的是科学史的逻辑模式,分别试图用"范式""研究纲领"和"研究传统"来阐释科学知识的合理性和进步性等问题。尽管其关注点各不相同,但是,他们在本质上都属于知识论范畴,都是没有认识主体的认识论。

这种没有认识主体的认识论最根本的缺陷在于,在其认识论的框架中,只有作为认识结果的知识,而没有作为认识主体的人。它关注的是人所获得的知识,而不是何以获得知识的人，因而是一种没有根基和本体的认识论。当代西方科学哲学之所以陷于困境，其根本原因之一就是缺乏作为认识主体的认识论之最深刻的根基和本体。而离开作为认识主体的认识论之最深刻的根基和本体，自然就难以弄清认识论中诸如真理性、合理性和进步性这些最根本的问题，因为所谓真理性、合理性和进步性，说到底都是作为认识主体的人所追求的真理性、合理性和进步性。

更进一步说，狭隘的知识教育之所以陷于困境，其根本原因也同这种没有认识主体的认识论密切相关，因为知识教育的认识论基础就是知识论的认识论，也就是没有认识主体的认识论。正是这种没有认识主体的认识论，在很大程度上导致没有教育主体的教育观，从而导致以知识为中心或以知识为本，而不是以人为中心或以人为本的教育。

可见，要实现从知识教育向文化教育的转变，首先就要实现从没有教育主体的教育观向凸显教育主体的教育观转变；而要实现从没有教育主体的教育观向凸显教育主体的教育观转变，关键就在于要实现从没有认识主体的认识论向凸显认识主体的认识论转变。科学文化哲学所蕴含的文化论的认识论，所倡导的就是这种凸显认识主体的认识论。

在科学文化哲学的视野中，知识论依然是重要的。离开知识论，就不可能对作为认识成果的知识有深度理解。然而，知识论充其量只是认识论之局部，而不是其全部。除了知识论之外，认识论还应当包括作为认识主体的本体论。因为所有知识都是人对客观世界的认识。没有作为认识主体的人，当然就没有作为认识成果的知识。因此，作为认识主体的人比作为认识成果的知识，更具有根本性的意义，可以说前者是后者最深刻的根基和本体。因此，完备的认识论既要研究以认识成果为对象的知识论，又要探讨以认识主体为对象的本体论，更要阐明本体论和知识论二者之间深刻联系，使认识论深深地扎根于本体论，从而将没有认识主体的认识论变成凸显认识主体的认识论。

这种凸显认识主体的认识论，不仅为当代科学哲学如何摆脱困境指明了一条新的路径，而且也为以人为本的文化教育奠定了坚实的认识论基础。同这种认识论相对应，当然既要关注知识论意义上的知识教育，又要重视本体论意义上的人性教育，更要在以人为本的基础上将二者有机地结合起来，从而使人在获得知识的同时，更使人获得自身的发展。

其二，从没有创新范畴的认识论走向凸显创新范畴的认识论。

知识论的认识论的第二个基本特征是没有创新范畴的认识论。同没有认识主体的认识论密切相关，知识论的认识论又是一种没有创新范畴的认识论。因为在它那里，既然没有认识主体，当然也就没有创新主体，因而没有创新的范畴，只有辩护的范畴。以逻辑实证主义为代表的传统的科学哲学对科学的研究，基本上都局限在辩护的范畴内。

在逻辑实证主义的认识论那里，全然没有知识创新的概念，所谓"经验证实"几乎成了唯一的主题；虽然批判理性主义的认识论提出了"猜想与反驳"的模式，但其重心无疑不是在"猜想"上，而是在"反驳"上，即在所谓"经验证伪"的主题上；尽管历史主义的认识论对"经验证实"和"经验证伪"原则提出猛烈批评，但其主题依然落在诸如科学的合理性和进步性问题上。因此，当代西方科学哲学的认识论在本质上都属于辩护的范畴，而不是创新的范畴。

这种没有创新范畴的认识论最根本的缺陷在于，在其认识论的框架中，不仅只有作为认识结果的知识，没有作为认识主体的人，而且只有关于知识的辩护范畴，没有关于知识的创新范畴。也就是说，它不仅是一种有严重缺陷的认识论，而且还是一种有严重缺陷的知识论。当代西方科学哲学之所以陷入困境，不仅同没有认识主体的认识论密切相关，而且同没有创新范畴的认识论密切相关。前者使其失去认识论之最深刻的根基和本体，后者使其失去认识论之最关键和最重要的内容。事实上，关于知识的创新范畴和辩护范畴是整个认识论不可分割的两个方面。知识辩护的依据和合理性标准在很大程度上蕴含在知识创新的过程中，并随着知识创新的进程而改变。因此，离开知识创新范畴，自然也就难以解决诸如真理性、合理性和进步性等这些最根本的知识辩护问题。

更进一步说，狭隘的知识教育之所以陷入困境，也不仅同没有认识主体的认识论密切相关，而且同没有创新范畴的认识论密切相关，因为二者都是知识教育的认识论基础。如果说，前者在很大程度上导致没有教育主体的教育观，从而导致以知识为本而不是以人为本的教育，那么，后者则在很大程度上导致没有创新范畴的教育观，从而导致以应试为主导而不是以创新为主导的教育。

因此，要实现从知识教育到文化教育的转变，不仅须实现从没有教育主体和创新范畴的教育观到凸显教育主体和创新范畴的教育观转变，而且更须实现从没有认识主体和创新范畴的认识论到凸显认识主体和创新范畴的认识论转变。科学文化哲学所蕴含的认识论，就是一种既凸显认识主体又凸显创新范畴的认识论。

在科学文化哲学的视野中，辩护范畴依然是重要的。离开辩护范畴，就难以保证认识的客观性、合理性和进步性，创新就会迷失方向。然而，辩护范畴充其量只是认识论和知识论之局部，而不是其全部。除了辩护范畴之外，认识论和知识论还应包括创新范畴，而且从某种意义上说，后者比前者更具有根本性的意义。

因为首先应有所发现和创新,其次才需要去辩护和确证。离开创新范畴,认识将失去其最深刻的动力、意义和目的,将会永远停留在一个水平上,当然辩护范畴也将变得毫无意义。因此,完备的认识论既要研究辩护范畴的认识论,又要探讨创新范畴的认识论,更要以创新为目标将二者有机地结合起来,从而将没有创新范畴的认识论变成凸显创新范畴的认识论。

这种凸显创新范畴的认识论,不仅为当代科学哲学如何摆脱困境指明了一条新的路径,而且为以创新为导向的文化教育奠定了坚实的认识论基础。同这种认识论相对应,当然既要关注辩护范畴的知识教育,又要重视创新范畴的创新教育,更要以创新为目标将二者有机地结合起来,从而使人在获得知识的同时,更使人获得创新能力和创新精神。

其三,从没有人文因素的认识论走向凸显人文因素的认识论。

知识论的认识论的第三个特征是没有人文因素的认识论。同没有认识主体和创新范畴的认识论密切相关,知识论的认识论还是一种没有人文因素的认识论。因为在它那里,不仅没有本体论,只有知识论,而且没有创新范畴的知识论,只有辩护范畴的知识论,而辩护范畴的知识论强调的是所谓纯粹理性,是完全排斥人文因素的。

逻辑实证主义认识论将科学与人文分别归于两个截然不同的世界,强调前者属于认识世界,在认识上是有意义的;而后者属于体验世界,在认识上是无意义的。[8]而批判理性主义认识论的本质是逻辑主义和理性主义,在那里显然也很难融入人文因素。尽管历史主义的认识论强调科学的历史性,但压倒一切的依然是其诸如"范式""研究纲领"或"研究传统"等这样的逻辑模式。

这种没有人文因素的认识论最根本的缺陷在于,在其认识论的框架中,不仅舍弃了作为认识主体的人和创新范畴,而且也舍弃了丰富多彩的人文因素。于是,它将认识论归结为知识论,又将知识论限定在辩护范畴内,最终变成单一僵硬的逻辑和程序。当代西方科学哲学之所以陷于困境,显然同这种没有人文因素的认识论密切相关。其实,所有认识,都是人的认识;所有知识,也都是人的知识。无论是知识创新,还是知识辩护,都离不开人及其相应的文化背景,因此,认识论应当具有深刻的人文底蕴。离开人文因素,不仅无法解决知识创新所涉及的诸多问题,而且最终也无法解决知识辩护所涉及的诸多问题。

更进一步说,狭隘的知识教育之所以陷入困境,不仅同没有认识主体和创新范畴的认识论密切相关,而且也同没有人文因素的认识论密切相关。如果说,前者在很大程度上导致了没有教育主体和创新范畴的教育观,那么,后者则在很大程度上导致了没有人文因素的教育观,从而导致以单一的逻辑和理性为主导而不是以完整的人性和文化为主导的教育。

因此,要实现从知识教育到文化教育的转变,不仅须实现从没有人文因素的教育观向凸显人文因素的教育观转变,而且更须实现从没有人文因素的认识论向凸显人文因素的认识论转变。科学文化哲学的认识论所蕴含的就是一种凸显人文因素的认识论。

在科学文化哲学的视野中,逻辑和理性依然是认识论的十分重要的因素。没有逻辑和理性,当然也就没有认识的客观性、合理性和进步性。然而,逻辑和理性只是整个认识论的部分因素,而不是全部因素。除了逻辑和理性因素之外,认识论还应当包括其他人性和文化因素。如果说,认识的辩护范畴在很大程度上取决于逻辑和理性因素的话,那么,认识的创新范畴则在很大程度上有赖于其他人性和文化因素。在某种意义上可以说,正是后者赋予创新以巨大的动力、目的、意义和价值,因而它比前者更具有根本性的意义。因此,完备的认识论既要重视逻辑和理性的因素,又要关注其他人性和文化因素,更要在完整人性的基础上将二者有机地结合起来,从而将没有人文因素的认识论变成凸显人文因素的认识论。

这种凸显人文因素的认识论,不仅为当代科学哲学如何摆脱困境指明了一条新的路径,而且也为注重完整人性的文化教育奠定了坚实的认识论基础。同这种认识论相对应,当然既要关注重视逻辑和理性的知识教育,又要重视关注其他人性和文化的人文教育,更要以培养完整的人为目标将二者有机地结合起来,从而以完整的教育培育全面发展的人。

总的说来,正是从没有认识主体、创新范畴和人文因素的认识论,走向凸显认识主体、创新范畴和人文因素的认识论这种重大突破和超越,为从知识教育走向文化教育奠定了坚实的认识论基础。

三、文化教育的目的论和方法论

文化教育的核心理念就是,让教育凸显文化,充满文化,并将教育的过程变成文化的过程,从而"以人化文"和"以文化人"。所谓"以人化文",强调的是"人",强调人性,强调人的主体性和创造性,强调以完整而全面发展的人推进完整而全面发展的文化,其核心是"人化";所谓"以文化人",强调的是"文",强调文化,强调文化的功能和价值,强调以完整而全面发展的文化培育完整而全面发展的人,其核心是"化人"。而"人化"和"化人"二者的统一正是"文化的本质"[9]。

文化教育的核心理念既蕴含着一种教育目的论,又蕴含着一种教育方法论。所谓教育目的论,就是强调教育要实现"化文"和"化人"双重目的。而且,"化文"并不是为了"化文"而"化文";"化人"也并不是为了"化人"而"化人"。"化文"和

"化人"二者是紧密地联系在一起的。"化文"为了更好地"化人",同时,"化人"也为了更好地"化文"。所谓教育方法论,就是强调教育要运用"人化"和"化人"双重方法。当然,"人化"和"化人"二者也是紧密地联系在一起的。"人化"有助于更好地"化人",反之,"化人"也有助于更好地"人化"。具体包括下面两层含义:

文化教育的目的论和方法论的第一层含义可以表述为"以人化文",也就是用"人化"推进"文化"。在这里,"人化"具有特别重要的方法论意义。主要包括以下几点:

1. 凸现本体论。在文化教育的视野中,每一种文化不仅是人的一种认识方式和创造方式,更是人的一种生活方式和生存方式。也就是说,文化不仅具有认识论内涵,更具有本体论意蕴。因此,文化教育不仅应当关注其认识论内涵,更应当重视其本体论意蕴。文化教育之所以凸显本体论,关键在于它是认识论之根和本。所谓认识论之根,强调的是人的认识和创新根源于生命本体和人的生活;所谓认识论之本,强调的是人的认识和创新是为生命本体和人的生活服务的。离开本体论,认识论就成了无源之水,无本之木。因此,凸显本体论并非要忽视认识论,而是要让认识论深深地扎根于本体论,从而使认识论更趋于人性化,更加健全并充满生机活力。

2. 凸显创新范畴。在文化教育的视野中,创新不仅是各种文化的共同本质和不竭动力,更是完整而丰满人性的精彩展现和集中体现。尽管各种文化的创新成果形式有所不同,但是,孕育不同成果的母体即完整而丰满的人性却是共同的。无疑,凸显本体论同凸显创新范畴二者是密切相关的。凸显本体论最重要的目的就是要培育完整而丰满的人性,让人们在最大限度地促进人自身的进步与发展的同时,也最大限度地激发和凝聚创新的力量,推动各种文化的创新;反之,凸显创新范畴最重要的目的也在于,要激发和凝聚创新的力量,让人们在最大限度地推动各种文化进步与发展的同时,也最大限度地促进人自身的进步与发展。所不同的是,前者侧重的是本体论范畴的教育,强调育人为本;后者侧重的是认识论范畴的教育,强调创新为先。当然,凸显创新范畴并非要忽视辩护范畴,而是要以创新为先导将二者有机地结合起来,从而使专业技术知识教育更趋人性化,将以辩护为主导的僵硬的知识教育变成以创新为先导的鲜活的知识教育。

3. 凸显人文因素。在文化教育的视野中,特别是从人性和创新的角度看,每一种文化都有深刻的人文本性,不仅人文文化是如此,而且科学文化也是如此,因为科学在本质上也是一种人类的历史的文化活动,并且是最具创造性的文化活动之一。显然,从凸显本体论到凸显创新范畴再到凸显人文因素,三者之间是连贯的和一致的。对人性和创新的强调,必然要涉及对人文因素的强调;反之,对人文因素的强调,也自然会涉及对人性和创新的强调。三者的区别在于,本体论是相对于认识论而言的,创新范畴是相对于辩护范畴而言的,而人文因素是相对于理性(包括逻辑和实证)因素而言的。当然,凸显人文因素并非是要忽视理性因素,而是要在完整人性的基础上将二者有机地结合起来,从而让理性回归人性,将外在世界的逻辑变成内在生命的创造的力量。

文化教育的目的论和方法论的第二层含义可以表述为"以文化人",也就是用"文化"达成"化人"。在这里,"化人"具有特别重要的方法论意义。主要包括以下几点:

1. 凸显完整性。用完整的文化培育完整而丰满的人性,从而使人获得完整而全面的发展。所谓完整的文化,不仅有完整的科学文化或人文文化之含义,更有完整的人类文化之含义。因为从某种意义上说,每一种文化都代表着人性的一个维度,所以,要培养完整而丰满的人性,就不能局限于某种特殊的文化,而需要从完整的人类文化中去获得。完整的文化不仅能给人以完整的知识、能力和修养,而且还能给人以完整的精神世界同完整的世界观、人生观和价值观。当然,凸显完整性并非是要忽视专业性,而是要在育人为本的基础上将二者有机地结合起来,从而找回知识的生命之根、文化之根和创造之根,使专业性更趋于人性化,并更富有创造力。

2. 凸显创新性。用创新的文化和创新的精神培养创新型人才。为何要以文化教育取代知识教育?关键在于,单靠知识不仅难以培育完整而丰满的人性,而且也难以培养创新型的人才。因为,创新及其创新能力在很大程度上并不仅仅来自知识,而是源于孕育知识的文化。显然,凸显完整性和凸显创新性二者也是密切相关的,可以说前者是后者的基础,而后者是前者的升华。所不同的是,前者侧重于从本体论角度"以文化人",而后者则侧重于从认识论角度"以文化人"。当然,凸显创新性并非是要忽视实证性,而是要以培养创新型人才为目标将二者有机地结合起来,从而使实证性得以升华,内化为创新型人才不可或缺的求真务实的精神和力量。

3. 凸显人文性。用文化的人文本性和人文内涵提升人的人文素质和人文修养。既然每一种文化都有其人文本性,那么,文化教育就要最大限度地挖掘和利用其人文内涵,用以最大限度地"以文化人"。显然,凸显人文性同凸显完整性密切相关,二者都有从本体论角度(即从培育完整而全面发展的人的角度)"以文化人"的含意,所不同的是,后者更多侧重于从广泛的通识教育意义上强调的,而前者则更多侧重于从特定的专业教育意义上展开的。凸显人文性也同凸显创新性密切相关,二者都有从认识论角度(即从培养创新型人才的角度)"以文化人"的含意,所不同的是,后者侧重于从创新的角度揭示文化的本性及其对人的意义,并着力探索各种创新的奥秘和经验,而前者则侧重于从人文的角度来揭示文化的本性及其对人的意义,并着力探索各种创新背后的人文因素。当然,凸显人文性也并非要忽视理性,而是要在培育完整人性的基础上将二者有机地结合起来,从而将理性内化为人性,变成生命本体和创新主体不可或缺的重要的素质和精神。

　　总的说来,文化教育的目的论和方法论可以表述为"以人化文"和"以文化人"的有机统一,也就是既用"人化"推进"文化",同时又用"文化"达成"化人"。特别是,"人化"和"化人"的有机统一,有着特别重要的方法论意义。教育的过程应当既是"以人化文"的过程,同时又是"以文化人"的过程,既是"人化"的过程,同时又是"化人"的过程,从而让人们在最大限度地推动文化的完整而全面进步的同时,也最大限度地促进人自身的完整而全面的发展。

参考文献:

[1]孟建伟:《论文化及其价值》,载《新视野》,2012年第2期。

[2]石里克:《哲学的转变》,洪谦:《逻辑经验主义》,商务印书馆1989年版。

[3]孟建伟:《科学哲学的范式转变科学文化哲学论纲》,载《社会科学战线》,2007年第1期。

[4][5][6][7]卡尔·波普尔:《客观知识一个进化论的研究》,上海译文出版社1987年版。

[8]洪谦:《维也纳学派哲学》,商务印书馆1989年版。

[9]李德顺:《什么是文化》,载《光明日报》,2012年3月26日。

论文化自信与道路、理论、制度自信的关系

宋　伟　张德祥

（河南大学，大连理工大学）

摘　要：文化是一个国家、民族区别于其他国家、民族的主要精神力量。文化自信是国家、民族自信力的根本。坚持道路自信、理论自信、制度自信是当前中国推进社会主义伟大建设事业的根本保证。道路、理论、制度三大自信必须基于文化自信。中国文化自信是对中华民族传统文化的高度认同，实质是反对文化历史虚无主义；中国文化自信表现在积极吸纳外来文化，核心是要反对文化霸权主义；中国文化自信来源于中国波澜壮阔的复兴路上所取得的巨大建设成就，主题是坚持文化走出去战略。只有坚持文化自信才能坚持道路自信、理论自信、制度自信，坚持道路自信、理论自信、制度自信必须有文化自信做保障。

关键词：文化自信；文化建设

作者简介：宋伟，河南大学发展规划处处长，教授，博导；张德祥，原大连理工大学党委书记，现任中国高教学会副会长，大连理工大学高等教育研究院院长，教授，博导。

习近平总书记指出，一个国家综合实力最核心的还是文化软实力，这事关精气神的凝聚，我们要坚定理论自信、道路自信、制度自信，最根本的还要加一个文化自信。2016 年 5 月 17 日，在哲学社会科学工作座谈会上，习近平总书记又指出，坚定中国特色社会主义道路自信、理论自信、制度自信，说到底是要坚定文化自信，文化自信是更基本、更深沉、更持久的力量。在庆祝中国共产党成立 95 周年大会上的讲话中，总书记进一步论述到，文化自信，是更基础、更广泛、更深厚的自信。文化自信理论是新时期马克思主义文化理论的新发展，是习近平总书记治国理政新思想的重要组成部分，具有重大的历史意义和现实指导意义。这是一个重大的理论创新。文化自信是三大自信的基础和源泉，与三大自信紧密融合，坚定理论、道路、制度的三大自信，必须高举文化自信的旗帜，共同构成实现中国梦

远大目标,四者之间缺一不可。

　　毛泽东同志说,"一定的文化(当作观念形态的文化)是一定社会的政治和经济的反映,又给予伟大影响和作用于一定社会的政治和经济"①。一定时期的文化是社会政治制度、经济制度、族群社会心理、行为方式和思维习惯等综合因素指导下的一种社会集体价值观的行为表现,是一个国家、民族的性格、灵魂和精神气质,是一个国家区别于其他国家的内在本质所在,是国家软实力、凝聚力的具体体现。一个国家的国情是这个国家文化的综合反映,国与国的区别主要是文化的差异。文化具体表现在语言文字、国家历史、族群社会心理和社会公共价值体系,以及社会制度和社会思想等方面。每一个国家的文化传承都是对不同时代优秀文化的积淀、创新,对落后腐朽文化扬弃的结果。一个国家在数千年的历史长河中,政体、国体可能会发生变化,但是这个国家的文化精髓将会绵延不绝、万代相传。只要文化还在延续,这个国家、民族的梦想和希望就将延续。中国文化几千年来虽然经历不同朝代的更替,有繁荣期也有劫难期,但是不断形成的文化精华,成为中华民族和中国的精神基因,深深地烙在后来中国人的血脉里、灵魂中、思维习惯里,永远影响着后世的中国人,也是中国永远存在的象征。

　　在亨廷顿看来,诞生于黄河流域,萌芽于三皇五帝,历经夏、商、周,在春秋战国时期成为第一个轴心时代的中国文化,以"仁义、平等、兼爱、明德、和合、天人合一"为其核心,杂糅后来其他文化,历经数千年逐渐发展壮大成为以儒学为代表的世界著名文化体系,时至今日,对东南亚、朝鲜半岛、日本群岛、西亚、南亚地区产生深刻影响,并在全世界范围内有着广泛影响。无论是高度统一的汉唐时期,还是南北朝、五代十国、宋辽夏金元的内乱分裂时期,作为正统地位的中国文化,一直在绵延不息地传承、发展和创新中,中国也因此成为世界历史上著名的具有悠久文化历史的强国,对整个人类文明的发展做出了无与伦比的贡献。五千年的中国历史是一部文化发展史,并具有如下几个突出特点:第一,中国文化巨大的张力,促使中国文化的影响范围不断扩大,从黄河流域最终走向世界各个角落,凡是人类文明所到之处,都有中华文化的足迹和身影,这是中国文化发展的历史客观规律。第二,中国文化具有极强的包容力、同化力,可以吸纳外来文化的精华,在中华大地上,依托本土文化这个主干,内化为中国文化的一部分,这是中国文化伟大神奇的迷人之处。第三,中国文化在人类历史的长河中,具有生生不息、不绝于世的强大生命力,过去是、将来也一定会绵延不绝、长盛不衰,这是世界其他文化

---

　　①　毛泽东:《新民主主义论》,载《毛泽东选集》第2卷,人民出版社1991年版,第663—664页。

所没有的特质，即便是盛极一时的古罗马、古希腊、古埃及帝国，今天也难以寻觅到其踪影。

值得注意的是，近代以来，尤其是甲午战争之后，中国文化发展面临严峻挑战。西方的政治制度、文化制度和价值体系，作为文化霸权主义的主要内涵，一直在强势的扩张之中，给中国文化带来威胁。中国不断出现全盘否定中国传统文化的现象，对传统文化的批判，导致历史文化虚无主义、全盘西方的思想观点流行，洋奴哲学、崇洋媚外思想泛滥，在一些人的骨子里，民族骨气和气节尊严荡然无存，中国文化自信力丧失。长期以来，中国一直面临着走什么路、举什么旗、坚持什么样的社会制度的问题，也面临着文化创新发展的重大问题。党的十八大明确提出要坚持道路自信、理论自信、制度自信，具有很强的时代意义和针对性。而这三种自信的基础离不开文化自信。中国文化自信是民族自豪感、自信力的体现，具有鲜明的时代特征、丰富的精神内涵。

首先，中国文化自信是对自己中华民族传统文化的高度认同，其实质是反对文化历史虚无主义。

习近平同志多次明确指出，要讲清楚每个国家和民族的历史传统、文化积淀、基本国情不同，其发展道路必然有着自己的特色；讲清楚中华文化积淀着中华民族最深沉的精神追求，是中华民族生生不息、发展壮大的丰厚滋养；讲清楚中华优秀传统文化是中华民族的突出优势，是我们最深厚的文化软实力；讲清楚中国特色社会主义植根于中华文化沃土、反映中国人民意愿、适应中国和时代发展进步要求，有着深厚历史渊源和广泛现实基础。中华民族创造了源远流长的中华文化，中华民族也一定能够创造出中华文化新的辉煌。四个"讲清楚"进一步阐述了传统文化积淀对于今天文化发展的极端重要性。这就要求我们必须弘扬优秀传统文化，坚持古为今用。

春秋时期的百家争鸣、百花齐放，是中国文化的第一个繁荣期。这一时期以儒家思想与老庄哲学为代表，诸子百家思想齐放，相互辉映，交融共生，熔铸了中国独特文化的主干，形成了强大的向心力。孔子之后，经过孟子、荀子的丰富拓展、汉代董仲舒的全面创新与升华，儒家思想获得了"罢黜百家、独尊儒术"的独特地位，延续两千多年至今，其博大精深的文化内涵，已经内化为中华民族的精神实质。中国文化自信正是源于这种绵延不绝、生生不息形成的高度的国家自豪感和民族自信心，是中国人基于国家文化强大生命力、同化力、包容力基础上形成的高度文化自觉。

在当代，坚持文化自信就是反对文化历史虚无主义，坚决反对否定中国传统、否定中国历史的倾向，坚守中国民族气节，反对洋奴主义哲学。坚持文化自信，就是坚持道路、理论、制度三大自信,这就要求我们必须认真研读中国历史,尤其是近代以来的中国历史,要清醒地意识到,对于国家和民族来说,历史远比一门外语重要得多。坚持中国文化自信,就要辩证地看待历史问题,坚持正确的唯物史观,正确评价中国革命进程中出现的失误,不能以偏概全,一叶障目,或者故意抹杀中国革命和改革开放取得的巨大成就。坚持文化自信,就是时刻警惕否定中国共产党的历史合法性、妖魔化中国共产党的暗流,警惕他们的险恶用心其实是取消共产党的领导。

中国共产党人历来高度重视传统文化的继承与创新问题。毛泽东针对传统文化提出"取其精华、去其糟粕"的方针,他身体力行地重视中国传统文化的学习、运用、传承与创新,他高超的书法艺术、精湛的诗词创作水平和对中国古代哲学、中国历史的精通,充分体现了这一点。他一生中从传统文化里汲取大量丰富的营养,《三国演义》曾给毛泽东军事思想带来很多启发,《二十四史》是毛泽东的必读典籍,并留下大量的批注,他多次号召党的高级干部多读中国历史,多读中国古代的小说和古代人物传记,鼓励从中国历史传统文化中汲取营养,借鉴很多哲理。他劝许世友读《周勃传》,他用"吕端大事不糊涂"指叶剑英的行为处事能力,他在弥留之际还能全篇背诵《枯树赋》,都可见其深厚的中国文化素养。毛泽东对中国传统优秀文化的态度和创新,至今值得我们学习和继承。

习近平同志不仅是中国文化自信的倡导者、创新者,也是中国文化自信的自觉践行者,他身体力行地学习、宣传中国传统文化,他高度重视儒家传统。他认为,要认真汲取中华优秀传统文化的思想精华和道德精髓。对中国人民和中华民族的优秀文化和光荣历史,要加大正面宣传力度,加强爱国主义、集体主义、社会主义教育,引导我国人民树立和坚持正确的历史观、民族观、国家观、文化观,增强做中国人的骨气和底气。十八大之后,习近平同志及时专程视察曲阜孔学研究院,对儒家文化研究成果高度评价;2014年"五四"青年节,到北京大学看望汤一介先生,高度评价汤一介先生的《儒藏》重大国学成果。习近平说总书记强调中国传统文化的博大精深,学习和掌握其中的各种思想精华,对树立正确的世界观、人生观、价值观很有益处。学史可以看成败、鉴得失、知兴替;学诗可以情飞扬、志高昂、人灵秀;学伦理可以知廉耻、懂荣辱、辨是非。另外,对历史文化特别是先人传承下来的价值理念和道德规范,要坚持古为今用、推陈出新,有鉴别地加以对待,有扬弃地予以继承,努力用中华民族创造的一切精神财富来以文化人、以文育人。

其次,中国文化自信表现在积极吸纳外来文化,核心是要反对文化霸权主义。

习近平同志强调,中华民族是一个兼容并蓄、海纳百川的民族,在漫长历史进程中,不断学习他人的好东西,把他人的好东西化成我们自己的东西,这才形成我们的民族特色。文化的发展是不断吸收外来文化的过程,中国儒、道文化与西汉初期过来的印度佛学文化的交融,形成了中国独有的儒、道、释三位一体的文化思想体系。后来又不断学习来自北方草原游牧民族的匈奴、鲜卑、党项、鞑靼、金朝、蒙古、满族的文化元素,通过丝绸之路与中亚阿拉伯文化和欧洲的罗马文化交流,不断汲取外来文化的精华、剔除其糟粕,不断为中国文化注入活力和新鲜血液,不断丰富自身内涵,形成了中国文化巨大的向心力,始终保持强大的生命力、创新力,成为世界文化发展史上的奇迹。

马克思主义在俄国十月革命之后传入中国,如星星之火,迅速成为燎原之势,在中国大地生根发芽,以中国化的马克思主义成为我们的指导思想。马克思主义中国化的过程,就是毛泽东思想、中国特色社会主义理论体系形成的过程,是马克思主义与中国传统文化融合再生的过程,是中国本土固有优秀文化的巨大根基,与来自欧洲的马克思主义先进文化高度契合的基础上不断创新的过程,在今天就是习近平同志重要论述思想体系形成的过程。

我们在不断推进社会发展进程中,要始终警惕文化殖民主义带来的潜在威胁,保持清醒的头脑,保持中国文化的传承与发展,坚持正确、科学的态度对待外来文化,坚持洋为中用。对待外来文化,在学习借鉴先进文化元素的同时,要坚决反对西方文化霸权主义。在当前尤其是针对全盘西方的观点、西方的普世价值论、西方的三权分立的主张,要结合中国的实际,认真研究,批判地接受和借鉴,切不可鹦鹉学舌,人云亦云,不加区分地采取拿来主义的观点,那是文化妄自菲薄、丧失自信的表现,必将对中国文化的建设发展带来严重伤害。

毛泽东说"应该学习外国的长处,来整理中国的,创造出中国自己的、有独特的民族风格的东西"①。习近平同志强调,我们不仅要了解中国的历史文化,还要睁眼看世界,了解世界上不同民族的历史文化,去其糟粕,取其精华,从中获得启发,为我所用。中国文化只有在学习外来文化的过程中,才能获得新的活力和动力,不断增强适应新时代发展的能力,始终保持处于不败之地。

最后,中国文化自信来源于中国波澜壮阔的复兴路上所取得的巨大建设成就,主题是坚持文化走出去战略。

中国共产党成立以来,就把追求民族解放、国家独立、人民翻身做主人当作自己奋斗的远大目标。取得政权以后,一直为推进社会主义现代化发展步伐,为把中国建设成为富强民主文明的社会主义国家,为实现中华民族伟大复兴梦想锲而不舍地努力着、奋斗着,在一穷二白的情况下,坚持独立自主、自力更生、发奋图

---

① 毛泽东文集,第 7 卷,1999 年版,第 83 页。

强,在较短的时间内,取得了"两弹一星"等一系列重大科技成就和举世瞩目的经济成就,改变了自鸦片战争以来中国备受西方列强奴役、欺负的命运,一跃成为世界经济大国,今天已成为世界第二大经济体。在文化建设领域,经过几十年的探索,形成了高度的文化自觉意识,经过对传统文化的整合,吸收人类现代文明成果,形成了独具中国特色的社会主义核心价值观体系,成为今天中国文化的核心内容和社会价值标准。

从经济建设到文化建设,从物质、精神两个文明建设,到十八大提出的"五位一体"社会发展思想,中国共产党人引导中国在复兴梦想的伟大实践中,不断进取,继续做出了无愧于人类的巨大成就,在国际事务中发挥着重要影响,继续向世界展示着中国文化的自信和自豪。我们深信,在中国共产党的领导下,在两个一百年到来的时候,中国必将实现远大的发展目标和宏伟建设蓝图。与经济建设成就相一致,文化走出去战略就是历史的必然选择。积极向世界传播中国文化的精髓,不仅要让世界享用中国制造,更需要让世界领略中国博大精深的文化,认同中国文化,是积极实施文化走出去战略这一国策的最终目的。当然,我们要清醒地认识到,走出去的是中国文化的自信和中国人的自豪,而不是被一些西方人所津津乐道的那种"荒诞、精巧和滑稽"的阴暗与落后。唯有这样中国文化才能在世界各地产生深远的影响,才具有强大的软实力。

习近平同志极力倡导中国文化走出去,2014年他率团出访欧洲时,在德国用汉语与德国汉学家和孔子学院里的德国学生交流中国文化,追溯中国历史,讲中国故事。在比利时欧洲学院演讲时他又指出,中国人独特而悠久的精神世界,让中国人具有很强的民族自信心。每到一处,他还与全体中方官员一道,在出席宴会时身着具有中国传统文化元素的"习式中山装",具有很强烈的"展示中国文化自信"的象征意义,给世界带来强烈的冲击力和震撼力,让世界看到了一个经济强大的中国已经再次步入文化自信时期,也让中国人在世界上感受到了扬眉吐气的舒心自豪,让数千万海外华侨感受到了中国的强大和自信。中国领袖在国际舞台上主动讲汉语是对自己国家民族语言自信的重要表现。因此,提高国家文化软实力,要努力展示中华文化独特魅力,要注重塑造我国的国家形象,要努力提高国际话语权。讲好中国故事,传播好中国声音,阐释好中国特色。

总之,中国文化自信是一种成熟的文化形态和价值判断,针对中国传统文化既不妄自菲薄,也不固守不变,反对历史虚无主义,在创新发展中保持中国文化的精华;针对西方外来文化既不完全排斥,也不奉行拿来主义和全盘西方,反对西方文化霸权主义,积极借鉴吸收先进的科学的东西,为我所用、为我所有,不断壮大中国文化的软实力;针对实现中国伟大复兴梦想的远大理想和目标,既不是激进排外的民族主义,也不是奉行崇洋媚外的爬行主义和洋奴哲学,而是坚持独立自主、不断创新发展,积极实施文化走出去战略,最终为实现中国伟大复兴梦想提供思想基础、文化基础,追求高度的民族认同、国家认同、文化认同。

大学文化的时代品性与特征

宫福清

（辽宁师范大学）

摘　要：大学不仅承担着传承文化的职责,同时还要选择文化,更要发展创造文化。大学文化在社会文化日益丰富、时代变迁日益迅速的当下,是人类社会主要的精神支撑。大学文化的引领性、传承性、包容性及批判性可谓是大学文化必然具备的四大时代品性与特征,提升文化自信是推进大学文化建设的应有之义。

关键词：文化自信;引领性;传承性;包容性;批判性

作者简介：宫福清,辽宁师范大学党委书记,教授、博士生导师。

习近平总书记在庆祝中国共产党成立95周年大会上的重要讲话中,首次把文化自信提到了与道路自信、理论自信、制度自信同样的高度,并指出文化自信是更基础、更广泛、更深厚的自信。从一定意义上说,教育是文化的选择,传承什么样的文化是由教育来审视、选择、传播的,教育自信是文化自信的重要基础,没有教育自信,难有文化自信。大学不仅承担着传承文化的职责,同时还要选择文化,更要发展创造文化。大学文化在社会文化日益丰富、时代变迁日益迅速的当下,是人类社会重要的精神支撑,具有引领性、传承性、包容性及批判性之特质,提升文化自信是推进大学文化建设的应有之义。

一、大学文化的引领性

引领性是大学文化与生俱来的品质。近年来,"大学文化引领大学发展"成为一种共识。大学应自觉肩负起文化引领的时代重任,重视用大学文化的价值意蕴来引领学校的内涵式发展,致力走出一条具有中国特色的高水平大学建设之路。

（一）引领性是承载大学文化使命的内在要求

传承文化是大学的本义,是每一所大学共有的理想。大学作为思想的宝库和社会文化的中心,自其产生之日起就以传承文化为己任。大学作为传承、研究、融合、创新高深学问的组织,目前所承载的人才培养、科学研究和社会服务三种职能,在整个人类发展和社会进步中归根到底都属于文化功能。大学文化的要义是引领社会追求一种更高层次的理性精神、创造一种更优秀的文化成果。大学文化所具有的引领性是大学传承文化思想、引导文化方向、传播文化理念、整合文化知识的重要前提。

大学文化的引领性尤其表现在其文化精神和理念对引领社会追求一种更高层次的理性精神、创造一种更优秀的文化成果,弘扬大学文化精神、传承大学文化理念是实现文化引领的重要举措。从国家层面而言,大学文化的引领性要求大学必须善于把握时代要义、梳理民族文化历史、传承民族文化精神、保存民族文化特质、创新民族文化发展、赋予民族文化新内涵,并将其继承到大学自主发展中,形成具有中国特色的大学理念、文化内核、运行模式、组织框架和治理结构,并以此引领社会价值准则、道德运行模式,使中国文化的精华和中华文明的精髓在大学文化中得以传承、创新和发展。

由是,大学管理者应从文化的视角和时代的高度去认识当代大学应当承担的重大文化使命,通过一系列文化活动,把那些"自在的文化"提升为"自觉的文化",促使大学以一种自觉的文化创新去提高教育质量、推动社会进步。

(二)引领性是构筑大学"精神围墙"的应有之义

大学之魂在大学文化。大学文化集中反映了大学的本质、功能和价值追求,是大学整体面貌、水平、特色及凝聚力、感召力和生命力的体现,是一所大学的立校之本和构建大学"精神围墙"的应有之义。

大学发展实践证明,一所学校一旦形成了独具特色的文化,就会自然而然地影响和约束全体师生的思想意识,乃至日常生活中的言谈举止。复旦大学前校长杨玉良指出,"大学的物质围墙可以拆掉,但精神围墙却不可能拆掉。"这里的"精神围墙"就是大学固有的文化品质、价值取向和全体师生的精神追求。大学如果没有"精神围墙",就无法满足大众对大学的高尚性和纯洁性的期盼,也就丧失了大学本身存在的价值。一方面,大学应以起主导、支配地位的价值观来引导大学文化建设,坚持中国特色的社会主义文化建设方针,广泛开展社会主义核心价值观教育,通过中华优秀文化传统教育、思想道德教育、学校传统教育、人文精神教育、校风学风教育来实现文化立校、强校的目的;另一方面,大学应在人才培养理念、学校制度设计、师资队伍建设、国际视野拓展、校园形象风貌等方面渗透文化品质。通过二者的结合,实现构建通过文化引领大学发展的终极目标。

随着近年来大学功利化、市场化趋势日益显著,其诸多弊端不断涌现。在此背景下,许多大学逐渐淡化教育理想、漠视人文理性,使大学与民族主义、爱国主义、传统美德等内容渐行渐远。因此,必须充分发挥大学文化的引领性,重拾传统教育的"德行培育"功能,依靠文化的张力去构建全体师生的精神家园,从而为实现大学理想汇聚正能量。

(三)引领性是推进高水平大学建设的巨大动力

在经历了"美式化""苏式化""中国特色化"的大学体制模式,走过了校长主导、党委主导以及经验主导、制度主导的大学治理阶段,探索了转制、合并、调整、提升等大学发展方式之后,我国大学管理者越来越认识到,发挥文化引领性的作用应成为我国大学在背负历史重荷中探求发展新路的战略选择。实现大学的高质量发展和高品位提升,构建高水平一流大学,除了可以使用数据指标反映的"硬功夫"外,还应拥有"软功夫",即要从大学的文化传统和精神品格中汲取力量。大学的内涵发展,不能忽视文化内涵的发展,要把大学文化渗透到学校内涵发展的方方面面。

大学的根本特征是永远不停顿地探索和发展人类知识,传播和创造人类文化。时代不同,对大学发展的要求也不同。大学要适应科技进步和时代发展,就必须不断更新和发展自己的办学理念、治学思路和教育模式等,必须在与社会互动中树立大学以人为本、创新教育、社会服务、面向世界、终身教育等发展理念,必须开展应用研究和进行科技创新,直接为提高人类社会福祉和增强综合国力做出贡献。

因此,一所大学应以培育校园精神为核心,以人文环境建设为重点,形成校园布局优雅、学术氛围浓厚、人文精神弥漫的学校生态环境,以建设高品位文化大学作为发展目标。只有如此才能更好地发挥大学文化的引领作用,使大学文化成为大学快速发展的助推器。

二、大学文化的传承性

传承性是时代赋予大学文化的又一重要特征。面对着不断变化的新形势和新环境,高校要顺应时代的要求,肩负起优秀文化传承和思想文化创新的重要职责,大学文化必须注重从三个方面不断完善自身的传承性。首先要传承各大学发展过程中形成的独具特色的文化系统,其次要吸收传承我国优秀的传统民族文化,最后还要借鉴外国大学文化的精髓,为我所用。

(一)传承性是保障大学文化传统的时代要求

大学的文化传承使命可以从两个维度去理解,一是建设好大学自身的文化,另一个是大学对社会文化的繁荣与发展做出贡献。两者可谓是大学传承文化的双重使命。大学在其长期办学过程中会逐渐积累、形成一种带有自身历史烙印的办学思想和办学理念,我们把这些文化成果统称为大学文化传承下来的文化系统。不同的大学具有不同的发展历史,也就会相应地形成不同的文化系统。这种文化系统往往历史越久,积淀越厚,传承下来的文化也就越丰富。因此,在一些历史悠久的学校这种传承下来的文化系统对大学文化发展产生的影响尤为明显。能经过历史的长河一路传承下来的文化,往往是一些思想文化的精华。在当前推进大学文化建设的过程中,怎能忽略这些具有顽强生命力、历久弥新的大学自身的传统文化系统?

大学文化的传承性还表现在大学对社会文化的繁荣与发展做出的贡献。然而,当前大学文化中日益严重的庸俗化倾向严重侵蚀了高雅脱俗的大学文化。大学文化之所以庸俗化,重要原因之一在于大学精神的失落,在光怪陆离、五光十色、充满诱惑的现代大都市里,大学不由自主地迷失了方向。这种庸俗化的大学文化会对社会文化的发展产生严重的诱导性。大学文化要发挥对社会文化的传承作用,就必须坚守自己的使命,自觉抵制急功近利的浮躁之风和各种诱惑,努力追求真理、追求科学、崇尚学术,坚定不移地守护作为文化传承家园的大学文化。

(二)传承性是吸收优秀传统民族文化的不竭动力

中国文化经历了五千年的沉淀,具有深刻而悠久的历史底蕴,我们的高等教育必须要放在中国传统文化这个大背景下,才能使其具有自己的思想和理念。离开一个国家的价值观、文化传承、文化体制和发展阶段来谈大学的发展,是无源之水、无本之木。当前,要发展任何文化都要立足于我国优秀的传统民族文化,推进大学文化建设更是如此。

中国的优秀传统文化博大精深、源远流长、丰富多彩,具有极大的包容性、亲和力和生命力,是我们民族精神的集中体现,是何时都不应该丢弃的瑰宝。传统文化是大学所培养的爱国主义思想源泉,当今的青年学生缺乏生活经验和文化底蕴,缺乏真切的体验与感悟。因此,我们在教育过程中要着力引导学生认识祖国的悠久文化和优良传统,培养他们对中华民族共同历史、共同文化、共同生活方式的认同感和归属感。

在当前大学文化发展过程中,只有不断汲取传统文化的精华,才能为大学文化发展赋予民族精神、民族特色和新的时代内涵,不断升华大学文化精神,提升大学文化软实力,壮大大学文化的影响力。这里要指出,我们要传承的是优秀的民族文化,对待传统文化中的糟粕部分,我们必须给予剔除,否则会影响传统文化所发挥的作用。此外,如果现代大学仅仅是传承传统民族文化而不进行创新,就难以适应时代发展的需要。大学文化的传承性既要求人们能看到学校发展的历史轨迹和优良传统,也要能看到学校的现实追求和创新精神。

(三)传承性是借鉴外国文化精髓的基本前提

在经济全球化的背景下,国际文化交流日益频繁,文化的国际性日益凸显,大学文化也不例外。在大学文化建设中实现中西文化的兼容,就要合理定位西方文化,特别是近现代以来的文明成果,在一定程度和范围上是先进的文化,值得我们学习和借鉴。

首先,西方文化传统中浓厚的人本主义气息是我们借鉴的重要内容。如何深刻有效地贯彻"以人为本"的教育理念是我国大学文化发展要探讨的重要问题。这种人本主义的观点需要渗入到大学的教育内容、教育体制及教育过程的方方面面,在推进现代大学文化建设中要不断学习和借鉴这种"以人为本"的教育理念。其次,西方文化中的法治和秩序观念也值得我们重点关注。在西方国家,这种观念早已深入人心。在我国当前的大学文化建设中,弘扬"法制"文化、培育具有秩序观念的学生是至关重要的,这对于改造我国传统的"关系"文化、创新制度文化具有重要意义。

习近平总书记强调,文化因交流而丰富,因相容而多彩。大学作为推动中西文化交流的重要窗口,要积极发挥跨文化交流的桥梁纽带作用,在交流融合与兼容并蓄中增强社会主义文化的发展活力。首先,要推动开放发展,促进中西文化交流与融合。大学须进一步增强文化自觉性与文化自信力,以大胸怀、大视野、大境界积极融入国际化进程,不断扩大与国外高校的交流与合作,以开放增强活力,以交流激发创新,以合作推动发展。促进中西方文化的相互了解,不断增强中华文化的国际影响力,为国家和平发展创造有利环境。其次,要加强学习创新,吸收借鉴外国优秀文化成果,积极学习外国先进办学理念,跟踪文化科技前沿,培养具有国际视野的社会主义建设者。

三、大学文化的包容性

包容性是大学的立足之本,是大学文化拥有持久生命力的保障。面对着更高的办学目标和价值追求,大学必须以"海纳百川、有容乃大"的胸怀包容各种学术思想。这种包容性在精神文化、行为文化及环境文化方面表现得尤为明显。

（一）包容性是发展大学精神文化的核心支柱

蔡元培将精神文化的包容性定义为对各派学术观点的包容,对各种思想学说的包容及大学教师对学生的包容等方面。美国著名研究型大学把精神文化的包容性作为立校的三大精神支柱之一。精神文化的包容性表现为大学中教育思想、价值观念及办学理念之间相互包容的关系。实现精神文化的包容有助于统筹兼顾学校内部不同学科、不同单位、不同集体的利益,从而达到有序竞争、共同发展的目标。

要实现精神文化的包容性就要坚持从学校发展的大局出发,正确反映不同群体的利益和诉求,整合和提升个人的发展愿望和要求,凝练出大学发展的共同愿景,使之成为学校各个群体和全体成员共同奋斗的目标。

(二)包容性是实现大学行为文化的基本理念

行为文化的包容性主要表现在两方面,一是大学管理者对教师行为的包容性。领导干部要以宽广的胸怀去接受教师,为他们做出积极的表率。既要能容纳不同教师的优点也要接纳他们的缺点;既要允许别人取得成功,也要在别人失败时给予理解与鼓励;在工作中既要容得下水平比自己高的人,也要容得下水平比自己低的人。唯有这样,才能更好地团结教师员工,充分发挥每位教师的作用,从而为学校增光添彩。

二是大学教师对学生行为的包容性。教师对学生行为文化的包容是十分重要的。哈佛大学每年为美国培养了不计其数具有创新精神的人才,但相比之下我们国家大学培养出具有创新能力的人才却较少,其中很重要的一个原因就是哈佛大学重视大学教师对学生行为的包容性,鼓励在教学过程中为学生营造敢于质疑的文化氛围,注重培养学生勇于批判的精神。在美国大学中,教师习惯于培养学生质疑学术权威、敢于向学术权威提出挑战的态度,对待学生的质疑性行为,教师表现出的包容性会促使学生对问题进行深入和独立的思考。有质疑的学术才会是有创新的学术,而这种质疑的勇气则来源于学生自信和批判精神的培养。

(三)包容性是实现大学制度文化的首要保障

一个组织发展的好坏,制度建设至关重要。对于大学来说,制度上的包容有利于集思广益,有利于正确决策,有利于科学发展。制度文化的包容首先是指制度的制定要在民主的基础上,即在充分听取民意的基础上慎重制定,力争使其符合绝大多数人的利益,实现民主与科学的统一;其次在制度的执行过程中管理者要充分树立以人为本的意识,避免工作方式的简单化和粗暴化,尤其对那些德高望重的学者们更应该如此,因为他们平时将精力主要放在学术研究中,不太注意各种管理制度的制定,对此管理人员要耐心做好解释。

大学必须重视学术发展,珍视学术价值。在学术自由中提倡包容,要理性地分析和理智地把握和而不同。学术制度的包容性应该是既尊重学术的多样性和个性差异,又能够在多样性及个性差异中寻求统一性和互补性。

四、大学文化的批判性

大学文化要想经久不衰、历久弥新就必须时刻保持批判性。没有批判就没有创新,没有创新就没有发展。在社会文化快速变迁的今天,加强大学文化的批判性是大学文化可持续发展的需要,是我国综合国力提升的保障,是推进我国大学文化建设的中心环节。

（一）批判性是守望大学精神的必然要求

大学精神是大学文化的核心，大学精神内涵于表征大学文化的行为之中并在行为中得以体现。大学精神的发展过程是通过接纳新的文化元素并使之与原有的文化相互碰撞、相互融合，最终推动文化不断向前发展。其中新文化与原有文化之间相互碰撞、激荡的过程就是批判。大学作为各种文化观点交融的场所，只有充分发挥大学文化的批判性功能、加强大学文化的批判性，才能集百家之长，推动大学精神不断完善和发展，成为高校谋求发展、追求创新的重要途径，做真正的大学精神守望者。

批判性是指大学文化具有一种不因权威与流行而认同，也不必然站在其对立面的一种性格。这就意味着大学文化中既包括了对已有结论的重新解释，也包括对未知事物的有关说法的独立思考与评价。在当代大学中，如何能使大学在与社会的接触中保持"众人皆醉我独醒"的状态，在保持距离中与社会互动，为社会服务，这是当代所有大学都应该进行深入考虑的问题。

大学之大，在于大师。作为大学文化批判性的执行者——教师，必须摆脱以往"教书先生"的形象，要对不同的文化具有独立而强烈的批判意识。教师要不断在头脑中构建属于自己的知识体系和思维方式，培养批判意识，坚决扛起"文化批判性"这面旗帜，成为真正意义上的大学精神守望者。

（二）批判性是建设大学新型教学模式的核心理念

在课堂教学活动中，教师和学生的思想和行为都会表现出普遍的、根本性的特征，从而表现出一种持久而稳定的精神状态，由此便形成了某种特定的教学模式。当前流行于我国大学中的教学模式是一种以教师为主体、学生为客体的无批判被动接受型教学，在此种教学模式下，学生批判性思维能力和批判性精神的培养有些被忽略。在倡导创业教育、呼唤培养学生创新精神和实践能力的今天，建设大学新型批判性教学模式应受到足够的重视。

新型的教学模式应是一种充满批判智慧的教学形式，在此种教学模式中，将学生培养成"强势批判思维者"作为教学的中心目标。教师不再是知识的宝库，真理的代言人，而成为教学群体中"平等者的首席"，成为与学生进行批判性对话的伙伴，成为学生不断成长的促进者和帮助者。他们不止于有意识地教授学生一些微观的批判性思维技能，而且还要为学生创设一个良好的学习环境，为他们提供自己发现、自己思考的机会，鼓励他们在学习中针对各种观点进行理智的质疑和探讨，鼓励他们自己提出问题和假设，并主动进行探析和验证，使他们成为具有批判精神的思考者。

（三）批判性是大学促进社会进步的时代需要

在大学教育进入大众化时代的今天，大学与社会之间的互动关系越来越频繁。美国大学先驱弗兰斯纳提出大学应该成为"时代的象征"，承担起对社会价值问题的批判作用。大学文化不能随社会的风尚而乱转，而应坚定地掌握具有合理性的价值意识，只有这样才能彰显大学文化对社会文化所具有的批判作用。

在当前主流文化和非主流文化激烈交锋的文化背景下，人们的社会观念正饱受时代的考验和折磨。如对那些摔倒在地的老人是否应该去扶，对一些乐于助人的现象是否应该给予正确的评价。这些现象只有凭借大学文化扛起社会批判的大旗才能及时地引导社会舆论、纠正社会中出现的负面风气，从而实现社会的和谐进步。

批判性是大学对社会的应有责任。美国著名教育家赫钦斯曾指出，"如果在一所大学中听不到与众不同的意见，或者它默默无闻地隐没于社会环境中，我们就可以认为这所大学没有尽到它的责任"。哈佛大学前校长陆登庭也提出，"社会变化得越快，大学这块变化相对较少、思想观念相对独立的领地就越有价值"。无疑，大学的批判职责就是从社会的良知出发，运用高深知识，评论社会问题，反思实践过程中各种无可非议的信念，提出实践过程的价值取向。随着信息社会和高科技时代的来临，任何深刻的社会批判都不能不以高深的知识为基础。相比于各种社会力量，大学在社会批判方面具有独特的优势。

参考文献：

［1］吕立志：《崇尚学术：中国大学文化建设内在之魂》，载《高等教育研究》，2011 年第 1 期。

［2］眭依凡：《大学文化理性与文化育人之责》，载《中国高等教育》，2012 年第 12 期。

［3］段从宇、沈毅：《文化引领：大学职能的时代溢出与自然回归》，载《现代教育管理》，2012 年第 3 期。

［4］郝光：《研究生校园文化建设的供给侧改革》，载《齐齐哈尔师范大学学报》，2016 年第 6 期。

［5］李勇等：《新媒体时代大学文化的传承与创新》，载《现代教育管理》，2014 年第 5 期。

［6］王义道：《大学文化要有深沉性和包容性》，载《中国大学教学》，2006 年第 4 期。

［7］黄子杰、程广文：《批判性：大学与社会的边界》，载《东南学术》，2010 年第

3 期。

[8]腾翠钦:《论文化研究的"批判性"和"现实性"》,载《人文杂志》,2014 年第 7 期。

文化自信与大学精神

刘亚敏　冯惠敏　熊　淦

（武汉大学教育科学研究院）

摘　要：大学精神是大学的灵魂，是大学之为大学的根本。以高度的中华民族传统文化自信塑造大学精神对落实党的十八大精神、推进双一流大学建设发挥着重要作用。文化自信与大学精神之间是一种相互交融、相互作用的关系，两者存在紧密的内在联系，共同推动了大学的繁荣发展。中华优秀传统文化认同是塑造大学精神的基本前提，高校在大学精神塑造过程中存在文化自信缺失现象，大学精神是强化文化自信的载体，也是文化自信的显著表征。高校唤醒知识分子精神的回归、建立民主管理制度、加强传统文化渗透是文化自信培育的基本途径。

关键词：文化自信；大学精神；文化认同

作者简介：刘亚敏，武汉大学教育科学研究院院长、教授、博士生导师，研究方向：大学文化。冯惠敏，武汉大学教育科学研究院教授、博士生导师，研究方向：大学通识教育。熊淦，武汉大学教育科学研究院博士生，研究方向：大学通识教育。

现代意义上的中国大学模式，是在学习和借鉴西方大学经验的基础上建立的，因此一直深受西方传统与大学文化的影响。特别是在"市场化""全球化"的冲击下，中国大学精神与大学文化受西方文化思想的侵蚀愈发明显。党的十八大报告指出，要坚持社会主义先进文化前进方向，树立高度的文化自觉和文化自信，向着建设社会主义文化强国宏伟目标阔步前进。国务院发布的《统筹推进世界一流大学和一流学科建设总体方案》中也明确提出"加强大学文化建设，增强文化自觉和制度自信，形成推动社会进步、引领文明进程、各具特色的一流大学精神和大学文化"。面对多元文化的影响，中国大学要完成创建双一流大学的时代任务，必须重建大学文化，重塑大学精神，树立文化自信，用中华民族的优秀传统文化引领大学发展。

一、文化自信与大学精神内涵

（一）文化自信

关于"文化"一词，国内外学者众说纷纭，莫衷一是，本文较为认可的是民族学的定义，"文化，或文明，就其广泛的民族学意义上来说，是包括全部的知识、信仰、艺术、道德、法律、风俗以及作为社会成员的人所掌握和接受的任何其他的才能和习惯的复合体"[1]。因此，文化是社会与历史的积淀物，是国家或民族历史积淀、传统习俗、价值观念、生活方式、文学艺术、思维方式等的总和。

"自信"一词，从辞源上看即"自己相信自己"。自信作为词最早出自战国时期，《墨子·亲士》中有"君子进不败其志，内究其情；虽杂庸民，终无怨心，彼有自信者也"的记载。当前的研究往往从心理学的角度提出自信的定义，即自信是一个具有复杂层次结构的心理构成物，是个体对自己的积极肯定和确认程度，是对自身能力、价值等做出客观、正向认知与评价的一种稳定性格特征[2]。

文化是一个宏观概念，而自信，我们更多的是从微观个体的角度来理解，因此两者相结合必然具有多个层面的含义。从宏观上看，文化自信是对国家和民族文化的充分肯定和确信；从中观上看是对地区的认同和对区域文化的坚定信念；从微观上来说则是对个体文化即自身文化的情感信任。本文主要从宏观的角度出发，将文化自信界定为个体对国家与民族历史积淀、传统习俗、价值观念、生活方式、文学艺术、思维方式等的积极肯定和确认程度，并做出客观、正向认知与评价的状态。

我国作为四大文明古国之一，有着悠久的历史和灿烂的文化。中华文明一脉相承延绵五千多年，为中华民族生生不息、发展壮大提供了丰厚滋养，为人类文明的丰富和发展做出了重要贡献。如同美国学者约瑟夫·奈所看到，"中国最强的软实力根植于自身文化之中，后者曾深刻影响了西方文化"。中国人看待世界、看待社会、看待人生，有自己独特的价值体系。中国人独特而悠久的精神世界，让中国人具有很强的民族自信心，也培育了以爱国主义为核心的民族精神。中国以自身的实践告诉世界，只有坚定对自身文化生命力和发展前景的信念，坚守全社会认同的价值观"最大公约数"，一个国家才能持续发展、不断进步。在文化融合加剧的今天，中国传统文化更应为中国社会各界所重视与扶持。正如习近平总书记所指出："历史和现实都证明，中华民族有着强大的文化创造力。""没有中华文化繁荣兴盛，就没有中华民族伟大复兴。""站立在960万平方公里的广袤土地上，吸吮着中华民族漫长奋斗积累的文化养分，拥有13亿中国人民聚合的磅礴之力，我们走自己的路，具有无比广阔的舞台，具有无比深厚的历史底蕴，具有无比强大的前进定力。中国人民应该有这个信心，每一个中国人都应该有这个信心。"

（二）大学精神

什么是大学精神？它可谓是"无状之状，无象之象"，无之则不成大学。大学作为一种独特的社会组织，从它产生开始，就具有不同于其他社会组织的精神魅力。作为日常用语的精神概念，主要来源于中国古代的两种解释。《礼记·聘义》中记载，"精神见于山川，地也。"即可谓天地万物之精气；另见战国楚宋玉《神女赋》序："晡夕之后，精神恍惚，若有所喜。"喻为神志、心神；其次则为精力、活力之义[3]。延伸之后，"精神"包括两类含义：一类指人的主观存在状态，是对人的意识、心理、意志、情绪和心境的一种描述与概括，是人在社会生活中主观状态的某些特征，这些特征不仅是人的存在状况的反映或对某种人格特征的认同，更是对人的根本、人的内在气质的概括与浓缩；另一类指事物所体现出来的意境、神韵或主题。总体说来，精神主要指对人的主观存在状态的描述与定位，是人们所具有的一种基本属性，以及发展过程的理想归属[4]。考究西方关于"精神"的理解，俄罗斯思想家别尔嘉耶夫即把精神当作一种实在来看待，提出精神的标志是自由、精神是存在的自我超越、精神是质的精神本质观[5]。通过对国内外精神含义的解析，进而对大学精神进行界定。本文认为，大学首先是一种精神存在，精神的本质复归使构成大学灵魂的"大学精神"的内涵，具有三个最基本的思想意蕴[6]：

第一，大学精神就是大学的"自由"。正如别尔嘉耶夫所说，精神是主体，精神就是自由，可以说，自由既是精神的前提，又是精神的题中之义，是包裹在精神最深处的意义；不在自由这一前提下谈精神，是空谈；自由丧失了，精神便荡然无存。精神的主要标志是自由，大学作为一种存在，自由是大学精神的前提性条件，大学没有了自由，"大学精神"就失去了根基，而无从谈起。同时，大学自由意味着大学要独立于一切决定论之外，即大学若是受外界事物决定，成为为了他者的存在，那么大学精神的主要标志——大学自由就丧失了，大学精神也就消逝殆尽。

第二，大学精神就是大学的内在超越。大学自由实质上是大学对外在决定论的一种突破，与此紧密相关，大学精神就意味着大学要实现内在的超越。究其实，大学精神在此就是一种真正的乌托邦精神，指向一种基于现实又超越现实的内在超越，以内在的超越抗拒外在的决定意志。在现实与理想，在历史的确定性与终极的指向性之间，既保持一种必要的张力，又不断打破这种微妙的平衡，因而体现为价值原则与历史原则的统一[7]。大学的生命力在于大学始终致力于在传统与变革之间建立和维持平衡，正是大学的内在超越使然。"内在的超越"之于大学，就好比一匹硕大的骏马身上的一只"牛虻"，它总是以一种反省批判的姿态与目光，使大学不在"常态"之中沉沦，并能不断超越更新，创造更高远的意识境界、生存境界。

第三,大学精神就是大学的质的规定性。大学的"质的规定性",向外表达着大学之为大学的"所以然",是大学存在的根本价值和意义。大学精神使大学名副其实,有大学精神,大学才是真正的大学,它不受功利性趋向的牵引,而追求内在的意义;它置于外在的功名之外,而不依从于社会舆论,不限制于社会日常性之中,是激起大学突破社会重围的力量。

一言以蔽之,大学精神就是大学立足于本性,在自由地实现内在超越的过程中所凝聚、体现出来的特质和风貌,是大学的质的规定性。从另一方面看,教育是大学的根本任务,无教育、不大学,本文认为,对大学精神的理解不能偏离大学的教育目标与理念,不论是大学的自由、内在超越抑或是质的规定性,均是在大学的教育上得到根本的体现。

(三)文化自信与大学精神的关系

文化自信与大学精神之间是一种相互交融、相互作用的关系,两者存在紧密的内在联系,共同推动了大学的繁荣发展。

一方面,文化自信促成大学精神的培育。大学精神培育过程中的文化自信,是一所大学对自身文化发展过程的肯定,也是对中国优秀传统文化的继承与发扬。回顾中国大学发展的历史,大学的发展可谓历经坎坷,但很多历史悠久的大学之所以能够奋力前行,并且立足于世界优秀大学之位,主要原因在于对中华优秀传统文化的自信、对大学本身的文化自信以及广大师生所持有的自强精神[8]。尤其是以西南联大为代表的大学,是中国文化自信和大学精神的标杆。

另一方面,塑造的大学精神又能强化大学师生的文化自信,促进文化认同感。大学精神是大学体现出来的风貌,是信念的凝聚,是大学生命力的表现,大学精神像一双"无形的手"作用于大学的师生,使师生表现出一种斗志昂扬、积极乐观的心态,激发师生认同中国文化与大学文化的内在动力,提升大学内在凝聚力。

二、文化自信对于塑造大学精神的价值意蕴

(一)中华优秀传统文化认同是塑造大学精神的基本前提

二十世纪以来,大学由社会的边缘逐渐走向社会的中心,社会对大学提出了越来越多的要求,大学在满足不断膨胀的社会要求中迷失了自我,被誉为时代先锋的大学正经受着诸如"市场化""全球化"等层出不穷的冲击与挑战,大学的文化多元化趋势更加明显,但精神意蕴日益弱化和衰微,大学中的中华民族优秀传统文化意义被遮蔽。一些大学痴迷于西方文化,笃信西方价值观的主流地位,总觉得本国文化落后于西方,陈旧迂腐,表现出崇洋媚外,否定自身文化的自卑心

理,导致在大学精神的培育上自我贬低,崇尚西方,盲目追求甚至照搬照抄西方文化,结果食洋不化,出现价值观混乱[9]。此外,目前我国大学的发展已经取得了令世界瞩目的成绩,数所大学都已跻身世界一流大学的行列,赢得了不少国外高等教育界的赞誉,特色大学教育理念、实践和体系逐步建成和完善,但不少大学师生在主动向世界展示自己的成就和评价中国大学的时候总是显得信心和底气不足,总是不自觉地用西方的标准和眼光来看待国内大学,其比较和审视的结果往往是我国大学"技不如人"甚至"一无是处"[10]。这些都是典型的大学精神培育的弱化,以及高等教育虚无主义和盲目的自卑情结,究其根源,自是与高校在培育大学精神时缺乏中华优秀传统文化认同缺失有关。

因此,不断提升中华民族传统文化自信,即让师生正确认识和了解自己的文化,感受优秀文化对国家和个人的重要价值,从而坚信自己文化的优势与长处,让师生在多元文化背景下既能清醒对待中华文化中良莠不齐的状况,积极肯定其中优秀成分的积极价值;又能从容面对世界文明的发展,懂得积极汲取和借鉴外国文化的积极内容为我所用,是帮助大学摆脱负面文化心理的现实要求,是培育大学精神的基本前提。

(二)文化自信是重塑大学精神的价值诉求

随着中国经济的强势崛起和综合国力的日趋强大,对传统文化的呼唤和重视已成为一项严肃的命题,一个强大的国家不可能完全在别国的文化里找到精神家园。周远清曾呼吁,"当代中国的大学应该摆脱纯粹的功利性甚至是工具理性的困扰,在走出'象牙塔',融入时代发展潮流的同时,更应该牢记其民族的使命、文化的重任,更应该自觉地认识、领悟和把握自身传承和发展中华民族优秀文化的历史责任"[11]。大学精神的重塑必然要求我们从我国的历史出发,从优秀传统文化出发,在传承和创造文化的过程中寻求大学精神的支柱。

另一方面,中华传统文化中也蕴含着现代大学精神。比如儒家倡导的礼乐文明,在理性中恢复神圣感,在敬畏中培养愉悦感,在主动性中积极关怀他者,重建对日常生活、伦理道德以及他人存在的感受力;儒家通过"仁"培养人的自立精神与责任意识,成就"中庸"之德,进而有助于摆脱自我中心与虚无主义的困境,实现真正的自我价值[12]。

中华优秀传统文化是中华民族的"根"与"魂",也是大学精神的构成要素。中华优秀传统文化蕴含着丰富的哲学思想、人文精神、教育理念,能够为师生解决当下发展中所面临难题提供有益启示。不论是在教学还是科学研究上,中华民族历史都有着丰富的案例。从教学方面来看,《孟子·尽心上》中写道"君子之所以教者五:有如时雨化之者,有成德者,有达财者,有答问者,有私淑艾者",孟子强调针对不同情形的学生采取不同的教法,即因材施教的教学方法;《庄子》书中通篇贯穿着怀疑精神,告诉人们要对已有的书本知识本身提出疑问,甚至对事物的根本提出疑问,注重对学生批判性思维的培养;《礼记·学记》中提出"君子之教,喻也",即教学要注重启发,引导学生而不牵着学生鼻子走,注重的是一种启发式教学方式……总的来说,中国优秀传统文化中并不缺少特色的教学风格与教学方法,对中华优秀传统文化的自信意味着对中国教学风格的认同,用高度的文化自信来引领和推动中国特色教学风格的形成,才能使大学课程教学有根可循,有力可支。从研究方面来看,造纸术、指南针、火药及印刷术等四大发明均出自于中国科学技术的发展,是中华优秀传统文化的重要创造成果,说明中国大学科学研究并不缺少创新能力,大学的科研精神的培育需要以文化自信为动力,这种动力来自对中华优秀传统文化的价值自信。只有提升文化自信,师生才能对中华民族的科研创新有深层次的理解,才能深信不疑地将其内化于心,弘扬和践行中国的科研精神。

因此,坚定地传承中华优秀传统文化,树立文化自信是重塑雕像精神的价值诉求。

三、大学精神塑造过程中的文化自信培育途径

(一)唤醒知识分子精神的回归

大学作为一种精神存在,"知识分子"是其活的灵魂,是大学精神的现实承载者。当前大学精神之不彰,直接通过深居大学的知识分子的精神形态反映给社会公众。然而此时的"知识分子"形象今非昔比,不少"知识分子"的精神特质极度退化,暴露出与精神内涵相龃龉的劣根性,如广为人知的"崇洋媚外""虚无主义""文化自卑情结"等现象。如果让他们充当大学精神的建构者,则无异于天方夜谭。如何修补知识分子群体已经决口的精神堤坝,是我们培育中华传统文化自信、建构大学精神首先应该反思的问题。"知识分子"不限于大学,在社会分工越来越精细的时代,它可以遍布在社会的任何角落、任何领域从事知识生产与知识传播。然而,对于大学而言,知识分子不可或缺。

大学文化自信的培育,大学精神的建构,从根本上需要召唤知识分子的回归,因为精神的问题根本上只有通过精神来解决,唯其如此,大学精神方能获得源头活水。大到一个民族,精神没有了,不需要外强侵略就自行垮掉,小到大学,道理是同样的。在这一点上,韦伯在其经典著作《新教伦理与资本主义精神》中,揭示了资本主义精神气质、人格特征对于资本主义兴起的前提基础性意义,以及现代化过程是一个由理性精神推动、并由具有理性精神的主体创造的结论,同样对我

们思索大学精神建构,需要以知识分子的回归为实质性前提是一种启发。

(二)建立民主管理制度,形成积极健康的大学文化氛围

民主管理对于大学运作而言看似一个过于庞大的制度前提,但却是大学培育文化自信、塑造大学精神的基础性制度平台。民主管理与大学精神的发展和谐共生,它保证了大学作为精神存在的前提——自由之体,大学内部组织和师生在民主管理制度的前提下可以各安其分,各司其职,获得自身的良性发展。如哈罗德·珀金认识到的,文明社会不可或缺大学这样的机构来探求知识奥秘。但探求知识奥秘的深层意义,应不仅是为了"闲逸的好奇",更是大学改造社会、引导社会的职志使然。这样的职志,只有大学保持其自由、独立、批判精神才能承担。这样的大学,在推进民主思想的完善、民主政治建设的进程之中,充当生力军和时代先锋。尽管以现实的眼光反观历史中的大学,它们表现的不过是一种原始的完美性,我们自然不能流连于历史的辉煌,但是,即使是有缺陷的民主管理制度也曾给大学带去过辉煌。民主管理制度是大学繁荣发展的前提条件,唯有在一个自由与秩序保持适度平衡的制度环境里,方能还大学师生一个实然的主体地位,使优秀大学文化得以传承与发展。民主管理制度的构建是大学持续、健康、稳定发展的前提条件,是发扬中华优秀传统文化、促进大学精神复归的社会制度基础。

(三)教育与实践中加强传统文化渗透

首先,大学应重视对教师进行中华民族优秀传统文化自信的渗透,培养与提升教师的文化认同感。高校教师普遍文化素养高、独立意识强、富有创造潜力,可以为教师开办传统文化讲座、传统文化培训、文化交流会等形式的活动,培养教师正确的民族文化信念,欣赏和再认识中华优秀传统文化的价值,提升高校教师的民族荣誉感。其次,大学应抓好教学、科学研究与社会实践模块上对于学生文化自信的培养。在教学内容上,注重结合当前社会热点时事,加强普及与解读,鼓励学生关注社会时事,关心国家命运与发展前途;教学方式上,增加学生的中国传统经典阅读要求,课堂上增设经典文化讨论互动环节,明辨事理,引导学生探究中华民族优秀传统文化本质;在研究方面,鼓励学生将研究方向与中国文化情境下各类热点结合,深入探究中华民族传统文化对社会各方面产生的影响;社会实践上,提倡学生深入社会基层,积极参与社会调查以及各种公益活动,在实践教学过程中树立文化自信。

参考文献:

[1](英)爱德华·泰勒:《原始文化》,连树生译,上海文艺出版社1992年版。

[2]车丽萍:《自信的概念、心理机制与功能研究》,载《西南大学学报社会科

学版》,2002 年第 28 卷第 2 期,第 86—89 页。

　　[3]《辞源》,商务印书馆 1988 年版。

　　[4]王坤庆:《精神与教育》,上海教育出版社 2002 年版。

　　[5](俄)尼古拉·别尔嘉耶夫:《精神与实在》,张源等译,中国城市出版社 2002 年版。

　　[6]刘亚敏:《大学精神探论》,华中科技大学,2004 年学位论文。

　　[7]贺来:《现实生活世界——乌托邦精神的真实根基》,吉林教育出版社 1998 年版,第 6—9 页。

　　[8]胡解旺:《以文化自信重塑大学精神》,载《中国社会科学报》,2016 年 2 月 4 日。

　　[9]王志强:《论文化自信视域下高校大学精神的培育》,载《大连大学学报》, 2016 年第 37 卷第 4 期,第 26—29 页。

　　[10]黄明东、吴亭燕:《"一带一路"背景下,高等学校教育质量标准建设若干问题思考》,中国高等教育学会学术年会论文集(下册),2016 年版。

　　[11]周远清:《弘扬中华文化是我国大学的历史使命》,载《高等教育研究》, 2008 年第 4 期,第 1—3 页。

　　[12]杨立华:《讲演:儒家精神与现代生活(上)》,2017 年 3 月 25 日,http:// mp. weixin. qq. com/s/zmPlxq1pVYchwh－xiCL2VA.

论当代中国大学之道与文化自信间的关系

陈 抗

（宿州学院马克思主义学院）

摘 要:当代中国大学之道与文化自信是一种相辅相成的辨证关系,当代中国大学之道是实现文化自信的根本途径,文化自信要通过当代中国大学之道的落实和实现得以体现和落实;文化自信是落实和实现当代中国大学之道的内在根基,当代中国大学之道应从文化自信中汲取养分。对于当代中国大学而言,只有在文化自信中发展才能找到其正确的前进方向,才能找到自己成长和发展的底气和根基;同样,中国的文化自信也只有通过当代中国大学去弘扬、去引领、去开拓,才能真正树立中国的文化自信。

关键词:大学;当代中国大学之道;文化自信;文化自觉

作者简介:陈抗,宿州学院马克思主义学院副教授、博士。

基金项目:本文系安徽省高校人文社科重点研究基地招标重点项目"大学文化认同对大学生道德决策影响心理机制研究"和宿州学院教博启动基金项目"当代文化认同对青少年学生道德行为影响研究"的阶段性研究成果。

大学一方面承担着文化传承、选择、生产和创新,一方面其本身就是一个文化主体。同时,中国的大学文化又是社会主义先进文化的重要组成部分。在"坚持社会主义先进文化的前进方向,树立高度的文化自觉和文化自信,向着建设社会主义文化强国宏伟目标阔步前进"的当代中国发展进程中,中国的大学如何在实现自身终极之道的同时,来引领和落实当代中国的文化自信,如何利用自身作为一个文化主体的事实来发挥其在树立高度文化自信过程中的功能性作用? 这是当代中国大学所面临的一个迫切需要解决的问题。因此,有必要探索当代中国大学之道是什么以及其与文化自信间的关系,这对建设社会主义文化强国和争创双一流大学都具有十分深远和重要的理论意义与现实意义。

一、当代中国大学之道

要明白当代中国大学之道是什么,首先要弄清楚"大学"是什么和"道"是什么。何谓"大学"? 何谓"道"? 这是探索大学之道的本源问题。朱熹注《大学》则言:"大学者,大人之学也。"何谓"大人"? 孟子云:"大人者,不失其赤子之心者也。"《易经》乾卦曰:"夫大人者,与天地合其德,与日月合其明,与四时合其序,与鬼神合其吉凶,先天而天弗违,后天而奉天时。"阳明子曰:"大人者,以天地万物为一体者也。其视天下犹一家,中国犹一家,中国犹一人焉。"由此可知大人乃为圣人或近圣的人,其心也赤,其为也乖,其事也顺。"大人之学"何为? 毛松年认为"大学是教人如何学'大'。"所谓"学大",是要人人把自己的人格扩大与提高,凭自己善良的德性影响他人,希望他人也能"学大"。[1]并且是一个由内及外,由己推人,再推而广之,影响全世界的过程。王觉一在其《理数合解》一书中认为"学大就是学天,效天法地也。"这极为符合中国人的传统意识,在国人的思想意识中,何为大? 天大地大。人如何成大? 道途有一:道法自然,自然即为天地,也即王觉一的效天法地,这是站在形而上的角度去解读"学大"之真义。站在形而下的角度去解读"学大"之真义,犹如民国时期的神童江希张在其《新注大学白话解说自序》中认为"大学是孔教有纲领有科目的大学,是内圣外王一贯的大学,是为天下万世立法的大学,是为天下万世开太平的大学,是传授真文明真进化的大学,是包括一切涵盖一切的大学,以明明德于天下为目的"。汉代郑玄认为"大学者,以其记博可以为政也"。蔡元培认为"大学者,研究高深学问者也;囊括大典,网罗众家,此大学之所以为大也"。梅贻琦认为"大学者,非大楼之谓也,乃大师之谓也"。由此可以看出大学之本义为效天法地,博足以为政,大可以为师,教人以穷理正心修己治人之道,乃君子之学也! 英文中大学为"University",意为整全的宇宙,是研究所有事物之学的地方,所学应是大学问。

道是什么? "道"是中国古代哲学的重要范畴,"道"的概念是老子第一个提出的,用以说明世界的本原、本体、规律或原理。在不同的哲学体系中,其含义有所不同。老子的《道德经》中指出"道可道,非常道"体现了道的变化性,"道生一,一生二,二生三,三生万物"体现了道的演变性和演化性,认为道之本者、中者、末者,均为自然也。有时老子的道又体现在社会人生之道、致知之道上,即为分析人生、获取知识的基本原则和方法。道家黄老之学的道为"推天道以明人事",老庄之学的道则偏重于谈宇宙本体和万物起源的问题。但在中国传统哲学体系中天下的"道"具有唯一性,如老子言"独立而不改"。"道"是永恒的、绝对的形而上存在,既超越了主客观的差别,又超越了时间、空间、运动和因果等经验范畴,是不可见、不可闻、不可说、不可思议的一种绝对实在。[2]道本身是不可描述的、没有任何属性的抽象实体，但在现实的时空内人们又给它附上了各种属性。由此，便产生了两种道：一为抽象的道，这种道不可说只可直观体显和体悟，即为无属性、无差别、无限制的道；二为具体的道，这种道可说可明可见，即为有属性、有差别、有限制的道。同时又具有客观性、普遍性、对立统一性，其运动过程是周而复始、循环往复的，其无为而无不为，虚而实之，实而虚之。

那么何为大学之道以及当代中国大学之道？《大学》开宗明义地讲"大学之道，在明明德，在亲民，在止于至善"。这是中国古代对大学之道的理解和阐释，发源于中国古代传统哲学思想。但就近现代中国的大学而言，自五四运动时期之后，中国大学的思想来源就不再单纯地受中国传统大学之道的影响，其一方面继续受中国传统大学之道的影响，体现在"明明德，亲民，止于至善"上；另一方面开始接受西方大学之道的影响，体现在"探索普遍的学问""在明明理，在止于至真"上，并且这种影响在近现代日益凸显，大有覆盖之势。前一种大学之道注重人格养成和服务国家，后一种大学之道倡导自主、自治和自由。"明明德，亲民，止于至善"，且三者之间为层层递进关系，即大学之道首先在明明德，渐次为亲民，终为止于至善。明明德是为彰显或彰明个人内在的光明的德行或德性，培养其高尚的道德品质，是修己、内圣之道；亲民有二解：一为亲和百姓，以百姓的好恶为好恶，爱护民众，是一种亲民的思想；一为新民，即除旧布新、洗汰旧的不良习惯，刷新自我、革新人民的精神面貌。二解并不矛盾，都体现出中华文化的一贯思想，既要"亲民"又要"新民"。因为要"新民"必先"亲民"，"亲民"的目的是"新民"，是故"亲民"是安人、外王之道。[3]"止于至善"是为追求、知止最高、最完美的境界，是修己、安人的结合，是内圣、外王的统一。故此，从中国传统大学之道看来，大学之道是大人、君子之学，其始于明明德，止于至善，以"道"立旨修明德，以"亲民"成势推己及人，以"善"明人生贵在践行，真正达到"穷则独善其身，达则兼济天下"的家国一体情怀的人格。西方大学之道在追求科学真理，在于求真，在于追求个体之自由、自主和自治。但"现实的中国大学却在现代化转型的过程中逐渐地从经学转向了科学，开始走向了一个极端——科学主义至上，促使了当代中国大学变成了只寻求知识和真理的大学，而不是追求美、善的境界和做人的道理的大学，因此虽然卓越，但却失去了灵魂"，[4]这是一种残缺的、缺憾的大学之道，这不是我们应追求的大学之道，这种大学之道也不符合当代中国发展的时代要求，不利于当代中国的可持续发展。因此，我们认为当代中国大学之道就在于追求至真、至善、至美，以真为基石，以善为途径，达以至美之境界。既要求知求理求真，又要追求个体浩然正气之养成，高尚人格之塑成，追求心系国家之富强、民族之延续、社会之进步的大胸怀、大境界。而不应为单纯之求知、求理、求真,应像蔡元培先生所言"一所大学应与整个国家和社会的命运紧紧相连"。只有这样才能与当代中国发展相呼应,才能促进中国政治、经济和社会的良性发展与可持续发展。

二、文化自信

文化自信是一个国家、一个民族、一个政党对自身文化内涵和价值的充分肯定,对自身文化特质和生命力的坚定信念,是文化主体对自身文化的高度认同和自觉践行,是基于心理优越性和行为坚定性的文化表现。[5-6]文化自信,从本质上来讲是一种自觉的心理认同、坚定的信念和正确的文化心态。文化自信具体体现在文化的发展与比较中,从国家、民族和政党层面来看,文化自信是一个国家、民族和政党能正确看待自身文化,理解并认同自身文化的内涵与价值,并对这种文化的生命力和发展前途充满信心,同时对待其他文化具有兼容并蓄的包容态度;从个体层面来看,文化自信是个人对所属国家和民族文化的积极态度和充分肯定,标志着对所属国家和民族文化的价值取向认同和身份认同。它是人的一种深度发展,是人在文化上增进自我、扩展自我的表现,是一种主体性心态的自然呈现。[7]文化自信是习近平总书记在庆祝中国共产党成立95周年大会的讲话中首次提出的概念,这一概念是对2012年胡锦涛同志在党的十八大报告中提出的"三个自信"(道路自信、理论自信、制度自信)的补充和发展,体现了中国共产党在建设中国特色社会主义实践的基础上,对中国特色社会主义认识的不断深化和扩展。从习近平总书记的"在五千多年文明发展中孕育的中华优秀传统文化,在党和人民伟大斗争中孕育的革命文化和社会主义先进文化,积淀着中华民族最深层次的精神追求,代表着中华民族独特的精神标识"讲话中不难看出当代中国文化自信具有强大的力量源泉,其支撑不是星星点点的文化著作,而是具有结构合理、内容丰富、精神开放并包和底蕴深厚的文化体系。它包括了中华优秀传统文化、中国独特的革命文化和社会主义先进文化等文化形态,是具有深刻文化内涵、文化根基和文化理想的复合体系,是当代中国之所以可以并且能够实现文化自信的力量源泉。[6]并且习近平总书记特别强调文化自信,是更基础、更广泛、更深厚的自信。同时,文化自信的提出具有其深远的当代价值意义,它可以增强中华民族文化软实力的源泉和动力,为中国文化应对世界异质文化冲突和融合提供强有力的心理支撑,是实现中华民族伟大复兴的精神支柱,对当代中国特色社会主义伟大事业的建设和实现中国梦具有重要的理论意义和实践意义。

文化自信概念的提出又体现了习近平总书记以问题为导向,以"文化自信"为抓手,深刻回答了"中华民族从哪里来""中国共产党执政地位从哪里来"以及"中国特色社会主义伟大事业向哪里去"的深谋远虑,[8]也体现了中国共产党在对当代中国发展问题上的战略视野和坚强的信心,使中国人民既看到了我们为什么能文化自信,又看到了文化自信在当前以及未来的中国特色社会主义伟大事业建设中的作用和意义。因此可以看出,我们所倡导的中国特色社会主义的文化自信就是指在马克思主义指导下的中国先进文化的自信,其目的就是要确保我们在整个文化自信体系的活动中要始终持有清醒的认识和理性的态度,在马克思主义指导下牢牢把握社会主义先进文化的前进方向和特色社会主义伟大事业建设的内在动力,努力建设社会主义文化强国。要实现这一宏伟目标,就必须正确处理两大方面的问题,一方面是文化自身的问题,另一方面是文化认同心理过程问题。文化自身问题体现在文化继承与发展、文化创新、文化融合、文化鲜明和文化信仰五个方面的问题上。这就要求我们既要把握文化的整体与部分的关系,展现传统文化与现代文化在各个时代的发展与创新,又要根据国情和时代背景区分中国精神和传统文化,认清各文化在中国文化体系中所扮演的角色及其作用和意义,正确处理好文化的主要矛盾和次要矛盾;在继承的基础上、多元文化的博弈中、平等的对话中创新;在坚持马克思主义的世界统一性的原则上,将中国的进步与世界的发展紧密相连,既要凸显中华文化的民族性,体现中国精神、中国价值和中国立场,又要以谦虚的态度吸收和借鉴人类创造的一切优秀文化成果,保持正确心态,既不盲从,也不夜郎自大,充分运用马克思历史唯物主义和辩证法来吸收一切可吸收的文化对当代中国文化进行创新,凸显中国文化的鲜明特色,坚持马克思主义的基本信仰,确保马克思主义的基本地位,充分发挥马克思主义的指导作用来发展中国文化、创新中国文化,树立文化自信。[9]文化认同心理过程问题上要能辨识清楚文化自信、文化自觉、文化自卑和文化自负四者之间的内在逻辑关系。一般意义上,文化自卑、文化自觉、文化自信和文化自负构成了一个由弱到强、由低到高的概念等级系统。[10]文化自卑是一种在对待自身文化价值上的轻视、怀疑乃至否定的态度和心理。近代以来中国的文化自卑主要是在面对西方文化时产生的,其产生的背景均在近代中国每一次民族危机发生之中,人们在承担民族危机发生的苦痛的同时,开始反思并认识到近代中国制度上的腐败无能、科技和文化上的落后与不足是造成民族危机的根源,于是开始了对自身文化的失望及否定,在一次次对自身文化加重的失望和否定中产生了文化自卑心理。这种文化自卑心理在五四运动时期就集中表现为对中国文化的彻底否定,甚至产生了对民族文化的罪恶感和"赎罪"意识。[11-12]同时,这也是近代以来中国文化与中国传统文化之间纽带的断裂造成的,使其失去存在的土壤和发展的养分,失去血脉相通感之后的一种惶恐的文化心理反应。与文化自卑心理相反的心理是文化自负心理,它是一种对待自身文化态度上的自满自足和妄自尊大心理。[10]学者秦平、杜振吉认为这种心理的思想根源是"'天朝'意识和'中央之国'的情结,其特点是唯我独尊,从各个角度强调华夏相对于夷狄的尊贵地位和不容侵犯的权威,并最终形成华夏为尊、夷狄为卑的文化等级观念"。文化自觉是一种在文化上的自我意识的觉悟和觉醒,这种自我意识的觉悟和觉醒不是外在的,而是内在的,突出强调的是主体有意识、能动的、内在的、自发的觉悟和觉醒。从文化自觉的发展过程来看,文化自觉是分层级的,由文化的不自觉到文化的自觉,由文化的小自觉到大自觉,由文化的低自觉到文化的高自觉。笔者认为文化自卑与文化自负不仅仅是一对相对立的文化心理,而且还是一对相统一的文化心理。严重的、深层次的文化自卑极有可能在文化外显上表现的是一种狂妄的、目中无人的文化自负,反之亦然。但从辩证的角度来看,文化自卑并不是仅仅全部体现为消极的、负性的作用和意义,其存在也有积极的一面,在某种程度上正是因为有了文化自卑,才使得我们认识到自身文化还存在诸多方面的不足,还需要进一步继承优秀传统文化,吸收和借鉴全球可以吸收和借鉴的全人类文化成果,与时俱进地创新、更新和发展自身文化。假如这一过程的发展达到了自发、自觉的程度,那么这种文化自卑就演变成了文化自觉,也只有超越了文化自卑,才有可能真正达到文化自信。文化自觉是文化自信的前提和条件,是走向文化自信的必要阶段,只有真正地达到了文化自觉的地步,顺其自然地就激发出自身的文化自信,但应注意的是过度的文化自信就是文化自负。因此,在经济全球化的今天,我们必须顺应文化自身发展的特性,克服文化自卑和文化自负的心态,激发自身内在的文化自觉,树立高度的文化自信,只有这样才能以一种更加开放的姿态,对待文化多元化的浪潮,从容面对西方文化的冲击和挑战,展示出真正的中国文化自信。

三、当代中国大学之道与文化自信的关系

大学是文化传承、选择、生产和创新之地;是个体养浩然正气、塑高尚人格之地;是明明德、亲民、止于至善之地;是求致知、至真之地;是引领个体修身、齐家、治国、平天下之地。大学要真正落实大学之大,实现大学之道,就必须首先在文化上有所体现,有所突破,最终归之于对自身文化、民族文化实现文化传承、文化自觉和文化自信;在人才培养上要实现以文化引领精英人才之培养,以文化浸润精英人才之魂魄,以文化树精英人才之信心,只有这样才能真正实现大学之道,实现大学对一个国家、民族和社会的贡献。这一事实早已被中外大学对其所在国家、民族和社会的发展贡献所证实,大学始终在文化传承、生产和创新中起到极其重要的作用,一直承担着传承人类文化、引领人类文化发展、实现民族文化自觉和自

信的责任。[13]对于当代中国大学而言,大学文化不仅是社会主义先进文化的重要组成部分,而且也是中华优秀传统文化的延续和中国独特的革命文化的体现和发展。因此,对于当代中国大学而言,要实现大学之道的终极意义,就必须要正确地处理当代中国大学之道与文化自信间的关系,理顺二者间的内在逻辑。

(一)文化自信是落实当代中国大学之道的内在根基

大学之道的内在意蕴主要体现在文化的传承和建构上。因此,当代中国大学之道的落实和实现,首先应探寻当代中国大学的文化之根。文化是大学的灵魂,大学只有具有深厚的文化底蕴、文化根基,才能在文化的土壤之上开出硕果,才能有充足的养分供大学成长和发展,也才能有真正的底气落实大学之道,否则,也谈不上或不配谈大学之道。中国高等教育发展史表明,当代中国大学在严格意义上是没有自己的文化根基的。这可以从中国现代大学的诞生谈起,"中国现代大学的诞生恰恰以与中国传统文化断裂为标志,这种反传统心态在中国高等教育中的制度性的体现,乃是从根本上造成了我们今天普遍感到文化底气不足的根本原因。"[14]从中国大学建设的历史来看,大学的文化之根,应该根植于中国文明和文化之中。对于当代中国大学来说,它是中国共产党领导下的大学,教育的根本属性决定了其文化之根应根植于以中华优秀传统文化、中国独特的革命文化和社会主义先进文化为主体内容的文化体系之中,应从中寻找具有自身特色的文化根基,重塑自身文化自信。这是因为当代文化自信概念的提出正确地回答了"中华民族从哪里来""中国共产党执政地位从哪里来""中国特色社会主义伟大事业向哪里去"三个重要问题。只有确立文化自信,用中华优秀传统文化、中国独特的革命文化和社会主义先进文化去指导当代中国大学的建设和发展,引领当代中国大学对人才的培养,才能确保当代中国大学的性质不变质,才能确保其培养的人才为社会主义人才,才能抵御和消解西方资产阶级自由化思潮对当代大学生的消极影响。另外,当代中国大学之道的落实和实现,主要体现在人才培养上,在于对人才的传道上。对于"道"的传承和发展来说,传道只是一个中间过程,其还要受到两种因素的影响:一为传道之人的道的水平(终极为"至道"),二为习道之人的亲近道的心和已有道的水平(体现为"近道"),这就要求传道之人应达到"至道",习道之人应达到"近道",只有这样才能真正落实和实现当代中国大学之道,这需要当代中国的传道之人和习道之人具有高度的文化自信,否则既谈不上道的传承,也谈不上对道的理解、领悟和运用。因此,只有让文化自信成为落实当代中国大学之道的内在根基,才能真正确保当代中国大学之道在方向性和引领性上的正确性,才能真正体现出当代中国大学之道的现实意义,这就要求当代中国大学之道要与传承中华民族伟大精神、确保中国共产党执政地位保持高度一致,与中国特色社会主义伟大事业的前进方向保持高度一致。

（二）当代中国大学之道是实现文化自信的根本途径

大学不仅作为人类文化的传承、选择、生产和创新之地,而且也承担着激发人们的文化自我觉醒,树立文化自信的功能。当代中国大学的使命就是"要打造对中国文明具有充分文化自觉,从而对自己作为一个中国人具有高度自信的有教养的中国人"。"要培养当代中国的大学生达到充分的文化自觉和文化自信,能自觉地认识中国文明在当代世界中举足轻重的地位,自觉地去认识中国的崛起并不仅仅是中国文明史的事件,而且是世界文明史的事件。"[14]站在当代中国大学的角度来追问,就是要追问当代中国大学及其大学生能不能达到这样的文化自觉,有没有这样的文化自信? 追问的是当代中国大学及其大学生能否担当起一种文化责任,成为中国文明和中国文化复兴的担纲者。要实现这一目标,首先要培养当代中国大学的文化自信,其次是培养当代中国大学生的文化自信。这二者的文化自信的培养必须通过当代中国大学之道的实现而得以体现。大学文化作为社会主义先进文化的重要组成部分,培养其高度的文化自信,对建设社会主义文化强国,实现中国特色社会主义伟大事业发挥着极其重要的作用,这是当代中国大学当前和今后一段时期内首要的政治任务。[13]要通过当代中国大学对中华优秀传统文化、中国独特的革命文化、社会主义先进文化的继承、发展、创新和融合,创造出具有鲜明特性的当代中国大学文化,来确立当代中国大学的文化自信。培养当代中国大学生的文化自信,也必须通过当代中国大学来完成,在当代中国大学的课程设置、教学和服务管理中,以当代中国大学之道来引领大学各项工作的开展,汇聚各种教育力量来形成当代中国大学生对中华优秀传统文化、中国独特的革命文化、社会主义先进文化进行学习和践行,坚定其对中华优秀传统文化、中国独特的革命文化和社会主义先进文化的信仰,最终培养其具有高度的文化自信。只有这样,才能使当代中国大学生具备"修身、齐家、治国、平天下"的大胸怀、大理想和大信念,才能有一颗坚定的自信之心投入社会主义现代化建设中去,才能真正引领中国特色社会主义伟大事业的前进方向。

四、结语

从当代中国大学之道和文化自信间的关系上,不难看出当代中国大学之道与文化自信是一种相辅相成的辩证关系,二者就像鱼和水之间的关系那样。当代中国大学之道是实现文化自信的根本途径,文化自信要通过当代中国大学之道的落实和实现得以体现和落实;文化自信是落实和实现当代中国大学之道的内在根基,当代中国大学之道应从文化自信中汲取养分。对于当代中国大学而言,只有在文化自信中发展才能找到其正确的前进方向,才能找到自己成长和发展的底气和根基;同样,中国的文化自信也只有通过当代中国大学去弘扬、去引领、去开拓,才能真正树立中国的文化自信。

参考文献:

[1]黄博仁:《大学明明德释义》,载《社会科教育学报》,2004 年第 7 期,第 99—113 页。

[2]http://baike. so. com/doc/1867581 – 1975383. html

[3]郭齐家:《大学之道》,载《光明日报》,2016 年 12 月 15 日。

[4]金耀基:《重思大学之道》,载《探索与争鸣》,2013 年第 9 期,第 82—85 页。

[5]刘芳:《文化自觉和文化自信的战略考量》,载《理论学刊》,2012 年第 1 期,第 7—10 页。

[6]张克兵:《习近平关于当代中国文化自信力量源泉的三维审视》,载《湖湘论坛》,2017 年第 1 期,第 19—23 页。

[7]刘林涛:《文化自信的概念、本质特征及其当代价值》,载《思想教育研究》,2016 年第 4 期,第 21—24 页。

[8]杨莘:《坚持文化自信必须回答的三个问题》,载《前沿理论,》2017 年第 1 期,第 30—40 页。

[9]魏志敏、单春晓:《关于"文化自信"的思考》,载《牡丹江师范学院学报(哲社版)》,2017 年第 1 期,第 12—16 页。

[10]徐立文、舒建华:《习近平总书记提出"文化自信"的必然性探析》,载《社会工作与管理》,2017 年第 1 期,第 91—96 页。

[11]杜振吉:《文化自卑、文化自负与文化自信》,载《道德与文明》,2011 年第 4 期,第 18—23 页。

[12]封海清:《从文化自卑到文化自觉——20 世纪 20—30 年代中国文化走向的转变》,载《云南社会科学》,2006 年第 5 期,第 34—38 页。

[13]王文锋:《论大学文化自觉和文化自信的培养》,载《山东理工大学学报(社会科学版)》,2013 年第 2 期,第 81—84 页。

[14]甘阳:《大学之道与文化自觉》,载《教育》,2008 年第 5 期,第 46—47 页。

论"大学之道"的理论内涵及实践意义

董 晔

（烟台大学人文学院）

摘 要：儒家之道的核心在于"德"。在教育领域，培养人的德行至关重要。《大学》提出的"三纲领""七证"以及程朱理学和阳明心学对"八条目"的论辩，具有较为丰富的理论内涵，体现了对内立己、对外立人的整体教育观。对传统"大学之道"进行创造性转化和创新性发展，有利于培育现代大学理念、增强中华文化自信和提高民众道德水平。

关键词：大学之道；人文教育；现代转换；文化自信

儒家文化是中华优秀传统文化的重要组成部分，"德"是其核心价值观之一，它对内体现在"仁"，对外表现为"礼"，传统的"大学之道"更是将"德"之培养视作实现"止于至善"这一最高目标的重要基础。传统的"大学之道"，从人对于自身的思索开始，到涉及个体与他人的关系，再到社会层面进行总体考量，展现了中国古人对于"明德明理"的探究与追求，于今日的大学文化建设仍有重要价值。

一、何谓"大学之道"？

作为儒家经典《四书》之一的《大学》，首篇便开宗明义提到："大学之道，在明明德，在亲民，在止于至善。"大学者，大人之学也。南宋朱熹指出："人生八岁，则自王宫以下至于庶人之子弟，皆入小学，教之以洒扫、应对、进退之节，礼乐，射御、书数之文。"[1]"及其十有五年，则自天子之元子、众子、以至公卿、大夫、元士之适子，与凡民之俊秀，皆入大学，而教之以穷理、正心、修己、治人之道。"[2]可以看出，传统的儒学之道，是先学事而后明理，明理即是明"道"，博学之理即为大学之道。

大学之道的"三纲领"，其一是"明明德"。这里的"德"其实是"道"的一面，中国传统文化中对于"道"的思考往往是从内省开始的。第一个"明"字是证悟之意，"明明德"则是通过自我体悟或外界感发，找寻并发扬自身光明的德性之道。

与"明"相对应的是"蔽",说明德行是人本身便具有的,只不过被私欲所遮掩,所以需要靠人的自知自觉,将自身的明德外现或重新发掘出来,这与传统文化中对于人自身的思索是一致的。所以朱熹认为:"明,明之也。明德者,人之所得乎天,而虚灵不昧,以具众理而应万事者也。但为气禀所拘,人欲所蔽,则有时而昏,然其本体之明,则有未尝息者。故学者当因其所发而遂明之,以复其初也。"[3]因此,传统"大学之道"的第一步便是回归自我、明明德而复初心。

大学之道的"三纲领",其二是"亲民"。按照朱熹的解释,"亲"当作"新"讲:"新者,革其旧之谓也,言既自明其明德,又当推以及人,使之亦有以去其旧染之污也。"德行贤明的人会通过自身"明明德"之行为而推己及人,带动其他社会民众除弊革新,明其明德;如按王守仁的解释,"亲"则取亲近爱护之意,意味着统治者应亲近民众。实际上,无论是朱熹还是王守仁的阐发,都涉及一个由内而外的环节,从个人的德行修养层面上升到整个社会阶层的道德环境塑造,这说明我国传统的教育观并不仅仅局限于自我本身的道德文化彰显及升华,而是拥有对个体与社会关系之整体思考的广度和深度。

大学之道的"三纲领",其三是"止于至善"。需要说明的是,这里所讲的"止于至善"并非"停止在至善之境地"的字面义,原因有三:首先,"至善"会因主体的不同,而"止"于不同的程度;其次,"至善"作为善的最高境界或曰理想境界,它是既对应于个人也对应于群体的;再次,"至善"之境,既是明德亲民之止,也是明德亲民之始,即"止"在某种程度上意味着新的"始"。故张载指出:"'大学之道'在'止于至善',此是有本也。思天下之善无不自此始,然后定止,于此发源立本。"[4]所以,"止于至善"可以看作一个能够实现的理想之境,它超越了一般的是非善恶之分,是传统教育观所期冀的大学之道——人由善始,修己安人,由点及面,追求完备。

对于如何"明明德"而"亲民"以"止于至善",《大学》则进一步提出了七证即"知、止、定、静、安、虑、得"。所谓"知",则是知人性,了解人性之善;所谓"止",则是止恶意,抹去善性之蔽;所谓"定",则是定道心,保持心性之坚;所谓"静",则是静神思,稳固内心之宁;所谓"安",则是安情意,维系心神之怡;所谓"虑",则是虑世事,思酌世故之变;所谓"得",则是得造化,终达至善之境。《大学》明确指出:"知止而后有定,定而后能静,静而后能安,安而后能虑,虑而后能得。"此七者由内明到外感,环环相扣,依次而行。知、止、定、静、安而明明德,虑而亲民,得而止于至善。

继"七证"之后,程颢、程颐又提出了更为具体的"八条目",以详加阐述得"大学之道"的过程及目标,这"八条目"即格物、致知、诚意、正心、修身、齐家、治国、平天下。朱熹认为："'修身'以上，明明德之事也，'齐家'以下，新民之事也。"也就是说，"修身"以上为"内圣"，以求"明明德"；"齐家"以下为"外王"，以达"亲民"。虽然"内圣外王"一词最早出于《庄子》，但从儒家思想的发展来看，自春秋战国始，经汉儒独尊，又到理学大兴，儒家在学、政、教三个领域里的融会贯通渐趋成熟，心性内德与社会功用从一开始就紧密结合起来。对此"八目"，朱熹突出了"格物致知"："格物者，格，尽也，须是穷尽事物之理。若是穷得三两分，便未是格物。须是穷尽得十分，方是格物。"[5]意思是，首先对外格物，穷尽事物之理，然后才能致知，以扩充内心之德。这似乎是一个由外及内的过程，与"三纲领"由己及人、由内而外的逻辑相矛盾，其实不然。因为"格物"与"致知"本身同为一体，都是"内圣"这一对内过程的最初阶段。朱熹认为："物格者，物理之极处无不到也；知至者，吾心之所知无不尽也。"强调尽格外物以达自我本心之知。王阳明则反对朱熹的"格物致知"而独推"致知"说，即心为天理，万物则由心之良知现成，这与其心学理论是分不开的。理学与心学在此的分歧主要是"格物"与"致知"孰先孰后的问题。阳明心学突出了主体在道德自制与对外主导的积极作用，但似乎忽视了大学之道的本末环节。朱熹的格物致知是格吾心之外的事事物物，王阳明的格物致知则是推致吾心之良知天理于事事物物。也即是说，前者主张从外（格物）到内（穷理、天理）即从客体到主体的认知进程，而后者则是从内（良知）到外（事物之理）即从主体到客体的实现或推致的认知进程[6]。虽然理学与心学在本源的看法上并不一致，但两家学说在关于人道德修养的塑造，在主体、意志与行为的关系，以及在修"大学之道"以"平天下"的价值目标方面却是殊途同归的。

二、得大学之"道"，关键在"教"

"道"作为哲学概念，最早见于《老子》，用来解释宇宙万物的本源及其运行规律。老子将宇宙万物的本源及其运行规律高度凝炼为"道"，本身就含有言有尽而意无穷的意味，所谓"道可道，非常'道'；名可名，非常'名'"[7]。从当代哲学视野来看，"道"的含义极其广阔，既可指代某种规律，也可代表人们的普遍情感，或是个人某些独特的追求，所以今日谈"道"大可不必拘泥于老庄之道，而应放大视野，将其置于整个传统文化甚至世界文化的层面上来说。"道"体现于事即为理，如韩非《解老》言："道者，万物之所然，万理之所稽也。"[8]孔孟追求"仁""礼"，是儒家之道；老庄追求"自然而然""无为而治"，是道家之道；墨子追求"兼爱""非攻"，是墨家之道；韩非追求"法治""约束"，是法家之道；西方追求"理性"或"反理性"，则是西方之道。"道"总能随着种族、环境、时代的变化而不断被赋予新的含义。在中国古代，"道"体现于人即为德，得道之人则是拥有良好德行的人，这跟传统文化中对于道德教育的认知有着密切关系。

在中国古代，"教育"一词，始见于《孟子·尽心上》："君子有三乐，而王天下不与存焉。父母俱存，兄弟无故，一乐也；仰不愧于天，俯不怍于人，二乐也；得天下英才而教育之，三乐也。"[9]许慎在《说文解字》中解释，"教，上所施，下所效也"；"育，养子使作善也"[10]。而"文化"一词，则由《易经》贲卦中"人文化成"缩写而来，天道自然规律与人文社会伦理交织，"人文教化"的含义十分明显，是通过文治教化，培养知识与德行并存的人的过程。由此可见，教育理念在传统文化中的地位之重，二者之间存在着必然的联系。一方面，文化本身就是一种教育力量。在中国古代社会中，特别自汉代"罢黜百家，独尊儒术"之后，儒家文化成为传统文化的正统主流，它的兴盛所带来的整个文化环境的改变，几乎对整个古代社会的文化氛围都产生了强大的教育作用；另一方面，教育又是一种特殊的文化现象，儒家思想对人的教育教化又进一步巩固了它在中国文化中的特殊地位。

在儒家看来，得大学之"道"，关键在教育。同为儒家，孟子认为"人性本善"，而荀子则认为"人之性恶，其善者伪也"。人性善，则人可以接受教育，使之发扬光大；人性恶，则人需要接受教育，从而将其恶性削弱直至转化为善。虽然二者的出发点，而最终的落脚点都是如何通过教育造就出有德有道之人。子曰："十室之邑，必有忠信如丘者焉，不如丘之好学也。"（《论语·公治长》）孔子的言论表明忠信之人并不是最突出的，好学才是更加重要的，德行与才能都是通过接受教育得来，并不是生而知之的。在儒家思想中，学不仅意味着知识教育，更为重要的是一种德行教育，除了儒家典籍的学习，传统文化教育更为偏向的是"修礼"与"修德"，这即是"修道"，当然所修的是儒家之道。子夏曰："百工居肆以成其事，君子学以致其道"（《论语·子张》）各行各业的工匠通过工作完成自我，有德行的人则要通过学习来获取真理，其中的真理则为君子（大人）之道。

在任何教育领域，教与育都是紧密结合的，有"道"可学则必有"法"可教。《礼记·学记》云："大学之法，禁于未发之谓豫，当其可之谓时，不陵节而施之谓孙，相观而善之谓摩。此四者，教之所由兴也。发然后禁，则扞格而不胜；时过然后学，则勤苦而难成；杂施而不孙，则坏乱而不修；独学而无友，则孤陋而寡闻；燕朋逆其师；燕辟废其学。此六者，教之所由废也。君子既知教之所由兴，又知教之所由废，然后可以为人师也。"[11]在教育的方法上强调防患未然，因势利导，适度教育，切磋进步，从而做到循序渐进，教学相长，尽显儒家教育观的"大学之法"，其本质便是修道做人。

在儒家文化中，个人道德与社会功用始终联系在一起，"内圣外王"是儒家最高的理想人格目标。如果说儒生们的初衷是"修自身"，那么他们的最终目的则是

"平天下"。但在当今时代,社会环境及知识分子角色的转变,使得"平天下"很大程度上改头换面成了"争名利",虽然它们在本质上是同一的,但这种目的性所占的比重越来越大,便很容易带来今时今日"修自身"层面的逐步丧失。这种转变给如今的教育,特别是大学教育和成人教育,带来了巨大的挑战。传统文化中的大学之道,在明明德,在亲民,在止于至善;当代大学也承载着三种主要职能,即人才培养、科学研究、服务社会。当代大学发展的重点在于人才培养,但我们如今的教育,却常常在"人材制造"而不是"人才培养"。"人才"强调的是人格与才能的统一,这与传统文化中的"大学之道"是相一致的;而"人材"则更偏向于一种实用主义的价值原则。"才"与"材"的关系,如同"人"与"器"的比量,孔子说"君子不器"(《论语·为政》),在中国传统文化中,教育应重道重德而不能偏向于重器重艺,如今我们却一味地秉承西方教育理念,造成当前高等教育中诸多的矛盾和困境。

三、传统"大学之道"的现代转换

诚然,中华优秀传统教育思想在当代发生的不良转变是有其历史原因的。鸦片战争以后,中国先后在物质文明、政治文明和思想文明层面上大肆仿效西方,以至于形成了一种错觉,即西方的、现代的就等于先进的、优秀的;过去的、传统的就等于落后的、封建的。这种错觉至今仍在很大程度上影响着我们。中国的现代大学制度最初也是从西方引进,单就大学模式而言,中国与西方基本上是接轨的,无疑也是较为成功的,但中国无论是从个体的人还是就整个社会层面来讲都是亟待发展的,这种刚性需要首先并且强烈地表现在经济层面,而科技发展所带来的市场繁荣与经济飞跃,又使中国高校的"大学之道"逐渐偏向工具理性和科技理性,这势必带来包括德育在内的整个人文德育的边缘化,而重理轻文、重艺轻道、重市轻学的环境和风气又进一步加剧了民众人文素养的缺失,从而导致恶性循环。

当代中国大学的发展,以立德树人为根本任务,就此而论,与传统"大学之道"是一脉相承的。比如在培养人才的问题上,说到底还是道德与才能的关系问题。关于两者之间的关系,司马光在《资治通鉴》中作了精辟的阐释:"夫才与德异,而世俗莫之能辨,通谓之贤,此其所以失人也。夫聪察强毅之谓才,正直中和之谓德。才者,德之资也;德者,才之帅也……是故才德全尽谓之圣人,才德兼亡谓之愚人,德胜才谓之君子,才胜德谓之小人。"[12]如今的大多数观点都是先立德后学才,但道德与才能并不是一对可以分出孰重孰轻的命题,重德轻才或可造就和谐之社会,但必然带来经济与综合实力的赢弱,落后就要挨打;重才轻德诚可带来经济科技的繁荣,但势必导致争名夺利的社会风气,直至内部腐化瓦解。德与才的矛盾,古今中外皆然,不过于今为烈。而实际上,它们的最终目的是一致的,即促进社会发展与文明进步。今天我们强调人文教育,恰恰是因为价值原则逐渐偏向于知识才能方面,由此看来,在当代社会,人文教化更像是一种"无奈的外援",由此而产生的则必定是深层次的文化道德忧虑,而传统文化中的道德教育,无疑是治疗今日社会道德忧虑的良方。

在当今这样一个交往对话的时代,作为个体的人通过种种社会关系联结在一起。人的个体性发展是对人权与自由的维护与保障,也是社会发展的内部需求,本身就有其合理性。人的个性发展与社会性发展本应是相辅相成,互为前提和基础。但在社会发展过程中,个性发展逐渐向优越意识产生了偏离,对权力与物质资源的占有量使人拥有了最直接的等级分化,甚至精神追求的高低程度也有了最为明显的外在化特征显现,社会性层面之中的个体性表现成为了人们的普遍追求,由此而导致日益突显的利己主义和功利观念公行于世。道德与良知的隐蔽,不仅给经济秩序、政治运作、社会治安、生存环境乃至世道人心造成了严重问题,而且最终也祸及那些因迷失根本而本末倒置、舍本逐末的人本身[13]。

传统的"大学之道"以人伦关系为出发点,体现为以民本、仁爱、和谐、求善为目标的伦理型文化,代表着中华传统文化的基本精神。传统的"大学之道"所言修道治理,明确适用于上自"天子"下至"庶人"的各类角色。"大学之道"对"德""善"的强调并不在于否认个人的功绩,也不在只对"平天下"目标的指向,而是强调与一种人因自明天赋德性而修己成道,又在社会层面上推己及人,追求"至善"的社会理想之境。其间固然存在着一定的传统文化"官本位"思想及追求,但我们完全可以根据自己时代的特点,完成其向"人才本位"的创造性继承与转换,如王冀生先生便将大学之道重新表述为"大学之道,在明德崇学,在亲民新民,在多远卓越,在止于至善"[14]。一切创新都以传统作为出发点,中华优秀传统文化一脉传承至今,为当代教育提供了丰厚的文化土壤,可以改良却绝不可弃之不用,发展现代教育,并不意味着要完全摒弃传统教育而另辟蹊径。当前社会普遍存在的道德滑坡和道德忧虑,也并不能仅仅寄希望于高等教育,因为"人文精神"的缺失并非正在接受教育的青年人身上所特有的现象,而是源自一个更为广阔的时代与社会背景。

2015 年 10 月 24 日,国务院印发《统筹推进世界一流大学和一流学科建设总体方案》,明确将传承创新优秀文化作为重要改革任务之一,表明了大学肩负着继承和发扬优秀文化的光荣使命。作为传承文化和创造文化的重要基地,大学要有建立在高度文化自觉基础上的文化自信,这来源于对传统"大学之道"认同所产生的高度自豪感。所谓文化自信,就是对自身文化特质及生命力的坚定信念。传统

"大学之道"蕴涵的"崇尚人文、注重品德"的发展理念,造就了现代中国大学的早期文化,也极大影响了蔡元培、张伯苓、梅贻琦等人的教育思想和教育实践,所形成的独特的大学精神和发展理念,为当代大学文化建设奠定了坚实的基础。传统的"大学之道"既是中华传统文化的优良基因,也是世界各国普遍认同的文化精髓,理应成为今日高校继承发扬的大学精神。"大学的教育理念、办学思想、学术氛围、人才培养等都无不兼容于大学文化之中,高等教育改革要遵循教育规律,将优秀传统文化的精髓输送到大学生的血液里,根植到基因中,不断强化中国特色,融入中国元素,达到真正的'内化于心,外化于行'。"[15] 所以,对传统"大学之道"进行创造性转化和创新性发展,既是大学文化建设的价值意蕴,也是统筹推进"双一流"建设实践路径。

参考文献:

[1]朱熹:《四书章句集注》,上海古籍出版社 2006 年版。

[2]朱熹:《四书章句集注》,上海古籍出版社 2006 年版。

[3]朱熹:《四书章句集注》,上海古籍出版社 2006 年版。

[4]张载:《张载集》,中华书局 1978 年版,第 328、329 页。

[5]黎靖德:《朱子语类》,中华书局 1986 年版,第 283 页。

[6]张立文:《中国哲学范畴发展史》,中国人民大学出版社 1995 年版,第582 页。

[7]陈鼓应:《老子注译及评介》,中华书局 1984 年版,第 53 页。

[8]韩非:《韩非子》,中华书局 2014 年版,第 176 页。

[9]金良年:《孟子译注》,上海古籍出版社 2012 年版,第 202 页。

[10]段玉裁:《说文解字注》,上海古籍出版社 1981 年版,第 127 页。

[11]丁鼎:《礼记解读》,高等教育出版社 2008 年版,第 198 页。

[12]司马光:《资治通鉴》,中华书局 2009 年版,第 60 页。

[13]胡治洪:《论大学之道的成德进路、体知基础及其当代意义》,载《孔子研究》,2009 年第 1 期。

[14]王冀生:《大学之道》,高等教育出版社 2005 年版,第 8 页。

[15]蔡红生、杨琴:《大学文化:"双一流"建设的灵魂》,载《思想教育研究》,2017 年第 1 期。

略论大学传承和发展中华优秀传统文化的使命和路径

乔雪竹　张小锋

（对外经济贸易大学）

摘　要:中国优秀传统文化承载着数千年来中华民族世代传承的血脉,凝聚着全民族的认同感与归属感,是中华民族的精神支柱。要充分发挥大学在传承文化中的作用,将大学打造成传承中华优秀传统文化的冲锋兵、主力军。当下,大学在传承和发展中华优秀传统文化时仍存在些问题,特别是要处理好四个关系:传统文化与大学之道的内在关联;传统文化与国际化;传统文化与红色文化;传统文化与网络文化。大学传承和弘扬中华优秀传统文化要把握三大着力点,一是大学精神和校训要从优秀传统文化中汲取精华;二是大学文化要展现中华审美风范;三是大学要加强研究传统文化的现代性、创新性转换。

关键词:传统文化;民族精神;大学文化

作者简介:乔雪竹,对外经济贸易大学党委宣传部主管、中级;张小锋,对外经济贸易大学党委宣传部部长、教授。

2017 年初,由教育部国家语委和中央电视台主办的一档大型文化类益智竞赛节目《中国诗词大会》火爆荧屏。该节目以"赏中华诗词、寻文化基因、品生活之美"为主旨,一时间,国内大街小巷掀起了"诗词热"。以诗词为代表的中华优秀传统文化,似乎一夜之间"飞入寻常百姓家"。2017 年 3 月 3 日下午,教育部部长陈宝生出席两会"部长通道"时说道:"传承和发扬优秀传统文化是中国人'打底色'的工程,必须要重视。"如何打好中华优秀传统文化的"底色"?笔者认为,必须充分发挥大学在传承文化中的作用,将大学打造成传承中华优秀传统文化的冲锋兵、主力军。

一、大学在传承和发展中华优秀传统文化的使命与担当

习近平总书记在多次讲话中强调了中华传统文化的历史影响和重要意义。2016 年 11 月 30 日,习近平总书记在中国文联十大、中国作协九大开幕式上的讲话中强调,"中华文化延续着我们国家和民族的精神血脉,既需要薪火相传、代代守护,也需要与时俱进、推陈出新。要加强对中华优秀传统文化的挖掘和阐发,使中华民族最基本的文化基因同当代中国文化相适应、同现代社会相协调,把跨越时空、超越国界、富有永恒魅力、具有当代价值的文化精神弘扬起来,激活其内在的强大生命力,让中华文化同各国人民创造的多彩文化一道,为人类提供正确精神指引"①。

2017 年 1 月,中共中央办公厅、国务院办公厅印发了《关于实施中华优秀传统文化传承发展工程的意见》,文件指出实施中华优秀传统文化传承发展工程,是建设社会主义文化强国的重大战略任务,对于传承中华文脉、全面提升人民群众文化素养、维护国家文化安全、增强国家文化软实力、推进国家治理体系和治理能力现代化,具有重要意义。

中国优秀传统文化承载着数千年来中华民族世代传承的血脉,凝聚着全民族的认同感与归属感,是中华民族的精神支柱。中华民族有五千多年的历史,中华文化的发展与中华民族发展紧紧联系在一起。从诗经、楚辞、汉赋、唐诗、宋词、元曲到明清小说,从绘画、曲艺到文学、建筑,中华文化像一颗璀璨的明珠,在世界文明史上耀眼生辉,为中华民族的发展进步提供了丰厚滋养和精神支撑。《论语·季氏第十云》篇中有云:"远人不服,则修文德以来之。"文化像阳光和雨露一样,为古老的中华民族的繁荣昌盛提供源源不断的精神力量。

大学是反映国家特色与民族精神的镜子,大学文化体现了一个民族的文化水平和高度。大学肩负着文化传承的历史使命,是科学研究的重要机构,是国家文化软实力建设的重要阵地,是中华优秀传统文化传播和创造性转化的主战场。一流的大学必须具有鲜明的民族性格和文化特色,必须有一流大学的文化担当,要在弘扬中华优秀传统文化、继承文化基因、捍卫民族精神、推动文化创新中发挥引领核心的作用。对大学生开展优秀传统文化教育不仅是"打底色工程",更是"铸魂工程"。这是高校完成立德树人这一根本任务的必然要求,也是推进文化繁荣、实现中华民族伟大复兴的必要途径。作为文明的传播者与创造者,传承中华文

---

① 陈来:《弘扬中华优秀传统文化的根本指引——深入学习贯彻习近平同志关于中华文化的系列重要讲话精神》,《人民日报》,2016 年 9 月 22 日。

化、凝结民族精神,大学责无旁贷。①

二、大学传承和发展中华优秀传统文化须处理好四个关系

近几年,随着中华传统文化复兴浪潮,高校传统文化节、民乐团、传统文化讲堂、诗歌吟诵等活动开办地绘声绘色,国学社、汉服社、昆曲社、书法社、诗社等传统文化社团也办得有模有样。但不可否认,我们也应看到大学在传承和发展中华优秀传统文化仍存在些问题,特别要处理好以下四个关系:

(一)传统文化与大学之道的内在关联

"大学之道,在明明德,在亲民,在止于至善"。德,是中华优秀传统文化的重要元素,代表了中华传统文化的价值追求。德,既是个人的德,也是整个社会和国家的德。国无德不兴,人无德不立。一流的大学,必须有一流的文化。中华优秀传统文化是大学文化的根本,是大学文化成长的不竭源泉与深厚土壤。当今世界形势正处在大变革、大发展、大融合的时期,政治形势多极化、经济全球化、文化多元化、科技创新化,各种思潮冲撞交融激烈,文化在各国的竞争中愈发凸显出其重要地位。"求木之长者,必固其根本;欲流之远者,必浚其泉源。"大学文化只有把自己的根系深深地扎向中华文化这片沃土,倚靠中华文化这棵参天大树,才不会在国际化浪潮中迷失,不会在网络时代丢掉根本。

质言之,中华优秀传统文化是大学之道的内核,是大学文化的"根"和"魂"。大学文化必须坚守中华文化的立场,传承中华文化基因,体现出中华民族的风格与气脉。②

(二)传统文化与国际化

随着改革开放和国际化浪潮的发展,这些年出现了一些否定中华文化、歪曲中国历史的言论,乃至对传统文化进行诋毁侮辱和漠视不屑,集中表现为历史虚无主义。有的人"唯洋是从""洋胜于中",追崇外国文化,跟在外国的后面亦步亦趋,认为中华传统文化已过时、已淘汰,不能正确处理传统文化和外国文化之间的关系。在大学校园里,机构名称、会议名称、甚至一个活动的名称里都要加上"国际"或"全球",方显得高大上、洋气、有时代性;在课程设置中弱化传统文化类课程,在教材选择上推崇海外教材。这种"去历史化""去中国化"现象,无论对人才培养还是对传统文化的继承和发展都是十分有害的,反映了我们仍缺少文化自觉

---

① 沈壮海:《将优秀传统文化融入高校立德树人实践》,《思想政治工作研究》,2014 年 4 月 2 日。

② 高长武:《中国优秀传统文化的价值定位》,《光明日报》,2016 年 9 月 5 日。

和文化自信。生搬硬套、削足适履不可取,抛弃传统、丢掉根本更是大错特错。习近平总书记在庆祝建党 95 周年大会上提出"中国方案",正是强调了我们必须坚持文化自信。这种文化自信源于对中华优秀传统文化的继承,是对中华文化具有强大的包容力和凝聚力的正确认识。不媚外、不崇洋,但是也不排外、不抗拒,要在与外来文化的碰撞中坚持自我、展示中华文化的强大魅力,方能在国际化浪潮中尽显中华本色。

(三)传统文化与红色文化

红色文化教育是高校立德树人、人才培养的重要一环。但当下,大学文化建设中常常把传统文化和红色文化割裂开,甚至对红色文化有"娱乐化""形式化"的趋势。有些活动以娱乐化心态"戏说"红色文化、消费红色文化,消解权威、解构英雄,损害了红色文化的权威性和崇高性。有些部门空以红色文化为噱头,只重视形式,不重视内涵,看看展览演出,穿穿八路军衣服,唱唱红歌就算完成了红色爱国主义教育。红色文化俨然成了"形象工程",并未能触动到学生的内心深处。历史是一个民族的清醒剂,要把红色文化放在中华传统文化几千年的大背景下,从历史中解读文化、体会文化。中华优秀传统文化与红色文化是你中有我、我中有你的关系,红色文化本身就是一种具有中国特色、中国风格的传统文化。

(四)传统文化与网络文化

随着互联网和新媒体技术的快速发展,网络文化成为一种新的文化形态出现。今天的互联网上"乱象"丛生,有学生沉溺在游戏世界、直播平台,为网络主播一掷千金;各类网络节目层出不穷,形形色色,良莠不齐,占据着学生们的视野。网络上各种价值观和思潮冲撞激烈,网络和新媒体由于其自身的属性,在治理和管理中会有些乏力之处。大学生是互联网和新媒体应用的主要的受众群体,如果不能正确使用互联网和新媒体手段,不能正确处理传统文化和网络文化的关系,就会让网络文化中的糟粕和不良的声音占据文化高地,消解传统文化的主导地位。

三、大学传承和发展中华传统文化的路径和着力点

大学之道要以中国传统文化为"底色",要注重提炼和弘扬传统文化中的科学性的内容。大学要大力弘扬中华优秀传统文化的精髓,发挥学校的主阵地、主渠道作用,让中华优秀传统文化以"润物细无声"的方式融入到人才培养的每一个环节,充分彰显中华文化的现实价值和时代风采。

(一)大学精神和校训要从优秀传统文化中汲取精华

大学精神和校训是一所学校的精神和气质所在,是大学文化的凝练和核心。

大学精神要从中华优秀传统文化中汲取精华,延续血脉。比如,清华大学"自强不息,厚德载物"的校训就出自《易经》;北京师范大学的校训"学为人师,行为世范"从学与行两者之间的辩证关系体现了传统师德观念的深层内涵;中山大学的"博学、审问、慎思、明辨、笃行"十字校训取材于《中庸》的为学之道;香港中文大学的校训"博文约礼",则出自《论语》中颜渊对孔子的赞叹;东南大学的校训"止于至善"出自于《大学》的开篇。一流的大学,要把大学精神立足于传统,来源于传统。正因为根植于传统的沃土,汲取了民族文化的养分,它才得以根深叶茂,弥久常青。同时,大学精神和校训又进一步提炼了传统,继承了传统,从而打造了优良的校风、端正的学风,使传统得以传承下去,真正将传统文化和大学文化融合起来,让大学文化更加茁壮发展。

(二)大学文化要展现中华审美风范

2014 年 10 月 15 日,习近平总书记在文艺工作座谈会上指出,"中华优秀传统文化是中华民族的精神命脉,是涵养社会主义核心价值观的重要源泉,也是我们在世界文化激荡中站稳脚跟的坚实根基。要结合新的时代条件传承和弘扬中华优秀传统文化,传承和弘扬中华美学精神"。中华美学精神是中华优秀传统文化在美学方面的重要体现,蕴含着中华民族数千年来在文学艺术创造上的经验和总结。中华美学精神深刻影响着国人的审美趣味、审美习惯和价值取向。其讲究意向、意境,推崇神、韵、情、趣、品、味等,强调天人合一、道法自然的哲学理念,其对风骨、崇高、格调的推崇,无不体现出中华民族世世代代形成和传承的世界观、价值观、人生观、审美观,这已经是中华民族融入血肉中的文化基因。大学文化要在各种文化思潮碰撞中"出淤泥而不染、濯清涟而不妖",必须将中华美学精神融入到大学文化中来,展现中华审美风范,弘扬中华美学传统,方能彰显大学文化的气魄、中华文化的精神。

(三)大学要加强研究传统文化的现代性、创新性转换

习近平总书记指出,传承传统文化,绝不是简单复古,也不是盲目排外,而是古为今用、洋为中用、辩证取舍、推陈出新、摒弃消极因素,继承积极思想,"以古人之规矩,开自己之生面",实现中华文化的创造性转化和创新性发展。不忘本才能开辟未来,不守旧才能创新发展,这是当代大学对待传统文化的重要遵循。中华传统文化极其丰富、极其博大、极其深厚,优秀文化固然是主体和精髓,但也存在糟粕和不适宜的地方。对待传统文化,既不能全盘接受,好歹不分,拿来主义,把糟粕当精华;也不能全盘否定,厚今薄古,对传统文化嗤之以鼻。这两种都是错误的态度。要在继承的基础上实现现代性、创造性的转换,辩证取舍,摒弃过时消极

文化,继承精华积极的部分,才能激活中华文化的影响力。① 大学作为科学研究的重要疆土,更要不断研究开拓新的形势、新的主题,服务当代、面向未来,讲好中国故事,传播好中国声音,加强对中华诗词、曲艺杂技、琴棋书画等的研究与扶持,切实把大学打造成充满中华文化底蕴、展示中国风格、中国气派的一张文化名片。

参考文献:

[1]陈先达:《马克思主义和中国传统文化》,《光明日报》,2015年7月3日。

[2]李洪峰:《大国崛起的文化准备》,文化艺术出版社,2011年。

[3]聂翔雁、李大维:《大学传统文化教育的现状与路径探析》,《社会科学战线》,2016年第3期。

[4]刘海峰:《大学的传统文化传承责任》,《教育与职业》,2014年第10期。

---

① 祝和军:《中国传统文化的价值追求》,《光明日报》,2014年4月12日。

中国传统德性伦理文化的现代价值释义

张　磊

（青海大学马克思主义学院）

摘　要：中国德性伦理文化伴随着中华民族几千年的文明进程和发展，从先秦到近现代，产生了连绵不断、丰富多彩的思想。其中，以儒家思想的创始人孔子和中国伦理学之父蔡元培为代表的德性伦理思想，为处于社会转型期的大学教师提供德性养成的重要理论支撑和文化落脚点。

关键词：传统文化；德性伦理；现代价值

当前，中国社会处于转型期，大学教师的价值取向随着多元文化的涌入，容易变得浮躁、功利，个别大学教师甚至出现道德失范的行为。无论中西，自古以来皆认同"德性"规约个体行为的力量，故而对"德性"的追寻是应对功利化最有效的工具。纵观当前我国学者的研究，大多都是借鉴西方亚里士多德和麦金泰尔等德性伦理学家的观点，较少在中国的文化根基中寻找德性理据。2016 年，习近平总书记提出"文化自信"的观点，让我们觉悟到中国几千年的传统德性伦理文化是开展教师德性研究的重要源泉。例如，儒家思想有着与西方古希腊时期同样深厚的德性思想。

一、中国传统德性伦理文化的发展历程

中国德性学说伴随着中华民族几千年的文明进程和文化发展，从先秦到近现代，无论是儒家还是其他流派，都产生了连绵不断、丰富多彩的美德思想。其中，"我国以儒家为伦理学之大宗"①。因此，我们以儒家德性为主线进行梳理。

我国德性伦理发轫于周朝，以《易经》《书经》《诗经》为理论基础——"《书》为政事史，由意志方面，陈述道德之理想者也；《易》为宇宙论，由知识方面，本天道

① 蔡元培：《中国伦理学史》，广西师范大学出版社 2010 年版，绪论 2。

以定人事之范围;《诗》为抒情体,由感情方面,揭教训之趣旨者也。三者皆考察伦理之资也"①。周朝是一个圣贤辈出的时代,尧、舜、禹的出现,为人们树立了品德高尚的形象。那么,什么是德性呢?《书经》第二篇《皋陶谟》中,舜帝与大臣皋陶和禹进行对话,皋陶提出了"行有九德"的观点:"宽而栗,柔而立,愿而恭,乱而敬,扰而毅,直而温,简而廉,刚而塞,强而义。彰厥有常吉哉!"用现代汉语阐释则是,宽宏而有威严,柔和而有主见,谨善而又恭顺,能干而又慎重,驯顺而又坚毅,正直而又温和,果断而又廉正,刚强而又敦厚,勇敢而又仁义。修成美德有何重要作用呢?《书经》中《尧典》开篇便说明了:"尧克明俊德,以亲九族,平章百姓,协和万邦。黎民于变时雍。"意思是说,天子能先修其身,便可渐推于皇族;皇族和睦,便可渐推于百姓,进而使诸侯各国睦邻友好,天下群众皆礼貌友善。从中我们可以发现,中国德性伦理一开始就和治国政事紧密联系在一起,这与周朝统治者从夏商王朝因暴虐无德而灭亡的前车之鉴中体悟到"以德治国"的重要性密不可分。

后周王室衰退,诸国皆欲争霸天下,周礼体系破败,社会进入了杂乱的状态,王华老师称之为中国的"英雄时代"。这期间,诸子围绕如何治国、如何太平等问题展开了激烈的论战,出现百家争鸣的盛况。其中,孔子集唐虞三代的思想,加以陶铸,形成了儒家德性伦理。"儒家的伦理传统始于孔子的'仁学',而孔子仁学既上承'周礼',又自创美德伦理体系。是故,孔子的《论语》被公认为中国古代第一部伦理学元典,其地位和形成都类似亚里士多德的《尼各马科伦理学》"②。由此,孔子是在中国传统社会文化的基础上开创了德性伦理,而这种继承演进到后来的朝代以及近现代已然成为一种传统,使中国完整地保持着自己的精神特色,形成源远流长、博大精深的中华文化。

自孔子去世后,儒家分为八派。其中曾子尊德性,后子思及孟子继承并发扬。子思作有《中庸》,认为"率性"和"诚"是核心。关于率性,子思认为"天命之谓性,率性之谓道,修道之谓教",即道德源自于性,率性而为即中庸。按照上天所给予人的本性去做事则为道,修道的方法就是教化。关于诚,"自诚明谓之性,自明诚谓之教",阐述了诚实最根本的道德原则。我们可以看出子思已有"性善论"的倾向,但是明确提出性善之说的是孟子。性善论是孟子思想的精髓,"乃若其情,则可以为善矣,乃所谓善也。若夫为不善,非才之罪也。恻隐之心,人皆有之;羞恶之心,人皆有之;恭敬之心,人皆有之;是非之心,人皆有之"(《孟子·告子上》)。孟子的这段话,阐述了他认为人之天生的性情都可以使之善良的观点。他认为

---

① 高平叔:《蔡元培全集(第二卷)1910—1916》,中华书局,1984年版。

② 万俊人:《现代性的伦理话语》,黑龙江人民出版社2002年版,第216页。

"仁"和"义"是重要的美德,"仁,人心也;义,人路也"。仁是人的心,义是人的路,人不可舍弃义的正路、丧失道德心而寻求捷径,此非浩然正气的"大丈夫"所为也。

进入封建时代后,秦朝统一六国,"焚书坑儒"实行文化专制造成极大的德性思想损失。后来,汉朝武帝听从董仲舒"罢黜百家,独尊儒术"的主张,促成了儒家伦理成为了之后几千年里中国唯一的德性显学。董仲舒(约前179—104)在孔孟思想的基础上,提出了"三纲""五常"作为封建道德的核心内容。"三纲"指君为臣纲,父为子纲,夫为妻纲;"五常"指"仁、义、礼、智、信"五种美德,其中"仁义"是核心。到了魏晋时期,又进入乱离状态,学者大多苟且偷生无远大志向,崇尚虚无空谈名理,称为"清谈家"。后至唐代,科举制的实行使得八股文风盛行,导致学风颓废。蔡元培认为这期间"其能立一家言,占价值于伦理学界者无几焉"[1]。宋代创理学,后分为朱、陆二派。朱熹尊德性,陆象山道问学。因此,朱熹(约1130—1200)是儒学的集大成者,他认为理是伦理道德的基本准则。理又被称为"太极",是天地万物之理的总体。达到"太极"的境界,则是至高无上的美德。"性是太极浑然之体,本不可以名字言,但其中含具万理,而纲理之大者有四,故命之曰仁义礼智"(《宋元学案》)。从这句话可以解读出太极等同万理,其中最主要的美德则是仁、义、礼、智。通过对封建时代的考察,我们了解到虽然封建时期道教德性观兴起,后来佛教德性思想流入,但始终未撼动儒家德性的地位。

中国结束了几千年的封建社会,进入近现代社会,德性伦理研究从未间断,例如梁启超(1873—1929)、吴宓(1894—1978)、张岱年(1909—2004)等学者都积极地匡复几千年的传统儒家传统德性思想。但是在继承儒家德性伦理的基础上,将其向前推进者却当属蔡元培。蔡元培是一位融合中西的伦理学家,他一方面忠实追随儒家思想,但同时又积极学习诸如泡尔生等人的西方伦理学。

下面,我们将重点阐述儒家德性伦理奠基人孔子和近现代德性伦理集大成者蔡元培的理论观点。

二、"万圣之师"孔子的德性伦理思想

孔子名丘,字仲尼,周灵王21年生于鲁昌平乡陬邑。"禀上智之资,而又好学不厌。五常师,集唐虞三代积渐进化之思想,而陶铸之,以为新思想"[2]。孔子创办了儒家学派,主张"德治",不但对之后的历朝历代产生了深厚的影响,对今天的中华民族来说依旧有着重要的指导意义。严格来说,孔子的德性伦理思想是始于

---

[1] 蔡元培:《中国伦理学史》,广西师范大学出版社2010年版。

[2] 同上。

孔子本人的论述,而深化于子思、孟子等追随者。因此,笔者在阐述孔子德性思想的过程中,同时会涉及其他诸子的论证。

孔子的德性目录表:在中国伦理学中,德性目录被看作为"道德的最高原则"。在孔子的德性思想中,"仁"是最高的德性,是大德,是"圣人"的道德;"孝"是德性的最好体现。孔子具体"德目"体现于《阳货篇》中,"子张问仁于孔子。孔子曰:'能行五者于天下,为仁矣。''请问之。'曰:'恭、宽、信、敏、惠。恭则不侮,宽则得众,信则人任焉,敏则有功,惠则足以使人。'"从中,我们可以看出孔子的德目包括"恭、宽、信、敏、惠"等,这些德目大多意指人伦关系中的角色美德而非典型的个体美德,体现在人与人相处的过程中。

"仁"字最早出现于《诗》《书》之中,但并没有得到系统的论述。在孔子那里,仁第一次被提升为一种普遍的德性观念(《冯契文集》,第一卷,第八章)。《礼记·中庸》引用孔子的话:"仁者人也",在《里仁篇》中:"观过,斯知仁矣",足见"仁"对于人来说,是根本的品质,同时也是实现现实自我与理想自我转换的重要途径。因此孔子的美德伦理实则表现为仁德伦理,作为美德伦理之核心范畴的"仁"具有统率其它各种德目的功能特性①。论语载:"颜渊问仁。子曰:克己复礼,为仁。一日克己复礼,天下归仁焉。为仁由己,而由人乎哉?颜渊曰:请问其目。子曰:非礼勿视,非礼勿听,非礼勿言,非礼勿动。颜渊曰:回虽不敏,请事斯语矣"(《论语·颜渊》)。"克己复礼"和"为仁由己"阐述了孔子对外在规范和内在道德自觉的关系,认为二者的统一是提升人的道德境界的关键。但是,"为仁由己"阐明了个人主体自觉的决定性因素,孔子更加肯定作为个人力量的"仁"在成德修养中的作用。尽管说孔子也强调"礼"的作用,但是在《论语》中,"仁"出现多达109次,而"礼"只出现74次,可见"仁"在道德养成中的作用是优先于"礼"的。

德性与中庸:仁是最根本的德性,如何践行仁?孔子并没有说明具体如何做,而是要遵循"忠恕之道":"己所不欲,勿施于人"(《卫灵公》)、"己欲立而立人,已欲达而达人"(《雍也》)。"忠恕之道"可以被理解为是"中庸之道",即"中行之道"或"中止之道",孔子自己将其解释为"过犹不及"。中庸在儒家德性可有两种理解,一是恰如其分的行为方式,合乎礼度。二是德性本身,即孔子:"中庸之为德也,其至矣乎"(《论语·雍也》)。首先,从《礼记·仲尼燕居》载:"子曰:'礼乎礼!夫礼所以制中也",《左传·哀公十一年》亦载:"君子之行也,度于礼……举事而中"等记载可看出中庸作为一种行为方式。董仲舒曾由《中庸》"中者天下之大本,和者天下之达道"推出"德莫大于和,而道莫正于中",认为"中庸"是中国务

---

① 万俊人:《现代性的伦理话语》,黑龙江人民出版社2002年版,第218页。

实趋善的"实践理性"哲学的核心①。其次，作为德性本身，《中庸》中用诗一般的语言赞颂君子的中庸之德："君子和而不流，强哉矫；中立而不倚，强哉矫；国有道，不变塞焉，强者矫；国无道，至死不变，强哉矫!"这句话体现了"和而不流"的优秀品质。因此，中庸既是一种道德行为，也是一种道德品质。时至今日，中庸之道被现代中国大多数人接纳，并成为了一种普遍的行为模式。

德性的养成:孔子所举种种道德行为之模范被称为"君子"。"君子之德风，小人之德草，草上之风必偃"（《论语·颜渊》），此谓之君子"德风"，与"小人"之"德草"相对。又说:"君子义以为上"，"君子义以为质"（《论语·阳货》）;"君子喻于义，小人喻于利"（《论语·里仁》）。"君子"人格要求人舍利求义、去利怀仁。那么，君子该如何养成呢?《雍也》:"文质彬彬，然后君子"。"文"是后天的教化，而"质"是指先天的本质，只有当先天之质经过后天诗、书、礼、乐的教化，便可以成德。因而，教化是孔子认为养德的途径之一。教育的重要作用得到孔子的充分肯定。

另外一条途径为"修身"。《大学》中说:"古之欲明明德于天下者，先治其国。欲治其国者，先齐其家。欲齐其家者，先修其身。欲修其身者;先正其心。欲正其心者，先诚其意。欲诚其意者，先致其知。致知在格物，格物而后知至，知至而后意诚，意诚而后心正，心正而后身修，身修而后家齐，家齐而后治国，国治而后天下平。"杜维明教授曾将儒家的这种自我修养实践概括为"同心圆"图式，认为它是一个由自我（心灵）→家庭→共同体→国家→世界→超越（Beyond）的由内向外不断扩张的过程，它充分体现了"自我之创造性转化"（self as creative transformation）的道德精神的能动性②。因此，"修身"儒家美德伦理的核心，同时也是最关键的一个环节。

修身的具体方法有哪些呢?《论语·卫灵公》载"君子求诸己，小人求诸人"指出了"为仁由己"的途径，即要成为仁德之人要靠自己，而不能依赖别人;《孟子·离娄下》说"尽其心者，知其性也。知其性，则知天也。存其心，养其性，所以事天也。夭寿不贰，修身以俟之，所以立命也"指出了"存心养性"的途径，即人应抵制外来诱惑，保持最初的善心;《孟子·告子下》载"苦其心志，劳其筋骨，饿其体肤，空乏其身，行拂乱其所为"描绘内在修身的实践方式和过程。因此，修身不仅是为了自我完善，成就高深的人格，还在于通过内心陶冶塑造合乎"忠、孝、仁、义"等伦理的要求。

---

① 萧兵:《中庸的文化省察——一个字的思想史》，湖北人民出版社1997年版。
② 万俊人:《现代性的伦理话语》，黑龙江人民出版社2002年版，第230—231页。

孔子还指出,实践与养德密不可分。在中国哲学中,道德不仅是认识问题,更是行动的问题,古代思想家重视伦理问题的言行相符。"君子耻其言而过其行"(《论语·宪问》),"君子欲讷于言而敏于行"(《论语·里仁》)都指出了言行一致的重要性。因此,躬行实践是一直为儒家德性思想所推崇,这种实践是指个人行动意义上的德性实践。

三、"中国伦理学之父"蔡元培的德性伦理思想

蔡元培是我国近代著名的伦理学家,是儒家德性思想的维护和传承者。他处于西风东渐的清朝末年,知识分子大多开始接触西方思想。正如张岱年说:"试观中国近代的学风,有一显著的倾向,即融汇中西"①。蔡元培是其中的典型代表,他旧学根底深厚,有留洋求学经历,同时又有着较高的鉴别能力,因此他在传统学术的基础上吸取西方德性的智慧。他一方面继承了中国传统儒家思想,另一方面吸收了洪堡、冯特、泡尔生等西方学者的思想。正如他在《中学修身教科书》例言所说:"本书悉本我国古圣贤道德之原理,旁及东西伦理学大家之说,斟酌取舍,以求适合于今日之社会。"纵观蔡元培的伦理思想,是集中西之大成。

蔡元培关于德性伦理的论述多见于他的《中学修身教科书》(详见《蔡元培全集(第二卷)》(1910—1916)),其中阐明了他注重个体道德教育、人格培养和五育并举的观点,该书被誉为道德教育的读本。此外,他还结合当时国家和社会的需要,提出"育国家之良民"的道德培养目标,这是他道德教育的核心。蔡元培对于德性的理解,大体上是继承了孔子的观点。"是故德者,非必为人生固有之品性,大率以实行本务之功,涵养而成者也"②。既强调与生俱来的"品性",孔子称之"质";同时他又认为必须实行本务的中庸之道来"涵养"德性。但是他的德性观又不完全局限于儒家德性观,例如他提出了"博爱"是人生至高的道德、"公德"应与"私德"相补充、"体育"为修德之本等"新奇"的德性思想。下面,我们就从德性目录、德性与心理成分的关系、德性的培育三个方面来阐述蔡元培的德性观。

德性目录:在蔡元培的德性目录里,中国传统文化中的品质被极为看重,例如"勤勉、忠孝、信义、恭俭、谦逊、自制",但同时他也结合中国近代社会所存在的一些问题,将西方民主共和社会中的德性引入中国,例如"博爱、崇尚公德、贵贱平等"。例如,"勤勉者,良习惯之一也。凡人所勉之事,不能一致,要在各因其地位境遇,而尽力于其职分,是亦为涵养德性者所不可缺也。"如果一个人有怠惰,则是

---

① 张晓唯:《蔡元培评传》,百花洲文艺出版社 2010 年版。
② 高平叔编:《蔡元培全集(第二卷)1910—1916》,中华书局 1984 年版,第 253 页。

"众恶之母。"再如自制，或者我们可以称之为节制："且节俭者必寡欲，寡欲则不为物役，然后可以养德性，而完人道矣。"具体来说，应该节制什么呢？"自制之母有三：节体欲，一也；制欲望，二也；抑热情，三也。"也就是说，节体欲是指饮食要有度、不可荒淫于色；制欲望是指对名誉和财产的渴求不可过度；抑热情是指控制自己的情绪，忿怒暴躁皆无益于养德。他还强调勇敢的重要性，"勇敢者，所以使人耐艰难者也。人生学业，无一可以轻易得之者。当艰难之境而不屈不沮，必达而后已，则勇敢之效也。"但是蔡元培强调勇敢不在体力，而是体现在智德，其中"独立"他认为是"勇敢之最"。

"博爱为本"是蔡元培核心的社会伦理思想，指出了人作为社会共同体的一分子，应该具有博爱的品质。他将博爱看成是"人生至高之道德""博爱者，人生最贵之道德也。人之所以能为人者以此"，将博爱提升到"为人"的高度。尽管儒家德性也提倡"仁者爱人"的思想，但是蔡元培明确地将"博爱"定位为人际关系的核心。博爱最大的功能是帮助人们从"私德"修养拓展到"公德"修养。何谓私德？何谓公德？私德就是指以家庭为单位的道德，"是人们处理与自己有血缘关系或与血缘关系相类似的亲戚朋友的关系时应遵循的道德原则和规范"①。公德则是人在社会公共生活中的道德原则和规范。蔡元培主张将"私德"与"公德"相集合，"人之在社会也。其本务虽不一而足。而约之以二纲。曰公义。曰公德"。中国传统伦理重私德而轻公德，往往使个人在处理公务中将亲属关系、朋友关系参揉进来，出现用人唯亲、徇私枉法的现象，是故西方称中国文化为"人情社会"。因此蔡元培的主要贡献之一就在于他将德性的内涵从儒家传统的人伦关系的"私德"，拓展到以国家和社会为单位的"公德"，大力提倡公德以弥补传统伦理的这一缺陷。

德性与知情意：早在孔子的德性论中，就对德性和知情意的关系进行过分析。曰："知者不惑，仁者不忧，勇者不惧"，有智慧的人不会迷惑，有仁德的人不会忧愁，勇敢的人不会畏惧。《公治长》："未知，焉得仁"，知乃是修得最高德性"仁"的条件；《泰伯》："子曰：兴于诗，立于礼，成于乐"，诗和乐表现了情感体验是人在养德的过程中必不可少；《述而》："子曰：志于道，据于德，依于仁，游于艺"，更是完整地说明了坚定的志向对于修德的重要性。蔡元培在孔子的基础上，明确"人心之作用，蓄变无方，而得括之以智、情、意三者。"这与他在德国时系统学习心理学有着莫大的关系。德之原质赅有智、情、意三者："德者，良心作用之成绩。良心作

---

① 陈剑旄：《蔡元培伦理思想研究》，湖南师范大学博士学位论文，2004 年。

用,既赅智、情、意三者而有之,则以德之原质,为有其一而遗其二者,谬矣"①。首先,他引入良心的概念对德性的结构进行划分。他认为"良心者,不特告人以善恶之别,且迫人以避恶而就善者也。行一善也,良心为之大快;行一不善也,则良心之呵责随之,盖其作用之见于行为者如此"②。也就是说良心是判断人善恶的标准,使人从善而为之,具有对自我行为进行评价的功能。那么,良心如何才能起到作用呢,必须要以德的三原质"智、情、意"统一起来。接着,他进一步分别阐述了三原质是如何发挥作用的:"人之成德也,必先有识别善恶之力,是智之作用也。既识别之矣,而无所好恶于其间,则必无实行之期,是情之作用,有不可少也。既识别其为善而笃好之矣,而或犹豫畏葸,不敢绝行,则德又无自而成,则意之作用,又大有造于德者也。故智、情、意三者,无一而可偏废也"③。认知是对善恶的主观认识,感情是对事物和行为的主观体验,它即是产生对良心的认知的动力因素,推动个体进行行为的道德价值判断,又是良心的意志的促成因素,推动个体坚持善行。而意志是不在外现的内心举动,虽内心的意志未现于外,但是通过行为可以被观察得到,故意志为因行动为果。最后,他认为意志的作用起于动机,行为之善恶判断也起源自动机。"夫行为之原质,既为意志作用,而意志作用,又起于动机,则动机也者,诚行为中至要之原质欤"④。

德性的培育:蔡元培关于德性如何培育有两个重要的主张。一是"教育为道",二是"修齐治平"。首先,他明确提出道德教育的重要性:"发展人格者,举智、情、意而统一之光明之之谓也。盖吾人既非木石,又非禽兽,则自有所以为人之品格,是谓人格。发展人格,不外乎改良其品格而已"⑤。也就是说要通过道德教育影响人的道德认知、道德情感和道德意志,从而发展和提高人的道德品质,完善其道德人格。其次,传统儒家将"修身、齐家、治国、平天下"视为个人德性养成的最高要求,同时亦是人们追寻的理想道德境界。蔡元培致力于弘扬儒家传统的道德理想,这一点充分体现在他将《中学修身教科书》的前四册分别命名为"修己""家族""社会""国家"。这四册阐释了蔡元培的实践伦理思想。其中修己是对家族、社会和国家的基础,拥有了个人德性,才能对后面三者起到积极的作用。接着他指出修己之道:"夫事必有序,道德之条目,其为吾人所当为者同,而所以行之之方法,则不能无先后。其所谓先务者,修己之道是也"。在《修己总论》中蔡元

---

① 高平叔:《蔡元培全集(第二卷)1910—1916》,中华书局 1984 年版,第 253 页。
② 同上书,第 241 页。
③ 同上书,第 253 页。
④ 同上书,第 242 页。
⑤ 同上书,第 240 页。

培指出"道德者,非可以猝然而袭取也,必也有理想,有方法。修身一科,即所以示其方法者也"。德性的养成并非是一蹴而就的,必须有道德理想,还要有适当的方法。具体有什么方法呢?蔡元培指出"修己之道不一,而以康强其身为第一义。身不康强,虽有美意,无自以达也。康矣强矣,而不能启其知识,练其技能,则奚择于牛马;故又不可以不求知能。知识富矣,技能精矣,而不率之以德性,则适以长恶而遂非,故又不可以不养德性。是故修己之道,体育、智育、德育三者,不可以偏废也。"通过体育使人身体康健,通过智育使人头脑聪慧,以上二者都是修德的基础。

四、中国传统德性伦理文化对当代教师德性培育的启示

当今多元文化时代的来临在全球已经是不争的事实。在如此多元的时代,对每个人来说尽管会有很多诱惑和陷阱,但是也为德育带来了新的机遇。正如檀传宝老师所说:"托多元文化之福,一个从真正意义上关心德育的时代已经来临"①。只有经历多元价值的相遇、对话,甚至是冲突,德性抵制功利化和腐化力、维护人类普世美德、为人生之舟保驾护航的价值才能得以凸显。亚里士多德指出如果人失去了德性,他就会成为最邪恶残暴的动物,就会充满无尽的欲望和贪婪②。如果人在活动中实现德性、运用德性就能在外部环境中做出最正确的选择。因此,在这样的时代,追寻美德、培育德性是指引社会道德观流向真善美的唯一依靠。

大学教师的角色和工作性质决定了他们在引领社会道德风尚方面举足轻重的作用。自中世纪以来,大学教师就是知识的传播者和青年人的教育者。后来,随着威廉·冯·洪堡(Wilhelm Von Humboldt)将科学研究纳入大学的主要任务,大学教师作为教育者的同时,成为了创造新知识的研究者。到了1904年,范·海斯(Charles R. Van Hise)提出"威斯康星思想",自此社会服务成为了大学的第三大任务,大学教师随之增加了新的角色——社会服务者。由此可见,于学生而言,大学教师不仅被视为知识的传授者,还是学生的道德模范、人生导师;不仅塑造学生的思维和智力,还对其心灵进行教化,是"教练、向导、角色模范"③。于国家和社会而言,大学教师是人类知识承前启后的中介和纽带,是培养合格的社会公民的教练,是理性的典范、道德准则的楷模。苏格拉底在《申辩》中问到"该由谁来教

① 檀传宝:《多元文化时代中国德育的必然选择》,罗伯特·纳什:《德性的探询:关于品德教育的道德对话》,教育科学出版社2007年版。
② [古希腊]亚里士多德:《政治学》吴寿彭中译本,商务印书馆1965年版。
③ [美]罗德斯(Rhodes, F. H. T.):《创造未来:美国大学的作用》,王晓阳译,清华大学出版社2007年版。

育我们的孩子"，他并没有说是那些知识丰富、技能娴熟的人，而是那些具有人类社会美好品质的人。再如，苏霍姆林斯基给教师的一百条建议，其中很大部分都涉及教师应提升自我德性。

对大学教师来说，在工作中常常会面对价值纷争和伦理困境。例如，研究生导师在面临科学研究和人才培养的双重任务时，如何权衡课题的进度和学生研究能力的培养之间的矛盾？在面临金钱主义和安贫乐道的价值冲突时，如何在个人利益和他人利益之间做出选择？加上，教师的冲突根本不可能一劳永逸地得到解决，有可能每次都需要重新经历窘迫、困境，乃至危机，需要从头开始思考①。如果教师没有德性为他们的人生导航，他们很难在多元的价值中笃定自己的信念。没有德性规约的人，很容易受到诱惑和操纵，短视地追求即时的成功或快乐、道德失范乃至道德滑坡。"教师从来没有完全自由选择的奢侈。与之相反，他们常常在很不道德的学校和体制中努力做一个有道德的人"②。无论社会价值如何多元，国家处于何种发展程度，教师都不能失去最基本的操守和品质。因此，"作为学者，我们不能因为身在垃圾堆旁边，就变成苍蝇"。

毫无疑问，要撑起一个高等教育强国，除了充足的资金支持、先进的教育技术、现代化的基础设施建设、富有学术生产力的学者等力量之外，必须要有道德品质高尚的教师！

---

① 叶澜、白益民:《教师角色与教师发展新探》，科学教育出版社 2001 年版。

② Campbell, E. The ethics of teaching as a moral profession. Curriculum Inquiry, 2008,3.

论红色文化与大学之道

邱小云

（赣南师范大学）

作者简介：邱小云（1965—），男，赣南师范大学党委委员、副校长，教授，教育部人文社科重点研究基地——赣南师范大学中国共产党革命精神与文化资源研究中心主任，教育部高等学校文化素质教育指导委员会委员，江西省中共党史学会副会长，研究方向为校园文化与思想政治教育。

习近平总书记在全国高校思想政治工作会议上提出了"要更加注重以文化人以文育人"的命题，强调"要注重文化浸润、感染、熏陶，既要重视显性教育，也要重视潜移默化的隐形教育"。红色文化是我们党领导人民群众在长期的革命、建设和改革实践中共同创造的以中国化马克思主义为核心内容的革命文化和社会主义先进文化，蕴含着丰富的革命精神和厚重的历史文化内涵，其实质就是我们党和国家的主流文化。要"扎根中国大地"办好"中国特色、世界一流"的大学，就要更加重视和发挥好红色文化在大学治理中的"浸润、感染、熏陶"作用，这是关系"培养什么样的人、如何培养人、为谁培养人"的重大学术理论问题，也是在"双一流"建设背景下"办什么样的大学、怎样办好大学"的时代新课题。

一、从追溯历史的"视角"看：我国大学校园文化打上了独特的红色文化烙印

研究和探讨红色文化与大学之道的问题，离不开对大学校园文化形成与发展的历史进行考察。对于大学校园文化概念的问题，学界众说纷纭，研究方兴未艾，可谓"仁者见仁，智者见智"，难以达成公认的"范式"。本人在 2002 年所著的《高校校园文化研究》一书中，将之界定为："大学校园文化是以大学形象为外部表现，以大学规范为活动平台，以大学精神为核心内容，为大学人所创造、所拥有、所认同并受之濡化，与社会文化紧密互动的一种特定的社区文化"，这个概念的界定得到了潘懋元先生的肯定，认为是"比较全面允当的"。红色文化最根本的特征是国家愿景、民族传承、社会意识和本土文化的融合体,是以爱国主义为核心的民族精神和以改革创新为核心的时代精神的集中体现。大学校园文化是一个大学赖以生存、发展的重要根基和精神血脉,是大学间相互区别的重要标志和特征,是社会文化的重要组成部分。回顾历史,我国大学校园文化的演变与红色文化有着天然的联系。

大学校园文化作为一个学术概念的提出,是 20 世纪 80 年代中期的事情。而大学校园文化作为一种历史文化现象的存在,则可以追本溯源到几千年的中华文明史。我国最早的儒家经典"四书"之一的《大学》开篇第一句话就是"大学之道,在明明德,在亲民,在止于至善",这几句话,集中代表了中华民族最独特的精神标识,也为当代大学校园文化建设提供了生生不息的文化渊源。宋代大儒张载将中国传统文人的理想归结为"为天地立心,为生民立命,为往圣继绝学,为万世开太平",宣示了中国古代大学服务于国家社稷的志向和传统。1898 年,近代中国第一所国立大学——京师大学堂在"睁眼看世界"的震惊中做出了救亡图存的自觉选择。此后,"教育救国"的努力和尝试就一直没有终止。发端于 1915 年的"启封建之蒙"的新文化运动和 1919 年爆发的以"爱国、进步、民主、科学"为内核的五四运动,拉开了中国新民主主义革命的序幕。特别是十月革命一声炮响,给中国送来了马克思列宁主义,陈独秀、李大钊等人积极传播马克思主义,倡导运用马克思主义改造中国社会。期间,蔡元培先生主政北大,对内倡导"思想自由、兼容并包",对外强调"择善""消化""能保我性""更进之发明",确立了大学之所以为"大"的基本准则和文化精神。开创清华大学"黄金时代"的梅贻琦校长曾经指出,"今日中国之大学教育,溯其源流,实自西洋移植而来,顾制度为一事,而精神又为一事。"这些实践和论述,为大学校园文化的中国化进程探索出了一条新路。

二十世纪三、四十年代,以"一二·九"运动等为代表的大学校园文化活动始终高举爱国主义的旗帜,把求学与抗日救亡紧密联系在一起;成千上万的知识分子奔赴陕甘宁边区,抗大、鲁艺等名震遐迩的校园文化活动被喻为"真理的园圃"和"革命的大家庭";在全民族抵御外侮的八年抗战中,西南联大所形成的独特文化精神,使其成为现代中国科学家和人文巨匠的摇篮,创造了我国现代大学校园文化史上迄今为止难以企及的奇迹。新中国成立后,特别是改革开放以来,我国大学校园文化在历经文革、跨越文化荒漠、走出困惑浮躁之后呈现出迈向理性、蓬勃发展、积极向上的时代特征。尤其是党的十八大以来,以习近平同志为核心的党中央把高等教育摆在突出位置,做出了统筹推进世界一流大学和一流学科建设等一系列重大决策部署,提出要"坚定文化自信"和"扎根中国大地办大学","培养又红又专、德才兼备、全面发展的中国特色社会主义合格建设者和可靠接班人"

成为大学办学育人的时代最强音、"创新创业教育"成为大学校园文化建设一道亮丽的风景线。综观近代以来我国大学的发展史,充分展示了大学在不同历史文化背景的选择、融合、批判、扬弃过程中,对红色文化的自觉传承与弘扬。

二、从放眼世界的"触角"看:坚持本民族的主流文化是国外大学的一贯做法

在世界文明发展史上,大学扮演着重要角色。欧洲文艺复兴运动将国外大学从中世纪教会的附庸下解放出来,真正意义上的现代大学得以诞生。正是从那时起,追求真理、尊重理性的科学主义精神和倡导平等、大胆怀疑的人文主义精神便深深植根于以传播知识、探究学问、传扬文化为使命的现代大学的核心价值之中。大学因此显现出民族性和时代性特征。近代以来,虽然西方国家各类文化表达和文化思潮不断涌现,但许多大学都有自己鲜明的国家理念。如普林斯顿大学的校训是"为国家服务,为世界服务",哈佛大学也明确提出"为国家服务"的办学理念。正是凭借这种新旧结合的变革性和对本民族文化坚守的稳定性,哈佛等世界一流大学散发着独特的文化魅力。在当今世界多元文化激荡交融的背景下,西方国家的大学对建设自己的主流文化更加重视和自觉。如美国的大学就强调用他们的价值观作为大学校园文化建设的根本内容,以此来打造"美国梦"、标榜"美国优先"、推崇"美国精神"。德国学者赫尔穆特·施密特指出:"应当在全球泛滥的伪文化的压力面前捍卫自己的文化特性,大学应该成为这方面的主要源泉……不能把本民族的伟大文化和价值继承抛进受忽略的角落。"由此可见,培育和壮大主流文化、倡导和宣扬国家理念,是国外大学一贯的做法,给人以深刻启迪。

现代意义上的大学起源于西方,从中世纪大学至今,大学已经存在了800多年。中国近代大学的设立开始学习了日本的模式;革命时期,又学习了德国、美国等国家的高等教育模式;1949后有一段时期又曾学习苏联大学的模式。因此国外大学的文化模式,特别是西方的大学模式及其大学校园文化对我国大学的影响至深。以致现在国内有些研究大学校园文化的著述,一讲校园文化,就"言必称西方",喜欢拿西方的大学校园文化来评判我们中国的大学校园文化,要么说这里不行,要么说那里不好。这种妄自菲薄的"文化根性迷失症",消解的是中华民族的文化自信,动摇的是中国发展的精神支柱。应当说,红色文化并不是离开世界文化发展大道的封闭自守的文化,无论是过去的新民主主义革命文化,还是今天的社会主义先进文化,其发展繁荣都离不开对历史和世界各国文化精华的学习借鉴和吸收使用。但是,我们所要学习、吸收的只是其中的优秀部分、能够为我所用的部分,对于其核心价值观和"西学模式"则不能照单全收,我们还得坚持"不忘初心",始终坚定对自己独特的历史传统、独特的文化价值、独特的国情民俗的自信和自觉。

习近平总书记讲,"不能做西方理论的搬运工,而要做中国学术的创造者和世界学术的贡献者"。因此,我们研究探讨红色文化与大学之道的问题,最重要的一点就是要立足我们中国自己的现实,以我们中国的大学校园文化的实际为出发点,既要从历史的视角考察国内外大学校园文化演变的规律和特点,又要把大学校园文化建设摆在中华优秀传统文化、革命文化、社会主义先进文化的大背景下来进行本土化、中国化、特色化研究,既要有"开眼看世界"的国际视野,又要有"低头思故乡"的本土情怀,坚持在多元中立主导、在多样中谋共识、在多变中定方向,最终的归宿和落脚点就是要建设"不忘本来、吸收外来、面向未来"的中国特色社会主义大学校园先进文化。

三、从审视问题的"棱角"看:我国大学校园文化建设面临着文化自信力缺失的挑战

注重问题导向是马克思主义一以贯之的鲜明特点,也是我们研究和探讨红色文化与大学之道的一个重要方法论。总体上看,当前,我国大学高度重视并大力加强校园文化建设、重视思想理论教育和价值引领、重视大学精神的塑造、重视校风教风学风的培育的氛围是前所未有的,但也不容否定,面对世界范围内各种思想文化交流交融交锋的新形势,面对改革开放和发展社会主义市场经济条件下社会思潮多元多样多变的新特点,面对党中央、国务院推进世界一流大学和一流学科建设的新部署,面对高等教育更加注重以改革促公平、调结构、提质量、增活力的新要求,我国大学校园文化建设在坚守自己的"文化根性"方面正面临着一些新挑战:

一是马克思主义指导思想面临多样化社会思潮的挑战,有的高校固权安邦的阵地意识不强,马克思主义研究教学被边缘化、空泛化、标签化,有的干部教师面对错误思潮存在"失语""失声"的现象,甚至有人以所谓"学术自由"为名诋毁马克思主义,一些青年师生在增强党的意识和国家观念、传承中华民族优秀传统文化和接受革命传统教育等方面还需要"补足精神钙质"。

二是社会主义核心价值观面临市场逐利性的挑战,高校理应成为静心办学、尽心教学、静心求学的"文化圣殿",但由于受社会上各种不良风气的影响,原本纯洁的大学校园如今也变得人心浮躁、急功近利,学术造假、考试作弊、诚信缺失、师德失范、作风不正、腐败案件时有发生。

三是传统的教育引导方式面临网络新媒体的挑战,互联网、大数据等信息技术的快速发展深刻改变着师生的思想行为和价值观念,面对新情况新问题,有的高校仍然沿用"一种药方包治百病"的老套路,思想理论教育和价值引领的针对性和吸引力不强,存在"新办法不会用,老办法不管用,硬办法不敢用,软办法不顶用"的现象。

四是培养社会主义事业建设者和接班人面临敌对势力渗透争夺的挑战,境内外敌对势力从骨子里不愿甚至害怕看到中国的崛起,想方设法、处心积虑、变本加厉地对我在政治上施压、发展上牵制、战略上围堵、安全上威胁、主权上干涉、形象上丑化、思想上分化、文化上渗透,他们通过互联网等媒体,通过影视剧等文化产品,通过境外非政府组织提供的外出考察、项目合作、捐资助学和学术交流等渠道,大肆推销其价值观,与我争夺下一代的斗争更加尖锐复杂。

五是建构以马克思主义为指导的中国特色学科体系、学术体系、话语体系面临西方理论方法牵引的挑战,一些研究者往往喜欢用西方的思想和理论来套我们中国自己的实际问题,许多好的经验和做法还存在"有理说不出"或者"说了传不开"的问题。

这些现象,偏离了党和国家的教育方针,偏离了大学应有的精神传统与文化根性,与党和国家的主流文化背道而驰。对此,大学必须坚守自身的使命,回归教育本位和文化本位,把红色文化中蕴涵着的天下兴亡、匹夫有责的爱国情操,以和为贵、和而不同的和谐思想,革故鼎新、因时而变的创新精神等引入校园,融入课堂,教化师生。从这个意义上讲,加强对红色文化的研究和宣传教育,对于破解大学文化建设瓶颈、增强师生的文化自觉和文化自信、扎根中国大地办大学具有纲举目张的意义和作用。

四、从顺应时代的"号角"看:我国大学校园文化建设肩负着固根守魂的重要使命

党的十八大以来,以习近平同志为核心的党中央对办好"中国特色、世界一流"的高等教育提出了明确要求,为我国高等教育实现由"大"变"强"的历史性跨越描绘了"双一流"建设的宏图愿景。国务院关于《统筹推进世界一流大学和一流学科建设总体方案》明确提出,"双一流"建设要"加强大学文化建设,增强文化自觉和制度自信,形成推动社会进步、引领文明进程、各具特色的一流大学精神和大学文化。"教育部部长陈宝生提出高等教育要"回归常识、回归本分、回归初心、回归梦想",这"四个回归"分别从理性读书、教书育人、培养人才、教育强国四个维度诠释了"大学之道"的新内涵,为我们加强大学校园文化建设提供了目标指引。

红色文化是马克思主义基本原理同中国具体实际相结合的精神结晶,是对中华优秀传统文化和世界优秀文化的继承、发展与创新,集中体现了马克思主义的科学性、真理性、革命性、时代性，集中体现了中国共产党人坚定的理想信念、鲜明的政治立场、崇高的价值取向、深厚的群众基础、坚定的奋斗精神，为高校立德树人提供了强大精神动力。

我们的高校是党领导下的高校，是中国特色社会主义高校。办好我们的高校，必须坚持以马克思主义为指导，全面贯彻党的教育方针，这是我国大学区别于世界其他大学的根本标志。在"双一流"建设的背景下，大学发展面临的问题不仅仅是科学研究和学术水平等方面的差距，更大的差距是如何"开风气之先"，创造民族的、科学的、大众的大学校园文化和大学精神。我们的大学只有不断从中华民族优秀传统文化、革命文化和社会主义先进文化中汲取智慧和营养，才能获得丰厚的精神资源，才会具有强大的生命力和创造力。当前，尤其应注意发挥红色文化在高校意识形态工作中的引擎作用，防止三种图谋和倾向：一是西方敌对势力竭力对我国进行思想文化渗透，他们否定我们党的指导思想和社会主义道路，鼓吹所谓"普世价值"、资产阶级"民主宪政"，挑起事端，制造民族分裂，妄图使我们改旗易帜，妄图与我们争夺阵地、争夺师生、争夺人心；二是历史虚无主义思潮时隐时现，一些人以"反思历史"为名，歪曲"解放思想"的真意，通过各种方式重新解读历史，竭力贬损和否定革命道路和革命英雄，否定马克思主义的指导地位和中国走向社会主义的历史必然性，从而否定中国共产党执政合法性；三是主张全盘否定自己的文化传统，对自己民族的文化没有自信，一味推崇外来文化，心甘情愿地接受异族文化的"同化"。对此，我们必须保持高度警惕，坚决予以反击。

红色文化是抵御西方腐朽反动思想文化侵蚀、防止"和平演变"根治历史虚无主义和文化自信缺失症的利器。时代越是向前发展，我们越是要充分认识红色文化的历史内涵和时代意义，切实用好抓牢这一思想武器，毫不动摇地坚持自己的文化理想，从容不迫地应对各种挑战，虚怀若谷地吸收各种有益的文化成果，理直气壮地传承弘扬红色文化，特别是要按照习近平总书记提出的"创造性转化和创新性发展"的方针，以培育和践行社会主义核心价值观为引领，把红色文化育人融入到大学的校风校训和办学理念体系中，贯穿于人才培养和思想政治工作全过程，高度重视对青年一代的教育引导，通过加强学生的革命历史、传统文化、国情社情等爱国主义教育和形势政策教育，帮助青年一代树立正确的世界观、人生观、价值观，坚定理想信念的主心骨，提高明辨是非的洞察力，积聚崇德向善的正能量，筑牢抵御腐朽思想侵蚀的思想道德防线，努力培养又红又专、德才兼备、全面发展的中国特色社会主义合格建设者和可靠接班人，更好地担负起人才培养、科学研究、社会服务、文化传承创新、国际交流合作的重要使命。

新形势下文化安全与大学生思想政治教育

项　洋

（宿州学院思想政治理论教研部）

摘　要：自中国五四运动以来，高校不断地接受西方文化的冲击，形成了中外文化交锋的阵地，多种形式的文化在矛盾中充分地交流，形成了开放式的高校文化体系。随着文化政治导向的确立，在文化传播的过程中融入了诸多的政治色彩，使中国高校的政治稳定性遭到了破坏，并波及到社会的稳定性。可见，提高高校文化安全意识，不仅可以确保中国高等教育事业的顺利展开，而且强化对西方文化的渗透抵御能力。新的形势下，处于多元文化环境之中，多种价值标准形成，对于大学生的思想意识形态造成了一定的影响，着重研究新形势下文化安全与大学生思想政治教育之间的密切关系，并具有针对性地提出高校开展思想政治教育工作提高文化安全的对策就显得很重要。

关键词：新形势；文化安全；思想政治教育；传统文化

作者简介：项洋（1978——），男，安徽潜山人，副教授，硕士，主要从事思想政治教育教学与研究。

在社会文化体系中，高校文化作为一个子系统，其是建立在学校这个教学基地基础上的，通过开展教学，教学实践活动围绕着教学科研展开，形成具有独特文化氛围的校园生活。学生是推动社会进步的重要力量，提高文化安全意识，做好文化安全工作，是维护国家文化价值体系的关键。特别是当国家的主流文化遭到外部文化的侵蚀，导致内部文化体系发生动摇的时候，就更需要维护好传统文化，以在吸收有利于主权国家发展的价值观念，引进文明的生活方式，实现推动国家发展的文化革新。高校是奠定社会文化的基础，对于社会价值观具有对应的导向作用。国家总体安全性的提高，有赖于高校加强思想政治教育，以更好地维护国家文化安全。从国家总体的安全角度而言，军事安全、经济安全都发挥着重要的作用。社会文化作为软环境塑造的基本条件，对于维护国家总体安全至关重要，其不仅可以稳定国内政治环境,而且已经成为了国家科技进步和经济发展的重要的精神动力,同时也成为了提高人们幸福指数的道德基础。文化安全关乎民族文化的发展,关乎国家的政治稳定。处于多元文化共融的今天,高校作为文化传承的基地,同时也承担着文化创新的责任,那么,中国高校要在承担起民族文化振兴的历史重任的同时,还要面向未来,增强文化创新能力,这就需要强化大学生思想政治教育,提高文化安全意识。

一、西方文化的渗透对高校文化所带来的挑战

新的形势下,多元文化的发展为西方文化对中国传统文化的渗透创造了条件。自中国改革开放以来,西方势力都在以文化倾销的方式将其价值观念和文化思想逐渐地流入到中国文化体系中。主要的渗透途径包括广播文化、消费文化以及网络文化等形式。

(一)广播文化的渗透

早在 20 世纪 80 年代,中国正处于改革开放初期,西方国家在世界人口总数中虽然占有近十分之一,但是,其运用广播媒体占据了世界 90% 的新闻主播权。有关人士认为,信息传播的力量之大,已经远远超过了军事武器的威力。这些国家充分地利用了广播的高密度信息传播以及快速的传播速度,将文化思想向中国传播。处于改革开放时期的中国人民都希望能够更多地接受外来文化信息,为西方国家开辟了文化侵入的途径。比如,在里根时期,美国联邦政府将所有的开支都尽量压缩到最低,在"美国之音"的技术改造上,却投入了 15 亿美元的资金用于更新技术,采用了具有强大功率以及特大的信号发射能力的短波发射机,使得美国的短波信号覆盖世界各地。直到今天,"美国之音"仍然以每天近 300 条的新闻报道发布"美国观点",向世界传播美国的文化优越性和良好的生活条件,美国的物质文明通过各种文化服务节目进行传播,以作为颠覆社会主义制度的重要手段。

(二)消费文化的渗透

中国社会经济的发展,人们的消费倾向逐渐由物质消费转向了精神消费转向。西方国家利用中国的这一消费趋向,对中国实施了消费文化的渗透。从消费行为的角度而言,文化的渗透主要体现为价值观、风俗习惯、民族性格等的影响。通过引导消费者的审美情趣,通过对消费心理施加影响以通过消费行为体现出来。比如,商品广告不仅对商品起到了宣传的作用,同时还是一种文化。商品广告不仅记录的是商品信息,其中还融会了价值取向、消费观念以及生活方式等,不仅刺激了中国民众的消费欲望,而且还引导了消费观念,在潜意识中树立起价值

观念。此时,中国的市场经济发展中,受到西方文化渗透的影响,使得中国商品受到了严重的冲击,同时,中华民族的自尊心和自豪感也逐渐被弱化。西方国家从文化的角度出发,以图书、报刊等作为文化载体,进行意识形态的渗透。包括利用研讨会进行学术交流,开展合作培训,设立各种奖学金等,以试图吸引更多的中国人才接受西方文化教育,将意识形态掺杂于其中,以潜移默化的方式引导价值观。

(三)网络文化的渗透

处于信息时代的今天,网络信息已经覆盖了社会的各个角落。网络以其开放性、快速传播性、共享性被高校大学生所偏爱。西方国家网络发展较快,其运用信息技术的优势将西方文化公布在网络平台上,多样化的信息充斥着整个的网络文化平台,使大学生很难分辨网络信息的优劣。在这种绝对自由的环境下,大学生的思维方式也必然会发生改变。

从大学生的思维角度而言,其对于信息的领会,首先是接受教育者的引导。面对网络庞大的信息量,当大学生意识到自己所接受的主流观念仅仅是众多观念中的一部分的时候,就会在价值标准上有所动摇。网络环境是虚拟的环境,在没有严格的法律约束力的前提下,网络使用者需要依赖于自身的道德责任感来约束自己的行为。对于一些自制力较差的大学生而言,就会不负责任地放纵自己,诸如制造虚假信息、传播文化垃圾等,严重地毒害了青少年。特别是目前90后的大学生,伴随着网络而成长起来,部分大学生沉迷于网络游戏,在网络上交友,导致人际情感淡化,对于现实生活中的亲朋好友漠不关心,为高校文化安全埋下了隐患。

二、高校思想政治教育现状

(一)多元文化环境下使高校思想政治工作面临着冲击

大学生对于各种新的事物的敏感度极高。处于多元文化环境背景下,大学生受到异质文化的冲击,就很容易动摇思想意识形态。当大学生的基本价值判断力的丧失,就会使大学生的主导意识形态发生了动摇,从而产生茫然之感,对自己的未来缺乏自信心。

中国文化的发展是历史文化积淀,在中国的社会群体中形成了固有的价值取向。多元文化环境下,多元价值观对于中国传统价值观产生影响,将中国现代价值观推向传统文化的边缘。大学生道德判断力的缺失,使其在价值取向以及道德评价上表现为无所适从。

高校的思想政治教育的目的在于引导大学生树立正确的人生观、价值观。多元文化的环境下,高校作为民族文化与道德价值观的教育基地,在思想政治教育工作展开的过程中,面对多元文化的时代性特点,并没有应时代的需要展开。文化具有传承性,也要迎合时代的需要加以保留和更新,因此,文化要符合社会发展的需要而不断地注入时代元素实现创新。由此可见,高校思想政治教育工作存在着滞后性,并没有积极地探索实践创新途径。

(二)微博成为大学生思想政治教育的传播媒介

微博以其传播速度快、覆盖面广的特点,已经成为了被大学生广为利用的信息交流工具。高校开展大学生思想政治教育工作,将网络微博充分地利用起来,不仅提高了教育技能,而且随着思想教育工作方法的不断更新,吸引了更多的大学生主动参与。微博是在网站上建立起来的文化传播载体,具有时间和地域的自由性。高校思想政治工作在网络微博平台上展开,不但将原有的单一式的教学模式转变为与学生之间的相互交流,而且还将时间和地域局限打破,使思想政治工作的覆盖面延伸到整个校园。微博上开展思想政治交流的优势在于,使一些内向而害羞的学生可以在虚拟的空间中敞开心扉,从而可以使思想政治教育工作的教师在微博中看到学生们最真实的一面。从思想政治教育的角度而言,利用微博开展工作,在学生的思想基础之上建立思想政治教育,从学生的角度出发在微博上开通论题讨论活动,与大学生之间展开平等交流,一方面提高了思想政治工作效率,另一方面可以免去大学生的心理压力。

(三)高校在思想政治教育中践行中华伟大复兴梦战略思想

中国作为崇尚孔孟之道的国度,已经走过了两千多年的社会历史。以孔孟思想为核心的儒家学派和以老庄思想为核心的道家学派成为了中国传统文化思想的核心。特别是儒家文化,被西汉时期的董仲舒改良后,形成了政治思想。中国传统文化一脉相承,其主脉在儒家文化的支撑下经世致用,充分体现了中华民族的文化价值观的继承性、发展性。随着中国共产党的十八大召开,中华民族伟大复兴梦成为了中国未来发展的战略思想。这也就预示着,中国要实现"中国梦",就要继承和发扬传统文化,同时还要实现文化的创新。

高校开展大学生思想政治教育,就要从传统文化的角度出发,强化学生的自我修养,以为和谐社会奠定基础。对于高校思想政治工作的施行,从"中国梦"的角度出发,通过对于社会历史的深刻认识,理解中国要将理想社会构建出来,要有坚忍不拔、自强不息的精神。中华民族发展至今,正是因为有了自强不息的精神,才能够在中国的近代发展中,经历了百年沧桑,以为实现中华民族的伟大复兴而奋斗。可见,自强不息是中华民族乐观向上精神境界。正是由于有了这一精神支撑,才能够使中华民族能够突破无数的艰难险阻,构建了中华民族伟大复兴的有效途径。

三、高校文化安全视角下的大学生思想政治文化建设

（一）高校开展思想政治教育中要坚持主流文化指导原则

高校思想政治教育中，所依赖的信息文化传播载体是思想政治教育课程。文化承载形式主要通过思想政治教材、爱国主义课件等对高校大学生开展思想政治观念和道德规范的教育。思想政治教育文化载体作为促进教育主体和教育课题之间的联系的运用工具，不仅在执行的过程中要具有可操作性，还要促使思想政治教育有目的性和有计划性地展开，以实现的思想政治教育作为思想意识，逐渐地外化为行为习惯，成为了被教育主体所控制的联系教育课题的桥梁。这其中，马克思主义思想仍然是高校文化指导思想的主流，占领着高校思想文化的阵地。高校是推进先进文化发展的平台，也是传播先进文化的基地。采用学术研究的形式进行文化传播，不仅可以创造良好的文化舆论氛围，而且还引导学生树立正确的价值观，对于腐朽文化的侵蚀和错误思想的渗透具有较强的抵御作用。可见，要保证校园文化安全，就要以思想政治教育的方式帮助大学生树立正确的世界观、人生观和价值观。

（二）高校开展思想政治教育中要充分利用网络文化

高校普遍运用微博开展思想政治教育，提高了教育信息的传播性，并促进了师生之间、生生之间的交流。但是，一些高校在微博上开展思想政治教育活动中，仅仅局限于思想政治文化传播、热点问题讨论，并没有涉及文化安全问题，使学生对于文化的威胁缺乏基本的抵御意识。思想政治教育的重要性在于提高学生的主流文化意识，增强文化安全意识，使学生不会受到文化的侵蚀。

现在的大学生伴随着网络而成长。随着网络技术的更新，思维意识也不断地发生着变化，对于文化安全意识却了、略显薄弱。基于文化具有潜在性、隐蔽性和复杂性的特点，处于思想尚未成熟的青少年，就要通过思想政治教育的引导，提高网络文化的识别能力和判断力。

网络具有双重效应，其可以为思想政治教育开辟广阔的空间，扩展思想政治教育范围，同时，还为不良文化的渗入提供了途径。高校利用网络开展思想政治教育，不仅要设计多样的文化传播形式吸引学生，而且要具有实质性地开展文化安全教育，将理论内容与实践相结合，具有针对性地展开，以使学生能够正确地认识强势经济的文化影响力，从而对于全球化以正确地认识。微博是大学生所普遍使用的信息传播工具，可以实现相互之间的信息沟通与交流。要将微博充分地利用起来，就要将微博作为思想政治教育的文化载体，在教师的指导下开展讨论，引导学生引用科学的观点针对于现实问题进行分析，以提高学生文化风险的抵御

力,提高文化安全免疫力。运用网络平台开展思想政治教育,在教师正确的引导下,培养学生的活学活用的能力,促进大学生健康成长。

(三)高校开展思想政治教育中要注重民族传统文化教育

基于"中国梦"指导思想,中国各个高校开展了民族传统文化教育。中华民族具有优秀的文明历史和灿烂的文化,这些都是中国宝贵的财富。高校在思想政治教育中,从历史的角度对阐述中国文化精粹,以激发大学生的民族自豪感。但是,由于受到世界经济的冲击,中国形成的多元化市场化环境,使部分大学生对于多重价值导向感到茫然。将文化安全意识渗入到民族传统文化教育当中,可以让大学生对于马克思主义思想产生思维定式,以此为基点思考中华民族的思想文化内涵,明白中国的传统文化并不仅仅是历史的传承,而是要以史为鉴,树立民族文化安全意识。

文化具有传承性,文化还要具有自觉性。只有大学生积极自觉地吸收文化,并渗入到意识观念中,才能够增强对西方文化价值观念的抵御能力。面对中国经济实力的不断增强,西方发达国家采取了文化价值渗透措施,以试图引导国人逐步淡化传统文化,转而信奉他国的文化价值观念。对于国人而言,失去了传统,就必然失去了根,就必然难以抵挡外来文化的侵略。为了避免外来文化的入侵,高校就要以思想文化教育作为主要途径,传承民族文化传统,以强化大学生的民族文化认同性。大学生的民族自豪感得以提升,就必然会积极主动地承担起捍卫国家和民族的历史使命。

结论:

综上所述,加强思想政治教育是维护高校文化安全的有效途径,不仅关乎到中国特色文化的创造,而且也关乎到中华民族精神的传承。处于新形势下,高校思想政治教育的主要目的是引导学生对多元文化中的主流文化以充分认识,帮助大学生树立正确的世界观、人生观、价值观。以网络作为高校文化传播的载体,从提高大学生文化安全意识的角度出发,丰富校园文化,以提高学生的文化判断能力。此外,对大学生开展思想政治教育,也是保障国家文化安全的重要手段。高校要积极地贯彻党中央精神,以中共党的十八大指导思想为核心,认真贯彻和落实中央精神,为实现中国伟大的复兴梦奠定基础。

参考文献:

[1]叶宗波:《文化自觉:多元文化背景下增强高校思想政治教育实效性的新向度》,载《学校党建与思想教育》,2011年第8期。

[2]满曙光:《加强大学生思想政治教育的社会途径探索》,载《河南农业》,2012 年第 12 期。

[3]茹莉:《从高校文化安全角度审视当前思想政治教育存在的问题及对策》,载《教学研究》,2013 年第 10 期。

[4]陈安琪:《中国传统文化与大学生思想政治教育》,载《教育教学论坛》,2012 年第 1 期。

[5]王新燕:《浅论多元文化视角下高校思想政治教育》,载《山西高等学校社会科学学报》,2012 年第 1 期。

[6]杨继枝、卜艳萍:《高校大学生思政教育网站资源整合研究》,载《科教导刊(上旬刊)》,2011 年第 6 期。

[7]李玉琳:《探析多元文化背景下高校思想政治教育工作的对策》,载《学理论》,2013 年第 12 期。

[8]杨洪泽:《当代大学生思想政治教育实效性研究》,东北师范大学,2013 年学位论文。

[9]韩旭、赵东倩:《浅析多元文化背景下加强高校思想政治教育的途径》,载《法制与社会》,2012 年第 1 期。

大众传媒视域下大学文化发展研究

彭鸿雁

（宿州学院大学文化研究中心）

摘　要：作为社会文化的一个重要分支，大学文化体现了一所大学的最高精神。现代大众传媒的飞速发展，为大学文化的建设发展带来了新的机遇，促使其向着深刻化、丰富化、多元化的方向迈进。本文从大众传媒视域解构大学文化的内涵，研究大众传媒视域下大学文化发展机遇和面临的挑战，分析现代大众传媒在大学文化的构建和发展中起到的积极作用和其所带来的不利因素及负面影响，并对大学文化未来建设发展提出一些建议和意见。

关键词：大众传媒；大学文化；内涵；机遇；挑战

作者简介：彭鸿雁（1971—），女，江西乐平人，教授，宿州学院大学文化研究中心主任，主要研究方向：大学文化与思想政治教育。

基金项目：安徽省哲学社会科学规划项目"新时期我国公民道德建设面临的突出问题研究"（AHSKY2015D02）；安徽省高等教育振兴计划思想政治教育综合改革计划项目（Szzgjh1‑1‑2016‑23）。

大众传媒——特别是互联网络的出现和飞速发展，造成了信息"大爆炸"，形成一个强大的文化传播途径，以惊人的传播速度、普及广度深入到社会的每一个角落。在中国，大学建校也仅有百余年历史，由于众多客观历史原因，我国在21世纪初期才在文化价值建设上重视起来，开始正式进行研究。假以大众传媒探求大学文化发展新的内涵，紧随时代的步伐，促进多元文化的融合发展，是整个社会精神文明前进道路上亟需解决的课题。

随着以网络技术、数字电视技术为代表的新兴网络媒体技术的发展，现代大众传媒发生了革命性的变革，出现了利用数字电视技术、网络技术、通过互联网、带宽局域网、无线通信网、卫星等渠道，以及电脑、手机、数字电视终端向用户提供信息和娱乐服务的新的媒体形态,俗称第五媒体①。第五媒体使全球的信息个体一体化,达到了一颗石子全湖震荡的效应,给人类社会以全面的、即时的信息共享和观念激化,作为最易于接受、运用前卫传媒的大学生来说,第五媒体的影响力是不可估量的。

一、大众传媒视域下的大学文化研究

大学文化作为社会文化中的一种独特形态,是大学校园氛围和人文建设基础上历经时间积淀、内部发展和社会环境的影响融炼而成的。它是大学精神、校园文化、地域文化、科学文化等共同氤氲的综合,是社会文化中最优秀的部分。非物质层面的大学文化主要包括大学精神和制度文化这两个方面的内容,其中大学精神体现大学的个性化的一面,大学文化则体现大学的共性化的一面。大学文化是一个大学在精神上的外在表现形式,同时也是核心体现,各个高校的大学文化融会贯通本校学风精神。大学文化是由一个特殊的社会群体大学师生在对知识进行传承、整理、交流和创新的过程中,形成的一种与社会文化或其他社会文化既相联系、又相区别的文化系统②。

现代大众传媒使文化信息的传播朝着便捷、快速、多元化发展,形成强大的信息流,对传统文化观念产生了强烈的冲击。对大学文化的正确定位成为大学文化发展的首要前提。

在现代大学中,大学文化、一流学者和优势学科,三者被称为大学的核心竞争力,而大学文化更被誉为大学的灵魂,所以,如何抓好大学文化建设,是一所大学提升核心竞争力的关键因素之一。传统的大学文化是以大学精神和价值共识为基点,在现代大众传媒的影响下,大学精神和大学原有的价值共识都受到巨大冲击,即使是一流的学者教授也无法凝聚大众传媒信息下多元意识的竞相绽放局面。所以引导、规范大众传媒多元意识文化成为必然策略。

与此同时,我们也清醒地认识到,所谓多元,只是人类政治、经济、文化及各种因素快速发展、碰撞下呈现的纷乱无序状态,历史发展规律与哲学观告诉我们,人类的经典文化、精神内涵、文明轨迹必然以核心轨迹和符合人类共性目标的同一趋向留给后人。认识到这一点,我们才能理智而科学地面对大众传媒下纷乱万象的社会文化对大学文化的影响。所以,尊崇传统和文化沉淀,依然是我们不可背叛的精神理念,五四以来兼容并包构建一流大学的精神与价值认同具有永恒的意

---

① 袁术:《中国大学文化研究》,教育科学出版社 2012 年版,第 111—121 页。
② 李云林:《论高校软实力的提升及其传播策略》,载《中国成人教育》,2009 年第 11 期。

义。明确了这一点,我们就确定了大众传媒下大学文化建设的目标。对于具体实施策略,无非是针对大众传媒的快速、便捷和多元的特点进行针对性的处置方案。

二、大众传媒视域下大学文化发展的机遇与挑战

（一）大众传媒视域下大学文化发展机遇

随着现代大众传媒在大学校园中迅速普及,校园内外信息的传播途径越来越多样化,传播环境极具现代化。借助新媒体的触角,社会文化信息源源不断涌进校园,校园文化信息同样流入社会。在社会文化与大学文化的交流中,通过多样化的媒体平台,给大学文化的发展提供了包括国内外准确、最新、范围更广的信息,因此,为大学文化的建设和发展创造了有利时机。总结大众媒体给大学文化发展带来的良好机遇有以下几个方面:

1. 使大学文化呈多元化、层次化发展

在传统大学文化传播中我们主要以学术报告、课堂、英语角方式交流文化信息,这样的方式类似于赶场一样,受时空限制。自从大众传媒尤其是网络在校园中流行开来,大学师生可以通过互联网从博客、论坛、网站等地方获取信息。信息的内容包罗万象,甚至囊括全世界各个领域。随着现代大众传媒触角纵横延伸到世界各个领域,各种文化形态融入到大学文化中,促使大学文化呈多元化、层次化发展。

2. 使大学文化更具个性化发展

在大众媒体各种信息渠道带来的不同文化的冲击下,大学文化愈显个性化,突出了自己的独特性。它与社会文化的多元化是相对的,没有多元化就没有个性化。在一个大众媒体催生的多元文化发展的世界,大学文化不但没有抛弃自身文化的特点,还在多元化文化中发展自身文化的特点。

3. 使大学文化日趋和谐化发展

在构建和谐社会的社会主义文化道路中,大众媒体作为主流信息传播媒介,除了对大学文化带来冲击、异化的同时,大学文化兼容其他文化形态,也使大学文化更加和谐,更加丰富。其和谐化体现在对其他文化的互相尊重、互相理解、互相承认文化的个性和文化的本土化、文化发展的自主性原则等方面。

（二）大众传媒视域下大学文化发展面临的挑战

大学文化并不是孤立存在的,它作为社会文化的一个重要分支,作为大众媒体舞台上的舞者,不可避免地会受到这个时代社会文化的影响和冲击,因此大众媒体对大学文化带来新的发展机遇的同时也面临诸多挑战。当前在大众媒体的宣扬下,大学文化在某种程度上被异化,引入了不利的因素,导致在大学文化氛围

中滋生一些堕落、消极的思想观念,成为新形势下大学文化发展的主要挑战,总结梳理有以下几个方面:

1. 道德虚无化

就目前网络上教师失德猥亵学生、官吏贪污腐败等不良或违法乱纪的行为广泛报道,将对高校的道德文化发展产生直接影响,造成道德标准弱化、道德态度相对化倾向的趋势日益严重。

首先,随着社会腐化道德观念的影响,与计划经济相适应的传统道德观失去了大众所认同的价值。与此同时,网络媒体全球化和教育国际化引入了西方的物质观、道德观,从而使我国传统文化道德面临被分化的风险。

其次,社会基本的道德约束力出现弱化,道德意识淡化,这些问题都由媒体带入到校园中。比如,一些违背良知、有失社会公序良俗的行为,得不到有效的矫正或强烈的舆论谴责。同时一些正义之举、高尚的道德行为得不到大众认可,媒体对这些社会问题的大量报道都强化了道德无用论错误观点,对大学文化的建设和发展产生了很大的负面影响。

2. 学术功利化

大众媒体作为社会文化和大学文化的主要传播者,在校园中大量输入社会文化元素,其中难免带来糟粕,玷污大学文化的纯洁性。尤其面对社会物质化的生活观,学者们也不甘示弱,如何大量出论文、科研成果成为教授们学术追求的目标,因此学术腐败、投机倒把现象蔚然成风,这样的校园氛围将会致使大学学术文化腐化,科研衰落,必然阻碍大学文化朝着纯净的方向发展。

3. 审美世俗化

大众媒体尤其在网络、电影、电视等媒介大量输出娱乐信息的影响下,大学审美文化与传统的理想主义英雄主义为主题的审美文化逐渐背离,更趋向于世俗化的审美情趣,其主要表现为:

首先,审美趣味媚俗化。今天的大学生对时泡沫娱乐剧和各种流行网上游戏趋之若鹜。大学生作为人类文明的传承者和大学文化的构建主体,很大程度上抛弃了对传统具有较高教育价值、历史价值及审美价值的艺术品的追求,这就使得在审美素养上出现某种程度的退化,而且形成一种不利于大学文化健康发展的反面导向。

其次,审美对象流行化。目前校园内部分大学生对时尚流行文化的追求热情高涨,尤其沉醉于对日韩影视明星的追捧。在消费时尚流行文化的过程中,醉心于娱乐和宣泄,进而导致对自由、责任、深刻、崇高的逃避,传统意识和独立思维表失,阻碍了对大学高雅文化的追求。①

结语

大众传媒尤其是互联网络的出现和飞速发展,带来全球信息"大爆炸"效应,由此形成了一个强大的文化传输环境,这给大学文化带来了强烈的冲击,对于我国而言,大众媒体带给大学文化的影响更具有特殊性,其既存于中华文明与近代经济强势背景下西方文明的冲突,也处于此背景下西方霸权意识政治形态的刻意运筹之中,同时特殊于近代中国百多年衰弱与刚刚崛起中价值形态与思想意识的混乱。此外,我国大学起步晚,大众传媒对于大学文化的影响研究更是出于探索阶段,所以,大众传媒对于当前我国的大学文化发展既是机遇,也是挑战。我国大学文化建设既要兼容并包,又要倡导传统文明精神,弘扬民族价值,各大学既要保持坚持自身精神和优势,又要积极弥补自身的不足,通过大众传媒的信息化平台进行不断地完善,借助大众传媒探索大学文化发展的内在规律,推动大学文化向着高雅、多元化发展。

---

① 余斌:《浅谈现代大众传媒对文化的影响》,载《电影文学》,2009 第 4 期。

场域理论视角下高职院校文化传承与创新之道

李成明

（南京铁道职业技术学院）

摘　要：从场域理论视角看，高职院校应该如何进行文化传承与创新呢？文章首先阐释场域理论及高职教育场域。其次，从哲学逻辑、权力逻辑和行动逻辑三个方面揭示高职院校文化传承与创新的内在逻辑性。最后，就我国高职院校文化传承与创新之道提出一些思考与建议。

关键词：场域；高职院校；文化传承与创新之道

作者简介：李成明，南京铁道职业技术学院讲师，博士。

高等职业教育是我国高等教育的重要组成部分，引领了中职教育，促进本科转型，是培养应用型、复合型技术技能人才的重要途径，也是适应产业结构、匹配产业的重要桥梁。属于职业领域的技术技能人才培养进入强调学术研究的高等教育领域，不仅使职业个体可以获得较高的文凭，而且也是职业领域挑战学术领域的象征，重新规定了一种文凭的获得标准。高职教育的"高等"和"职业"双重属性成为影响高职院校文化传承与创新的关键性因素。职业领域的力量要求高职院校强调企业精神、技术技能的职业文化，高等教育领域的力量要求高职院校文化应当体现大学精神、价值理性，重视和培育高等教育文化。本文从场域理论视角讨论高职院校文化的内在逻辑，以及这种内在逻辑对高职院校文化传承与创新之道的启示与借鉴。

一、场域理论与高职教育场域

场域理论是法国社会学家皮埃尔·布尔迪厄（Pierre Bourdieu）的基本理论，在其社会学思想体系中占有最重要的地位。对于场域这一概念，布尔迪厄这样认为"世界是由诸多相对独立的小世界构成，这些小世界都有自身的逻辑性和必然的客观关系性空间"，这些小世界就构成一个个有生气的、有内涵力量的、有潜力的场域。场域是充满力量的,是指个体在场域中展开竞争,每一个场域中都有统治者和被统治者,而任何统治都隐含着对抗。在布尔迪厄看来,甚至场域的确定和场域边界的确定,都充满着不同力量关系的对抗[1]。资本与惯习是场域理论的两个重要概念。布尔迪厄的资本概念与经济学的资本概念不一样,他把资本视为社会资源被群体占有的权力,可分为三种:经济资本、文化资本和社会资本。惯习是一个开放的性情倾向系统,随着经验和场域的发展而变,在这些经验和发展的影响下不断地强化和调整自己的结构,具有稳定持久性,但不是永远不变的[1]。如何分析与研究一个场域呢? 布尔迪厄认为从场域角度研究,至少要涉及三个相互关联的纬度:(1)确定与其他场域相对的场域位置;(2)场域内部的各分支场域的客观关系结构;(3)场域内部行动者的惯习。

结合布尔迪厄场域理论来分析,我国高职教育场域具有三个典型特点,即独立且相对依赖性、关系性和竞争性。首先,高职教育场域作为教育领域的一个分支,受到政治、经济、文化等其他场域的影响,我国教育行政部门掌管着教育领域的制度、资源和政策产品等重要权力,场域的行动规则严重依赖于政治场域,然而高职教育场域又具有自身的规则、常规与逻辑,因此,高职教育场域既独立运行,又相对依赖于较大的政治场域与母体教育场域。其次,我国的高职教育场域是由一系列客观关系构成的,其内部也是各种力量通过较量和斗争而形成的关系网络,高职教育场域的权力中轴是文化权力,其在高等教育场域内表征为文化资本。最后,高职教育场域内外充满竞争,各种冲突、矛盾和斗争不断酝酿和演变。在高职教育场域内部,为了占据更高的场域位置,不同的竞争主体总是处于持续的争夺和较量中。高职教育场域不是一个孤立和静止的概念,而是相对于经济场域、政治场域等其他场域而产生的场域概念。高职教育领域作为教育领域的一个分支场域,既要强调大学精神、理性价值,又要考虑职业技能、实践操作、产教融合、校企合作。每一个场域都会有一个象征性产品,高职教育场域的象征性产品是掌握技术技能的学生,文化育人是培养学生的重要内容,因此高职院校文化传承与创新也应该遵循场域理论中的资本与惯习的行为逻辑。

二、高职院校文化的内在逻辑:大学场域与职业场域

在我国,群众对高职教育一直有一个思想认识问题,即认为高职是高等教育中的"次等教育",是考不上本科的一些"差生"身份,认为高职教育在办学水平上是低于其他类型的高等教育,是短学制的专科层次职业教育,将来只能到工厂去做一些低层次的工作[2]。如何处理好职业性与高等性的关系,也是教育者在人才培养过程中存在的困惑。以上现象,反映出高职教育在大学场域和职业场域中不同力量的博弈,究竟是什么样的逻辑在高职教育中起到这样的作用呢?布尔迪厄的场域理论主要从本场域与其他场域的关联、场域内部的关系结构,以及场域内的行动惯习等三个方面研究场域问题,同时,布尔迪厄又将文化资本分为三种形态:内化形成的身体形态,客观化形态(文化商品等),机构化形态(教育文凭制度)。要想厘清高职院校文化的内在逻辑,需要考察场域的哲学逻辑、权力逻辑和行动逻辑。

(一)哲学的逻辑

从布鲁贝克的高等教育哲学看,高职教育既有"认识论"的属性,又有"政治论"的属性。一方面,高职教育是高等教育的重要组成部分,高职院校文化应该具备大学精神、科学精神、人文精神、价值理性,以及大学文化应有的学术文化元素。另一方面,高职教育是职业教育的高级阶段,具有职业教育的属性,应当具有企业精神、职业技术文化。若给予"认识论"优先权,高职院校文化应当重视价值理性、人文精神,凸出"高等性";若给予"政治论"优先权,高职院校文化应当重视职业精神、企业文化,凸出"职业性"。

从高职教育目标看,以服务发展为宗旨、以促进就业为导向、适应技术进步和生产方式变革以及社会公共服务的需要,深化产教融合、校企合作,培养数以亿计的高素质劳动者和技术技能人才。高职教育目标从根本上规定了高职教育的应用性、职业性的价值取向。高职院校在社会应用型技术技能人才需求导向下"技能培养"和"就业导向"的现实使命,与传统大学以学术价值为文化轴线的组织追求之间,必然产生碰撞与矛盾,形成了两难的抉择。无论这种矛盾与冲突如何激烈,归根到底是认识论和政治论哲学的优先权之争,是大学场域与职业场域的力量之争。就高职教育目标而言,我国高职院校注重强调技能培养和职业精神,可能使学校失去大学应有的文化敏感与文化追求,遮蔽了大学的文化品位和文化路向[3]。

(二)权力的逻辑

文化既是弥散的、无形的,又是整体的、延续的。不管是依据组织类型,还是地理区域划分,任何一种文化都有其一脉相承的精神、一以贯之的追求和一言概之的特征。从文化发展史的角度来看,当一种文化基因进入一种新的环境时,形态就会发生变化。[4]

1. 传统与现代的力量

我国高职院校多数是20世纪90年代的职业大学、专科学校和独立设置的成人高校通过重组转型升格而成的。虽然升格为高职院校,但是长期以来形成的发展历史、培养目标、管理方式等文化依然根深蒂固,这就形成一种传统的力量。当其转型升格为高职院校,进入高等教育序列之后,自然而然就要追求大学文化的品位和路线,从而形成一种现代的力量。传统与现代的两股力量交汇在高职院校,在继承中等职业教育的文化、吸纳普通高等教育的文化、创造高等职业教育的文化之间摸索、徘徊、前行。从权力的逻辑看,实际上,高职院校一直在模仿传统意义上的大学文化,但是仍然缺乏大学文化传承和文化创造的自主性和生命力;一直在努力摆脱中等职业教育的文化桎梏,但是仍然过于重视工具性、技能性的教育,相对忽视思想、灵魂、智慧的培育;一直在努力构建高等职业教育的自身文化,但又出现了形式化、职业化和过于推崇企业文化、职场文化的倾向[5],忽视了高等职业教育文化的内在,传统底蕴与现代大学诉求之间的矛盾始终困扰着高职院校的文化建设。

2. 职业与学术的力量

属于职业领域的中专院校或职业大学进入强调学术研究的高教领域,不仅是使职业个体获得较高的文凭,而且是职业领域挑战学术领域的象征,重新规定了一种文凭的获得标准。作为制定文凭获得标准的学术团体,传统的大学具有授予专科文凭的权限,但是现在的大学受到来自职业领域职业资格认定标准的制定者——企业或行业的挑战,这种挑战迫使它企图控制这种功能。[6]以能力为本,以就业为导向的人才培养目标,以及为生产、建设、管理、服务等一线行业培养应用技术技能人才的办学目标,都强化了来自企业的力量,使高职教育中的学术力量进一步弱化,学校办学需要校企合作、深度产教融合,调整专业设置匹配产业发展,更新课程体系使之与企业的新技术技能相衔接,同时要求在职教师具备双师型素质,招聘大量的企业工程师来学校担任教师,以上种种现象说明职业的力量成为高职教育的办学主线,学术的力量变得越来越少,高职院校的文化自然也就迎合企业精神、职业价值的文化。

(三)行动的逻辑

惯习是一个开放的性情倾向系统,具有持久稳定性,但不是永远不变的,会随着经验和场域的发展而改变,或者不断地强化,或者会调整自己的结构。惯习作为场域内所有参与者互相影响的一种发展倾向,深深地植根于各个不同的场域,并规定了个体的实践。研究某个场域的现实实践问题,可以追溯到某个场域的惯习。既然文化是受到"惯习"的影响,那么"惯习"的来源在哪里呢? 受到哪些方面的影响呢? 以及这种影响会导致什么样的行为的主导倾向呢? 在现实的高职院校文化建设中,职业场域中某些方面的惯习会影响高职院校文化的培育,还是大学场域中某些惯习会影响高职院校文化培育呢,下面围绕几个具体方面阐释。

1. 以自身利益为主的行动逻辑

高职院校培养的技术技能人才是学术领域与职业领域共同创造出来的，共同面对外部挑战的结果。但是行动逻辑上表现的差异是来源于两个领域各自出于自身的逻辑对对方的一种否认。从大学场域的利益看，高职院校理应重视大学精神、理性价值为代表的大学文化，经学校反复灌输占统治地位的大学文化规范内化给学生，使之被社会化，成为具备大学文化素质的专业人才，否则就是对高深学问的亵渎。工作机会是大学场域与职业领域的一个冲突点，职业场域的企业力量希望用他们的标准来选择毕业生。从职业场域的利益看，高职院校理应重视企业精神、工具理性为代表的文化，经学校的内化功能和外在功能进一步强化了职业文化。职业场域企图占用的不仅仅是文化，还企图占用教育的价值，使大学场域不得不给予职业场域一个位置，例如使用行业协会或者企业的工业标准、岗位标准等来调整改革自身的课程或教学大纲。尽管两种场域的力量都以自身的利益进行行动，然而国家从政策层面也有一些倾向性的行动，例如教育部在《关于推进高等职业教育改革创新引领职业教育科学发展的若干意见》中，提出高职教育要在"现代职业教育体系建设中发挥引领作用"。文化既是一个"制高点"，也是一个强有力的重要"引擎"[7]。在《现代职业教育体系建设规划(2014—2020年)》中提出"积极培育和践行社会主义核心价值观。弘扬民族优秀文化和现代工业文明，传承民族工艺文化中以德为先、追求技艺、重视传承的优良传统。推进产业文化进教育、企业文化进校园、职业文化进课堂"的职业教育文化育人意见。从国家利益看，不仅要培育职业场域的产业文化，更要培育优秀的传统文化，践行社会主义核心价值观。

2. 教育者的行动逻辑

高职院校文化的传播主体既有管理者，又有教师。从管理者的角度看，高职教育一直只是中职教育的升级版，有些高职院校领导者业已形成的固有的工具性、技能性的教育思想，会成为行动惯习依然指引着学校的文化传承与创新。从教师的角度看，虽然高职院校文化受到职业场域的挑战，但是学生的培养依然是由受过大学文化熏陶的老师来担任，他们的理性价值、大学精神通过行动惯习会传递给学生。当然，高职院校招聘的双师素质教师越来越多，具有企业经历的双师型工程师会将他们身上的职业文化倾向传递给学生，工具理性、职业文化也将会变得更加浓厚。从文化培育方式的角度看，传统的文化育人方式会受到新科技，尤其是互联网的冲击。一方面是高职院校的学生整体素质与普通本科院校的学生相比有一定差距，自制力相对薄弱，自律性相对不足，一旦进入大学相对自由的宽松环境中，他们的人生观、价值观，以及被压抑的生命力会得到最大限度的释放。另一方面是互联网技术从博客到微博、从 QQ 到微信,学生可以随时随地获得文化信息,而且也会迅速地成为这些文化的传承者与创造者。如果教育者还保留着传统文培育的行动逻辑,将会面临新的文化传播技术的挑战。

三、对高职院校文化传承与创新之道的启示

(一)哲学逻辑是和谐共生,权力和行动逻辑差异显著

从哲学逻辑看,大学场域强调大学精神、理性价值,重视高等性的优先权;职业场域强调工具理性、职业技术,重视职业性的优先权。两个场域同时交织在高职院校文化上,其哲学逻辑究竟是什么样的呢? 就文化传承而言,在纵向上的传递,属于时间维度上的传承;在横向上的传播,属于空间维度上的传承,两者互为基础,相辅相成。从哲学逻辑看,在高职院校文化传承与创新上,大学场域和职业场域应该是和谐共生的,因为高职院校的文化传承与创新是一个动态的发展过程,既要延续大学精神、理性价值等传统高等教育的文化血脉并孕育创新高职院校文化,又要延续中职教育中职业文化的精神并辐射和引领工具理性和职业精神。因此,高职院校文化传承与创新是大学场域的高等性与职业场域的职业性兼容并包的过程,也是一个和谐共生的文化体系。

从权力和行动逻辑看,大学场域和职业场域的现实表现差异显著,究其原因主要是因为大学和职业两个领域都有以自身利益为出发点的惯习。首先,表现在权力逻辑上,一方面是传统的职业底蕴占优势主导地位,现代大学的力量处于弱势地位,另一方面就是职业场域是职业资格标准的制定者,而大学场域是跟随者,两者之间的权力差异显而易见。其次,表现在行动逻辑上,高职院校的文化传承与创新主要依靠教育者,而学术型教师和双师型教师的差异也会影响文化的传递类型,总体上看,职业文化的传承与创新占优势地位。高职院校文化场域见表1。

表 1　高职院校文化场域

	大学场域	职业场域	高职院校文化
哲学逻辑	强调高等性优先权	强调职业性优先权	两场域和谐共生
权力逻辑	现代大学的诉求	传统的职业底蕴	职业的权力占优势
	职业标准的跟随者	职业标准的制定者	
行动逻辑	大学自身利益	职业自身利益	职业文化占优势
	学术型教师	双师型教师	文化传递的差异

(二)建立"以文化人、以文育人"的行动逻辑

高职院校文化建设要坚持中国特色社会主义教育的人本取向,科学定位,自觉积淀,重在建设,实现人文性和技术性、高等性与职业性的统一,形成自身独特的文化气质和开放的文化气度,构建高职教育的独特文化体系。

1. 高职院校文化传承与创新的根本:以文化人、以文育人

坚持中国特色社会主义教育的人本取向决定高职院校文化归根到底是育人为本的文化。高职院校文化作为跨界大学和职业的文化,其组织主体、组织形式、组织规范和组织活动等都具有自身的文化内涵,既涉及大学精神、高职教育等类别性要素,还涉及制度文化、行为文化及物质文化等内涵性要素。尽管高等职业教育突出的是能力本位、就业导向的培养目标,但"能力本位"决不能"越位",更不能把高职教育办成"仅仅培养一技之长"的教育,办成培养简单"匠人"的教育。高职教育文化必须坚持大学教育亘古不变的教育属性,这样才能区别于企业文化、社团文化以及其他组织文化。高职院校文化是大学文化与职业技术文化融合后形成的一种新的现代大学文化,必须具有教育文化的高等性和职业性的双重性,不能一味地模仿和照搬普通本科高校或者企业文化,否则都会失去自我,可能沦为本科的"压缩版"或企业的"培训机构"。[8]

高职院校学生将来是中国特色社会主义现代化建设的重要群体,他们的思想信念、道德水平、文化取向决定着国家的前途。因此,在学校文化建设上,首先要确立中国特色社会主义的文化导向,以中国特色社会主义核心价值体系为指导和内核,构建积极向上的文化氛围,增强学生的文化自信,进而通过先进文化的引导和熏陶,促使学生树立正确的人生观、价值观,培养学生良好的个人修养,为其健康成长和更好地担当社会责任奠定良好的基础。高职院校要理性地处理好"高等性"和"职业性"两者之间的关系,遵循高等教育的普遍规律,凸现高职教育的基本特征,高品质地规划和建设文化,务实性地设计和实施教学活动,努力促进高职院校文化内容中的人文性要素和技术性要素和谐统一,进而形成具有高职教育特色的文化体系。

2. 高职院校文化传承与创新的动力:趋变求新

文化是一所大学赖以生存、发展的根基和血脉,只有通过长年累月的积累,才能形成自身的特色和优势,成为大学间相互区别的重要标志。大学正因为其自觉积淀文化资源,形成深厚文化底蕴,才有今天的文化魅力。高职院校文化在历史积淀方面,相对于传统大学文化虽然显得有些薄弱,但同样也是长期历史积淀、薪火相传的产物。黄炎培先生"使无业者有业、有业者乐业"的职教追求和吕凤子先生"爱无涯、美无极"的职教理念等宝贵的思想资源正是我国现代高职教育文化建

构的思想原点。

　　高职院校文化建设要立足传统,趋变求新。在现有文化的基础上不断发展、不断完善的过程,就是在新旧文化的矛盾冲突中调整、整合、实现提升和更新的过程。百年前的福建船政学堂"趋变求新"的办学理念铸就了创新的文化内核。船政学堂颠覆传统,打破了传统的科举制度的藩篱,培养当时社会发展所需的应用型人才,注重船政文化与精神的传承与渗透,形成以"船政文化"为核心的特色校园文化,"前堂后厂"的教育模式,渗透"趋变求新"精神。高职院校的文化传承创新工程,既是一个自我进步的过程,又是一个与外界文化博弈的过程,不是一个独立、封闭系统的单一工程。要将社会主义核心价值观、"工匠精神"等优秀文化因子有机融合到校园文化体系当中,将精神理念文化、制度文化、视觉文化、行为文化和生态文化等孕育到高职院校文化传承与创新发展中。既要注意自身的积累与提升,也要注重从其他组织文化中不断汲取与借鉴,使高职院校的文化传承与创新具有趋变求新的动力。

　　3. 高职院校文化传承与创新之道:人文素养

　　长期以来,受到"工具理性主义"理念、"人力资本理论"以及追求高就业率的功利主义观念的深刻影响,许多高职院校普遍存在着重专业技能训练、轻人文素质的观念偏差。这种偏重专业技能训练、轻视人文素养教育的职业教育所培养出来的人往往被异化为"工具的人""机器上的螺丝钉"。2014 年 5 月印发的《国务院关于加快现代职业教育的决定》明确提出:"全面实施素质教育,科学合理的设置课程,将职业道德、人文素养教育贯穿培养全过程"。这一政策对于高职院校的指导意义在于,高职院校的人才培养不能偏重于传授给学生一技之长而忽视人文素质,要把培养学生的人文素养摆在突出的位置。在办学理念上,重视人文素养教育,提升文化修养、审美情趣、思想情感、理想追求、价值取向、思维方式、行为习惯等,有助于培养学生的社会责任感,有助于培养学生的完善人格,有助于提升学生的精神境界,有助于塑造高职生的优秀品质。在文化育人方式上,既要加强人文科学知识的教学,又要拓宽人文素养的培养渠道,开设人文讲座,邀请社会名流和知名学者来校讲座,潜移默化中提升其人文素养。文化多样性是人类社会的基本特征,也是人类文明进步的重要动力。高职院校可以与他国高职文化互相交流,相互借鉴、相互影响,让学生在多样性文化环境中思考、认识和发展自身文化的能力。

参考文献:

[1]皮埃尔·布尔迪厄:《实践与反思——反思社会学导论》,华康德、李猛、

李康译,中央编译出版社 1998 年版,第 134、178 页。

[2][7]徐铭、丁钢:《高职院校文化传承创新的自觉路径》,载《中国职业技术教育》,2012 年第 21 期。

[3]吴扬:《试析高职教育的文化冲突》,载《中国职业技术教育》,2010 年第 3 期。

[4]刘献君:《在文化传承与创新中育人的理性思考》,载《中国高等教育》,2011 年第 18 期。

[5]童学敏:《高职校园文化建设的问题与对策》,载《中国职业技术教育》,2011 年第 10 期。

[6]B AGNEW(1999). Universities Have Opposed NIH Plan to Grant Ph. d's; Scientisets Block NIH Plans to Ph. d's Science (June 11)17—43.

[8]方桐清:《高职院校在文化传承创新中的担当》,载《中国高教研究》,2011 年第 10 期。

文化实践:现代大学文化研究的哲学视角与进路

张乐农

（大连大学高教所）

摘　要:文化实践是社会实践活动的基本形式之一。这种实践形式是源于不断丰富发展的社会实际,也是马克思主义精神生产理论的现实进化。教育的本质是文化的,大学教育的本质即是在知识的生产与传承过程中,以体现学术的专业高深性为标志的塑造人的文化实践活动。

关键词:大学文化;教育本质;文化实践

作者简介:张乐农,大连大学副研究员,华中科技大学教育科学研究院博士研究生。

一、文化实践概念的来源与基础

（一）文化实践概念的理论来源

马克思主义认为,文化是人在改造自然、社会和人本身的历史过程中,赋予物质和精神产品全部总和及人的行为方式以人化形式的特殊活动。文化是人本质力量的外化。

文化包含两个方面的意义,一是人的活动方式,即进行文化创造的能力;二是人的活动成果,即文化产品。前者是动态变化的,而后者是静态积累的。

1. 实践与文化的关系

从文化的起源来说,实践(首先是劳动实践)先于文化,实践呼唤文化,创造文化。一方面,实践是使文化得以产生的强大动力。它为文化提供了必要的物质条件和丰富多彩的内容。另一方面,实践为文化的产生准备了主观的条件,即准备了能够创造文化和欣赏文化的主体。恩格斯说:"只是由于劳动,由于日新月异的动作相适应,由于这样所引起的肌肉、韧带以及在更长时间内引起的骨骼的特别发展遗传下来,而且由于这些遗传下来的灵巧性以愈来愈新的方式运用于新的愈来愈复杂的动作,人的手才达到这样高度的完善,在这个基础上它才能仿佛凭着魔力似地产生了拉斐尔的绘画、托儿瓦德森的雕刻以及帕格尼尼的音乐。"

文化产生以后,实践同样从上述两个方面给文化以推动,使文化不断发展和提高。因此,不论是文化的起源,还是文化的发展,都要由实践来说明。即由实践所造成的社会条件来说明。尽管人们可以从不同的角度去理解文化,但决定文化本质的实践却不容忽视。马克思认为,社会生活在本质上是实践的。而实践的文化性是包含在社会生活中的,因此,文化是实践的结果。文化的最深厚的根源存在于社会实践之中,实践活动的统一性和连续性形成了文化的类型和文化的传统;实践活动的多样性和特殊性,形成了文化的丰富内涵,形成了多种多样的文化层面。如物质的、制度的、心理的成分等;形成了五彩缤纷的、有着鲜明个性的文化百花园。

2. 马克思、恩格斯关于文化实践的思想

马克思、恩格斯早在《德意志意识形态》中就指出:"思想、观念、意识的生产最初是直接与人们的物质活动,与人们的物质交往,与现实生活的语言交织在一起的。人们的想象、思维、精神交往在这里还是人们物质行动的直接产物。表现在某一民族的政治、法律、道德、宗教、形而上学等的语言中的精神生产也是这样。"①可以看出,马克思、恩格斯在这里已经明确区分了物质生产实践和精神生产实践两种基本类型,可贵之处在于,他们看到,随着社会物质财富的增加,精神(文化)实践将越来越成为人们追求的主要目标。反过来讲,人们对文化实践的追求和发展必然会成为社会发展的强大动力。

马克思进一步在《1857—1858 年经济学手稿》中指出:"科学既是观念的财富,同时又是实际的财富的发展,只不过是人的生产力的发展即财富的发展的所表现的一个方面,一种形式。"②可以看出,马克思已经明确把科学作为文化财富,把文化实践作为推动社会生产力发展的重要动力。恩格斯晚年的书信中对历史唯物主义做出了重大发展,其中一项重要内容就是强调了上层建筑特别是其中的文化实践在历史发展合力中的重要作用。恩格斯在《致瓦·博尔吉乌斯》中明确指出:"政治、法、哲学、宗教、文学、艺术等的发展是以经济发展为基础的。但是,它们又都相互作用并对经济基础发生作用。并非只有经济状况才是原因,才是积极的,而其余一切都不过是消极的结果。"③

---

① 马克思、恩格斯:《马克思恩格斯选集(第1卷)》,人民出版社 1995 年版,第 72 页。
② 马克思、恩格斯:《马克思恩格斯全集(第 30 卷)》,人民出版社 1995 年版,第 539 页。
③ 马克思、恩格斯:《马克思恩格斯选集(第 4 卷)》,人民出版社 1995 年版,第 732 页。

3. 西方学者关于文化实践的思想

西方马克思主义早期代表人物葛兰西对于马克思的文化实践思想多有发挥，他指出,实践作为一种"绝对创造性活动"是与文化以及人的现实的历史活动联系在一起的①,不仅如此,他还以此为基础构建了他的无产阶级"文化领导权"理论。葛兰西的无产阶级"文化领导权"理论揭示了马克思主义实践观所内含的重要内容———文化实践的重要地位和作用,它启示我们在当今重新考量如何对马克思主义的实践观做出新的丰富和发展。

法兰克福学派的哈贝马斯认为:"不但'文化'为'自我和他人互动'提供了'文化知识传递'的资源,而且'个人'也通过'自我和他人互动'实现了'文化知识的再生产与创造',由此文化传统得以形成。"文化实践不但是文化的重要组成部分和表现形态,而且是文化观念得以产生的基础,是文化反作用于经济、政治进而推动社会发展的动力因素。

布迪厄于 20 世纪 70 年代提出"文化的再生产"这一重要的概念。文化的生产与再生产是两个不同阶段和性质的文化实践,前者是文化实践的初级阶段,而后者则更加具有延续性与创造性的内涵。在布迪厄看来,文化的重要性在于能够体现社会制度的优势与劣势,对社会中所涉及的政治、教育、经济等诸多方面实现有效的统一的文化定位。布迪厄认为,对文化传播途径———教育的分析能够从一定层面揭示社会习性、关系以及权力等动态的形成、运行过程,继而能够更好地分析文化本身二次创造、生产对社会运行之间的关系。

英国后现代主义理论家齐格蒙特·鲍曼在《作为实践的文化》一书中把文化划分为三种基本类型:作为概念的文化、作为结构的文化以及作为实践的文化。他通过研究表明,"文化就是将知识和旨趣融为一体的一种人类实践的方式"。②鲍曼认为文化的实践形态激发了文化的内在矛盾,因而对文化发展以及人类社会发展有着重要影响。

4. 我国学者关于文化实践思想研究与探索

笔者根据知网等相关文献检索,我国较早关注文化实践概念或范畴的文献有李学林的《"文化实践"是社会实践的一种基本形式》(2003 年),阐述了科学实验活动不是社会实践的一种基本形式,"文化实践"活动才是社会实践的一种基本形式的思想。2012 年还有郝立新、路向峰的《文化实践初探》以及笔者探讨大学文化与文化实践关系的《大学文化建设:回归教育本质的文化实践》等文章,都对文

---

① 葛兰西:《狱中札记》,葆煦译,人民出版社 1983 年版,第 28 页。

② 鲍曼:《作为实践的文化》,郑莉译,北京大学出版社 2009 年版,第 285 页。

化实践的概念、外延以及特征等做了探讨。后来还有《文化实践的自觉与创新思维的培育》(臧峰宇,2014)以及硕士论文《文化实践的生成逻辑及其未来走向试探》(朱蔷薇,2013)、《习性与秩序:布迪厄文化实践思想研究》(徐凤仙,2014),分别探讨了鲍曼和布迪厄的文化实践思想,具有较高学术价值与意义。

(二)文化实践范畴提出的现实基础

唯物史观认为,文化和政治是属于上层建筑的基本元素,它们是在与社会生产力的相互作用中发挥推动社会发展的作用的。文化的发展离不开特定形式的物质载体,某种文化系统或者是文化形态中蕴涵的基本文化理念必须通过一定的产品或者是服务来表现。文化产品的生产如同物质产品的生产一样,依然属于人类社会的基本生产领域。文化是一种生产,而且随着社会生产力的发展,越来越成为大规模的社会生产。它也具有社会生产的基本特征,如流通、交换、消费等,具有市场条件下经济运作的全部过程。显而易见,文化产业在经济发展中的地位已经日益凸显。

20世纪90年代以来,在媒介汇流和互联网产业崛起的影响下,发达国家文化产业加速发展。目前,一些发达国家的文化产业增加值已经接近或超过本国GDP的10%,成为国民经济的支柱产业。2015年,我国文化及相关产业增加值比上年增长11%,占GDP的3.97%。这一年,我国多个省区的文化产业增加值占到了本地GDP的5%以上。十八大以来,高层明确提出要大力发展文化产业,使之成为我国经济发展的支柱产业。这一切都表明:文化作为生产要素,或者作为一定意义上的资本,已经逐步走向经济发展的中心,日益凸显出关键性的作用。这是文化实践概念应时而生的现实基础。

二、文化实践概念的含义及特性

文化,作为与经济、政治相对应的概念和范畴而应用的时候,就体现出和经济、政治一样的可实践性。在人类的实践活动中,凡与精神文化相关的一切部分都属于"文化实践"活动。因此,从广义上说,文化实践活动既包括了人们创造、传播和享受各类精神文化产品的活动,也包括了人们所从事的科学实验活动。

(一)文化实践的含义

文化实践是人类改造世界过程中创造文化产品和形成精神成果的对象化活动。它是文化生产的参与者凭借一定的社会关系,创造出反映或体现自然、人类社会和人类思维等内容的文化产品的过程。[①]

---

① 郝立新、路向峰:《文化实践初探》,载《哲学研究》,2012年第6期,第116页。

"文化实践"概念源于马克思主义全面生产理论当中的精神生产层面。所谓精神生产是指随着劳动分工出现的,以脑力劳动为主、以一定系统化形式的精神产品为结果,以满足人的精神需要为目的的生产活动。精神生产也是人的一种实践活动。它不仅具有主观能动的创造性,而且呈现给世界具有现实影响力的精神产品,这些精神产品可感知、可观察、可交流、可传播,能够转变成一种现实的力量,在人们之间传递,它所到之处,提高了人们的生产力,组织了社会力量,丰富了人们的精神生活,它切实地改变着人类的家园。精神生产活动是人的本质力量的展开,是人的一种生活方式,是一种实践活动。

(二)文化实践的特性

对于文化实践特征或特性的认识,笔者较为认同李学林先生的观点,但在文化实践的创生性、重演性以及指向性等方面,应该予以进一步阐释。笔者以为,文化实践具有以下几个显著的特性:

1. 主体建构性——属人性

文化实践也是人类自觉的活动,具有天然的属人性。人类与文化之间具有密不可分的联系。文化是最能体现人的本质的方面之一。"在茫茫宇宙之中,人类是唯一以文化的方式生存的存在者,即承载文化的唯一主体。而我们已知的其他动物显然都是不能够真正理解文化的意义的。自人类产生以来,文化实践就成为区别人与动物的生存方式的重要标志之一。"①

2. 对象多元性——繁杂性

文化实践活动的内容包括了人类那些与其主观世界相关联的一切活动。"它不仅包括那些由训练有素的思想家和科技工作者们所从事的与创造系统的思想体系和科学理论等成熟的文化成果的高度理性的文化活动,也包括由文学艺术工作者们所从事的创造以审美形象为特征的感性的文化活动,和由包括文盲在内的大众所参与的包括宗教、迷信等各种理性的、非理性的文化活动。"②这种繁杂性既体现了实践主体的多层次性、实践过程的复杂化,也包括实践结果的丰富多样。

3. 文化创生性——实践性

文化实践活动,在过程意义上表现为文化继承、文化革新与创造,或称之为文化生产的过程,而当文化的创造(或生产)成为这个过程的核心的时候,文化实践

---

① 李学林:《"文化实践"是社会实践的一种基本形式》,载《西南民族大学学报(人文社科版)》,2003年第7期。

② 李学林:《"文化实践"是社会实践的一种基本形式》,载《西南民族大学学报(人文社科版)》,2003年第7期。

表现出鲜明的创生性,即在原有文化基础上衍生出崭新的文化。当这种创生性与产业结合的时候,就会激发出以经济效益为标志的新的生产方式和生产力,文化产业由此而生。当然,这种文化的创生也与新兴的产业相互依存、共促发展,其他政治实践与经济实践的活动也会成为衍生崭新文化的母体与源泉。

4. 阶段重演性——循环性

当文化实践活动表现为继承——融汇——整合——革新——创造(或生产)的过程,而新创造出的高端、精深的文化(当然,在特定历史时期或社会环境下,也会形成与先进生产力或生产方式无关甚至相悖的文化,这也是文化实践的繁杂性决定的)形成对其他社会文化的引领,并与其他既存的优秀文化一起,成为下一个循环中被继承的对象,在新一轮的融汇、整合与革新中孕育着新的创造,从而实现社会文化的重演。

5. 价值引领性——指向性

一方面,任何一个时代的人们的文化实践活动都是在继承前人文化成果的基础上形成的,因此都接受了过去时代的人们文化实践所创造的文化"范式"的引导和塑造;另一方面,一种文化活动模式一经形成,它也将规范未来的人们生存活动的基本方式,塑造社会中个人的精神面貌,并预示着人类未来"文化实践"活动前进的方向。

三、当代大学教育的本质是文化实践

大学教育的本质问题,是高等教育哲学的基本问题,不同的哲学观就会产生不同的本质观。通过以上我们对马克思主义实践哲学文化实践概念的阐述,我们认为:大学教育的本质即是在知识的生产与传承过程中,以体现学术的专业高深性为标志的塑造人的文化实践活动。这一论断可以从大学教育本质的历史演变,以及大学教育与文化实践的逻辑契合两个方面来阐述说明。

(一)大学教育在历史演进中走向文化实践

学界关于大学教育与高等教育的界定,尚存在分歧,笔者以为,两者是不同历史时期、不同学科状态、甚至是不同文化、政治背景下的称谓,但从考察"本质"的目的意义出发,两者是一致的。

关于高等教育本质的问题,学界历经几个时代的探讨与争论,基于不同的时代背景、不同的哲学理念和不同的方法论,研究得出的结论大不相同,可谓见仁见智。贾永堂先生的《高等教育本质的历史考察》一文,具有较强的代表性。该文以唯物史观的视野,考察了高等教育本质的形成与演变,并以辩证发展的视角,对高等教育本质的未来发展做出演变趋势的判断与预测。突出强调了高等教育本质

具有变迁性。正是这种变迁性,使后来学者在当今的"科学与人文"时代,对高等教育本质的变迁趋势与现实定性问题,提出了更多更新的解读。

"高等教育自产生以后,由于其制约因素及内外环境的变迁,一些旧的特质逐渐消失,而新的特质则不断产生。特质的变换导致了本质转化。不变的其实是我们的本质观,而不是本质本身。""具体而言,高等教育本质的变迁突出地体现在两种基本内涵的改变上。其一是高层次的优秀职业人员的培养变成了直接的职业训练。其二是高深学问的探究与授受变成了单科知识的研究与教学。"①高等教育的这种专业化改变了高等教育的一些本质特征"进入近代以后,伴随着工业化与近代化进程,自然科学因其与职业技能之间的紧密相关而得到突飞猛进的发展,人文社会科学则备受冷落。""在高等教育内部,最终使两大类教育——科学教育与人文教育分道扬镳。""随着现代社会的重新综合,一方面使各门知识日趋融合为大科学,另一方面,也要求高等教育拓宽路径,朝大教育的方向发展。此外,在未来的时代里,制约高等教育发展的主导哲学也将发生转变,功利主义的至上优势将被逐渐削弱,理性主义和人本主义的影响将日趋强化。最终高等教育将再次在理性主义、人文主义和功利主义三种哲学取向上达成平衡。"②

当今时代,正如涂又光先生在《中国高等教育史论》中所指出:"中国高等教育历经几千年的'人文'时期,近百年的'科学'时期,现在已经进入了高等教育的'科学与人文'时期。"③这一时期突出特点就是大学教育的"科技教育与人文教育和谐统一",在科技教育与人文教育和谐统一的过程里,回归到高等教育的文化传承、创新以及对人本身的"文化化"本质,我们谓之文化实践。继而得出"大学教育的本质即是在知识的生产与传承过程中,以体现学术的专业高深性为标志的塑造人的文化实践活动。"这样的结论。当然,结论还需要经历实践进一步的检验与完善。

(二)大学教育与文化实践的契合

大学教育的文化实践本质是历史发展的必然,大学教育与文化实践在逻辑上也体现出同一性与契合性。

1. 两者主体与对象的同一,体现了主体建构的属人性

一方面,大学教育是人与人之间的活动,属于典型的文化实践。当然,文化实践的外延更广,在广大科研院所所进行的科学实验,属于文化实践,但不能归类为

---

① 贾永堂:《高等教育本质的历史考察》,载《辽宁教育研究》,1995年。
② 贾永堂:《高等教育本质的历史考察》,载《辽宁教育研究》,1995年。
③ 涂又光:《中国高等教育史论》,湖北教育出版社2002年版。

教育。娱乐界的影视剧制作,属于文化实践,但不能归类为教育,即便这些活动都具有教育意义。

另一方面,无论是大学教育,还是文化实践,都是以满足人的精神需要为目的。大学教育以知识传承为出发点,以素质拓展、能力培训、专业塑造等方面贯穿始终。其核心是"育人",是以人的德才兼备、身心和谐为终极目的。而文化实践,不论是由训练有素的思想家和科技工作者们,所从事的高度理性的文化活动,还是由文学艺术工作者们所从事的创造以审美形象为特征的感性的文化活动,甚至包括文盲在内的大众所参与的包括宗教、迷信等各种理性的、非理性的文化活动,都是以满足人的精神需要为目的,就此而言,大学教育与文化实践体现了共有的属人性。

2. 以脑力劳动为主、以一定系统化形式的精神产品为结果,体现了两者共有的创生性

无论是中国古代的太学、书院,还是西方中世纪大学,自诞生之日开始,都是典型的以人的脑力活动为主的活动形式。而且在精神产品的生产层面,大学教育,作为一种独特的社会组织,体现出其他组织无法替代的文化实践意义。

尤其是近现代以来,当大学教育逐渐演绎为更加重视学科的高等教育后,在高等教育更为发达的西方,一些著名学者对于高等教育系统的研究界定,较为深刻地揭示了高等教育的本质是文化实践的内涵。美国著名的社会学家和比较教育学家伯顿·R. 克拉克指出:"自高等教育产生以来,处理各门高深知识就是高等教育的主要任务,并一直是各国高等教育的共同领域。当我们把目光投向高等教育的'生产车间'时,我们所看到的是一群群研究一门门知识的专业学者。这种一门门的知识称作'学科',而组织正是围绕这些学科确立起来的。"①

3. 大学教育的过程体现了文化实践的指向性、重演性

文化实践是一个系统,而大学教育的过程也恰恰契合了这个系统中的关键环节与步骤。文化实践表现为继承——融汇——整合——革新——创造(或生产)的过程,当然,这个过程并不是一个密闭的排斥外界接触的过程,实践的每一个环节与步骤都是由作为主体的人与自然、社会或其他人发生关系的过程。

大学教育就是发生在这些环节与步骤之中的。而且,大学教育过程中知识的生产或文化创造凸显出核心或关键的特定意义,正是这种文化的创造,才促成了大学教育的高端、精深与对其他社会文化的引领。也正是在大学教育中诞生的新

---

① 伯顿·R. 克拉克:《高等教育新论——多学科的研究》,王承旭、徐辉、郑继伟等译,浙江教育出版社 1987 年版,第 107 页。

文化,与其他既存的优秀文化一起,成为下一个循环中被继承的对象,在新一轮的融汇、整合与革新中孕育着新的创造,从而实现大学教育作为文化实践系统在社会进步当中的引领与推动作用。而文化传播,是贯穿于文化实践从继承到创造的整个过程的始终,是文化实践系统一定意义的外化。而对于特定的大学组织而言,这种传播,就是文化实践所体现出的特定意蕴——高等教育及其效果。

4. 在几十年市场经济大环境中,大学文化资本也逐渐形成,成为文化实践崭新形式

布尔迪厄在认同传统的经济资本和社会资本基础上首创了文化资本概念①。文化资本本质上是人类劳动成果的积淀,是以人的能力、行为方式、语言风格、教育素质、品位与生活方式等形式表现出来的文化习性、文化体制、文化能力、文化产品等的文化资源的总和。

大学文化资源转化为文化资本,一般需要经过两步:第一步,把大学文化资源转化为文化产品,即将文化资源转化为可编码的符号形式,并使之具有市场价值;第二步,界定文化产品的产权归属,使其被"排他性占有",从而使文化产品成为某市场主体的文化资本,在资本运作中产生剩余价值或收益。大学文化资源只要"被排他性占有"并能带来"利润"(物质性或精神性)时,就可称之为大学文化资本。② 大学文化资本一方面是大学之内自给自足式的文化再生产的独特要素,更是大学参与社会大生产的优势所在,是大学的核心竞争力。大学文化资本的形成,当然也是一柄"双刃剑",如何因势利导而又不偏离教育的宗旨,成为亟待面对与解决的课题。

四、基于文化实践视角探索建构大学文化的新进路

通过上文分析得出,大学文化建设就是对大学教育本质的回归。大学文化建设的优劣、成败直接关乎大学教育自身能否走出困境,获得重生。而以文化实践的哲学视域,或者说界定为文化实践的大学教育为知识经济时代的大学人适应角色转换、并以科学的方式主导、推进大学文化的生成与创新,奠定了崭新的平台、拓展了空间。

(一)凸显主体担当性——塑造大学文化共同体

大学文化的建构主体是"大学人"。基于文化实践的视域,建构崭新大学文

---

① [美]戴维·斯沃茨:《文化与权力》,陶东风译,上海译文出版社2006年版,第354页。

② 崔岐恩、张晓霞:《文化资本:大学文化的符号性解读》,载《江苏高教》,2016年第3期第49页。

化,首先要凸显"大学人"的主体担当性。大学人是大学领导、教师、学生和管理人员的组合体。其中包括:具有远见卓识、独到办学理念、善于科学管理的优秀校长;具备优秀人格魅力、深厚学术造诣、善于治学育人的学术大师;有兢兢业业工作、孜孜不倦教学、独立自主科研的大学教师;一批批敢于追求梦想、肯于吃苦的莘莘学子以及行政管理人员和后勤工作人员等,其中,大学生和大学教师是大学人的主体。

大学人不仅是大学文化创造的主体,而且也是大学文化建构、发展的主要推进主体。大学人在大学文化的熏陶中,其思维、品位、理想追求、品格等得以感化、净化与升华,在这种不断循环往复的过程中又激发与生成新的大学文化,大学人与大学文化的这种特定关系奠定了大学文化建设走出困境的主体基础。

由于大学文化都有其独特的价值观念体系,影响其内部大学生的价值意识定向,使该文化内的大学生具有与其他大学不同的价值思维和价值选择。因此建设大学文化凸显主体担当性,最重要的就是要注重价值观念体系的建设。

1. 大学校长文化

大学校长对于大学而言,绝非一般意义上的管理者,而是以教育家身份肩负办学治校主要责任的大学领导者。大学校长对于大学文化的理解与构建,首先取决于他能否为大学的使命、目的、方向等做出正确的判断和选择。奥尔特加·加赛特认为:"大学改革的实质是为了能够系统地实现其目标,因此,对我们的大学目标只做一些调整、修饰或变更,最终只会空欢喜一场","大学的改革如果仅限于纠正大学中懒散草率的弊端,那么改革也会不可避免地变得非常草率。重要的是大学要重新认识其使命,使大学活动真正发挥出应有的力量"①。

被毛泽东誉为"学界泰斗,人世楷模"的北大校长蔡元培先生,正是提出并身体力行、彻底改革旧北大的"思想自由、兼容并包"的理念使北大面貌为之一新、民族精神为之一振。以至于杜威这样评价蔡元培:以一个校长身份,而能领导一所大学对一个民族、一个时代起转折作用的,除蔡元培以外,恐怕找不到第二个。而清华校长梅贻琦先生更是以"所谓大学者,非大楼之谓也,大师之谓也"的文化理念治校而功勋卓著。这就是大学校长文化的意义与力量所在。

对于当代大学校长文化建构而言,首先要突出价值、理念的塑造与引领;其次要基于大学的实际设计制度及运行机制,使文化理念能够落实。第三,大学校长文化的建构也体现在对于大学环境的塑造当中,大学环境往往也是在最感性的层面体现出大学校长文化特质的标识。

---

① 奥尔特加·加赛特:《大学的使命》,徐小洲等译,浙江教育出版社 2001 年版,第4—5 页。

2. 大学教师文化

早在 20 世纪 60 年代,克拉克等研究者们就开始通过文化的视角来研究大学教师,他们从大学教师的工作、态度和观念的差异等方面进行研究。他们认为:大学教师文化是某大学内的教师们共同秉持的一种价值观念系统和行为模式,他们通过相互之间的沟通与交流、对新成员的价值影响以及个人的自我控制使这种价值观念和行为模式得以稳固和保存下来。①

首先,大学教师应遵循三个方面的价值准则 ② :追求真理及传播知识、学术诚信、学术自治,以此来保证其学术职业这一教师亚文化,这是大学教师文化的核心。大学教师要始终保持高度的自治,并与各研究者形成紧密联系的学术共同体,以此推动主体性学术职业的发展。其次,大学教师的角色至少包括教学和科研两个方面,大学教师不仅应该重视其学科的发展和学术活动、将注意力放在科学研究上,还应该关注自己的教学角色,开展主体性的教学活动。通过精心的课程组织、明确的教学语言、增加教学趣味性、培养和谐的课堂气氛以及保证课程的价值等方式,形成大学教师的有效教学。

3. 大学学生文化

大学生的价值观受到大学内多元文化的影响,除大学所倡导的主流文化外,包括网络文化、宿舍文化、外来文化、娱乐文化等诸多亚文化,都会对大学生的价值观产生正面或者负面的不同影响。大学生的价值观念一方面受到既存文化的影响,另一方面又随着自身生理成长、心理成熟而不断加以调整。大学生对大学多元文化的主动选择体现了文化建构主义的思想,是个体主动建构意义的过程。这种主动的选择与建构达到平衡的结果就是行为的习惯化,表现为大学生在典型的环境中做出某种模式化的反应,从而形成一个区别于其他的外显特征。大学文化的引导功能使大学生克服消极的情感体验、激发积极情感,使他们各种积极的情感体验转化为发展其他能力的强大驱动力。对于大学生而言,如果大学文化得到其认可,那么这种大学文化可以产生巨大的推动力、激发出大学生的潜力,使大学生向大学文化所引导的方向主动发展。③

---

① Bolton, C. D., and Kammeyer, K. C. W. (1972) . Campus cultures, role orientations, and social types. College and Student: Selected Readings in the Social Psychology of Higher Education. New York, NY: Pergamon Press.

② Clark, B. R. (1987a) . The Academic Life: Small Worlds, Different Worlds. Princeton, NJ: The Carnegie Foundation for the Advancement of Teaching.

③ 薛绍聪:《西方大学文化对我国大学文化研究的启示》,载《山东社会科学》,2013 年第 3 期,第 192 页。

（二）强化实践性——拓展大学文化功能的空间

按照美国学者克拉克·克尔在他的著作《大学的功用》一书当中所述，大学组织已经演变为"多元化巨型大学"。"多元化巨型大学类似一座城市。如果纽曼理想中的大学是一座僧侣居住的村庄；佛莱克斯纳关于现代大学的理念是建设一座城镇——一座由知识分子垄断的城镇，那么，克尔的多元化巨型大学是一座充满无穷变化的城市。"①

已经成为"城市"的大学显然突破了传统大学组织的功能、特点与文化生成方式。随着社会生产方式的演进，信息时代、知识经济时代来临，尤其是诞生于大学的高端科技与文化知识逐渐以生产要素方式融入社会生产环节，这种体现精神生产方式的文化产业开始勃兴，大学作为"多元巨型化"组织，体现出重要的生产力职能。这种新衍生出的生产力职能直接促成大学组织的经济自主与独立，从而为大学自治、学术自由等大学文化理念在大学发展的新阶段真正实现而奠定物质基础。随着文化产业的兴起，参与到文化产业当中的师生，以文化共同体的身份逐渐转变为产业工人或知本家，直接或间接地进行文化生产和经济生产，成为先进生产力的代表，也奠定了大学文化乃至社会先进文化生成的物质基础。

当然，依托于大学文化资本的文化产业不能引导大学人走向极端追求物质利益的歧途。我国大学在物产形态文化资本再生产中，已经出现诸多不良倾向，尤其是大学和教师们热衷于市场、准市场行为，也即美国学者罗德斯和斯拉夫特所说的"学术资本主义"倾向。② 王英杰认为，"学术资本主义就是大学和专业人员为获取校外收入所做的市场和类市场努力"③。科学研究本应该出自个人兴趣而对真理、未知领域的不断探索，但是为了实现资本增值而更多考虑外在功利目的，其文化再生产的目的演变为从大学的人才培养、科研研究和服务社会的核心职能里变现，追求物质利益最大化日益成为学科团队或个人行为的基本出发点和终点，则终将使现代大学走向异化。

总之，文化实践视域中的大学文化进路正是基于大学组织演进而明晰大学教育本质的变迁，从而依托文化生产力开辟大学文化建设的崭新进路。融合了大学文化资本的高端文化产业中的先进生产力激发出了先进文化，这个过程的实质和根本是大学人自主地根据大学内外部发展要求有意识地建构新的文化信念和价

---

① 张斌贤：《外国高等教育名著研读》，高等教育出版社 2010 年版。

② http://www.aft.org/pdfs/highered/academic/june04/Rhoades.qxp.pdf. Gary Rhoades ,Sheila Slaughter. Academic Capitalism in the New Economy：challenges and Choices.

③ 王英杰：《大学文化传统的失落：学术资本主义与大学行政化的叠加作用》，载《比较教育研究》，2012 年第 1 期，第 1—7 页。

值追求的过程。通过先进文化反思大学现状,进一步深刻认识大学的根本任务,要以文化的创造性转化、创新型发展去塑造整全的人。

参考文献:

[1]马克思、恩格斯:《马克思恩格斯选集(第1卷)》,人民出版社1995年版,第72页。

[2]马克思、恩格斯:《马克思恩格斯全集(第30卷)》,人民出版社1995年版,第539页。

[3]马克思、恩格斯:《马克思恩格斯选集(第4卷)》,人民出版社1995年版,第732页。

[4]葛兰西:《狱中札记》,葆煦译,人民出版社1983年版,第28页。

[5]鲍曼:《作为实践的文化》,郑莉译,北京大学出版社2009年版,第285页。

[6]郝立新、路向峰:《文化实践初探》,载《哲学研究》,2012年第6期,第116页。

[7]李学林:《"文化实践"是社会实践的一种基本形式》,载《西南民族大学学报(人文社科版)》,2003年第7期。

[8]贾永堂:《高等教育本质的历史考察》,载《辽宁教育研究》,1995年。

[9]涂又光:《中国高等教育史论》,湖北教育出版社2002年版。

[10]伯顿·R·克拉克:《高等教育新论——多学科的研究》,王承旭、徐辉、郑继伟等译,浙江教育出版社1987年版,第107页。

[11][美]戴维·斯沃茨:《文化与权力》,陶东风译,上海译文出版社2006年版,第354页。

[12]崔岐恩、张晓霞:《文化资本:大学文化的符号性解读》,载《江苏高教》,2016年第3期第49页。

[13]奥尔特加·加赛特:《大学的使命》,徐小洲等译,浙江教育出版社2001年版,第4—5页。

[14]Bolton,C. D. ,and Kammeyer,K. C. W. (1972) . Campus cultures,role orientations,and social types. College and Student:Selected Readings in the Social Psychology of Higher Education. New York,NY:Pergamon Press.

[15] Clark,B. R. (1987a) . The Academic Life:Small Worlds, Different Worlds. Princeton,NJ:The Carnegie Foundation for the Advancement of Teaching.

[16]薛绍聪:《西方大学文化对我国大学文化研究的启示》,载《山东社会科学》,2013年第3期第192页。

［17］张斌贤:《外国高等教育名著研读》,高等教育出版社 2010 年版。

［18］http://www. aft. org/pdfs/highered/academic/june04/Rhoades. qxp. pdf. Gary Rhoades ,Sheila Slaughter. Academic Capitalism in the New Economy:challenges and Choices.

［19］王英杰:《大学文化传统的失落:学术资本主义与大学行政化的叠加作用》,载《比较教育研究》,2012 年第 1 期,第 1—7 期。

民办高校优秀传统文化培育的路径探析

——基于供给侧改革视角

高燕林

（广东科技学院）

摘　要：中华优秀传统文化是高校培育社会主义核心价值观的文化基础和重要内容。民办高校优秀传统文化培育蕴含学校"有效供给"与学生"实际需求"两个主体。民办高校学生存在过度推崇西方多元文化、价值追求偏重于物质层面、道德行为践行逊于道德认知水平等方面隐忧。"供给侧改革"理念可为民办高校优秀传统文化培育提供新思路：弘扬传统文化，强化文化认同；科学设置课程，精选教学内容；凝练校园文化，优化育人环境；完善教育体系，丰富社会实践。

关键词：传统文化培育；校园文化；内容；路径

作者简介：高燕林（1987—），男，广东惠州人，广东科技学院研究实习员，硕士，研究方向：高等教育管理。

基金项目：本文系广东省2013年高等院校学科与专业建设专项资金（学科科研类项目）（2013WYXM0159）和广东省高校重大科研项目"博雅教育·专业素养·技能训练协同融合教学创新研究——以财务管理专业为例"（2015GXJK163）阶段性研究成果。

一、"供给侧改革"理念的提出

"供给侧改革"这一理念由习近平总书记在2015年11月10日中央财经领导小组第十一次会议首次提出，强调我国在适度扩大总需求同时，为强化经济持续增长的动力，国家应着力加强供给侧结构性改革，着力提高供给体系的质量和效率，促使我国社会整体生产力水平实现跃升。[1]2015年11月15日，习近平总书记在20国（G20）安塔利亚会上发表了《创新增长路径　共享发展成果》的主题演讲，提出"要重视供给端和需求端协调的重要性，两端应协同发力。"[2]2015年11月17日，在"十三五"《规划纲要》编制工作会议上，李克强总理强调"为促进大众创业、万众创新,国家要结合调结构、转方式,实行创新驱动发展战略,在供给端和需求端共同发力,促进经济产业向中高端转变。"[3]2015 年 11 月 18 日,习近平总书记在亚洲太平洋经济合组织(APEC) 工商领导人峰会发表了题为《发挥亚太引领作用 应对世界经济挑战》的主旨演进,提出"单纯依靠货币刺激政策来解决世界经济深层次问题是不够的,需要在经济结构性改革方面做出尝试和努力,使供给体系和需求结构相匹配。"[4]

改革开放以来,我国经济发展速度进入快车道,取得了显著成绩。人民生活水平和质量得到极大提高,经济发展进入新常态,表现出增长速度换挡期、结构调整阵痛期和前期政策消化期"三期叠加"的特点。[5]为解决经济发展中的各类矛盾和危机,调整经济结构,短短十天,党和政府领导人在不同场合均对"供给侧改革"这一主题发表讲话,可以看出,"供给侧改革"理念已成为我国经济发展的指导思想和方向引领。通俗来讲,"供给侧改革"理念的提出是对当前我国经济存在问题的本质改革。它以提高供给质量为逻辑原点,产业结构改革和调整为重点,提高有效供给的比例,提升生产力水平为目标。

二、"供给侧改革"理念在民办高校文化培育中何以成为可能

2016 年 6 月 3 日,教育部发布《2016 年全国高等学校名单》。截至 2016 年 5 月 30 日,全国高等学校共计 2879 所,其中民办高等学校 735 所,占全国高等学校总数 25.53%。[6]随着我国高等教育制度改革的不断深入,民办高校无论是数量还是办学规模都在快速发展壮大,民办高等教育已成为我国高等教育不可或缺的重要组成部分。民办高校肩负着培养各领域高水平人才,繁荣社会主义市场经济,促进社会和谐发展的重要使命。

互联网技术的发展及普及,信息化时代的到来,西方意识形态、价值观的渗透,各种不确定、不安全因素随之增多,民办高校学生能否正确看待,并做出正确应对,高校在这一过程中发挥举足轻重作用。民办高校学生能否辩证、科学地看待全球化背景下西方文化潮,将对他们的人生观、世界观、价值观塑造产生重要影响。有学者指出,面对西方意识形态的渗透,青年是重点人群,高校是敏感区、易发区。那么民办高校如何做当代大学生思想的引领者、导航者?

文化是一个国家、民族发展史的重要载体,强化国家认同、社会认同、自我认同,关键要对我们共同的历史文化进行继承、创新、发展,特别是中华优秀传统文化。高校承载着传承创新优秀文化的基本使命,是大学生思想政治教育的主阵地,是增加国家文化软实力的重要阵地,也是培养创新型人才的根本依托。因此,将中华优秀传统文化贯穿大学生培养全过程,帮助大学生重塑个人信念,要求我

们必须结合社会发展的趋势,将优秀传统文化内化为学生精神追求,表征为大学生日常行为。

1817 年大卫·李嘉图(David Ricardo)在其代表作《政治经济学及赋税原理》(Principles of Political Economy and Taxation)系统提出市场的供给和需求理论。需求侧改革和供给侧改革是调整经济结构、促进经济健康发展的常用手段。供给侧改革主要是市场发挥主导作用,"大市场,小政府",通过市场的调节,发挥生产力和生产关系作用,促进经济发展。需求侧改革主要是政府发挥主导作用,通过对市场的干预,运用宏观政策与微观政策,推动经济发展。

与经济改革类似,我国民办高校发展也存在需求侧改革和供给侧改革两个方面。虽然在具体方式、方法和要素构成上有所区别,但基本理念和思路可谓一致。在民办高校具体工作中,我们可以发现类似境遇。如民办高校优秀传统文化培育存在供给与需求矛盾,表现为供给端和需求端失衡,并贯穿于民办高校发展始终。民办高校优秀传统文化培育必须考虑"有效供给"与"实际需求"两端平衡。育人过程中,在提高效率,突出教育供给与匹配教育对象的实际需求同时,要兼顾相对公平,避免顾此失彼、厚此薄彼等不良现象,也要考虑到两端的"最近发展区"。唯有此才能更好地平衡和破解"有效供给"与"实际需求"的矛盾问题。因此,笔者认为"供给侧改革"亦适用于民办高校优秀传统文化培育的改革与发展。从"供给侧改革"视角出发,厘清当前民办高校优秀传统文化培育存在的问题,为探索民办高校优秀传统文化培育路径提供新的思路和维度。

三、民办高校学生传统文化培育现状的隐忧

文化是一所大学赖以生存和发展的根基,是大学的灵魂,也是凸显学校特色的重要元素。我国民办高校起步较晚、办学历程短暂,在大学文化建设方面尚显不足。[7]大学文化作为中华优秀传统文化的重要组成部分,在经济全球化和信息化时代,正面临前所未有的严峻挑战。与此同时,西方发达国家多元文化对我国优秀传统文化培育产生巨大冲击,也成为民办高校加强优秀传统文化培育的障碍。民办高校自身快速发展时,大学文化出现了一些问题,如民办高校自身文化底蕴不深厚,价值追求侧重于物质层面,政治思想教育不够深入,大学物质文化建设滞后,校园学术活动以及文化活动水平不高,学生过度推崇西方文化等。

(一)过度推崇西方多元文化

随着改革开放步伐的加速,加之市场经济成分的多元化,西方发达国家凭借其经济优势,利用大学生对西方文化的崇拜,以西方节日(情人节、愚人节、万圣节、圣诞节等)、时尚潮流(服饰、发饰等)及快餐文化等为媒介,渗透到大学生日常

生活中,最终改变大学生的价值观、思维方式和生活方式,此类状况在民办高校学生中尤为明显。纵观时下民办高校,校园中充斥着消费文化、网络文化、时尚文化、偶像文化等非主流文化。[8]这些良莠不齐、杂乱无序的外来文化对民办高校学生意识形态、价值观念和社会文化发生潜移默化影响。导致大学生对本民族优秀传统文化认知不足,民族历史、民族精神等逐步丧失,最终使民办高校学生迈入一个异己的误区。

(二)价值追求偏重于物质层面

较之于公办院校,民办高校由于其办学特殊性,在学费、管理体制等方面与公办高校差异较大。同样享受本科教育,民办高校学生需要付出较高学费。寝室、宿舍、食堂等场所条件相对优越,导致生活成本也高于公办高校学生。因此,随着时间流逝,民办高校学生心中"受教育者"角色逐渐向"消费者"角色转变。在物质和精神追求层面,更加侧重物质层面,如要求学校提供更好的服务、更好的居住环境、更好的教学设施等。日常生活中,民办高校学生容易出现攀比消费,过于看重物质水平,进而形成索取的心态,对学校文化建设、自身发展定位、社会贡献出现错位。

(三)道德行为践行逊于道德认知水平

已有研究表明,民办高校学生与公办高校学生道德认知水平差异不大,但具体行为表征中,民办高校学生道德行为却不及公办高校学生,道德行为与道德认知水平出现脱节。民办高校学生深知日常道德规范(爱护公物、遵守公共秩序)的具体要求和重要性,但却出现与之背道而驰的不文明行为,如公共场合穿衣不得体、大声喧哗、校园生活中乱涂乱画、乱扔垃圾、践踏草坪、亲昵行为等屡见不鲜。不管校内、校外类似陋习均与大学生身份格格不入,究其原因,大学生虽掌握了日常道德规范的具体要求,但仅仅止步于认知层面,而没有将它们展现于行为中,最终走向了行为失范一端。

四、"供给侧改革"视域下民办高校优秀传统文化培育的路径

2014年3月26日,教育部颁布《完善中华优秀传统文化教育指导纲要》,指出:"加强中华优秀传统文化教育,是深化中国特色社会主义教育和中国梦宣传教育的重要组成部分,是构建中华优秀传统文化传承体系、推动文化传承创新的重要途径,是践行和培育社会主义核心价值观、落实立德树人根本任务的重要基础。"[9]党的十七大首次提出,"加强中华优秀文化传统教育,培育和弘扬中华文化,建设中华民族共有精神家园"。党的十八大对优秀传统文化传承作了详细安排,指出全面提高公民道德素质是继承和发扬优秀传统文化的重中之重。

新的时代背景和社会形态下,民办高校加强优秀传统文化培育,要充分汲取我国优秀传统文化根源和内涵,学习、借鉴世界各国在继承、发展、培养本民族优秀文化的相关经验和有效措施,同时结合我国经济结构性改革实施的"供给侧改革"理念。

(一)弘扬传统文化,强化文化认同

加强民办高校优秀传统文化培育,要求民办高校从宏观层面解读国家相关政策,对传统文化培育形成新的认识,做到真正理解其本质要求。从"供给侧改革"理念出发,采取学生乐于接受的方式,完善优秀传统文化培育路径,将学校的"有效供给"与学生的"实际需求"联系起来。

优秀传统文化培育作为提高大学生思想道德水平的重要路径,需要民办高校学生对其有较高的认同感。"认同感"指民办高校学生能切实领悟中华优秀传统文化的精神内涵和本质要求,由欣赏中华优秀传统文化进而品味其独特魅力,最后将其展现于实践。提高民办高校学生对优秀传统文化的认同感,要做到以下两点:一是民办高校教育工作者要掌握教育对象的特殊性和针对性,全面了解学生对中华传统文化的"实际需求",同时遵循大学生思想品德的形成和发展规律,从而对中华优秀传统文化形成文化自觉。二是中华优秀传统文化的培育,要坚持历史传承与时俱进相结合,在继承传统文化历史渊源、演进历程、基本理念和基本特征基础上,结合自媒体时代网络文化传播的特点,不断丰富优秀传统文化的内涵和传播路径。

(二)科学设置课程,精选教学内容

由于民办高校的办学历史和发展定位与公办院校存在较大差异,特别是将优秀传统文化融入民办高校课程中,可能面临课程内容选择、教材教法和课程评价等困难。因此,民办高校将优秀传统文化融入高校课程时,要结合学校的实际情况,全面考虑教育对象"实际需求"的特殊性。怎样将传统文化与大学已有课程相结合? 这是民办高校优秀传统文化培育必须要破解的难题。当前,高校将优秀传统文化融入课程中,主要有两种方式:一是学校统一开设中华优秀传统文化必修课程或选修课程;二是通过大学语文、第一课堂课程(思想政治理论课、职业发展与就业指导课、心理健康与心理发展课、综合素质课)和第二课堂课程(主题班会、学生干部会议、党支部(小组)会议、专题会议、学习教育座谈会、爱国教育学习活动、团日活动、"周日党课"、党团知识竞赛、校园文体艺活动等),以潜移默化的形式,在课堂、活动、会议中渗透中华优秀传统文化的精髓。有条件的高校,可采取多种形式探讨潜在的融入方式,如社会科学类、思想政治理论课专家学者、一线教师共同研讨、集体研修,商讨如何在教学大纲中科学设置、统一规划。

哪些优秀传统文化应融入民办高校课程？《完善中华优秀传统文化教育指导纲要》对此做出了详细规定,要求高校在课程设置中要以弘扬爱国主义精神为核心,以国家情怀教育、社会关爱教育和人格教育为重点,着力完善青少年学生的道德品质,培育理想人格,提升政治素养。[10]这是国家从宏观层面对此问题的回答,但具体到操作层面,还要求我们要结合时代精神,实现中华优秀传统文化与现实文化相互交融。如在学校已有中华优秀传统文化必修课和选修课的基础上,增加地域特色、民族特色、本土文化、乡土文化等元素,提高课程的丰富度。此外,除学校已有显性课程基础上,更加关注隐性课程对优秀传统文化培育的意义。如为构建浓厚的校园文化氛围,从物质性、制度性和观念性维度将建筑风格、校园环境、校风、学风、班风、教育理念、管理制度等内容融入其中,使大学生在耳濡目染、潜移默化中接受优秀传统文化的熏陶。

(三)凝练校园文化,优化育人环境

校园文化是民办高校科学发展的力量之源,文化育人是民办高校培养优秀人才的根本举措。民办高校教育工作者应将校园视为一个系统的学生活动空间,集教学活动、学生活动和管理工作为一体。因此,民办高校要科学、系统整合学校资源,科学组织校园文化活动,构建校园文化体系,为传播优秀传统文化提供媒介和营造氛围。

针对部分民办高校在校园文化建设方面缺乏全局思维和系统设计,片面追求表面工程,缺乏高校文化育人特点和气氛的情况下,民办高校在校园文化建设中要坚持文化育人理念,针对教育对象的分层性和特殊性,结合本校的实际情况,精心设计、灵活调整校园文化建设。如开展校园文化活动月,举办文明征文比赛、书法比赛、吟诗作对比赛、成语接龙比赛,开展"文明行动,我先行"主题演讲比赛"、举办"听老党员讲故事"等专题讲座。民办高校要加强校园文化建设的内容与形式探讨,充分借鉴此方面有所建树的兄弟院校,实现校园文化建设、文化育人和环境育人协同的"一体化"育人机制。依靠学校现有的资源,创新文化育人形式,以讲读法、案例法、讨论法、演示法等开展优秀传统文化培育,让学生感受其魅力所在,形成学习优秀传统文化、崇尚优秀传统文化和践行优秀传统文化的浓厚氛围。

(四)完善教育体系,丰富社会实践

优秀传统文化培育是一项实践性教育活动,而非一般意义上的理论性教育活动。然而在实际教育工作中,优秀传统文化培育往往被视为是一般的理论教育活动,导致与具体实践脱节,最终改变优秀传统文化在人们心目中的印象和地位。社会实践是人才培养、强化学生综合素质的重要路径,是一个系统的工作,涵盖学校、社会和学生个人三个教育主体。

民办高校优秀传统文化培育要以"供给侧改革"理念中"结构性改革"为指导,将文化培育工作视作一个系统工程来开展,避免单纯依靠高校一方"单打独斗",而是社会、家庭、学校三方要形成一个文化教育共同体,形成一个涵盖三方的联动育人体系,共同营造一个良好的文化环境。通俗来讲,民办高校要完善优秀传统文化实践教育体系,有计划、有目的、有组织地让学生走出校园、走进社会,深入了解社会实际状况。鼓励和创造条件让学生参与社会公益活动、志愿者服务活动,参观反腐倡廉教育基地,巧妙利用传统节日(春节、端午节、清明节、中秋节等)、重要历史事件(五四运动、"九一八"事变、建党、建国等)和重要人物纪念日,将优秀传统文化的内容与日常活动、文化公益活动、社区服务等相结合,实现内容和形式有机结合,使传统文化由抽象、教条向具体、生动转变。让大学生在实践中领悟优秀传统文化的魅力,在实践中陶冶心灵,自觉将优秀传统文化内化于心,外化于行,成为优秀传统文化的支持者、传播者、实践者。

五、结语

美国前总统里根曾说,政府不是解决问题的主体,政府本身就是问题。这句名言代表了"里根经济学"思想的精髓,成为供给侧改革的典型范例,为他任职期间美国经济改革与发展取得显著成就。我国已形成"小政府、大市场"的发展路径,不断探索政府监管和市场作用相结合的路子。当前,我国经济改革与发展呈现新常态,经济发展显现结构性减速,经济发展速度由高速向中高速过渡,经济发展的质量和效益迈向中高端水平。[11]民办高校优秀传统文化的培育工作,应结合特定的时代背景,并融入其中,不断学习和汲取我国经济发展的经验。面对过度推崇西方多元文化、价值追求偏重于物质层面、道德行为践行逊于道德认知水平等方面隐忧,我国民办高校优秀传统文化培育要紧跟、超越和引领社会发展。

参考文献:

[1]新华网:习近平主持召开中央财经领导小组第十一次会议,[2015 - 11 - 10]. http://news. xinhuanet. com/politics/2015 - 11/10/c_1117099263. htm.

[2]人民网:《创新增长路径 共享发展成果》,[2015 - 11 - 16]. http:// paper. people. com. cn/rmrb/html/2015 - 11/16/nw. D110000renmrb _ 20151116 _ 1 - 02. htm.

[3]人民网:李克强主持召开"十三五"《规划纲要》编制工作会议并作重要讲话[EB/OL]. [2015 - 11 - 18]. http://gx. people. com. cn/cpc/n/2015/1118/ c179665 - 27121527. html.

［4］人民网：《发挥亚太引领作用　应对世界经济挑》，［2015－11－19］
．http://paper. people. com. cn/rmrb/html/2015　－　11/19/nw. D110000renmrb　_
20151119_2－02. htm.

［5］姜朝辉：《以供给侧改革引领高等教育发展》，载《重庆高教研究》，2016 年
第 1 期，第 123—127 页。

［6］中华人民共和国教育部：2016 年全国高等学校名单［EB/OL］.［2016－06－
19］. http://www. moe. gov. cn/srcsite/A03/moe_634/201606/t20160603_248263. html

［7］翁伟斌：《大学文化建设：反思与创新》，载《高校教育管理》，2013 年第 4
期，第 16—20 页。

［8］陈万柏：《论思想政治教育文化载体的特征和功能》，载《求索》，2005 年第
5 期，第 30—31 页。

［9］中国政府网：《完善中华优秀传统文化教育指导纲要》，［2016－06－19］
．http://www. gov. cn/xinwen/2014－04/01/ content_ 2651086. htm

［10］中国政府网：《完善中华优秀传统文化教育指导纲要》，［2016－06－19］
．http://www. gov. cn/xinwen/2014－04/01/content_2651086. htm

［11］李杨：《2016 年中国经济形势分析与预测》，社会科学文献出版社 2015
年第 9 期。

02

文化建设

兴学强国——中国大学的道路选择

雷 鸣

（天津大学）

摘 要：中国的大学诞生于国难之中，"兴学强国"是其与生俱来的历史使命和精神诉求。中国大学立志于救国强国，其发展历程与国家和民族的命运休戚相关，在危难中破立艰生，在战火中升华延熠，在建设中勇于担当，在改革中引领创新。可以说，"兴学强国"的使命和精神是中国大学的品行和基因，它造就了中国大学的既往，引领着中国大学走向未来，必将成为建设有中国特色的世界一流大学的现实道路和实现文化自信的精神基石。

关键词：兴学强国；中国；大学；道路选择；文化自信

作者简介：雷鸣，天津大学党委副书记。

文化自信是习近平总书记提出的时代课题，他指出："我们要坚定中国特色社会主义道路自信、理论自信、制度自信，说到底是要坚持文化自信。"何谓文化自信？文化自信是一个民族、一个国家以及一个政党对自身文化价值的充分肯定和积极践行，并对其文化的生命力持有的坚定信心。我国的大学亦应如此，对自身的文化价值有清晰的认识和坚定的信心。

我国的大学诞生于清末民族危亡的年代，经历了 120 余年的坎坷发展，即使在极端艰苦的条件下，依然风雨前行，培养出社会精英人才，为国家建设和社会发展做出了不可磨灭的贡献，责无旁贷地承担着我国由教育大国向教育强国发展的重任。此时，在建设具有中国特色的世界一流大学和一流学科的大背景下，我们召开大学文化研究会成立大会暨"文化自信与大学之道"高层论坛，对中国大学的建设问题进行理论与实践的探讨，意义非同寻常。中国大学的文化自信和大学之道，不仅来自当今中国特色社会主义的蓬勃生机，来自实现中国梦的光明前景，更来自大学文化的历史积淀与传承。

一、"兴学强国"与中国大学的诞生

教育乃立国之本,关乎国家的安定和民族的存亡,在我国重视教育的传统悠久而深远。早在西周时期,我国设立了官学,由此形成"学校"的雏形。春秋战国时期,孔子提出"庶、富、教"的思想,教育被视为治国安邦的一个重要条件。西汉时期,汉武帝下旨建立"太学",以此选拔和培养人才,被视为我国官立大学的初始。自隋唐时代初设科举取士,到晚清科举制废止,教育一直是国家选拔官员、参与政治的重要途径,体现出教育在我国历史上作为"立国之本"的特殊地位。

"本立而道生"。教育的理想宏愿从未局限于一人一身的得失,"为天地立心,为生民立命,为往圣继绝学,为万世开太平",成为教育的夙愿和担当。中国教育最突出的一点就是,成功地构建起社会、个体与国家命运之间的联系,突出社会个体的责任担当。《礼记》中的"苟利国家,不求富贵",范仲淹的"先天下之忧而忧,后天下之乐而乐",顾炎武的"天下兴亡匹夫有责",林则徐的"苟利国家生死以,岂因祸福避趋之"等,无不体现社会个体的报国之志。

严格意义上的中国大学,诞生于中华民族危亡的年代。1894 年,中日甲午战争以中方的惨败而告终,清政府签订了丧权辱国的《马关条约》,促发了中华民族的觉醒,举国惶惶而欲求自强之道。北洋大学创始人盛宣怀上奏阐明主张,"自强之道,尤宜以作育人材为本,求才之道,尤宜以设立学堂为先",精确论述了中国的大学与国家的关系,而且为中国的大学确立了办学目标,树立了"兴学强国"的大学精神。

由此,中国的第一所现代大学——北洋大学堂诞生,并肩负起"自强首在储才,储才必先兴学"的国家使命。

从形式上讲,"中国的现代大学是舶来品,以传授现代科技知识为本质,具有世界现代大学的共性特点",但是,从本质上讲,"中国现代大学诞生于民族危难的时刻,又有着与生俱来的民族使命——兴学强国",发端于民族危亡的北洋大学,其首要目标并不是单纯地开展学术研究,而是把兴学作为手段,把强国作为目标。这既是中国教育与传统文化影响的结果,同时也体现了中华民族希望追赶先进国家的意识觉醒。

继北洋之后,南洋公学、京师大学堂、山东大学堂、浙江求是大学堂等纷纷建立,开创了中国近代高等教育之先河,这些学校均以"为天下储人才、为国家图富强"为核心诉求,1898 年管学大臣张百熙在《拟设京师大学堂的奏折》中提到"为富强致治之规,朝廷以更新故而求之人才,以求人才之故而本之学校",也表明兴学乃强国之基础的观点。1901 年山东巡抚袁世凯奏办山东大学堂(山东大学前

身),在其奏折中提到:"臣伏维国势之强弱,视乎人才,人才之盛衰,源于学校。诚以人才者,立国之本,而学校者,又人才所从出之途也。以今日世变之殷,时艰之亟,将欲得人以佐治,必须兴学以培才"。浙江巡抚任道镕在申请开办浙江求是大学堂(浙江大学前身)的奏折中写道:"伏维国势之强弱在乎人才,人才之兴替视乎学术。古昔盛时,州序党庠,莫不以学为重。近日中西各国,亦务广建学舍,以励群才。盖非预储于平时,必难收效于异日。方今急务,莫先于此。"虽然各个大学堂的表述词语不同,但是所要表示的办学理念与北洋大学堂的"兴学强国"是一致的。

"兴学强国"的使命和精神不仅仅体现在盛宣怀等办学者的思想认知上,更体现在以强国为己任的办学实践及其对社会责任的承担上。北洋大学堂开设了我国最早的法科和工程学科——律例(法科)、土木、矿冶、机械,这四个学门正是"国家人才极为匮乏的行业",为当时晚清社会培养了亟须的工法人才。随后,学堂继续以国家富强和社会的发展需求为己任,先后开设铁路班、法语班、俄语班和师范班,为国家输送人才。做过周恩来总理的老师、教育家、社会活动家马千里就是从北洋大学堂俄语班毕业的,培养了众多教育者的教育名家齐璧亭和李建勋都是北洋师范班的学生。

强调大学对社会的责任是中国大学的精神特质,也是中国高等教育对世界高等教育发展做出的独特贡献。从世界高等教育的发展史看,中世纪的"欧洲大学之母"博洛尼亚大学"学生自治"开创了现代大学"人才培养"模式。19世纪初期洪堡提出大学要以知识和学术为最终目的,主张教学与研究要同时进行,强调大学的使命是科学研究。20世纪初,美国威斯康星大学提出"大学要为社会服务",大学的社会责任感才被广泛讨论。2015年,在天津大学纪念建校120年的校长论坛上,中国高教学会瞿振元会长表示:"'兴学强国'是中国高等教育与生俱来的历史责任和追求,是继意大利博洛尼亚大学提出'人才培养'、德国洪堡大学提出'科学研究'之后,大学功能在中国的拓展与完善。随后,'服务社会'这一功能被美国威斯康星大学提出。可以说,'兴学强国'拓展了高等教育功能,提升了高等教育境界,彰显了中国大学的精神特质,改变了世界高等教育发展史。"

可以说,"兴学强国"来源于反侵略、反压迫、追求自强的民族诉求,是中华民族百折不挠精神在大学文化中的体现,同时也体现了现代大学捍卫真理、坚守正义的基本理念,是中国大学与生俱来的历史使命和独特基因,作为"中国现代大学精神的元始起点",体现了中国现代大学初创时期的共同使命和精神诉求。

二、"兴学强国"与中国大学的发展

"兴学强国"的使命和精神是中国大学最重要的特色,并且作为一面精神旗帜引领了中国大学的百年前行。生于甲午国耻的中国大学秉承"兴学强国"的使命,坚持教育报国之路,在曲折中困顿发展,在战火中涅槃重生,在灾难中求志立身,自诞生起120多年砥砺前行,却从未失去对"兴学强国"使命的担当和精神的追求。由此,兴学强国也自然而然地成为中国大学可以传承的文化基因之一,成为中国大学不惧自身坎坷奋力前行的动力源泉。

"兴学强国"蕴含了中国大学在民族危亡时刻保家卫国的实际行动与不屈不挠的精神信念。大学是国家科学、文化的标志,在民族危急的时刻,更是国家的有力脊梁和铮铮铁骨,1931年九一八事变,日本迅速占领东三省,整个中华大地笼罩在日寇来袭的阴影中。时任北洋工学院代院长王季绪毅然绝食抗议,致电南京国民政府要求对抗日本侵略者。绝食中的王季绪绝食告诫北洋学子,"救国须恃工业,学工业而努力工业者,皆为奋勇救国、保全领土之士"。北洋全体学子为之震动,派代表前往南京向蒋介石请愿抗日,并保持了学校的正常教学。北洋校歌中的"要实地把中华改造"唱出了民族危亡之际中国大学学人的心声。

当时为了抵抗帝国主义列强的武装侵略,航空救国的呼声,高入云霄,1934年,北洋工学院成立了"国立北洋大学飞机工程研究会",同年,北洋教授邓曰谟成功试制出我国第一台飞机发动机。1935年,北洋创办航空工程系,更加系统地研究航空事业,培养航空人才,备受社会及学生的欢迎,"谁不愿将一块轻金属的合金,制成一架雄伟的飞机,送上东京的上空去呢!"身居险境的北洋,以"兴学强国"为导向的工程教育教学及生产实践活动,体现出的不仅是北洋人的性格中的刚毅与执着,更是中国大学"兴学强国"的精神。

在此过程中,北洋人不仅实现了工程教育学科的发展,将在西方学到的工程教育中的理论和知识,用在解决本国问题上,而且学校的办学模式也由教学型转向了教学与科研并重型,引领了当时中国大学的发展方向,此间,北洋建立了我国第一批工科研究所,招收了我国第一批工科研究生,出版了大量学术研究成果,被称为"理工学术之重镇"。

"兴学强国"蕴含了中国大学于危难险境时的"艰苦卓绝、艰难奋斗"的精神。1937年七七事变,日本发动全面侵华战争,全国108所高校损失巨大,77所被迫内迁后方,另有25家被迫停办。按照当时国民政府教育部的指令:北大、清华和南开三校组成"长沙临时大学",后再度南迁至昆明,建西南联合大学;北平大学、北平师范大学、北洋工学院和北平研究所向西迁移设立西安临时大学,后成西北联合大学;浙大的西迁足迹更是遍及浙、赣、湘、桂、闽、粤、黔等省份。全国范围内已无法保持正常的教学秩序,众多大学的师生颠沛流离,然而中国的大学没有倒下,前赴后继,奋然竭蹶,坚持在条件艰苦的地区办学、兴学,为抗战军事、经济、工业开发和民众生活做出重大贡献,为中华民族保留和培养了一批科学文化精英,同时在我国的西南、西北等地播撒现代文明的种子,开启了我国西部和南部大地近代化的进程。当时,身在七星寺的北洋学生,"人人自奋,潜心苦读,每个夜晚,教室中都坐满开夜车的同学,数百只蜡烛,光焰闪耀,彻夜不息,经年如此,被称为'七星灯火'"。这只是当时极其艰难困苦条件下教授恪尽职守、学生救国不忘读书的一个缩影。然而,这样的灯火正是大学精神、民族文化不灭的象征,是战火绵延、民族危亡年代中国的精神柱石,为民族的未来保存元气并积攒力量。

以兴学强国为己任的北洋培养出的学生与祖国共命运、与河山同沉浮,致力于抗日救国、文化西迁、工业西迁、外争国权、守卫领土、抵抗日本奴化教育、从军杀敌、他们呕心沥血,甚至为国捐躯,无不体现着是中国大学"兴学强国"的使命和精神。北洋校友当时的教育部部长陈立夫力主战时依然维持教育秩序,领导大学内迁保存中华文化火种;林继庸各方奔走接洽,促成中国的沿海工厂带着中国实业的现在及未来迁至内地;法政精英王宠惠在开罗会议上力争中国的正当利益,提出中国将"收复一八九四年以来日本所取得及侵占之领土",实现领土完整;时任民国政府交通次长的曾养甫指挥了中华民族的"抗战生命线"滇缅铁路工程的建设,这是抗战时期中国与外界联系的唯一运输通道,改变了整个抗日战争的进程。北洋土木工程专业的邹岳生主持修筑了滇黔线的"24 道拐"盘山公路,这是国际援华物资经滇缅公路、驼峰航线到昆明后,最终运送到重庆和抗日前线的必经之地。他们用自己的行动践行着"兴学强国"的使命,义无反顾地奉献自身所有力量挽狂澜于既倒、扶大厦之将倾。

"兴学强国"蕴含了中国大学服从国家长远战略和发展的担当。新中国成立后,中国大学在"兴学强国"旗帜的引领下,从"兴学救国""科学建国"到"科教兴国",在不同历史时期以不同的方式践行着使命。以天津大学为例,从新中国建立到改革开放,天津大学始终秉承"兴学强国"的使命,走在中国高等教育变革和发展的最前列。新中国成立后,天津大学服从国家经济建设发展的大局,调出了数学、矿业、土木、电信等20个优势学科和系组,充实、建立了一批新的大学,哺育了蹒跚起步新中国的高等工程教育。天津大学作为当时规模最大、学科最全的工科大学之一,以全行业的持续发展为志向瞄准关键领域,瞄准国家亟需的技术问题开展研究。中国迄今唯一的重水自主生产技术、第一台回旋加速器、第一台拖拉机、第一台计算尺刻线机等都出自天大。

1983年,天津大学名誉校长的李曙森以极高的使命感与南京大学匡亚明、浙江大学刘丹和大连理工学院屈伯川联名上书党中央,高屋建瓴地提出《关于将50所左右高等学校列为国家重大建设项目的建议》(即"835建言"),主张从全国700余所高等院校中选出50所左右的大学作为高等教育建设的战略重点。这一建议得到邓小平同志的亲笔批示:"这是一个很重要的问题,建议书记处一议"。835建言很快转化为国家的战略性决策,成为"985工程""211工程"的先导,加快了我国高等教育的现代化进程。"835建言"不仅成为教育家上书建言、影响高层决策的一段佳话,也是天津大学为服务国家长远发展做出的特殊贡献。

"兴学强国"蕴含了中国大学具有世界眼界、包容胸怀和中国特色的创新实践。20世纪80年代,天津大学在总结以往教育模式的基础上,放眼世界高等教育的前沿,提出"工科大学向综合型大学发展",是高等教育的客观规律和必然趋势。1986年,天津大学老校长、我国高等教育家吴咏诗,提出"综合性、研究型、开放式"的办学方向(后加入"国际化")。他从天津大学的办学实践出发,在学科的综合性、跨学科人才培养、交叉学科建设、教学的研究性、科研的创新性、管理的科学性、倡导"终身学习"理念等领域提出了深刻见解,得到全国高校的广泛认同,也促使国内许多一类院校向世界一流大学行列迈进。

近年来,天津大学"聚焦国家重大战略需求,聚焦世界科技发展前沿",创新探索中国科技的不断提升自主创新和服务社会能力,积极服务国家经济社会发展。王静康院士的结晶技术使我国的青霉素产品占领80%以上国际市场;北京奥运场馆设计建设成为天大建筑毕业生的会师之地;"神州"飞船、"天宫一号"载人飞船系统总指挥何宇;揭开"寨卡"病毒复制奥秘的杨海涛团队,天大人强化服务国家的意识,更加主动自觉地在国家战略前沿和科技发展前沿谋求突破,围绕实施创新驱动发展战略,推进产学研合作和协同创新。

天津大学始终坚持实事求是的校训、严谨治学的校风、爱国奉献的传统。以"实事求是"的精神引导和影响着一代代天大学子,为新中国培养了20余万名毕业生,他们具有"淡泊名利、勤学苦干、踏实做事的敬业态度,尊重事实、追求真理、勇于创新的实践精神,兴学强国、达济天下、敢于担当的家国情怀"。

三、"兴学强国"与一流大学建设

120多年前,中国的大学肩负着"兴学强国"的使命而诞生,120年多后的今天,中国的大学仍然肩负着实现"中国梦"的使命与理想。习近平总书记指出,"我们对高等教育的需要比以往任何时候都更加迫切,对科学知识和卓越人才的渴求比以往任何时候都更加强烈。"党的十八届五中全会后,国务院印发了《统筹推进世界一流大学和一流学科建设总体方案》，进一步明确了党和国家建设世界一流大学的指导方针和具体目标，为推进世界一流大学建设提出了新的更高要求。建设中国特色的世界一流大学，是国家赋予中国大学的新的历史使命，我们必须继承和发扬"兴学强国"的优良传统。

在党中央做出加快建设世界一流大学和一流学科的战略决策的大背景下，"兴学强国"体现出深刻的时代内涵，就是提高我国高等教育发展水平，增强国家核心竞争力，实现中华民族伟大复兴的中国梦。如何建设有中国特色的世界一流大学，是我们这一代人必须回答的问题，关于教育的深刻思考和重大变革已经来临。

建设一流大学必须秉承"兴学强国"的使命和精神，走教育报国之路。高校立身之本在于立德树人，只有培养出一流人才的高校，才能成为世界一流大学。要培养什么样的人才，社会上和教育界还有许多争论。但回顾中国大学的历史发展，有一点是毋庸置疑的，中国特色社会主义大学必须培养能把个人的前途和国家、社会、民族的前途紧密联系在一起的优秀人才。中国大学必须思考如何调动大学基因中的兴学强国精神，构建个人、国家和社会的和谐关系。

天津大学章程中提出了16个字的人才培养目标，即"致力于培养具有'家国情怀、全球视野、创新精神和实践能力'的卓越人才"的人才培养理念，把"家国情怀"作为卓越人才的最基本的素质。"家国情怀"与"兴学强国"是密不可分的，"家国情怀"包含了我校"兴学强国"的办学宗旨和中国传统知识分子"修身、齐家、治国、平天下"的抱负、胸怀和社会责任。"全球视野、创新精神、实践能力"则是对具有国际竞争力一流人才的基本要求。

建设一流大学必须坚持具有合理的学科布局，提高服务国家和社会的能力，融入创新型国家建设之中。天津大学作为以工科见长的高校，已深刻地认识到，只有在综合性发展的道路上不断探索，才能全面提高人才的培养质量。巩固工学学科优势，大力发展理科等基础学科和人文社会科学学科，推进新兴学科建设和交叉，加强优势学科与其他学科交叉、融合已成为学校发展的共识。近年来，天津大学在学科布局调整上，坚持"聚焦国家重大战略需求、聚焦世界科技前沿、聚焦区域经济社会发展"的工作方针，提出了"上天、入地、下海"的建设方向，相继成立了航空航天研究院、表层地球系统科学研究院、海洋科学与技术学院、生命科学学院、微电子学院。同时，大力发展理学和人文社会科学，相继成立了法学院、外国语言与文学学院、数学学院，进一步推动了多学科协调发展，也为全面发展的人才提供了成长的沃土。

天津大学主动融入创新型国家建设之中，加强源头创新和集成创新能力，在多个领域进行从基础研究到关键技术攻关突破再到产业示范应用进行链条式布局,专注国家重大战略需求和工程技术问题,提升自主创新能力和服务社会能力,积极服务国家经济社会发展。天津大学攻克的千万吨级炼油、百万吨级乙烯等重大工程的关键技术,覆盖了国内化工行业 70% 的份额;结晶专利技术占据国内青霉素生产 90% 的份额,该技术使得地塞米松磷酸钠系列结晶产品已进入欧美等高端产品市场,占据 50% 的国际市场份额和 60% 国内市场份额;智能电网配电技术成功应用于我国近 200 个城市的 1000 余个电网规划工程项目,涉及电网建设改造资金超过 5000 亿元;内燃机节能减排技术实现新突破,降低柴油机成本 30% ,节油 5% ,广泛应用三年来为国家节油 800 万吨。天大自主研发的"海燕"突破国外技术封锁,有力推进了我国水下滑翔机的实用化进程;木薯燃料乙醇技术夺得中国专利金奖,将可再生的石油替代资源技术从实验室带向产业化;"妙手""神工"医疗机器人为饱受病痛折磨的患者重燃生活的希望,天大科研团队为中国国产C919 大型客机造"肺",填补了中国在大飞机座舱环境控制系统上的技术空白。冯骥才文学艺术研究院全力从事非物质文化遗产的抢救和传统古村落的保护,让几近濒危灭绝的民间木版年画起死回生,让民族瑰宝《亚鲁王》得以传唱下一个千年。

建设一流大学必须坚持"兴学强国"的中国特色,坚持文化自信。习近平总书记在全国高校思想政治工作会议上指出,"我国有独特的历史、独特的文化、独特的国情,决定了我国必须走自己的高等教育发展道路,扎实办好中国特色社会主义高校。""双一流"建设的中国特色,其中的一点就是体现在为国家和社会发展服务上,在中国办好大学,必须扎根于中国大地的实际,突出中国大学特色,努力在国际话语体系中树立中国标准,彰显中国责任,突出中国担当,为实现中国梦,为扩大中华文化在全球的影响力和感召力做出贡献。

扎根中国大地成长起来的大学,具有与生俱来的社会责任感和使命感,这份责任感和使命感不仅仅代表着最先进生产力的发展要求,代表着最先进文化的前进方向,更重要的是在精神上引领着社会的发展和人类的进步。要从中国的实际出发,从大学的历史中精准地提炼出大学精神,并能够从中获得动力源泉。"兴学强国"的使命和精神随着时代的发展进步而不断丰富和发展,并在民族传统精神与时代精神的衔接和融合之中形成了与时俱进的品质。从"兴学强国"开始,抗战中的"教育救国",新中国成立后的"教育建国",改革开放后的"科教兴国",体现了大学精神吸纳每一历史阶段、历史时期的时代精神的精华,并形成自己新的内涵和在新时代的进步和追求,是中国大学前行的动力源泉。今天,"兴学强国"依然是中国大学改革发展和承担社会责任的精神基石。

2015 年,天津大学制定了"十三五"规划,学校"双一流"建设的蓝图和路径已经非常清晰:即到 2020 年建成世界知名高水平大学,2030 年基本建成世界一流大学。天津大学明确人才培养目标,弘扬"兴学强国"使命,深化学校综合改革,以更严的要求、更高的标准,育"家国情怀"英才,践"兴学强国"使命。

甲午国难,中国的大学诞生之初就肩负着"兴学强国"的使命,烽火岁月,中国的大学高举"兴学强国"的旗帜,在艰难困苦中薪火相传,谱写了我国战时高等教育壮美的诗篇。建设年代,中国的大学秉承"兴学强国"的重任,绘就了中华民族伟大复兴中国梦的美好蓝图。今天,我们研讨大学之道,强调文化自信,更要承担起"兴学强国"新的历史使命,探索中国特色现代高等教育的发展道路,为实现中华民族伟大复兴的"中国梦"和"两个一百年"的奋斗目标而努力奋斗。

大学精神与大学文化对校友成长影响实证研究

——基于对清华大学校友的调研

钟　玮

（肇庆学院）

摘　要：一所优秀的大学，它的大学精神与大学文化会对校友产生积极的、正面的影响。本研究通过对清华大学校友的调研，研究大学精神与大学文化对校友成长的影响。研究设计包括几个方面：校友对大学精神与大学文化的认同，校友对大学精神的排序以及大学精神和大学文化对校友成长的影响。

关键词：大学精神；大学文化；清华校友；影响

作者简介：钟玮，女，江西赣州人，1980 年 10 月出生。清华大学教育研究院博士生，广东省肇庆学院校长办公室；副研究员。研究方向：高等教育管理。

基金项目：2016 广东省普通高校特色创新类项目：广东政府、高校、企业合作教育管理模式创新：基于创业型大学理论；2015 年肇庆学院校级青年课题立项"协同创新视角下粤港澳合作办学模式研究"。

一、引言

每一所大学都希望有自己的特色，一些历史悠久的大学在历史的积淀和风格的传承过程中，通过优秀教师与学生的互动，将自己的大学精神与大学文化传统继承。一所优秀的大学，它的大学精神与大学文化会对校友产生积极的、正面的影响。在很多人看来，大学精神与大学文化是一种虚无缥缈的概念，但是大学精神与大学文化作为一种存在，确实对大学的发展、学生的教育、校友的成长产生着重要作用。

本研究通过对清华大学校友的调研，研究大学精神与大学文化对校友成长的影响。研究设计包括几个方面：校友对大学精神与大学文化的认同，校友对大学精神的排序以及大学精神和大学文化对校友成长的影响。通过对清华校友进行访谈，研究其成长的心路历程，探究清华精神和清华文化在其成长过程中的启迪。

二、大学精神与大学文化相关研究

邱柏生（2005）对大学文化的广义和狭义概念进行了辨析，提出大学文化中有名师文化作用。提出大学文化有其独特性，有大学文化未必有大学精神。大学的精神不是一成不变的，会随着时代流变。蒋晓红（2008）提出，大学精神作为大学的灵魂，是大学品牌的核心。大学在注重品牌打造的同时，理应注重大学精神的铸就，只有这样才能真正实现大学的和谐发展。李树林（2009）提出，由于大学理念在大学精神、大学文化中的核心作用，大学理念对大学精神和大学文化的形成、大学精神对大学文化的形成起着规定性和导向性的作用。崔新丹（2009）认为，大学文化是大学的精髓和灵魂，建设大学文化应该努力发掘和传承中华民族文化中的精华，推进大学文化和大学精神应抓住社会主义核心价值体系这个根本。黄海（2010）认为，培育校园文化与大学精神，凝练办学理念与办学特色、创新思想观念与管理制度，提升学习力与创新力是大学文化、大学精神视域下提升高校核心竞争力的实现路径。叶青春（2009）对大学文化、大学精神与当前校园文化建设进行研究，提出道德教化、良知哺育和价值传承构成大学文化的核心即大学精神，通识教育是培育大学文化的核心，即大学精神的重要路径，建设校园文化要围绕大学精神展开。程光泉（2010）从哲学视野的角度，对大学理念、大学精神、大学文化进行研究，认为三者紧密相联，从不同层面揭示"大学"应有的基本内涵和基本品质。王霞娟等（2011）从学者精神的角度来探讨大学文化，认为独立、超越、诚笃和批判的精神具有内在的统一性，是学者精神最核心的要素；建议大学校长、学术共同体、学者要"坚持学术的尊严"。

以往的研究多从哲学的角度来探讨大学文化、大学精神的概念，一些研究能够将大学文化和大学精神与校园文化建设结合起来，与学校发展实际结合起来。但是，缺乏对大学文化和大学精神的影响力进行研究。本研究通过实证研究来探讨大学精神与大学文化作为一种客观存在，在校友中的认同度以及对校友成长的影响。

三、样本简介

本调查通过在清华校庆期间组织300名清华学生志愿者，发放问卷6000份，回收问卷4200份，有效问卷3575份，问卷有效率为85.12%。其中，男性校友占77.5%，女性校友占22.5%。按照入学年代来分类，如表1所示：

表 1　本研究样本本科入学年分布

年级分布	人数百分比（%）
1949 年以前	2.2
1950—1966	42.3
1967—1976	11.8
1977—1987	19.3
1988 年以后	24.4

调查样本现在所在单位的分布如表 2 所示：

表 2　本研究样本所在单位分布

所在行业	人数百分比（%）	所在行业	人数百分比（%）
政府部门	11.9	民营企业	9.8
国有企业	25.8	合资企业	3.6
研究所	14.4	外资企业	8.9
高校	18.3	其他	7.3

四、大学精神与大学文化对校友成长的影响

（一）清华校友对清华精神和清华文化的认同

根据调查,清华校友对校训、校风、学风、实践传统和体育理念持有很高的认同度。对清华"自强不息,厚德载物"的校训非常认同的有 80.3%,认同的有 18.9%,共计有 99.2% 的清华校友对校训认同。对清华"行胜于言"的校风非常认同的有 74.6%,认同的有 23.3%,共计有 97.9% 的清华校友对校风认同。对清华"严谨、勤奋、求实、创新"的学风非常认同的有 72.6%,认同的有 25.2%,共计有 97.8% 的清华校友对清华的学风认同。对清华提倡"真刀真枪"实践教学非常认同的有 63.3%,认同的有 32.3%,共计有 95.6% 的校友对清华实践教学认同。对清华提倡"为祖国健康工作五十年"的体育理念非常认同的有 64.8%,认同的有 26.9%,共计有 91.7% 的清华校友对该体育理念认同。

表3　清华校友对清华精神和清华文化认同度(百分比%)

	非常认同	认同	一般	不认同
对清华"自强不息,厚德载物"的校训的认同	80.3	18.9	0.7	0.2
对清华"行胜于言"的校风的认同	74.6	23.3	1.9	0.3
对清华"严谨、勤奋、求实、创新"的学风的认同	72.6	25.2	2.1	0.1
对清华提倡"真刀真枪"实践教学的认同	63.3	32.3	3.9	0.2
对清华提倡"为祖国健康工作五十年"的体育理念的认同	68.4	26.9	3.9	0.7

(二)清华校友对清华精神的排序

将清华精神总结和归纳为爱国奉献、求真务实、追求卓越、勇于创新和团队精神这五个方面,让校友选择最能体现清华精神内涵的选项。如表4所示,有72.6%的校友认为"求真务实"最能体现清华精神。43.7%的校友认为"爱国奉献"能体现清华精神;39.4%的校友认为"追求卓越"能体现清华精神。勇于创新和团队精神分别排在其后。

表4　清华精神的内涵

排名	清华精神	百分比(%)
第1位	求真务实	72.6
第2位	爱国奉献	43.7
第3位	追求卓越	39.4
第4位	勇于创新	26.8
第5位	团队精神	14.6

(三)清华精神和清华文化对校友成长的影响

清华精神和清华文化对校友成长的影响是正面积极的。有45.3%的清华校友认为清华精神和清华文化对校友为人处世具有很强的积极正面影响,有48.3%的清华校友认为对其为人处世具有积极正面影响。共计有93.6%的校友认为清华精神和清华文化对其为人处世有积极正面的影响。有49.9%的清华校友认为清华精神和清华文化对其人生道路有很强的积极正面影响,有44.5%的校友认为对其人生道路有积极正面的影响。共计有94.4%的清华校友认为清华精神和清华文化对其人生道路有积极正面的影响。

表5　清华精神和清华文化对清华校友的影响(百分比%)

	很强的积极 正面影响	积极正面 影响	一般	负面影响
清华精神和清华文化对校友 为人处世的影响	45.3	48.3	6	0.4
清华精神和清华文化对校友 人生道路的影响	49.9	44.5	5.2	0.4

(四)清华精神和清华文化可以改善和提高的方面

大学精神和大学文化是会随着时代的变迁、社会的需求和学生的需要发生流变的。如表6所示,本研究36.4%的清华校友认为,清华精神和清华文化中应该加强对学生的挫折教育。有32.8%的校友认为,应该加强对学生平常心的培养。有25.4%的校友认为,应该加强对学生个性的重视。有21.4%的校友认为应该加强对知识自由的探索环境。有20.7%的校友认为应该加强创新精神的培养;有16%的校友认为应该加强对科学追求兴趣的培养。仅9.7%的校友认为,应该提高与时俱进的精神。

表6　清华精神和文化可以改善和提高的方面

排名	清华文化	百分比(%)
第1位	挫折教育	36.4
第2位	平常心的培养	32.8
第3位	对个性的重视	25.4
第4位	对知识的自由探索环境	21.4
第5位	创新精神	20.7
第6位	对科学追求的兴趣培养	16.0
第7位	与时俱进的精神	9.7

五、对大学精神与大学文化建设的启示

（一）将大学精神与大学文化作为传统继承下去

大学精神与大学文化是作为一种传统在大学中代代相传的，尤其是一些发展历史比较悠久的学校，这些学校将历史积累和积淀下来的传统，提炼和提高，形成一种文化模式，在大学中传承。优秀的大学精神和大学文化在校友中很有影响力，也有很高的认同度。如清华校友对清华校训、校风、学风的认同度就高达97%以上。传承优秀的大学精神与大学文化，将其内化为特有的气质和行为风格，使其成为校友的个人特色，这就是一所优秀的大学所具有的魅力。

（二）让大学精神与大学文化成为育人的方式

朱镕基总理曾经为清华题词："水木清华，春风化雨。教我育我，为学为人。"足见清华精神和清华文化对朱总理的影响非常大。一所优秀的学校，能够让大学精神与大学文化成为育人的方式，通过学校校风、学风等大环境影响，通过与名师的互动交流，通过同学之间的互相学习，成为培养人的方式方法。英国教育家洛克认为，高等教育的要务就是要把人培养成人格完善的人。要通过大学精神与大学文化的潜移默化，能够给学生传递促进人的全面发展的正能量。

（三）发挥大学精神与大学文化对校友成长的作用

大学精神与大学文化在校友成长的过程中起着非常重要作用，在大学精神与大学文化中汲取为人处世的道理，对校友的人生道路发展起到很重要的作用。近年来，清华大学出版了一系列丛书如《我伴祖国共辉煌》《祖国终将选择那些选择了祖国的人》，对学生的成长和就业选择进行指导。是为了使校友走出社会以后，还能时时感受到大学精神和文化对其产生的影响，并对其个人发展起导向作用，这说明大学精神与大学文化的巨大影响力。要利用好大学的校友组织，发挥大学精神与大学文化对校友成长的作用。

（四）大学精神与大学文化要与时俱进

大学精神与大学文化不是一成不变的，是要随着时代的发展、大学的发展而变化的。大学优秀的传统自然会随着时间的流逝渗透到大学的精髓中，而一些不适应当代社会发展的文化，自然要遭到摒弃。随着时代的发展，新的大学精神与大学文化慢慢形成。通过反思，能够发现大学精神与大学文化有所欠缺的地方，或者说一所大学教育的盲点，这能够促使大学抛弃残缺的价值观而走向与时俱进、虚怀若谷的境界。

参考文献：

[1]邱柏生：《浅议大学文化及大学精神的若干问题》,载《复旦教育论坛》,2005年第3期,第27—31页。

[2]蒋晓红：《大学精神：大学品牌的核心》,载《教育发展研究》,2008年第3—4期,第63—66页。

[3]李树林：《大学理念、大学精神以及大学文化概念比较辨析》,载《西北工业大学学报(社会科学版)》,2009年第6期,第77—79页。

[4]崔新丹：《大学文化建设历史传承性与大学精神培育》,载《新疆大学学报(哲学人文社会科学版)》,2009年第7期,第108—111页。

[5]黄海：《基于大学文化、大学精神视角的高校核心竞争力探析》,载《现代教育管理》,2010年第12期,第52—54页。

[6]叶青春：《论大学文化、大学精神与当前校园文化建设——兼谈莆田学院校园文化建设》,载《莆田学院学报》,2009年第2期,第93—96页。

[7]程光泉：《哲学视野下的大学理念、大学精神、大学文化》,载《北京师范大学学报》,2010第1期,第121—126页。

[8]王霞娟、王守义：《学者精神：大学文化的精髓》,载《中国高等教育》,2011年第11期,第27—29页。

大学文化传承与创新的实践探索

——以上海交通大学医学院为例

杨　静　叶佳琪　童　宽

（上海交通大学医学院）

摘　要：大学是文化传承与创新的重要载体和源泉，大学文化建设主要体现在对高校内涵的认识和把握上，体现在办学思想和教育理念上，体现在教师队伍的治学态度和学科水平上，体现在学生群体的求学精神和科学素养上。本文以上海交通大学医学院为例，剖析交大医学院独特的医源文化，展现交大医学院的文化魅力，通过对交大医学院百余年的办学历史和六十多年建校经验的传承，站在新的历史起点上，将交大医学院的优秀传统进一步积淀、凝练和发扬，探索交大医学院未来更有创造力的文化软实力。

关键词：大学文化；医源；传承创新

一、交大医学院的文化名片

文化是国家和民族的灵魂，文化的力量，深深熔铸在民族的生命力、创造力和凝聚力之中，是团结人民、推动发展的精神支撑。文化也是大学赖以生存和发展的重要基石，是大学存在价值和个性特征的体现，有着启蒙思想、唤醒人格、震撼心灵的强大力量。大学文化主要是指大学人在以大学为载体进行的实践中所形成的、为学校教职员工所认可和秉持的思想理念、精神气质、文化氛围以及价值追求等精神文化的总和。[①] 大学文化作为大学的灵魂和精神内核，不仅是高等院校办学思想和理念的集中体现，也是学校教育教学质量和水平的重要反映。

当前，上海交通大学医学院在学科结构、人才培养、创新能力、科研成果、服务水平等各个方面都取得了快速发展。在百余年的办学历史和六十多年的建校过

---

① 李运庆：《大学文化的基本内涵及其传承与创新》，载《中国石油大学胜利学院院报》，2013年第3期，第63—66页。

程中,上海交通大学医学院形成了自己独有的文化气质,既有海纳百川、兼容并蓄的包容胸怀,又兼具博极医源、精勤不倦的科学风范。

（一）医源文化溯源

"博极医源,精勤不倦"是交大医学院的学院精神,出自孙思邈的《千金要方》,文中提到,"世有愚者,读方三年,便谓天下无病可治;及治病三年,乃知天下无方可用。故学者必须博极医源,精勤不倦,不得道听途说,而言医道已了,深自误哉。"古籍讲的是学医者,必须广博探讨医学的原理,勤奋不倦,不能道听途说,认为已经学得很好了,这样就深深把自己耽误了。医学院的发展历程和治学之道同"博极医源,精勤不倦"也是一脉相承的。

1952 年全国高等学校院系大调整时,上海交通大学医学院的前身上海第二医科大学由圣约翰大学医学院(1896—1952)、震旦大学医学院(1911—1952)、同德医学院(1918—1952)三校合并而成。

圣约翰大学是美国基督教圣公会设在上海的一所教会大学,是上海历史最悠久的教会高等学府。圣约翰医学院是圣约大的重要组成部分。圣约翰医学院创办早、学制长、重质不重量,56 年中,只培养了 466 名毕业生,但其毕业生成才率高,校友大都是学有所成的专家、名医。

震旦大学医学院是由法国耶稣会主办的中国第一所天主教大学。1908 年该学院为谋发展迁至卢家湾吕班路(今重庆南路),择邻广慈医院(今瑞金医院),意欲开办医科。除了注重医学知识、技能培养,震旦医学院还注重医生道德教育,在课程纲要上规定开设医业伦理学,内容有医师人格、医师道德、医业秘密等,学生须于毕业典礼中领受宣誓词并当众宣读。

同德医学院是由具有校友会性质的团体——中华德医学会创办。同德建校后就成立学生会,参加了"五四"学生运动,之后 34 年中,同德学生参加了一系列爱国民主运动,经受了锻炼和考验,不少学生如王希孟、吴涤苍等 1949 年后成为上海市卫生局的党政领导。同德医学院是国人自办的私立学校,在坎坷中发展,对我国医疗卫生事业的进步与发展做出了贡献。

2005 年,上海交通大学、上海第二医科大学正式合并。新的上海交通大学为教育部直属高校,在原上海第二医科大学和原上海交通大学医学院基础上,组建新的上海交通大学医学院。教育部和上海市政府将合作共建上海交通大学医学院,并制定了争创世界一流大学、世界一流医学院的"两个一流"的目标。

2015 年,两校合并十周年。这十年,砥砺奋进,创新驱动,凸显优势,始终紧紧咬住两个"一流",保持医学学科的完整性和医学院办学自主权,开创了医学院全面发展的新篇章,迎来了医学大发展的"黄金十年",临床医学实力稳居全国头把交椅,国家自然科学基金项目和科技论文发表多年蝉联全国医科类院校第一。

(二)医源文化特质

特殊的建校和办学经历,积淀了百年深厚的历史传统,也成就了多元文化的交融与汇聚。"博采众长、勇于创新、严谨求实、注重质量"的传统优势融入了以争创一流医学院、建设研究型医学院校为目标的发展进程中,造就了今日医学院四大方面的文化品格。

海纳百川、博采众长的包容胸怀。由圣约翰大学医学院、震旦大学医学院、同德医学院三所代表不同医学流派的院校合并而来,这就决定了交大医学院天生就具有兼容并蓄的开阔胸怀。自改革开放以来,交大医学院在注重自身人才培养的同时,率先放眼世界,广泛引进人才,创造性地运用了"哑铃型""候鸟型"等人才引进方式,筑巢引凤,为医学院的发展注入了勃勃生机。近十年,交大医学院更是不断更新理念,抛开指标约束,注重科研氛围培养,从海外引进高层次科研人才,并且立即放手让他们自主组建团队进行科研攻关。各种各类的人才在交大医学院这片具有包容胸怀的海洋中自由发展、蓬勃成长,为学院发展插上了翱翔的翅膀。

健康所系、性命相托的责任意识。每个交大医学院的学生在入学和毕业时都要高声诵读《医学生誓词》:"健康所系,性命相托。当我步入神圣医学学府的时刻,谨庄严宣誓,我志愿献身医学……"正是抱着"除人类之病痛,助健康之完美"的坚定信念,虽然医学学习课程多、时间长、压力大、责任重,但是"选择了白大褂,就是选择了一身的责任",每个交大医学院的学子正如庄严誓词中所说的那样刻苦钻研、孜孜不倦、精益求精、全面发展。而在面对 SARS、H1N1 流感等突发公共卫生事件时,在面对手足口病肆虐、地动山摇威胁时,交大医学院的师生医护员工们都抱持着强烈的责任意识,不顾个人安危,冲在最前,抢救生命。医生是需要奉献的职业,医学是强调责任的科学,在"健康所系,性命相托"的誓言中,一批批医学院的学子踏上工作岗位,为祖国医药卫生事业的发展和人类身心健康奋斗终身。

追求卓越、敢为最先的创新精神。自 20 世纪 50 年代建校以来,交大医学院创造了许多中国第一、亚洲第一,甚至是世界第一。国内第一例心脏二尖瓣分离术、世界第一例断指再植手术、国际上首创用全反式维甲酸治疗急性早幼粒细胞白血病、我国首例携带有人血清白蛋白的转基因试管牛等,凭着追求卓越、敢为最先的创新精神,交大医学院在中国医学史、世界医学史上留下了辉煌的篇章。进入 21 世纪这个属于生命医学科学的时代,交大医学院仍然在不断探索、不断追求,SCI 论文收录数连续排名全国医学院校首位,国家自然科学基金项目连续多年稳居全国第一。

注重实践、求真进取的务实作风。医学是注重实践的科学,拥有众多附属医院的交大医学院一向注重将理论学习与医学实践相结合。这种注重实践的作风从学生入学就体现出来,早期接触临床、本科生创新性实验项目、本科教学改革、PBL 教学模式、临床技能考核、研究生教学课程中引入"科学家谈科研""科学文献导读""生命科学前沿"等一系列讲座,对临床医生实行住院医师规范化培训等。正是依靠着医学教育注重实践、医学进步注重实效的务实作风,通过几代医学院人的不辍耕耘,交大医学院在 ESI 排名中连续多年排名全国第一。

二、交大医学院的文化品牌

(一)凝练文化精神

近年来,医学院按照《上海交通大学医学院 2010—2020 年文化建设规划》所制定的方向,坚持倡导社会主义核心价值观,宣传中国梦、弘扬主旋律、传播正能量、提振精气神。先后开展了"中国梦"之育人梦、成才梦、青春梦、医学梦等主题系列活动,将爱国荣校教育、理想信念教育、职业精神教育、专业思想教育融会贯通。

在"博极医源、精勤不倦"的学院精神,海纳百川、博采众长的包容胸怀,健康所系、性命相托的责任意识,追求卓越、敢为最先的创新精神,注重实践、求真进取的务实作风等医学院文化品格的指引下,医学院人肩负着集思想之大成、育医学之栋梁、开学术之先河、促科技之进步、领发展之方向的历史使命与社会责任,学院在创建"一流医学院"的过程中,始终坚持以精神凝聚人、以文化涵养人,努力建设卓越医学教育体系。

医学院以聚焦内涵、提升质量为主线,以全面深化教育教学改革为动力,始终坚持人才强校这一战略核心,大力加强医学人才分类式发展;始终坚持构建卓越医学教育体系这一战略目标,深入开展以转化医学为理念的原创性研究;始终坚持落实医改要求这一战略抓手,紧密对接国家及上海市卫生事业改革与发展的重大需求;始终坚持推出管理新政这一战略举措,不断强化文明校园的体制机制改革,在教学、医疗、科研、管理等多个方面为医学高等教育的内涵式发展和全面改革做出了力所能及的贡献,向着一流医学院校的目标不断前进。

"十三五"时期,是上海交通大学医学院实现创建一流医学院奋斗目标的关键五年,医学院将着力开展核心价值文化计划、制度文化推进计划、教师素质蕴养计划、学生品格培育计划、文化传承发展计划、文化载体规范计划等 6 大计划以及 17 个子项目,凝练精神理念,进一步明确新形势下的办学方向;强化创新意识与进取精神,努力构建与一流医学院相匹配的学院文化。以共同的理想信念与价值归属来凝聚人心、开拓创新;通过主题教育培育精神品格,依靠品牌宣传凝练特色亮点,推进志愿服务扩大社会影响,把文化育人的思想贯穿到卓越医学人才培养体系的各个环节;逐步构建充满活力的、培育创新的、可持续发展的校园文化体系。

(二)培育文化成果

大学校园可通过精心提炼、设计校园文化符号,使无形的精神追求和价值理念得以更为形象生动地准确体现。医学院从符号的所指、能指和意指三方面入手,进行了和谐校园文化符号建设。特别是以中国传统文化与社会主义核心价值体系为基础,围绕和谐校园的建设要求,确定了校园文化核心价值观念。通过以院训、院歌、标语口号、名称等符号作为校园文化的物质性体现,加强了对校园文化符号解读,传承文化、突出特色,使得全院师生医护员工更进一步地了解、认知、欣赏自身所处的校园环境。

院徽、校徽作为高校形象识别系统中视觉识别系统的重要元素,本质上是一种独具匠心的艺术创作,体现大学的办学理念,突显大学的办学特色,承载大学的文化精神并透射大学的文化内涵。根据医学院办学理念、办学特色以及在办学过程中沉淀和积累起来的人文精神,院徽由校名、学院前身三所医学院校的首字母以及体现学院特色的标志物组成。校名由中英文双语书写,体现了开放式的胸襟与国际化的视野;学院前身三所医学院校的首字母则寓意今日的学院传承历史,在历史中进步;标志物为齿轮、蛇杖、橄榄叶等,图形醒目,有文化内涵,直接昭示着学院性质属于医学院校,与"除人类之病痛,助健康之完美"的孜孜追求。

院歌是展示学院的立院宗旨和传统,也是一种号召和承诺。院歌犹如学院的精神图腾,其作用对内可以自我激励,以凝聚人心,鼓舞士气;对外能够自我张扬,以展现风貌,广告天下。原上海第二医科大学校歌为《托起生命的绿洲》,由著名指挥家马革顺先生作曲,集体作词,庄重典雅、朗朗上口,强调立志、奋斗的道德修养,追求治学、求真的知识真理,宣扬爱国、服务的职责使命,是一首契合学院精神、展现学院风貌脍炙人口、经久传唱的校歌。新的交通大学医学院成立后,此曲在原来基础上略加改动与修订,坚持了以优秀的中华传统文化教育激发学生爱国爱校之情的原则,同时继续葆有学院精神与学院特色。通过规范院歌使用,促进院歌传唱,院歌精神不断发扬光大。

校园和校舍建筑中有各种各样的标志、标牌,如长期固定性的布告栏、建筑物名牌、房间名牌、道路名牌以及提示性的导语等。这些看起来不起眼的标志,具有实际的功能性作用,是实用的文化艺术的载体,医学院重庆南路校区占地面积不大,但处处透着精致,园区内每个景致都经过认真设计,仔细加工,呈现了规范、整洁、简单、明快、朴素、大方的面貌。

校园文化的发展、积淀与打造也催生出了一系列校园文化用品,这些文化用品在普通实用功能、经济效益功能背后隐含了更强大的文化符号功能,是对校园文化的表现或诠释。通过对文化用品的开发,不但在品种分类、设计创意、文化内涵、工艺水平上日臻精进,而且每件文化产品都打上了校园烙印,一目了然,同时通过规范文化用品的市场运作,确保了其文化属性不被商品属性所湮没。

医学院紧紧围绕"卓越医学人才培养"的目标,积极打造丰富多彩的文化内涵,满足广大师生的精神需求,先后形成一系列文化品牌,其中"山山圆梦"义工社获上海市教卫党委精神文明十佳好人好事,"仰望星空""口说医源"先后获得上海教育系统校园文化建设优秀项目,"生命之光"获得上海教育系统精神文明创建特色项目。学院精心组织的两年一度的"校园文化艺术节",全面展示师生医护员工的精神风貌,积极提升师生文化修养和校园文化品格。此外,通过积极筹划和推进公益志愿服务,紧密结合专业特点,开展医学科普宣教进校园、进社区、进网络等活动,医学院积累了良好的社会声誉。

经过近5年的探索,学院建立了校园文化内涵建设的长效机制,形成了以"文明班组、文明岗位、文明创建特色项目""精神文明十佳好人好事""校园文化建设优秀项目""师德师风建设优秀项目"等构建的激励体系。

(三)创立文化品牌

百余年办学历史、六十多年建校历程,上海交通大学医学院的灿烂今日始于一大批驰名中外的专家学者的筚路蓝缕、开拓创新,除了名垂青史的学问与医术,这些医学名家的高尚医德、奉献精神、师道情怀与大家风范留下了许多脍炙人口的经典故事。医学院党委宣传部敏锐地察觉到,这些榜样近乎传奇的人生经历是最好的教育素材,是鼓舞当代医学生投身祖国医药卫生事业的生动故事。但如何充分挖掘其间的正能量,使之成为活泼、有效的思政工作新途径呢?原本口耳相传的简单形态恐怕难以承担此任务,经过认真地思索、探讨以及四年来的实践完善,医学院现已初步形成了以《医源》系列丛书为载体,以院史馆为基地,以同伴教育为形式,以入学教育为抓手,"读、说、演、学"立体化的教育模式,在致敬前辈的同时,传续"博极医源、精勤不倦"的学院精神。

《医源传奇》《医源大家》相继出版。2010年,医学院开始启动"医源"文化系列丛书,第一本《医源传奇》选取了学院15位一级教授,第二本《医源大家》选取了学院11位"两院"院士,他们大多经历过旧中国动荡年代和新中国百废俱兴的建设,老一辈医学家的严谨治学、执着求知、爱国敬业、传道授业的人生足迹通过笔墨得以留存,并于2011年、2012年先后付梓,系列丛书受到了广大师生的欢迎,也为学院历史的丰富完善留下了珍贵档案,通过院史馆的陈列平台也成为了学院交流的生动材料。考虑到历史资料仍在不断丰富,院士队伍也在持续扩充,2016年医学院启动了两本书的再版重修工作。

"口说医源"项目讲故事给同学听。《医源》系列丛书还原了一批可敬可佩的大师,医学院宣传部自2012年下半年开始启动"口说医源"项目,由医学生组成的讲演团队将丛书中大师们的故事按照严谨的学风、高尚的医德、爱国的情怀、创新的探索四部分为线索,重新整合材料,每一部分讲述时长20分钟、涉及3—4名人物。经过充分准备,"口说医源"社深入课堂,为自己的同学们讲述名医大家们的故事,角度更能够贴近医学生,形式上也更具有亲切感和生动性。"口说医源"项目获得2012年上海教育系统校园文化建设优秀项目。

原创话剧《清贫的牡丹》成为入学重要一课。2012年,医学院在创建60周年华诞之际,与上海戏剧学院合作,以《医源大家》中展现过的2010年度国家最高科学技术奖获得者、中国工程院院士王振义教授为原型,创作了话剧《清贫的牡丹》,希望能够以舞台表演的形式向医学前辈致敬的同时也鼓舞更多医学院人。从2013年秋季新生入学开始,这台话剧已由医学院学生自行演出诠释,并成为入学教育的保留节目。虽然表演者没有专业的演技,但怀着把医学前辈"博极医源,精勤不倦"的使命和责任更好传承下去的念头,他们有着最强劲的动力和最充沛的激情。真实质朴的情节、全情投入的演出也赢得了观众们的肯定,在欢笑和感动之余,同学们也更领悟到了"医"之内涵。《清贫的牡丹》话剧还成功参演了第八届大学生戏剧节。2017年依托该话剧成立了牡丹剧社,吸纳了更多医护师生员工成为这部话剧的演绎者与传播者。

苏联著名教育家苏霍姆林斯基说:"只有能够激发学生去进行自我教育的教育才是真正的教育。"通过"读、说、演、学"的教育模式,从缔造了传奇的医学前辈人生故事中汲取育人能量,在怀揣医学梦想的学生中弘扬了正气精神。

三、交大医学院的文化传播

交大医学院致力于办成中国最好的医学院,这个最好不但体现在各类具体的教学、科研乃至临床数据上,更体现在文化层面,从文化的角度具体理解"最好"这个内涵可进一步解析为:有底蕴的医学院、有梦想的医学院、有情怀的医学院、有格局的医学院。

底蕴,就是悠久的医学文化和丰富的学科资源相结合;梦想,就是卓越的人才培养和创新的不竭动力相结合;情怀,就是校外的社会责任和校内的人文关怀相结合;格局,就是广阔的国际视野和开放的合作姿态相结合。办中国最好的医学院,无疑需要团结全院之力,调动各方资源。抓住机遇快速发展,实力才是好声音;讲好故事提升形象,宣传就是扩音器。

(一)有底蕴的医学院:在历史底片里烙上新影像

历经百余年老三校的历史积淀和65年新时期的快速发展,2017年将迎来医学院65周年院庆,从百廿荣光里汲取营养,"博极医源 精勤不倦"已逐渐成为医学院精神文化系统的核心要素和集中体现,与"爱国荣校 饮水思源"的交大校训相互呼应,历经百余年的医学传承和精神交融,形成了医学院悠久的历史文化底蕴和特有的精神品格。

继《医源大家》《医源传奇》之后,医学院将继续编撰医源系列丛书之《医源首创》,遴选汇编医学院及各附属医院在医学科研及临床方面在中国乃至世界上创造的累累硕果,两校合并以来国家科技奖中能够代表医学院学术水平、创新能力的成果案例,通过挖掘心系健康使命、敢于创新开拓的医学科学家和医务工作者们生动故事,展现医学院人不懈追求和无私奉献的风采风貌,将积淀了百廿年深厚的历史传统和文化内涵凝聚成医学院的核心文化竞争力。

(二)有梦想的医学院:依托中国梦,孕育医学梦

建设一流医学院和一流学科,是在党中央、国务院做出《统筹推进世界一流大学和一流学科建设总体方案》的重大战略决策的基础上,结合医学院自身发展和中心工作,为学院提升教育教学质量和学科建设、建设一流师资队伍、培养拔尖创新人才所作出的战略部署。统筹推进"双一流"战略,是交大医学院冲刺国际前列、打造顶尖学府的"冲锋号"。同一个世界,同一个梦想;同是交医人,同一医学梦。建设有梦想的医学院,推进医学院和医学学科的发展,必须坚持以立德树人为根本,凝聚共识,凝心聚力,为医学院的改革发展不断注入新的能量和活力。多年来,医学院在积淀深厚历史文化底蕴、反映时代进步要求的基础上,形成了自己独具特色的精神与校园文化宣传模式和格局,在此基础上,思想文化宣传将在新形势下与时俱进,为加快建成世界一流医学院和一流学科,提供强有力的精神支撑。

大力推进的"双百人计划"这一构筑医学人才高地,让"破格晋升"制度惠及更多的优秀人才,让更多的优秀年轻人从资历围墙中跳出来。努力推动"新校区"建设项目,破解发展空间受限这一瓶颈问题。对标世界一流医学院,立足医学教育发展规律和"卓越医学创新人才"培养实际。扎实推进医学院临床研究工作的深入开展,加快实现临床研究能力的提升,全力推动医学院临床医学学科再上新的台阶,为建设一流医学院夯实内涵支撑。

(三)有情怀的医学院:用妙手仁心向社会传递温度

话剧是一门综合性艺术,它是由多个部门和众多人员参与合作的一种艺术活动。校园可以说是中国话剧的摇篮,大学生作为校园生活的主体,体现出了艺术审美的显性特征,校园话剧可以促进大学生的艺术素养教育,净化大学生的心灵,开拓思维、开发智力潜能、协调身心发展,培育高尚的道德情操,提升当代大学生责任与使命意识、产生对生命的敬畏感,对培养大学生直面现实的实践品格等方面发挥了隐性作用,从而构筑文化育人场域。

交大医学院原创话剧《清贫的牡丹》经过不断打磨和创新,已组建成专业的师生创作、表演、设计、制作团队。同时探索在各家附属医院巡演的可行性,包括让这部充满正能量又感人至深的好剧能够走出交医校园,走向江浙沪乃至全国的医学院校的更大舞台。让每位师生在艺术、历史、思想、审美上都得到提升。医学院的话剧艺术活动不但拓展了思想政治教育空间,对交大医学院文化的全面发展也有着十分重要的意义和作用。

在"互联网+"时代,微电影作为微文化的典型,它具有时长短,其场景及人物塑造简单,往往是在短短的时间内,以深刻的道理和情感的抒发来征服观众。视频影像的形象生动、更能够传播正能量引起学生的共鸣。交大医学院党委宣传部通过多个渠道了解学生日常生活当中的热点,在2016年拍摄微电影三部曲,以轻松幽默的方式为基调摄制《521 我爱医》,以励志温情为内容制作励志纪录片《黔行·虔行》,以学生校园科创为背景拍摄情景短片《Bonjour,科学》,与学生们达成共识,学生可以将自己代入到微电影中去,传播正能量。上海各大主流媒体微信公众号也纷纷推送,在社会获得良好的声誉。其成本不但低于讲座等形式化活动所耗费的人力物力及财力,传播效果却还大幅度增加。今后微电影的拍摄制作仍将紧紧围绕医学生学习生活中闪光点,立体推进校园文化建设,提升交医文化凝聚力,做好核心价值观主题微电影活动的顶层设计,吸引教职工与学生参与到微电影创作与传播之中,从而在核心价值观教育中激发学生的主动参与。从创意征集、专业培训、作品创作、媒体展示再到效果评估的传播模式,在视听语言、叙事策略以及内容创意方面进行丰富和多元化的探索。

(四)有格局的医学院:让世界知道中国有所交大医学院

交大医学院正处于创建世界一流大学的重要时期,国际化办学战略是跻身世界一流大学的必由之路,整体提升国际化办学实效,建设有格局的医学院,使交大医学院的发展要立足上海、辐射全国、放眼世界。

交大医学院将"对内联动对外联合"两手一起抓提升交医声誉。对内,抓住互联网+时代机遇,完善医学院系统的微信矩阵,将医学院本部、各附属医院以及学生组织纳入其中,建立上下联通的快速反应模式,搭建具有医学特色的新媒体平台,扩大发声渠道和能量,营造新媒体平台的联动格局。继续打造"同道有约"平台,更好地整合各附属医院宣传条线力量,创新开展宣传思想文化工作。将医学院系统的资源有机整合。对外,推进国际交流,提高国际声誉。国际化交流和国际化办学是实现创建世界一流医学院战略目标的关键。加强与世界高水平大学、科研院所等的交流合作,拓宽合作领域、创新合作模式,力争实现全方位、多层次教育教学与科研合作。全面推进"上海—渥太华联合医学院"建设,使北美医学教育课程在医学院落地生根并发扬光大。借助上海—渥太华联合医学院的平台、中法医学教育长期合作的契机,积极推进与世界著名医学院校的合作,完善中外联合办学模式,实现基础医学和临床医学的深入整合,课程、考核、学分、学位的国际化认证,着力打造多个卓越医学人才的国际化培养基地,把医学教育改革的试验田种到国外。开拓更多更好的海外游学项目,真正实现医学人才的国际化培养和双向流动。

参考文献:

[1]韩延明:《论高等教育面向市场背景下大学精神的铸就》,载《教育研究》,2007 年第 5 期,第 78—81 页。

[2]李勇:《新媒体时代大学文化的传承与创新》,载《现代教育管理》,2014 年第 5 期,第 34—38 页。

[3]刘铁芳:《大学文化建设:何种文化如何建设》,载《高等教育研究》,2014 年第 1 期,第 11—16 页。

[4]李运庆:《大学文化的基本内涵及其传承与创新》,载《中国石油大学胜利学院院报报》,2013 年第 3 期,第 63—66 页。

[5]韩延明:《强化大学文化育人功能》,载《教育研究》,2009 年第 4 期,第 89—93 页。

大学文化要讲好故事编织梦想

章　兢　齐绍平

（湖南大学）

摘　要：大学的本质是一种在深厚文化底蕴的基础上传承、研究、融合和创新文化的功能独特的文化组织，传承和创新文化是大学应当承担的文化使命。大学文化的演变、传承与创新有着自己独特的特点，从其演化上存在着一种快速演进的快车道；大学文化的传承需要一种通俗的易于人理解接受的表达和讲述方式，讲好大学自身的故事就成为大学文化传承的方式；大学文化的创新依赖于大学理想编织、大学目标的确定和大学文化自觉的形成。

关键词：大学文化；文化演进；传承与创新

作者简介：章兢，湖南大学教授，博士生导师；齐绍平，湘潭大学党委宣传部部长，博士。

大学文化是大学在长期办学实践过程中，经过历史积淀形成的一种独特社会文化形态，是大学从事教育教学和科学研究活动的文化本体。从一般文化意义上讲，文化是人类种族与民族的 DNA，是区分不同民族的根本标准，一种民族文化的消失与繁荣，不在体格、肤色等的变化，而在民族文化基因的消长变化。同样，大学文化也是大学的基因，它是区分大学与其他组织和大学与其他大学的根本标准。它也是回答"大学是什么？""大学干什么？""培养什么人？""怎样培养人？""为谁培养人？"等一系列根本性问题的所在。自现代意义上的大学产生以来，大学文化的孕育、演化与发展逐步形成了自身文化传承、影响社会文化发展的文化血脉谱系。大学文化的演变、传承与创新有着自己独特的特点，从其演化上存在着一种快速演进的可能，从传承与创新方式上主要依赖两种方式，一是讲好故事，二是编织梦想。

一、大学文化演进快车道

从一般意义上讲，人类演进包括两个层面：一是生物演进，是一个缓慢的过程。影响生物演进的主要因素有两个，一个是人类 DNA，一个是外部环境。也就是说，古人类演化成为现代智人，是其独有的基因作用下不断地适应环境变化的过程，这是一个极其漫长的过程。二是文化演进，在特定条件下可快速演进。当认知革命完成后，人类进化为智人。现代智人最大的特点就在于能够依据不断变化的需求，调整行为，并通过编织梦想确立目标，聚集和带动大量的陌生人一起协作达到目标，实现梦想。这就为人类开启了一条通过"文化演进"推动人类演化的快速通道。也就是说，人类的演化过程其实取决于两个 DNA，一个是生物意义上的 DNA，一个是文化意义上的 DNA。生物意义上的 DNA 是区别人类与其他生物、人类不同种族、以及人类个体生物差异的标准，而文化意义上的 DNA 是区别不同民族、不同社会组织的标准。在真正意义的人类文化产生之前，"远古人类的行为模式可能维持几万年不变，但对文化产生之后的现代智人来说，也许只要十几年二十年，就可能改变整个社会结构、人际关系和经济活动。"[1]这就是文化演进的强大作用所在。

大学的本质是一种在深厚文化底蕴的基础上传承、研究、融合和创新文化的功能独特的文化组织，传承和创新文化是大学应当承担的文化使命。大学文化的传承与创新包括两个层面的内容，一是对国家民族文化传承与创新，这是历史赋予大学的一种使命和责任。二是大学文化本身的传承与创新，这是大学作为一种文化和精神存在的必然要求。现在人们普遍认为，主要凝聚在深厚的文化底蕴之中的大学文化是一种独特的社会文化存在，是以大学精神文化为核心和灵魂，由大学物质文化、大学精神文化、大学制度文化和大学环境文化构成的一个相互渗透、相辅相成和辩证统一的有机整体。大学精神是大学精神文化的集中体现，大学物质文化蕴涵在大学存在的物质形态之中，大学制度文化的本质是一种学术价值观，大学环境文化的实质是一种生态文化。其中，优势学科、杰出大师、大爱精神和良好生态是构成大学所拥有的深厚文化底蕴的核心要素。[2]大学文化演进驱力有两个来源，一是自然演化，二是强制演化。大学文化在精神、物质、制度和环境方面的文化形态和特质是在长期的办学实践中、在自然演化和强制演化的过程中逐步积累沉淀形成的。中国现代意义大学的产生，伴随着国家民族积贫积弱，阶级矛盾激烈，政治时局动荡，政权更迭频繁，传统与现代、国内与国外各种思潮的冲突。中国大学文化的形成、演变与创新在中国社会政治思潮的外力影响下产生了巨大的跳跃式的发展，以一种文化快速演进的上升曲线发展。它大致经历了三个阶段:一是传统文化与新文化冲突。自晚清鸦片战争到抗日战争,中国孔孟儒学传统文化和以伦理道德为核心的教育思想直接面临西方船坚利炮和现代文明的冲击,迫使中国社会做出史无前例的文化选择,随着"废科举,兴学堂"到真正意义的现代大学建立,中国的大学文化经历了"中学为体,西学为用"、"德先生、赛先生"(民主、科学),并逐步形成了"思想自由、兼容并包""教育独立,大学自治"的文化理念。二是马克思主义中国化的影响。从中国共产党领导的五四运动、新民主主义革命到新中国的成立,中国大学文化一直站在时代精神的前沿,尽管经历颠沛流离,但是承担起了国家民族文化传承与创新的使命,大学文化自身也产生了质的嬗变,走上了社会主义大学的文化道路;三是中国特色大学文化。新中国成立以后,特别是改革开放以来,在国家经济社会发展对科学技术和人才的需求以及国家民族文化的繁荣背景下,中央提出建设有中国特色的高等教育的战略,大学以"办人民满意的高等教育",以"立德树人"为根本任务,在文化发展上形成了坚持和形成中国特色的传承与发展道路,承担起增强中国文化自信、提高中国文化软实力、展示中国文化独特魅力的使命与责任。

二、讲好故事,传承文化

大学文化靠什么传承?习近平总书记认为,讲好故事就会事半功倍。文化的传承是一个传播、接受、理解、认同和自觉的过程。"故事是人类对自身历史的一种记忆和叙事的文学体裁。记忆和传播着一定社会的文化传统和价值观念,引导着社会性格的形成。故事通过对过去的事的记忆和讲述,描述某个范围社会的文化形态。"故事是一种独特的叙事方式,是渗透于人类社会的一种极其普遍的文化现象,在人文社会科学、教育、文学文艺作品、宗教、社会生活各个领域中存在,是一种最易为人所理解接受的叙事方式。故事在文化传承过程中,具有四个非常鲜明的特点:一是隐藏于情节背后的价值导向;二是娓娓道来的教育功能;三是易于理解接受的话语体系;四是情感融合的主体代入。用通俗的话来讲,就是故事在文化传承过程中具有不可替代的通俗、平民、质朴的特点。要实现文化传承,大致需要群体的感知—理解—接受—认同四个过程。基于这四个过程,不难得出一个结论,就是文化传承最高限度的接受等于最高限度的通俗化。所以,文化的传承需要一种通俗的易于人理解接受的表达和讲述方式。那么,对于大学文化的传承,用一种最易为人所理解接受的叙事方式讲好大学文化自己的故事,就显得尤为重要。

怎样讲好故事?大学文化既是一种存在,更是一种信仰。自古以来,树立和传承信仰(包括宗教)有六大要素:经、僧、众、庙、像、礼。经(经典著作)、僧(专职布道者:僧侣、牧师、教师)、众(信众,广大群众)、庙(寺庙、教堂、学校)、像(神像、十字架、孔子像、领袖像)、礼(礼仪、升旗程序等)。当然,现代大学文化传承不能类同于宗教信仰,但其内在文化机理是相似的。从讲好大学故事、传承大学文化的角度来说,我们从中能够找到大学文化传承的经验启示与方法。一是有故事。不妨可以称之为大学文化传承的"经",指的是一所大学在长期的办学实践中形成了历史故事、大学精神、办学理念、办学特色等要旨,这涉及大学的办学历史、校训等多形态的文本表述,这种表述一般具有非常衡定的价值指向。北大网页上有鲁迅先生的一段话:"北大是常为新的,改进的运动的先锋,要使中国向着好的,往上的道路走。"北大以"爱国、进步、民主、科学"这八个字作为校训。看似平常的八字,却是北大办学历史与精神的核心体现,全国大学也只有北大才担得起这样的办学精神与校训。这与北大的办学历史和北大人的担当是分不开的,她作为新文化运动的中心和五四运动的策源地,作为中国最早传播马克思主义和民主科学思想的发祥地,作为中国共产党最早的活动基地,北京大学为民族的振兴和解放、国家的建设和发展、社会的文明和进步做出了不可替代的贡献,在中国走向现代化的进程中起到了重要的先锋作用;二是有讲故事和听故事的人。也就是大学文化传承的两个主体"教师"与"学生",当然,它首先是大学办学的两个主体。在这两者之间,简单地讲是一种"教"与"学"的关系,深层次上讲是一种知识、经验、理念、精神的流动关系,大学文化的传承无时无刻不在这两者的互动中展开。"多年前在新英格兰,据说路边的一根圆木上,一端坐着一个学生,另一端坐着马克·霍普金斯,那便是一所大学。"这样的场景与画面,最能体现大学文化传承的精神内核;三是有故事发生的场所和氛围。这是大学文化的发生、孕育、传承的文化空间,也是大学特质文化的承载体。它是融有大学精神文化的规划布局、校舍建筑、人文景观和校园绿化美化等综合形成的物化静态文化。大学校园的每一条路、每一栋建筑、每一个景观,从历史到现实的每一天都在发生着与时代相关、与文化相关的故事,并且成为一代一代学人的情感牵挂与皈依。这些建筑和景观往往成为一所大学的文化形象标志,北京大学的"一塔湖图"、清华门、湖南大学的岳麓书院、湘潭大学的三道拱门等。四是有故事的仪式与文化标示。仪式本身就是文化传承的一种形式。它是大学充满德性的生活,蕴含着道德规范,营造道德氛围,传递道德观念,表达道德情感。在神圣、象征、美化、规范的仪式过程中体现对学术的敬畏、知识的尊重、价值的追求、身份的认同,并以此实现标示意义上的大学文化传承。强调仪式感无疑是一种好的文化传承方式,大学的仪式一般有以开学典礼、毕业典礼、学位授予为主的通过式仪式,以校庆、重大成就庆典为主的庆典仪式,以重要人物、重大事件为主的纪念仪式。所以说,一所大学的故事,即是大学文化与历史载体。而讲好大学的故事，是传承大学文化与历史的最好叙事方式。这些故事就是学校历史、大学文化与师生精神风貌的生动体现。同样，每一所大学都有各自的办学历史和发展沿革，也都会讲述与挖掘属于自己学校的历史故事。比如，湖南大学虽然其定名于1926年，但其前身可追溯到公元976年的岳麓书院。而岳麓书院则是由北宋时潭州太守朱洞在僧人办学的基础上创立。这就为湖南大学打上了中华传统文化特别是湖湘文化的深深烙印，历经千年，弦歌不辍。而说起湘潭大学的校史，不能不提1958年毛泽东主席在中南海菊香书屋写下"湘潭大学"校名，并嘱托"一定要把湘潭大学办好"的故事。加之复校时期邓小平、华国锋、李先念等老一辈革命家的亲切关怀，这就为湘潭大学的办学注入了红色文化基因，学校的人才培养、毛泽东思想研究、校园文化都有着鲜明的红色基因与特色。所以说，大学文化很大程度上因"故事"而得以延续。

三、编织梦想，创新文化

大学文化靠什么创新？答案是编织一个或多个不同类层次、不同类型的共同梦想。人与动物的最大区别是什么？马克思认为，人能制造和使用工具，而动物不能。通过研究发现，包括猩猩在内的很多动物也能自主地使用工具。也有观点说，下一辈对上一辈的孝行行为是人与动物的最大区别。但自然界也有乌鸦反哺的反例。马克·吐温说，人是这世上唯一的该脸红或能脸红的动物。他认为人与动物的最大区别就是，从内在来看是有没有思想，从外在来看要不要穿衣服。动物会不会脸红我们无从知道，给动物穿衣也是人的行为。看来有没有思想才是问题的根本所在。根据赫拉利《人类简史》的观点，他认为人与动物最大的区别就在于人能编织梦想，能够对现实还不存在事物进行想象，以及"讨论虚构的事物"成为人类语言最独特的功能。"虚构"事物的重点不只在于让人类能够拥有想象，更重要的是可以"一起"想象，编织出种种共同的虚构故事。这样的虚构故事赋予人类前所未有的能力，让人类得以集结大批人力灵活合作[3]。可以说，人类文明的每一次进步，人类每一个目标的实现，文化的每一次产生、传承与创新都是基于这一点。人类用什么统一起来？就是编织梦想。一个国家有一个国家的梦想，一所大学亦有一所大学的梦想。

怎样编织梦想？可以说，每一所大学自身文化的创新与发展，都是基于编织一个抽象的梦想，确立一个明确的目标，得到整体认同，形成文化自觉的过程。一是大学的理想。理想是大学从无到有的动力之源，是大学指向未来的美好展望，大学的理想是对大学止于至善的理性表达。洪堡的理想就是要"由科学而达至修养"，在他任柏林大学校长期间将科学研究功能引入大学，科学研究也成为现今大学"从无到有"的新功能,这就是著名的"洪堡理想"。大学的理想可以说是大学的终极梦想,是大学文化创新原动力所在。因为理想,"人类将交通工具从独木舟变成了帆船、变成汽船、变成汽车、变成飞机,再变成航天飞机"。[4]因为理想,人类将大学从知识交易的场所、学生和学者的行会,变成了具备完整的教育和学术功能的大学,从广场、街头、教堂,变成了今天的大学城。二是共同目标。共同的目标是理想实现的依托,没有共同的目标,无论理想多么美好,也不会有人响应。大学文化的传承创新与不断发展需要制订出一系列不同层次的目标,并带领大家为之做出矢志不渝的努力。大学目标的确定一种组织行为,它不能等同于个体目标的相加,是一群人短期或长期的追求,它涉及办什么样的大学、培养什么样的人等根本性的问题。当前国家提出了"双一流"战略,一流大学和一流学科成为大学为之奋斗的目标,但具体到每一所大学,这一目标的实现又千差万别,总之坚守每所大学自己的理想,依托自身文化的传承,突出自身办学特色才是正确道路。三是文化自觉。费孝通先生说,"文化自觉是一个艰巨的过程,只有在认识了自己的文化、理解所接触到的多种文化的基础上,才有条件在这个正在形成中的多元文化世界里确立自己的位置,然后经过自主的适应,和其他文化一起,取长补短,共同建立一个有共同认可的基本秩序和一套各种文化都能和平共处、各抒所长、联手发展的共处守则。"[5]大学对民族文化传统以及对自身大学文化的坚守和传承,体现为对社会精神和文化的守护和引领,在中国发展和中华传统文化繁荣的大背景下,体现为对多元文化的整合和创新。

参考文献:

[1][3][4]尤瓦尔·赫拉利:《人类简史》,中信出版社 2014 年版。

[2]王冀生:《大学文化哲学》,中山大学出版社 2012 年版。

[5]费宗惠、张荣华:《费孝通论文化自觉》,内蒙古人民出版社 2009 年版,第125 页。

以高度的文化自觉和文化自信推动大学文化建设

——大连大学大学文化建设的理念与实践

赵玉娟　冯大同

（大连大学）

摘　要：文化自觉是大学文化建设的现实基础与历史担当，文化自信是大学文化建设的内在诉求与外在保障。大连大学以高度的文化自觉和文化自信推进现代大学文化建设，坚持开展大学文化理论研究提升大学文化自觉，依赖于文化的力量创新高等教育理念，以文化自觉和文化自信提升思想政治教育的有效性，以校园文化节为实践载体，增强文化自信。从而构建了具有自身特色的大学文化理念和实践体系。

关键词：文化自觉；文化自信；大学文化

作者简介：赵玉娟，大连大学党委常委、宣传部长；冯大同，大连大学高等教育研究所副研究员。

一、文化自觉是大学文化建设的现实基础与历史担当

从系统论的观点看，文化是一个复杂的开放的大系统，人类的一切活动都是在文化这个宏大系统中进行的。我们倡导的文化自觉和文化自信，其目的就是要确保在文化体系的活动中持有清醒的认识和理性的态度。

著名人类社会学家费孝通先生认为"文化自觉"是具有高度人文关怀和社会责任感的文化理念。所谓"文化自觉"是指"生活在一定文化中的人对其文化有'自知之明'，明白它的来历、形成过程、所具的特色和它发展的趋向"。① 其主要特点为：

---

① 费孝通：《反思·对话·文化自觉》，载《北京大学学报（哲学社会科学版）》，1997 年第 3 期。

（一）对文化价值认知的深刻性

文化既决定经济的目标，又决定生产力的发展，影响着人类的交往方式，聚合成巨大的精神动力来推动社会发展和变革，调控社会发展的状态，凝聚民族精神，推动经济社会的列车不断勇往直前。不仅如此，在当今世界，文化越来越成为经济社会发展的战略资源，越来越成为一个国家综合国力的重要组成部分，越来越成为国际竞争和冲突的重要因素。

（二）对文化发展规律把握的自觉性

与任何事物的发展都有其客观规律一样，文化也有其独特特质和发展规律。这种文化自觉不仅要有满腔的热情，还要有理性的认知，即对特殊历史条件下文化建设发展规律的正确把握，始终不渝地按规律进行顶层设计和规划，科学组织实施，避免盲目性和主观随意性。

（三）对文化建设历史责任担当的主动性

主动、强烈的文化担当，集中体现了理想追求和精神面貌，要高扬自己的文化理想，主动担当起推进文化发展繁荣的历史责任。

二、文化自信是大学文化建设的内在诉求与外在保障

所谓文化自信，则是指一个国家、一个民族、一个政党对自己的理想、信念、学说以及优秀文化传统有一种发自内心的尊敬、信任和珍惜，对当代核心价值体系的威望与魅力有一种充满依赖感的尊奉、坚守和虔诚。也就是对自身文化内涵和价值的充分肯定，对自身文化特质和生命力的坚定信念。其特点为：

（一）自己文化的礼敬与自豪感

任何一种文化都有其既有的传统、固有的根基，也有其内在的"基因"和元素，因而成为其薪火传承的精神命脉。既对自己的民族优秀文化有着一种坚定的自豪，给予自己的传统文化必要的尊重，又要把它放在世界多元文化的宏观格局中来考察，从而既不夜郎自大、孤芳自赏，又不妄自菲薄、自暴自弃。

（二）对外来文化的吸收与改造的勇气与魄力

这种吸收借鉴绝不是兼收并蓄、食洋不化，而应该有自己的取舍标准，坚持为我所用决不仅是单纯的"物理嫁接"，而必须是有机的"化学反应"，最终在于转化再造，强基固本。

（三）对文化发展繁荣前景的崇敬感与自信心

在对自己的文化特质和文化价值有一个准确的判断和定位的基础上，看到博大精深、源远流长的中华文化，以其独特的文化符号，展示着中华民族世世代代不懈的精神追求。它不仅为中华民族繁衍生息、发展壮大提供了丰厚的营养，也为世界文

明进步发展做出了应有的贡献。它不仅铸就了历史的辉煌,而且在今天仍然闪耀着时代的光芒,推动着经济社会的发展与进步,必将不断走出国门、走向世界。

三、以高度的文化自觉和自信推进现代大学文化建设

（一）坚持开展大学文化理论研究提升大学文化自觉

2009年10月份经辽宁省教育科学规划领导小组省里批准,辽宁省现代大学文化重点研究基地正式获批,成为辽宁省教育科学重点研究基地。

经过大连大学校内的多次交流和讨论,逐步形成了共识。那就是文化基地的建设,是不同于一般的基地建设。甚至不同于文化素质教育等其他基地的建设。因为它更多的是一种学术建设、专业建设,类似于重点实验室的建设。所以我们应该像推进我校其他工程中心、重点实验室、人文基地、示范中心等一样来推进这个重点项目。

充实和完善现代大学文化基地建设方案。从两个视角来入手:第一个就是从工作的视角来入手,包括宣传介绍、制定规划、研究推进、组织结构、制度建设等。第二个就是认真研究基地的研究方向的特点和重点。

自我校建立以来,特别是近十年来,在历任班子的支持、领导下,大连大学的大学文化研究取得了丰硕的成果,也形成了自己鲜明的特色,为我们下一步基地的建设打下了很好的基础。现在我们逐步实现以下几个目标:第一个目标是创造力量,分别从教育视角、哲学视角、历史视角、文化视角和发展视角深入开展大学文化理论与实践研究,推出部分课题研究成果;第二个目标是通过丰富和完善现代大学文化体系,通过探索和构建现代大学文化模式,形成具有我国特色的文化育人的方案体系,推出高水平大学文化建设专著;第三个目标是继续深入研究大学文化建设的热点和难点问题,推广大学文化研究结果;在全省和全国起示范辐射作用,促进学校的科学、健康、快速、和谐发展。

从目前来看,研究基地推出了一批课题研究成果,发表了一批重要的理论文章,出版了大量的大学文化专著,初步形成了大连大学特色的大学文化认识体系和理论体系。

其次要围绕重点,突出特色。我们研究现代大学文化的最终目的是什么,围绕这个目的来寻求重点。这个重点就是通过基地的研究建设来推进学校的教学、科研、社会服务以及文化引领等四大功能。要提高高等教育质量,必须大力提升人才培养水平,必须大力增强科学研究能力,大力服务经济社会发展,必须大力推进文化传承与创新。现代大学文化研究基地所研究的成果必须要运用到教学、科研、社会服务和文化建设中,这是一个重点。第二个重点就是文化研究基地始终

要把提升大学文化研究水平作为重点。

现代大学文化研究是大连大学一直致力于发展的一项工作。文化基地的建设分为学术层面和工作层面,两个方面需要组织协调。工作层面的推进要跟我们的文化素质教育和大学生思想政治教育和党的建设、思想工作建设等都可以有机地结合起来。在学术层面上,要严格按照省级重点基地建设的要求去做。学术层面一定要突出学者在大学文化基地中的地位和作用,工作层面上,尽可能地吸收我们的工作部门的一些领导来参加,把我们各个方面的工作和基地建设有机地结合起来。

(二)文化自觉和文化自信提升思想政治教育的有效性

大连大学坚持用中国特色社会主义理论武装头脑,以社会主义核心价值观凝聚人心,以中华民族伟大复兴中国梦凝聚共识。培育良好的师德师风,学德学风教育引导大学生健康成长。

1. 坚持用中国特色社会主义理论武装头脑,确保学校成为学习、研究、宣传马克思主义的坚强阵地

我校始终以校院两级理论中心组学习为抓手,认真组织学习贯彻习近平总书记系列重要讲话精神,不断推进理论学习和学习型党组织建设,党委理论中心组始终坚持每月集体学习制度,逐步创新了领导带头引导学、讲师指点辅导学、利用网络交流学、组织竞赛促进学、深入实践体会学、组织评议互助学的学习模式,实现了学习工作化,工作学习化;以"连大讲坛"为平台,有计划地邀请国内外专家学者、市委市政府相关领导到校做报告;领导干部带头开展读书活动,带领全校师生创建书香校园;依托大连大学党校,定期分层次举办党员领导干部培训班,党员领导干部的思想政治素质、科学决策能力和管理水平得到提高。

以思想教育为主线,发挥"两课"主渠道、主阵地作用,推动中国特色社会主义理论"三进"工作。2011年我校成立了马克思主义学院,人才队伍建设和学科建设得到不断加强;创建了马克思主义中国化研究中心等四个马克思主义理论研究和创新基地,提升了马克思主义学科在学校的引领作用和对社会的辐射作用,马克思主义理论一级学科建设评估中位列辽宁省第六名;思想政治理论课改革创新成果及时转化为教育教学成果,教学中强调以问题为纲,讲学生面临的问题,解学生提出的疑惑,强化"三真""三讲""三化",真正做到入耳、入脑、入心,努力打造学生为主体、教师为主导的"个性化、特色化、多样化"的教育教学特色模式,激发了学生学习"两课"的热情。

2. 坚持用社会主义核心价值观凝聚人心,确保学校成为先进思想文化的继承者、创造者、引领者

培育和践行社会主义核心价值观是贯彻党的教育方针,履行立德树人根本任务,培养中国特色社会主义合格建设者和可靠接班人的内在要求。多年来结合我校办学实践,自觉把社会主义核心价值观融入教育教学全过程,贯穿于学校改革发展的全方面。

用核心价值观引领人才培养,构建了课堂教学、校园文化和社会实践三位一体的育人格局。立德先立师,通过"立德树人"教育思想大讨论,提出了"学生成功是教师最大成功"的教育理念;制定了教师教书育人的行为准则《教风行》,搭建了"百千万创新人才培养"平台,启动了"青年教师培养工程",制定了《青年教师挂职锻炼培养计划》,为青年教师健康成长搭建平台。学校出台了《大连大学"三育人"工作条例》等30余项制度加强德师风建设,开展"理论课教师进学院、心理健康教师进学院、机关干部进学院""三进"活动,开展女教工与女大学生结对子、双教工家庭与孤儿结对子活动,解决学生的实际困难,以良好的师德师风影响和带动青年学生树立正确的价值观,全面推进育人工作,构建全员、全过程、全方位育人工作体系。倡导师爱是师德之魂的理念,组织开展"身边榜样"学习活动,选树了立德树人的先进典型,如用大爱演绎生命精彩的优秀共产党员刘美娟、爱生如子的"爸爸老师"姜纪元等一批深受学生喜爱的教书育人榜样,成为带领学生践行社会主义核心价值观的典范。通过拍摄"连大人的一天"、组织"出彩人生"系列报告会、"讲师德、议师风、谈学风"研讨会等师德教育活动,全面提高教师职业素养和职业追求。

(三)以校园文化节为实践载体,增强文化自信

1. 文化节:自觉建构的文化实践载体

大连大学人通过大学文化的探索构建了具有我校特色的大学文化理念和实践体系,当我们对文化有了一个理论的认知后,便开始了把理论认知转化为实践的探索,只有把先进的文化理念真正融入到我们工作、生活的每一个细节,才能形成用先进文化指导、引领工作的文化自觉,才能增强我们文化铸魂、文化育人的自信。校园文化节是我们倾力打造的一个文化实践载体,也是我们推进文化理念体系向工作体系转化的重要举措和平台。

校园文化节是大学文化建设的重要载体之一,通过弘扬传统文化,创新时代文化,传播连大正能量,来传承连大精神,凝聚连大力量,引导连大发展,是大学文化建设的重要举措之一,校园文化节是大连大学的品牌文化活动,也是大连大学师生自己的节日,已经成功举办的五届校园文化节凝聚了连大师生的集体智慧和汗水,在丰富多彩的活动中师生们也分享了文化带来的感悟、力量、快乐和幸福。

这里全体师生都是连大文化的信仰者、践行者,大家都为连大文化、为五届文化节贡献了智慧,洒下了汗水。同时全体师生又都是连大文化的体验者和受益者,从这个角度来说,我们应该满怀感恩地向大学文化致敬,感谢这个看不见摸不着却已经融化到我们血液中、落实到我们行动上的大学文化。

回顾我校成功举办的五届校园文化节,"用文化滋养生命,用生命烛照校园"的第一届文化节是连大人对自我精神家园蓝图的勾画;"共寻中国梦、齐筑连大梦、同圆学子梦"的第二届校园文化节是对连大人共同梦想的诠释;"勤学、修德、明辨、笃学"的第三届校园文化节则体现了连大人在文化传承创新中的文化自觉;以"崇德修身,养心乐学"为主题的第四届校园文化节让连大人走向文化自信。以弘扬"立德树人、崇学笃行、兼容并蓄、创新超越"的连大精神的第五届文化节增强了我们的文化自信。这五届文化节对于每一个连大人的精神震撼是巨大的,也促使我们的认识有了一个新的飞跃。

2. 从文化自觉走向文化自信的文化节

第一,举办文化节的意义。文化节的意义已经由活跃校园文化氛围逐渐升华为"以人造文、以文化人",文化育人的作用越来越突显。校园文化节是弘扬传统文化的重要平台。中国传统文化博大精深,蕴含着丰富的内涵。弘扬优秀传统文化,发挥文化育人的作用,达到"以文化人"的目的。

第二,对文化载体的认识。载体建设就是把文化理念、精神物化和实化的过程,就是把大学文化由理论向实践转进的过程。大学文化建设最终的目标是让每个大学人在思想上形成自觉的意识,在行为上形成自觉的模式,也就是人的思想、价值、审美等观念形态以及行为方式能够体现大学精神和理念。已经举办的五届校园文化节在主题、内容和形式上都很好地把大学精神、文化理念融入到校园文化节的载体上,把文化育人融入到丰富多彩的文化、科技、艺术等活动中,用文化滋养心灵,提高素质和人格,达到文化育人的目的。

第三,文化节的特点。校园文化节策划团队在顶层设计上实现了三个突破。一是弘扬优秀传统文化的突破。二是重视"以文化人"作用的突破。三是在积极呼应师生需求上有突破。文化建设接地气,满足师生对文化节的需求。一是展示自身,二是分享经典,三是交流互通。通过文化节这个大平台,努力展示连大师生的精神美和形象美,带领和引导师生赏析文化经典、研讨文化课题,交流文化建设心得,丰富素质教育载体和渠道。文化活动和体现专业特色的基层文化建设工作有机结合起来,既有引领,又有落实,在互相促进,共同发展中,不断创新完善我校大学文化建设体系,文化节突破了为了搞活动而搞活动的形式主义束缚,在立足长远的规划中,把文化践行与理论探索有机结合起来,经过长期的文化实践积累,文化建设成果得到不断丰富。

　　校园文化节是我校文化建设的一个实践、一个过程,文化节培养了我们勤于创新的文化思维、转变了我们敢于超越的工作模式,文化节所体现和凝练的是大学的一种精神和力量。

欠发达地区重点高校的文化底蕴及品牌建设
内涵研究

李彩艳

（华东交通大学宣传部）

摘　要：本文在对国内外关于大学品牌的有关研究进行全面的文献综述基础上，提出了大学品牌建设的 QISM 框架。进而以欠发达的江西省的 4 所重点大学为案例，剖析了这些大学的文化底蕴及其品牌建设现状，对其利弊得失进行了总结与讨论。

关键词：欠发达地区；高校；文化；品牌

作者简介：李彩艳，华东交通大学宣传部副部长，新闻中心主任，副研究员

随着"双一流"建设在全国范围组织实施，"双一流"方案所承诺的"开放竞争、动态管理"的实施原则，激励了全国许多所高校争创一流的决心和行动。在这种情势下，由于高等教育大众化日益深入发展而带来的高校之间的生源竞争将日益白热化，而"差异化"竞争、特色化发展必然成为许多高校的不二选择，高校的特色品牌建设、形象传播也将受到更高的重视。

一、国内外大学品牌建设研究现状

20 世纪 90 年代以来，随着市场经济建设和改革的推进，在参考借鉴企业形象、品牌理论基础上，我国学者开始探讨大学形象和品牌的范畴。国内对学校品牌研究的专著，主要有：闫明德编著的《学校品牌概论》，田汉族的《学校品牌经营原理与策略》等。从学科分类的视角看，研究包括管理学（如大学品牌管理、品牌战略）、经济学（如品牌资产）、公共关系学（如品牌公关）、市场营销学（如大学品牌经营）、新闻传播学（如大学品牌传播、品牌形象）、文化社会学（如品牌文化）、高等教育学（如大学品牌含义、大学品牌价值的内涵）等。以下主要依据中国知网最新研究论文，以及美国 ERIC 英文教育文献数据库对国内外有关大学品牌研究

的主要热点问题的观点进行综述。

（一）关于大学品牌研究意义与价值的研究

关慧良[1]认为，大学品牌是健全和完善现代大学制度的重要方法和途径。研究大学品牌对大学文化建设有着重要的指导作用。设计和谐美观、富含内涵的大学品牌，可以提升大学形象，凝聚大学精神，培育大学文化，铸就教育品牌，提高大学的核心竞争力。大学品牌的研究对建设一流大学具有重要的现实意义。大学品牌具有"文化感染力、教育源动力、品牌号召力、社会影响力、发展促动力"。作者还以辽宁师范大学"师鼎"品牌建设为例阐述高校实施品牌战略的价值。

杨科正[2]观点则有所不同，认为"品牌"并不专指"一流""顶尖""巨无霸"，而是在社会市场中的某一领域、某一层次与众不同的价值、信誉和个性。个性是品牌的重要因素，特色是个性的重要表现。大学办学特色是品牌公众形象、社会形象的延伸，能展示品牌的特征及深度内涵。地方高校面临着更为严峻的竞争环境，所以应强化品牌意识，科学制订和实施品牌发展规划。

刘上梅[3]认为，品牌具有识别、推广、增值功能。品牌资产是一种超越有形实体以外的价值部分，它是与品牌名称、品牌标识物、品牌知晓度、品牌忠诚度相联系的，能够给学校带来收益的资产。

刘志刚[4]以哈尔滨工程大学为案例，认为打造特色品牌是行业特色型大学形成核心能力的重要途径。并认为需要在特色品牌的凝练、形成、传播等多方面寻找着力点。

（二）关于大学品牌与形象概念内涵的研究

袁本涛[5]指出，大学的品牌就是指一所大学在创建、发展过程中逐步积淀下来的凝结在一所大学名称中的跨越时间和空间的社会认可程度。对于一个著名大学品牌来说，至少如下几个方面对其形成具有不可忽视的贡献：历史的沉淀；学界名流与学术成就；著名校长；著名校友；校园风物等。

---

[1] 关慧良：《师鼎——高校实施品牌战略价值研究——以辽宁师范大学品牌建设为例》，载《品牌》，2015 年第 5 期。
[2] 杨科正：《论地方高校大学品牌建设》，载《理工高教研究》，2009 年 12 月第 28 卷第 6 期。
[3] 刘上梅：《品牌信誉与大学品牌创建》，载《网络财富》，2009 年 9 月。
[4] 刘志刚：《对行业特色型大学打造特色品牌的思考与实践—以哈尔滨工程大学为例》，载《教育探索》，2015 年第 8 期，第 65—68 页。
[5] 袁本涛、江崇廓：《论大学的品牌—兼论我国高校合并与创建世界一流大学的战略》，载《科技导报》，2000 年第 7 期。

叶丽芳①指出,《现代汉语词典》中品牌是"代表产品标准化和质量的牌子"。品牌的本质意义,是让人们留有深刻印象,实施购买行为;品牌中的品"有以下三个含义:一是等级;二是物品;三是大众。而牌是商家的标记,牌是市场许可证,最后,牌是合法化象征。大学品牌的生命线就是高等教育产品的质量。高校品牌是高校竞争力的主要源泉和富有价值的战略财富。

学者曾妍②认为,大学形象是人们透过关于大学的符号的外在形态(即视角识别要素)和运行机制(即行为识别要素),深入了解大学的文化价值观(即理念识别要素),从而形成的主观印象。

孙彧③则认为,大学形象是人们对一所大学客观状况的主观印象,是大学内在本质在外部形态上的直观体现。

两相比较,形象在于识别,品牌在于质量。共同点是,大学的形象、品牌都离不开社会公众的认可,都是多种因素的综合。其不同点是,大学形象设计更重视内部完善后带来的外部效果,完成得更多的是外部因素的缔造,更重视高校组织的识别特性,以树立高校的识别系统、间接推动高校的发展;品牌战略是要使高校在发展内因上产生根本性的变化,以提高高校产出的质量。

(三)关于大学品牌建设过程与途径的研究

曹辉④认为,大学品牌经营将展现出内涵多样化、经营专业化、路径信息化和视野国际化的发展前景。大学品牌经营的意义,包括提高大学的经营效益;增强大学抗风险的能力;使大学获得更多的外部支持。大学品牌经营的内涵,包括大学品牌个性设计;大学品牌价值提升;大学品牌文化传播;大学品牌战略延伸。大学品牌经营的特征,包括明确大学发展的战略目标和战略手段;致力于构建品牌大学成长的外部环境;有效推动大学经营体制创新;用品牌理论指导大学的资源配置。

益瑞涵⑤通过对美国马里兰大学的案例介绍,总结了品牌创建与管理过程的五个步骤:(1)品牌创建:调查、结论与战略含义;(2)形象设计:阐释学校统一的

---

① 叶丽芳:《大学形象、大学品牌、大学声誉概念辨析》,载《黑龙江教育 - 高教(研究与评估)》,2006 年第 4 期。

② 曾妍,"媒介视角下的我国大学形象传播刍议",《广东省社会主义学院学报》,2015 年 4 月。

③ 孙彧,"大学校园媒体与大学形象传播",《广东技术师范学院学报(社会科学)》,2011 年第 2 期。

④ 曹辉,"大学品牌经营:内涵、特征与发展前景",《教育研究》,2014 年第 4 期。

⑤ 益瑞涵,"美国大学的品牌管理及启示—以马里兰大学为例",《华南理工大学学报(社会科学版)》,2007 年 4 月。

特性标识;(3)品牌定位:品牌价值陈述;(4)品牌推广:整体推广计划;(5)品牌测度:建立健全长期和短期的品牌测度。

他还指出,品牌建设是大学基于激烈的人才竞争、经费竞争、质量竞争的必然选择,是建设世界一流知名大学的核心战略之一。品牌是产品或服务利益点、供给者核心价值和消费者体验与感受三者的独特组合,是三者价值整合和互动中逐渐形成的相对统一的符号化的关系模式,并为三者创造和带来价值的一种系统性的活动,所以,应当将学校品牌看作是一种主体性的独立资源,而不是一种依附性、修饰性的东西。大学品牌建设是一项专业性、技术性和系统性都很强的工作,也是一项富于创新性的工作。

(四)英美学者关于大学品牌的研究

英美处于世界高等教育的中心,也是成熟、发达的市场经济国家,英美大学品牌建设及其研究对于我国具有重要的借鉴与启示意义。英美研究者就大学的许多方面与品牌建设关系开展实证研究。比如董事会如何对大学品牌管理的研究、消费者对校企合作的看法和信念对大学品牌的影响研究、大学预科生对大学品牌承诺看法的研究、大学如何通过网站进行品牌传播、英国成功大学品牌的影响因素的研究等。

本内特与阿里(Roger Bennett and Ali – Choudhury)[1]认为,大学品牌是一所大学区别于其他大学特性的证明,反映了它满足学生需求的能力,是对该大学提供某种类型和水平高等教育能力的信托。并有助于潜在的学生做出明智的入学决定。他们对伦敦东区两所继续教育学院学习大学预修课程的学生开展了问卷调查,评估他们对两所1992年后升格的大学的看法。他们界定大学品牌包括三个方面:契约(Covenant)、本质(quiddity)、符号与外部标志(symbolic and external representation)。布洛泰德(Bulotaite,2003)[2]认为,当某个人提到某大学的名字时,它立即会勾起某些联想、感情、形象和面孔。而大学品牌建设的作用,就是建构、管理与开发这些印象。布洛泰德(Bulotaite,2003,p.451)认为,大学是复杂的组织,品牌建设的任务,是使复杂的事情简单化,并促进组织的吸引力和对组织的忠诚。

---

① Roger Bennett & Rehnuma Ali – Choudhury, Prospective Students' Perceptions of University Brands: An Empirical Study, Journal of Marketing for Higher Education, Volume 19, Issue 1, 2009

② Bulotaite, N. (2003). University Heritage – An Institutional Tool for Branding and Marketing. Higher Education in Europe, 28(4), 449—454.

马泽洛（Mazzarol）①通过研究认为，一些大学的形象和声誉，是比实际的教学质量更重要的因素。形象传播因此变得十分重要，表明品牌建设也非常必要。

切内汤尼等（De Chernatony et al）②通过研究得出结论认为，品牌的成功，是一种多维建构，既包括企业（大学）的标准，也包括消费者的标准。决定品牌成功还是失败的一个主要特征是，公司的品牌价值与顾客的理性及情感价值需求之间达到最大程度的一致。影响品牌管理的主要因素包括：学费、差异化竞争、大学排名、试图达到大学地位的组织、品牌认知与品牌传播之间的不匹配等。克里斯查布洛（Chris Chapleo）③通过对11所英国大学的实证研究表明：成功品牌经营的要素主要有：清晰的愿景、内部支持、领导支持、媒体报道与公共关系、营销沟通的价值、品牌经验。阿里霍德里（Ali－Choudhury）等人通过对伦敦25所大学的营销与传播主任和经理们的研究认为，影响到大学招生和大学品牌的十个主要要素包括：大学的教育身份（是否追求更大范围、更多样化的学生参与）；大学的地点；毕业生的就业能力（Employ－ability）、视角形象与一般气氛（友好度）、名声、体育与社交设施、学习环境、课程、社区联系等。

总的来看，我国及英美学者对大学品牌及形象问题均开展了多方面的研究。我国学者研究的特点是理论思考较多、实证研究较少；而英美不少学者对大学品牌建设开展了严谨具体细致的实证研究，取得不少有启发的结论，以及一些可资借鉴的研究框架、思路与方法。在大学品牌与企业品牌的异同、大学品牌的内涵的复杂性、大学品牌与质量的联系与区别、大学品牌与形象如何通过网络化、国际化途径推广与传播等方面，还有待进一步深入的研究。

二、研究对象与研究框架

本研究的对象和目标是：对位于欠发达的中部地区的江西省4所重点高校，包括南昌大学、江西财经大学、江西师范大学、华东交通大学的品牌建设、形象传播实践进行实证研究。探讨这4所大学在"双一流"政策背景下，面对市场竞争、网络信息化、国际化条件，加强大学品牌建设与形象传播的举措、途径，从中总结

①　Mazzarol, T. (1998)"Critical success factors for international education marketing", International Journal of Educational Management, 12－4, (1998) 163—175.

②　Christodoulides, G. & De Chernatony L. (2004). Dimensionalising on－and offline brands' composite equity. Journal of Product & Brand Management, 13(3), 168—179.

③　Chris Chapleo, María Victoria Carrillo Durán, Ana Castillo Díaz, Do UK universities communicate their brands effectively through their websites? Journal of Marketing for HIGHER EDUCATION. June 2011

这4所大学的成功经验,以及品牌建设过程规律、品牌价值提升规律。

借鉴前述英国学者本内特品牌研究框架,本研究初步设计研究框架及主要指标内容如下:

1. 大学品质保障(Quality):是大学与社会之间的无形契约;包括:学生支持服务的质量与范围;高水平的教师;对学生友好的管理人员;课程与专业质量、教职工质量、教育质量;俱乐部、社团、体育设施、社交机会;就业能力(Employ‑ability)与前景;学位的含金量和地位;学校加入的大学联盟;在大学排行榜中的位置等。

2. 大学身份特性(Identity):大学身份特性有赖理性沟通;包括:学生团体的组成;内在价值;大学是精英、排他,还是包容、综合;潜在学生对大学的认知,是传统的还是当代的(大众市场);是否科研比教学更加受到重视;侧重理论还是应用;学校课程的困难程度;学生辍学率;教师资格与出版记录;学校的物质条件;学校对潜在学生的实用性;组织行为、历史、战略与组织结构等。

3. 大学符号标志(Symbolic):大学形象有赖感性沟通;包括物质、审美、情感等方面;可通过"组织识别系统"(CIS,Corporate Identity System)来进行建构;主要通过符号与外部标志来展示,具体包括:学校名称;校训;校旗;校色;校歌;标识;吉祥物;标志物;字样;文具;表格纸;接待人员制服;车辆;房屋建筑;正式营销沟通(广告、简介、公关);与政府部门、资助团体的一般沟通等。

4. 大学媒体宣传(Media):传统媒体与网络新媒体相结合。大学教育新闻宣传精品栏目,大学名记者、编辑、评论员。校园媒体,包括报纸、广播、电视、网络等。大学网络平台上的品牌建设(Online branding),拓展大学相关者,包括家长、学生、政府或企业人士等对大学的认识,形成对大学的网络品牌经验(promised ex-periences)。

根据李普曼①的"拟态环境"概念,在日益媒介化的信息社会,绝大部分公众主观认知中的大学形象,不是由大学的客观形象本身,而是由媒介信息中的大学形象所塑造的。因此,网络传播媒体的作用特别重要。

三、文化底蕴与品牌建设途径——4所大学案例研究

上述研究框架可以简称为 QISM。之所以选取江西南昌大学、江西财经大学、江西师范大学、华东交通大学这4所高校,第一,是因为它们在江西省均属于最好的重点高校行列。江西省高等教育总体并不发达,但这4所高校均有比较深厚的

---

① 【美】沃尔特·李普曼著:《公众舆论》,颜克文、江红译,上海人民出版社2002年版,第55页。

历史积淀,分别成立于 1921 年、1923 年、1940 年、1971 年,具有相当的办学实力。第二,是因为研究江西这样的欠发达地区,有一定实力的高校如何锻造品牌,特别是在"双一流"建设的驱动力和巨大竞争压力下,如何提升品牌价值,具有一定的普遍意义。第三,是因为这 4 所高校具有很好的代表性,既有综合性高校,又有财经、师范、交通类高校,办学特色鲜明,品牌定位清晰。第四,是因为笔者在其中之一的高校工作,且 4 所高校都位于南昌市,便于实地调查研究。

江西人的文化性格,根据省宣传部前部长姚亚平的总结,有 5 个方面。第一,江西人有才气。历史上江西进士占全国的 10% 以上,状元占了全国的 5.5%①。在中华文明的历史长河中,江西人才辈出,陶渊明、欧阳修、曾巩、王安石、朱熹、文天祥、宋应星、汤显祖、詹天佑、袁隆平等文学家、政治家、科学家若群星灿烂,光耀史册。第二、江西人有正气。江西是理学之邦,理学影响大,江西人讲道德,很忠贞。全国的宰相江西人占了 5.3%。文天祥说"人生自古谁无死,留取丹心照汗青"。第三、江西人有思想。他们能站得高看得远。第四、江西人有骨气,有性格。第五、江西有风气。身边好人多,乡贤文化浓,江西的民风好,就像江西的生态一样,朴实、纯正、清新,你帮我,我学你,互帮互助,相互促进。

江西是中国革命的摇篮,红色文化资源丰富。八一南昌起义向国民党反动派打响了第一枪,毛泽东、朱德在井冈山创建了第一个农村革命根据地,中央苏区的中心就在赣南的瑞金。江西为中国革命牺牲的有名有姓的烈士达 25 万人之多。

但江西经济在全国一直处于比较落后的位置,例如 2015 年 GDP 总量在全国 31 个省、直辖市与自治区中排 18 位②。江西经济之所以欠发达,在于农业比重比较大,工业基础薄弱,省内几乎无国家支柱型重轻工业产业。长期熏陶的封建儒家忠诚思想及道家的"无为"理念,使安于现状、中庸保守、忠诚守信的烙印很深,冒险意识较差;江西族祠数量达 8994 处③,为全国第一,家族观念极强,故吸纳新思想、新事物很困难。江西人可谓朴实厚道,内敛,含蓄,不张扬,也就不擅表达。

建国后,江西几所实力不俗的高校被拆分外迁也导致现在江西缺乏优质高校,人才流失严重,加上江西对外地优秀人才吸引力非常低,人才供给很欠缺。

以上既分析了江西的区位优势,也分析了其欠发达的根源。在这样的背景下,江西重点高校的品牌建设,当因势利导、扬长避短,才能有所作为。

---

① 姚亚平:《大视野下江西文化的特点与魅力》,2016 年 01 月 07 日,中国江西网;http://jx.ifeng.com/a/20160107/4173826_0.shtml

② http://jx.ifeng.com/a/20170127/5354507_0.shtml

③ 伟昊:《江西为什么这么落后?》,天涯论坛,http://bbs.tianya.cn/post-90-577619-1.shtml

这4所高校的主要历史文化特征是：

1. 南昌大学：学校办学始于1921年创办的江西公立医学专门学校和1940年创建的国立中正大学。1993年，江西大学与江西工业大学合并组建南昌大学。1997年，学校被列为国家"211工程"重点建设大学。2004年，教育部与江西省人民政府签署共建南昌大学协议。2005年，南昌大学与江西医学院合并组建新南昌大学。从此成为一所"文理工医渗透、学研产用结合"的综合性大学①。

从学校官网展示的历史沿革②看，学校历史上分分合合比较多。主要有工学院、综合性的江西大学、中正大学、医学院等几个渊源。一部南昌大学史，就是江西高等教育发展史的缩影和代表。但分合频繁，办学缺乏相对稳定性，对学校文化整合提出挑战，不利于文化底蕴形成和积淀。

2. 江西财经大学：学校前身为1923年秋创办的江西省立商业学校，1958年成立江西财经学院，"文革"期间几经更名并遭停办，1978年复校，1980年成为财政部部属院校，1996年更名为江西财经大学，2000年学校管理体制由财政部主管转变为由江西省主管，2012年成为财政部、教育部、江西省人民政府共建高校，同年，入选中西部高校基础能力建设工程③。

1927年罗静远任校长期间，制订了"信敏廉毅"校训，并沿用至今。信而达礼，敏而好学，廉而知耻，毅而弥坚。这个校训，以及校歌，都有丰富的文化内涵。学校宣称：滕王阁文化、创业文化、校友文化是支撑江财整体校园文化的中流砥柱，形式上有"三足鼎立"之势，三种文化携手合作，互相渗透，共同促进江财的稳步发展。正是有了良好的历史文化、创业文化，才顶起了校友文化。

凤凰网《中国最被低估的十所大学》：江西财经大学是财经界非常有实力的一所大学，培养了大量优秀的经济人才，但由于地理位置原因，知名度与其历史和实力不成正比。

3. 江西师范大学：学校缘起于庐山白鹿洞书院，肇基于1940年创建的国立中正大学。1949年更名为国立南昌大学，1953年改为江西师范学院，1983年更名为江西师范大学④。1949年前中正大学时期，学校颠沛流离，艰苦卓绝。学校奠基石云"开创于战时建立于战地断垣破瓦中留此轰炸不烂之石奠其基巍巍乎我民族复兴之精神堡垒庄严伟大百世光辉"。真可谓慷慨悲歌！建校伊始，也曾提出要

---

① http://www.ncu.edu.cn/

② http://www.ncu.edu.cn/xxgk/lsyg.html

③ http://www.jxufe.edu.cn

④ http://www.jxnu.edu.cn

将学校办成"国内一个最好的大学",但终究未能实现。1949年后,受历次运动冲击,学校也命运多舛。校训为"持中秉正,静思笃行"。勉励学子们能冷静而心平气和地学会思考,并且为了目标能够坚持不懈地去努力实践之。为人为学要能不偏不倚,秉持公正,追求真理而不妥协。

4. 华东交通大学:1971年,国家决定将上海交通大学机车车辆系以及同济大学铁道工程专业并入上海铁道学院,更名为华东交通大学,迁往江西;1978年,中央同意原上海铁道学院不再搬迁,华东交通大学继续在南昌建校,由原铁道部和江西省双重领导,以原铁道部为主;2000年,学校转制为"中央与地方共建,以地方管理为主"①。

学校校训为"日新其德,止于至善"。分别出于《易经》《礼记》。校训意义晓畅,昭示了学校立德树人的办学宗旨。学校"五度空间"雕塑,以二次创业为主题,突破长度、宽度、高度、时间的传统思维空间,增加信念、胸怀、创新、担当、务实的"第五度"意识空间,意义深远,寄托交大人励志图新、奋发进取的精神。

2016年底,江西省政府宣布,将启动特色高水平大学和一流学科专业建设工程,将重点支持1所拥有若干一流水平学科的大学进入国内一流大学行列;3至5所拥有若干个同类高校领先学科的大学排名位次明显前移,成为特色高水平大学。本研究选取的4所大学,不出意外的话,南昌大学会被列为重点支持进入国内一流的大学,而另外3所大学,也均为省重点高校,都有进入3至5所特色高水平大学的实力,但会面临激烈竞争,绝非高枕无忧。在这种情况下,这4所大学都会竭尽所能,走特色化、品牌化发展的途径,试图提升自身竞争力。

以下根据QISM框架,及较易获得的公开数据,列举四所大学部分品牌指标数据情况如下:

QISM框架下的四所高校部分品牌指标数据举例

学校	Quality	Identity	Symbol	Media
南昌大学	"211工程"重点建设大学;国家级特色专业9个;国家级精品课程2门;2016本科录取平均分563。	成立于1921年;拥有5个校区,其中主校区占地面积4500亩;教职工4521人;本科生36936人;研究生13621人;综合性高校。	格物致新、厚德泽人	http://www.ncu.edu.cn/办学理念:学术立校、人才强校、依法治校;办学目标:区域特色鲜明的高水平综合性大学。

---

① http://www.ecjtu.jx.cn/

学校	Quality	Identity	Symbol	Media
江西财经大学	中西部基础能力建设高校;国家级特色专业6个;国家精品课程8门;2016本科录取平均分575。	成立于1923年;现有4个校区,面积2200余亩,教职工2275人,本科生2.5万人。研究生近5千人;财经类高校。	信敏廉毅	http://www.jxufe.edu.cn办学理念:质量立校、特色兴校、人才强校、法德治校。办学目标:特色鲜明的高水平财经大学。
江西师范大学	中西部基础能力建设高校;国家级特色专业6个;国家级精品课程3门;2016本科录取平均分550。	成立于1940年;现有两个校区,占地3500余亩;教职工2900余人;本专科生3万余人,研究生5000余人;师范类院校。	静思笃行,持中秉正	http://www.jxnu.edu.cn;办学理念:文化引领;创新驱动;发展升级;实干兴校。办学目标:特色鲜明、全国一流的高水平师范大学。
华东交通大学	中西部基础能力建设高校;国家级特色专业4个;2016本科录取平均分551。	成立于1971年;面积近3000亩;教职工1700余人;在校生23000余人,其中研究生2700余人;理工类高校。	日新其德,止于至善	http://www.ecjtu.jx.cn/办学理念:解放思想、深化改革、开放办学。办学目标:特色鲜明、优势突出的全国知名交通大学。

四、分析总结与讨论

从4所大学的办学目标陈述看,都强调特色鲜明的品牌建设,但特色可以来源于历史文化身份、学科和专业结构、服务面向行业、区域等。南昌大学强调了区域特色,其他3所高校都强调了行业特色。这都是从外在环境条件和需求方面得出的结论。如何从自身文化身份、学科专业优势,包括本文所阐述的品质、身份、符号、媒体等几个维度,加强品牌内涵、形象、推广等建设,强化和提高品牌特色,仍然是需要深入论证和切实努力的方向。

比较而言,南昌大学是综合性大学,是211工程建设大学,具有冲击国内一流大学的条件。但历史连续性和同一性较差，文化底蕴并不十分深厚，由于分分合合，文化凝聚力有待加强，校训立意较高、为学为人规训全面。江西师大是师范类院校，从历史渊源看，是最悲情的一所高校。学校文化底蕴比较深厚，定位清晰，校训勉励作用明确，师范特色清晰，学校品牌具有提升潜力。江西财经大学文化底蕴比较深厚，学校定位行业指向明确，校训对学子为人导向指引切中肯綮，简明扼要，具有很好的品牌发展潜力，但对市场和经济发展形势的依赖性也较大。华东交大历史较短，但以交通为特色的工科优势明显，校训精神基于传统文化，立德树人宗旨明确，学校充满朝气，在轨道交通建设大发展的今天，机遇很好，发展潜力较大。

总的来看，这4所高校有3所都是成立达75年、历史较悠久的高校，具有比较深厚的文化与品牌积淀，较强的办学实力，较大的办学规模，较好的办学条件，比较正确的办学理念和特色鲜明的目标方向，是教育部、江西省政府共建高校，在"双一流"建设政策鼓舞下，目前都在厉兵秣马、摩拳擦掌，力争在2020年之前的未来几年内，跃上新台阶。可以预见，凭着继承这片红土地人民孕育的开拓精神、牺牲精神，以及革命老区政府及百姓的支持，这4所大学一定可以获得长足进步，为老区的经济社会发展提供更强大的人才支持和技术支持，其品牌价值提升也指日可待。

本研究通过对江西4所重点高校的文化底蕴及品牌建设案例研究，提出了品牌研究的QISM框架，初步总结欠发达地区大学品牌建设的经验，以及品牌建设过程规律、品牌价值提升规律。与沿海与东部发达地区的名牌大学比，欠发达的中部地区高校在资源、生源、师资等方面的竞争都处于不利地位。在这种情况下，这些高校如何发挥主观能动性，以及精神文化的力量、制度创新的力量，如何积极利用市场竞争、信息化、国际化提供的机会，着眼于内涵发展，提升自身品牌与形象，从而提升办学实力和水平，促进当地经济社会发展和进步，具有重要的现实意义。

校史档案助力大学文化传承创新的实践探索

——以北京工业大学为例

张彩会　赵宪珍　李　娟

（北京工业大学档案馆）

摘　要：高校档案作为大学文化的载体，其中蕴含的文化精神是大学文化传承创新的源泉。档案梳理、校史研究挖掘、呈现、传播档案中的文化精神，即是大学文化凝练和传承的过程。本文以北京工业大学为例，选取最能体现大学文化的三方面：办学定位、办学精神、办学特色，阐述校史档案在这三方面助力大学文化传承创新的实践探索，并揭示可通过校史馆讲解、口述历史、史料征集与捐赠、官方微信等途径助力大学文化传承创新。

关键词：档案；校史研究；大学文化；传承创新

作者简介：张彩会，北京工业大学档案馆（校史馆）馆员，硕士、讲师；赵宪珍，北京工业大学档案馆（校史馆）馆员，硕士；李娟，北京工业大学档案馆（校史馆）馆长、博士、研究员。

高校校史档案是学校一笔宝贵的财富，既可以从中总结经验或吸取教训，又可以传承办学过程中的教育理念与大学文化，起到育人、资政的作用。2016 年 12 月 8 日，在全国高校思想政治会议上，习近平总书记在讲话中指出，要把"联系高校发展历史、以往工作部署、形势变化要求，作为进行体系式学习的重要一环。"由此可见，高校进行档案发掘、校史研究具有重要的历史价值和现实意义。校史档案在大学文化传承创新中发挥了重要作用。

一、校史档案是大学文化的载体和源泉

《高等学校档案管理办法》中明确指出，高等学校档案是指高等学校从事招生、教学、科研、管理等活动直接形成的对学生、学校和社会有保存价值的各种文字、图表、声像等不同形式、载体的历史记录。

"档案存史迹、档案涵文化、档案承文明"①。一方面,高校档案真实、准确地记录着、保存着高校教育发展全过程,是大学文化建设与高校发展的历史见证。一卷卷文书、一张张照片成为记录大学文化的载体,本身就是一种物质文化;另一方面,其中蕴含的精神文化更是大学赖以生存和发展的根基和源泉;即体现一所大学灵魂的大学文化,它是大学建设和发展的源动力。

"大学需要文化,文化需要大学"②。一方面,大学文化的保存与传承离不开高校档案;另一方面高校档案又是大学文化的载体,承载着丰富的大学文化精神。而校史研究则是对高校档案中蕴含的大学物质文化和精神文化进行凝练和挖掘,然后根据现实的需要,提炼出值得当今借鉴和参考的内容,起到"资政"和"育人"的作用。校史馆更是一扇传承文化和对外交流的窗口,不仅是展示一所大学发展历史、办学成就的平台,而且是新教师、新生的一个知校爱校的教育基地。因此,档案梳理、校史研究就是大学文化凝练和传承的过程。在此方面,北京工业大学(以下简称北工大)进行了有益的实践探索。

二、校史档案助力大学文化传承创新的实践探索

通过梳理校史、钻研档案,我们发现:大学文化是在人才培养、科学研究和社会服务过程中所形成的精神财富和文明成果;它体现在办学的方方面面:办学定位、办学精神、办学特色、办学成果、心智模式乃至于建筑景观无不折射出学校的文化特性,并影响着学校的改革和发展。

(一)梳理校史、坚定办学定位,传承社会主义先进文化

办学定位,体现一所高等学校办学的目标和使命,是回答"为谁服务、培养什么样的人"问题的。通过对校史档案的梳理,以北京工业大学为例,可以看到一所高校是如何适应国家和区域经济建设和社会发展的需要,而找准自身位置、明晰使命责任、确定发展目标的。

早在中华人民共和国成立初期,北京市委按照党中央的精神,明确提出要将北京市从消费型城市转变为生产型城市。在这个建设目标的指引下,1958年北京工业进入迅速发展的时期,时任中共中央政治局委员、北京市委书记、北京市市长的彭真同志进一步提出了"高、精、尖、新"的北京工业建设总方针。以彭真、刘仁同志为代表的市委、市政府充分认识到,这一历史性的建设任务如果没有高水平

---

① 李士智:《关于档案与文化研究的研究》,载《中国档案》,2004年第11期,第40—41页。
② 赵沁平:《大学需要文化文化需要大学》,载《中国高等教育》,2007年第9期,第19—21页。

的人才将难以实现。虽然当时的北京已经拥有多所全国重点大学,但从这些高校分配到北京市属单位的毕业生却很少。为了实现北京工业的飞跃,推进工业建设的发展,市委决心创办一所世界一流的、万人规模的工业大学,为北京市的建设发展提供智力支撑和人才保障。1960 年,北京工业大学在北京市委市政府的直接领导和全力支持下建立起来。北京市委市政府明确指出,北京工业大学的办学定位是:为首都工业向高、精、尖、新方向发展培养专业技术人才。

建校伊始学校就胸怀"全心全意为人民服务,为社会主义建设服务、为首都建设服务"的办学之志。建校之初的第一批教授,就都参与了诸如北京的龙须沟旧城改造、人民英雄纪念碑的设计及人民大会堂的结构设计等北京市重大工程的建设。即使在"文革"期间,北工大也肩负北京市的重托,克服重重困难继续科研攻坚,取得了一系列丰硕成果:完成了液化石油气射流控制灌装装置,为北京市推广应用液化石油气起到了非常重要的作用;为毛主席纪念堂工程提供了先进的土建技术;为毛主席水晶棺镀膜提供了技术支持……因此,在 1978 年举行的全国科学大会上,北工大就有包括以上这些项目在内的 22 项科研成果获奖。

世纪之交,北工大作为北京市属重点高校,深知自己肩负着的重大使命。1996 年,在北京工业大学"211 工程"部门预审的校长工作报告中,通过对首都区域经济的发展和学校办学层次、办学特色及学科优势等的认真分析和准确定位,明确提出了"立足北京、依托北京、服务北京"的办学指导思想。2003 年,北京工业大学在重新修订的中长期发展规划中,在坚定"立足北京"的信念下,更结合 21世纪高等教育发展趋势,与时俱进地提出了"开放"的办学定位,即"立足北京、融入北京,辐射全国、面向世界"。2010 年,我校办学 50 年之际,审时度势地提出了"建设国际知名、有特色、高水平的研究型大学"的办学定位,表达了学校主动适应全球经济一体化和高等教育国际化的战略目标。

科学合理的办学定位,有力地促进了北工大与北京市政府及各有关部门的合作,在北京市各大科技攻关项目中发挥着重要作用,同时也推动了学校自身的发展。例如,2005 年,故宫博物院 80 周年纪念展,我校马重芳教授团队为《清明上河图》真迹的展出攻坚克难,制作出了堪称世界之最的超长玻璃展柜,满足了展品对温度、湿度、氧气浓度等的苛刻要求。2008 年,举世瞩目的奥运会在北京举办,北工大承担了多项技术服务:奥运交通仿真系统确保赛会期间交通的顺畅;国家体育场柱脚锚固性能试验确保"鸟巢"体育场的顺利建成;激光三维切割加工技术确保"鸟巢"国家体育场主火炬抗风抗雨;弦支穹顶钢结构助力羽毛球体育馆美观实用。2011 年,"神舟八号"飞船与目标飞行器实现空间交会对接,北工大焊接研究团队利用先进的焊接技术确保了"天宫一号"的安全稳定……

回望校史,北工大人一直不忘初心、牢记着"为北京市社会经济建设培养人才和提供科技支撑"的使命,坚持"立足北京、服务北京"的办学定位,已经成为北京市高素质创新人才培养的重要基地。建校近60年来北工大培养了13万余名毕业生,其中约70%的毕业生在京就业,在首都经济建设和社会发展的各个主战场发挥了重要的作用。原全国人大常委会委员长彭真于1990年为北京工业大学30年校庆题词写道"为社会主义建设培养更多的科技人才",既反映了北工大的创建人对北工大办学质量的肯定,也蕴含着老一辈无产阶级革命家对北工大未来发展提出的新希望。由此可见,北京工业大学的建校史本身就是社会主义先进文化在大学的体现。

(二)口述历史、凝练办学精神,助力大学基业长青

办学精神是一所大学的灵魂和神韵,是学校多年积淀下的校风。它往往浓缩在几个字中,却将文"化"于心、对人格塑造起着难以估量的重要作用。北工大至今流传着"踮起脚,够得着"这句话。这句话是北工大第一任校长兼党委书记李晨带到工大来的。老校长于1961年1月至1964年8月在任,虽然短短三年半时间,却给学校留下宝贵的精神财富。2015年1月26日,通过对李晨老校长口述历史的采访和相关档案资料的挖掘,阐明了"踮起脚,够得着"的来历和内涵。

北工大建校初期,学生来源、教师来源、干部来源都很复杂。人员来自四面八方,思想认识不一致。李校长认为急需解决的就是校风问题。在思想上,要统一认识。以什么样的标准来要求大家,如果是高标准,什么叫高标准? 又怎么样切合实际呢?

大跃进后期,市委书记彭真同志通过《前线》发刊词提出了一条非常重要的指导思想:"用客观上可能达到的最高标准要求我们的工作。"一个是"最高标准",一个是"客观上可能"。在大多数人还看不清方向的时候,李晨已经深刻地领会了市委提出的这条指导思想。李晨来校前就职于市委建工部,经常跑工地,跟工人打交道多。当他在工人中传达市委这个"可能达到的最高标准"的精神时,建筑工人就说:"噢,这就是要求我们'踮起脚,够得着'。"李晨觉得工人的语言形象生动,是"可能达到的最高标准"的最好注解。

1961年来到北工大后,面对师生员工来源复杂、思想状况复杂的情况,李晨把"踮着脚,够得着"这句话带到了工大,着力抓校风建设,学校不再提赶超清华,而是走出去到清华学习、请进来到工大讲课。李校长还提出了"一个方向,四项作风",即"全心全意为人民服务,为首都建设服务"的方向,和"刻苦钻研、力争上游;实事求是、谦虚踏实;团结互助、严肃活泼;勤俭朴素、热爱劳动"的作风。李校长在接受口述历史工作组采访时说:"校风继承了党的'为人民服务、艰苦奋斗、艰

苦朴素'的精神,是在社会主义建设的基础上提出来的。'踮起脚,够得着'也不是我首创,是借用了工人师傅的话。"

"踮起脚,够得着"的办学精神,塑造了工大学子求真务实、艰苦奋斗的精神,成为他们一生的精神烙印。《难忘的青春——北工大"老五届"纪事》①一书在序言中这样写道:"尽管生活、工作和预想的发生了很大变化,但同学们仍然铭记母校的谆谆教导,'不断地用踮起脚尖够得着的标准要求自己',在农村、在厂矿、在边疆、在基层、在部队奋发地学习与工作……做出了不俗的成绩。"②

正是这句出自工人阶级之口的朴实的话,为北工大校风建设奠定了坚实的基础,引领工大人脚踏实地、制定切实可行的目标。这句话至今在北工大流传,每逢讨论五年规划的时候,工大人就用"踮起脚,够得着"的标准来衡量目标制定的合理性。随着时代的发展和学校日新月异的变化,"踮起脚,够得着"这句具有鲜明时代特色的话,也在传承中创新。一句出自中唐诗豪刘禹锡《问大钧赋》的句子——"不息为体,日新为道"渐渐在工大人中传播;并在 2011 年学校第十届党代会通过的《北京工业大学章程》中确定了北工大校训为"不息为体,日新为道";它与"踮起脚,够得着"一样,展现了学校自强不息、革新进取的精神。

(三)挖掘档案、提炼办学特色,助力大学特色发展

办学特色是学校在长期的办学实践中所形成的独特的个性风貌和风格,是与高校办学定位相适应的、为实现自身办学目标而秉持的教育观念、采取的人才培养模式;它是回答"怎样培养人"问题的。办学特色具有独特性和稳定性,是一所学校不同历史发展阶段的沉淀。

北工大通过对档案史料和樊恭烋教育思想的研究,提炼出"知行结合、重在创新的实践教学"的办学特色,探究了其形成过程。樊恭烋自 1960 年建校之初即担任北京工业大学教务长、1964 年由周恩来总理签发任命为北京工业大学副校长,1983 年至 1986 年担任北京工业大学校长。他是新中国老一代高等教育家、我国高等教育改革的开拓者,曾任中国产学研合作教育协会会长、世界产学研合作教育协会理事。

1961 年,学校制订了学制五年的教学计划。1965 年,北工大实行半工半读应按"前三后二"的教育模式来进行,即前三年在学校学习理论知识,后两年到工厂实践实习。这种本科五年制的办学模式后因"文化大革命"爆发而被迫中断。但

---

① 北工大"老五届"指"文革"期间在校的大学生,即 61 级至 65 级的学生、也是北工大早期毕业生。

② 李庆林:《难忘的青春——北工大"老五届"纪事》,当代中国出版社 2015 年版。

到 1979 年,为了"培养为实现本市四个现代化所需要的高水平、高质量的科技人才",学校本科教学再次恢复五年制,并一直延续到 1999 年,其中一年因为是下厂顶岗工作而被北京市相关文件认定为一年工龄。

北工大肩负北京市委的重托,把为首都建设培养高级工业技术人才作为己任,建校之初虽然条件艰苦,但依然在教学中强调理论与实践相结合,开展"真刀真枪"的毕业设计。"真刀真枪"的毕业设计集中体现了我校实践教学的特色。60 年代,在开展以技术革命和技术革新为主要内容的"双革"运动中,学校组织 60 级毕业班学生 920 人、指导教师 166 人下工厂、做真题,进行"真刀真枪"的毕业设计。师生分赴 37 个实践单位,完成了 200 多个项目。把毕业设计与生产实践相结合,既能有效地培养学生的实践能力,又能解决工厂的技术问题,最终获得科研成果和技术进步。这对学校的教学科研、人才培养,对工厂的技术革新大有裨益。1965 年,在北京市"双革"展览会上,展出了我校师生与工厂合作完成的项目 23 项,其中不乏如化工部这类国家重点项目。北工大培养的首届毕业生进入社会后,无论是工作能力还是敬业精神都受到用人单位的高度肯定。他们在各自的工作岗位上发挥着重要作用。

1981 年学校研制出了拥有自主知识产权的 TP-801 单板机,为我国改造传统工业、出口创汇等起到了重要作用而风靡全国。单板机由校办工厂电子厂生产,一半用于校内教学科研、一半用于销售,学校也因此形成了产学研、技工贸相结合的格局;其中上缴学校的利润,补充了学校教育教学经费的不足。在时任北京工业大学校长樊恭烋的领导下,学校于 1983 年开始实行集"岗位责任、考核办法和浮动岗位津贴"三位一体的全校性岗位责任制改革。北工大的此项改革在全国高校率先打破"大锅饭"、极大地调动了教师的工作积极性、推进了教育教学良性发展。1986 年,国务院副总理万里来校听取了改革工作汇报;累计有 400 多所高校来校考察学习,极大地扩大了学校的社会影响。

经过多年的发展,北工大形成"实践教学一条线、实践能力培养不断线"的办学特色,逐渐建立起独具特色的实践教学体系。90 年代北工大对全校专业教学计划进行修订,更新拓宽专业面,增设适应经济发展与国际经济接轨的新专业,继续实施"教育与生产劳动相结合"的试点工作,实行了"三段式学分制"教学改革,建立作为教改实验区的实验学院等;1993 年获得了国家级高等教育教学成果奖。2010 年,成为教育部第一批"卓越工程师教育培养计划"实施高校后,北工大以试点为契机,强化工程教育,深化应用型创新人才培养模式。2014 年,学校成立"樊恭烋学院"作为高等工程教育人才培养模式的创新实验区,进一步强化学生的理工基础和创新教育,同时通过对人才培养模式的改革与探索,为全校各专业办学提供辐射和示范。学院之所以以老校长樊恭烋的名字命名,正是为了纪念和传承老校长重视实践教学的办学特色。

如今,北京工业大学已经成为"卓越工程师的摇篮",培养的毕业生以"工作适应快、动手能力强、业务素质高"被社会高度认可,正是得益于北工大在人才培养中始终坚持工程教育和实践教学特色。

三、校史档案助力大学文化传承创新的途径

校史档案作为大学历史的记忆和大学文化的载体,必须扎实做好日常工作、不断创新工作渠道才能有效担负起传承大学文化的重任。这主要体现在丰富校史档案馆藏资源和展示传播校史研究成果两方面。

(一)发挥校史馆作为教育基地和交流窗口的作用,传承大学文化

校史馆是一所学校历史的记录,是学校发展变化的缩影,更是文化精神积淀的重要载体。为了更好地传播校史文化,北工大校史馆于2016年成立校史志愿讲解团,讲解员于校庆日正式上岗。讲解员由学生组成,肩负起校史的学习、讲解和传播三大任务,并参与官方微信的运行。档案馆校史馆成为学生知校、爱校、荣校的教育基地、实践基地。

参观校史馆是新生入学教育、新教师入校培训重要的一课。师生通过参观校史馆了解校史校情,了解前辈所经历的艰辛和所创造的辉煌,体会到办学精神在学校工作中的传承,从而激发起对学校的认同感和主人翁意识。

校史馆还是高校对外交流的窗口,是高校对外宣传的文化名片。在领导视察、国际交流、校际交流、招生宣传等活动中,校史馆成为必访之地。校史馆向社会人士展现了学校办学精神、办学特色、办学成果等内容,传播了大学文化精神,扩大了学校的知名度和美誉度。

(二)多渠道丰富馆藏资源,延伸大学文化

馆藏资源是实现大学文化传承的桥梁和纽带。高校馆藏资源是大学文化建设和传承的信息之源,也是大学文化传播的重要媒介。馆藏资源不足将影响大学文化传播的深度和广度。为此,北工大档案馆(校史馆)多渠道丰富馆藏资源。

首先,通过"口述历史",一方面通过对老领导、老教师和早期毕业生的采访,抢救式地挖掘学校历史档案;另一方面也为大学文化积累除文字以外更加生动形象的视频档案资料。如前文所述对第一任校长兼党委书记李晨的采访,揭秘了工大精神"踮起脚,够得着"的由来,阐释了北工大在艰苦创建时期能够凝心聚力的深层次原因。2016年12月29日,李晨老校长与世长辞,却留给学校不尽的精神财富。

其次,史料征集与捐赠仪式架设起校友与当代学子之间的桥梁,以榜样的力量传承工大精神。北工大档案馆多渠道向校友、退休人员、在职人员广泛开展史料征集活动,并以此为平台展示校友对母校的拳拳之心、对学子的殷殷之情。例如,北工大优秀校友、北京数字冰雹信息科技有限公司董事长兼总经理邓潇向我馆捐赠了学生时代获得的微软"创新杯"设计大赛3D渲染专题全球总冠军的作品《龙之传说》和《松鼠突袭》。捐赠仪式后,邓潇受邀为在校生举办了一场"我的创新创业之路",分享了他在工大求学期间创新创业道路上的收获与成长经验,勉励同学们珍惜在工大的学习环境、勇于创新;给予在校生深深的启发和触动。

(三)借力新媒体,传播大学文化

"酒香也怕巷子深"。宣传利用是校史档案研究的终极使命,也是大学文化传播的重要渠道。微信公众号是最近几年大众喜闻乐见的传播方式。北工大档案馆(校史馆)充分利用新媒体裂变式的传播效应扩大档案工作、校史文化的宣传范围和力度,让校史档案工作从神秘走向亲民。2016年10月16日,"北工大校史档案"官方微信于校庆日正式上线。档案知识、校史文化等内容受到师生的高度评价;档案的征集、捐赠仪式的报道通过官微报道更扩大了宣传、吸引并鼓励了更多校友将史料捐赠给学校;校史研究成果除了在校报开设专栏传播,也通过官方微信发布,更建立起校史编研者与读者之间的互动渠道。如有的读者留言道:"将校史、档案这个宝库建好,真是功在当代、利在千秋!"有的校史研究文章还会唤起当事人的记忆,热情地联系档案馆(校史馆)捐赠他手上的珍贵史料。如《北工大跻身211工程高校20周年纪念》一文,就达到了这样的效果。校史研究成果与校史捐赠形成了良性互动的关系。

总之,校史档案作为大学文化的载体,既是大学历史发展的珍贵记忆、也是一份宝贵的文化遗产。"以史为鉴可知兴替",校史档案的研究在梳理学校发展脉络、凝练人文精神的同时,可以更好地为现实服务,引导高校进一步明确办学定位、秉承办学精神、突出办学特色,并与时俱进、开拓创新。

基于传统书院文化的当代大学精神建构

周凤梅

（宿州学院大学文化研究中心）

摘 要：我国大学教育移植了西方的体制但大学精神的建构却需要向中国传统的书院文化中去汲取。中国古代书院文化的以人为本的人文精神和以学术自由为生命的宗旨以及鲜明的时代精神对于我国当下大学精神的建构具有积极的借鉴意义。

关键词：书院文化；大学精神；以人为本；学术自由；时代精神

作者简介：周凤梅（1980—），女，汉族，安徽宿州人，宿州学院大学文化研究中心副教授，主要从事传统文化与大学文化研究。

我国自鸦片战争以来即大兴西学之风，在大学教育方面更是照搬了西方的大学制度，然制度可以移植，精神却难以照搬。当代大学精神的培育若要有鲜明的本土特征和深厚的文化根基仍需向传统文化中汲取养分。中国古代的书院文化兴起于唐，形成鲜明的文化个性则是在宋朝，清朝末年改传统书院为学堂，使得中国传统的书院文化在向近代的转型过程中经受了严峻挑战。今天重提书院文化，并不是"复古"不是意在"开历史的倒车"，而是希望在借鉴西方先进的大学文化的同时弘扬中华教育文化的优秀遗产并融会贯通，从而建设当代的大学精神，以期中国的大学能构建鲜明的大学精神，足以担当得起民族复兴之大任。本文认为中国传统书院文化中"以人为本的人文精神"、以"学术自由为生命"的宗旨和鲜明的时代精神对于当代大学精神的建构具有积极的启迪意义。

一、以人为本的人文精神

古代书院文化将知识传授和人格的培养有机结合起来，注重培养全面发展的人，体现了以人为本的思想。陆九渊曾对弟子讲："人生天地间，为人自当尽人道，学者之所以为学，学为人而已"[1]。他认为做学问当以做人为基础，陆九渊把做学问和做人结合起来讲,体现了培养全面发展的人的教育思想。书院文化的以人为本的思想还体现在重视人的德性和人格的教育上。朱熹把"父子有亲,君臣有义,夫妇有别,长幼有序,朋友有信"作为教育的根本内容,写入《白鹿洞书院揭示》,提出培养和磨炼"修身之要""处事之要""接物之要"是教育的宗旨。在朱熹教育思想的影响下,很多书院把培养学生的品行的道德教育放在首位,选择"有道德之人,使为学官"。

这种以人为本重视培养学生的人文素养、道德品行以及社会责任感正是今天的大学所缺乏的,人文素养和道德水平恰恰是当代大学生需要加强和提高的品质。面对科学的工具理性和当今社会的物质至上主义,大学教育也逐渐迷失了自身的终极目标。张君劢早在1935年就批评说"近来的大学,无论是中国还是外国,里面只讲知识,而不讲做人。差不多教师只是卖知识,学生只是买知识。毕业以后,等于交易已成"[2]。马一浮在1939年创办复性书院时批评"当今学校,不同过去的书院,教师为生计而教,学生为出路而学。学校等于商号,计时授课,铃响辄止。"[3]这种丧失了教育的人文精神,不注重培养学生的人文素养一直为许多教育家所呼吁,如果当代大学在培育大学精神时能汲取传统书院文化的以人为本精神重视学生的人文素质教育,对于当代大学人文精神建设将是大有裨益的。

二、以"学术自由为生命"的办学宗旨

胡适在《书院制史略》里说"书院之真正的精神唯自修与研究",古代书院在培养人才的同时,主要承担着发展学术的任务。许多思想家和学者,通过书院的教学与交流活动,形成自己的思想体系,建立了不同的学术流派,推动了我国古代思想学术史的欣欣向荣。古代书院重视学术,以学术自由为生命体现在两个方面:一是他们注重学术思想的交流和碰撞。书院在古代是学者们进行学术交流的重要场所而且古代书院是开放的,四方学者都可以到书院来讲学、交流思想或者在书院著书立说。古代书院还创造了"讲会'制度,所谓"讲会",就是大师、师生甚至社会上的书生会聚在一起,自由讲学、自由论辩的一种百花齐放百家争鸣的学术交流活动。古代的一些著名学者如朱子、王阳明等人还四处讲学将他们的思想传播至福建、浙江、江西、安徽、湖南等地。古代书院为学术自由为生命还体现在不同书院不存门户之见,对于不同的学术观点能自由争辩、兼容并包。宋淳熙二年,陆九渊与朱熹展开了一场关于心学和理学的辩论,这就是著名的"鹅湖之会"。虽然最后以双方互做讽刺诗不欢而散但时隔六年之后,朱熹仍然邀请陆九渊在白鹿洞书院与自己同台讲学。朱熹钦佩陆九渊的精彩演讲,他命人把陆九渊所讲"君子喻于义,小人喻于利"一章的讲义刻到了书院门前的石碑之上,并要求

学生"凡我同志,于此反身而深察之"[4],这种兼容并包的治学态度成就了学术史上的一段佳话。

学术自由是大学生命的源泉,对大学的生存与发展起着决定性作用,学术自由的内涵具体体现在大学学术的独立精神、批判精神与创造精神等方面。当今社会受市场经济影响和社会功利主义的冲击,大学精神式微,在大学里也出现了金钱至上和物质至上的学术观念,为了金钱而学术成为当下最令人叹息的事实。另外当代大学学术自由地缺位还体现在学术民主的缺乏,学者和学生不能自由地做学问和民主的自由发展。大学的根本属性在于学术性,学术性是决定大学的发展方向的根本所在,因此应该借鉴吸收中国传统书院文化的学术自由精神,努力营造现代大学百家争鸣、百花齐放的学术氛围,鼓励学生开展大学生学术论坛、学术沙龙等活动,在质疑问难中培养学生的学术创新精神。另外当下大学精神的建构还应该树立学术自由的价值导向,营造崇尚学术自由的精神氛围只有充分鼓励和发扬学术民主,才能使广大师生更加积极主动地投入到学术研究中,高校的学术水平才能不断提高。

三、鲜明的时代精神

古代书院有一个重要功能,就是议论时事、批评时弊是发表政治见解的重要场所。一些著名大儒甚至通过言论和著述发表自己的主张,以影响当时的政治。程颐在为皇帝讲课时,坚持要坐讲,而不是站着讲,就是为了坚持师道尊严。朱子为皇帝讲课时,以"正心诚意"为主要内容,他不仅坚持一位学者的尊严和独立人格,而且在书院讲授和著作中坚持自己的主张。从《语类》等记载来看,师生问答讨论之间,涉及政治时局方面的内容并不少,有些是通过评论历史人物及政治得失体现出来的,有些则是直接讨论现实问题的,体现了朱熹强烈的现实关怀。明末的东林书院以主张人人磨砺气节,个个讲求实学而闻名天下。顾宪成为东林书院撰写的门联:"风声雨声读书声声声入耳,家事国事天下事事事关心",标明了东林书院的宗旨。"其讲习之余,往往讽议朝政,裁量人物,朝士慕其风者,多遥相应和","士大夫抱道忤时者,率退处林野,闻风向附,学舍至不能容。"[5]东林书院因此招致权贵者忌恨,终被严令禁毁。然而书院虽遭禁毁,但其鲜明的时代精神却永存史册,历久弥新。

时代精神彰显着时代发展的价值取向,深刻地影响着时代的政治、经济和文化的发展。大学精神是基于对大学的本质、大学的办学规律等认知的基础上的价值观念和行为规范,是一所大学的特色、凝聚力和生命力的体现[6]。大学精神与时代精神互相影响、相互作用:一方面,大学精神的形成要受到所处时代精神的影响。另一方面,大学精神对时代精神的孕育、发展又具有引领作用。管理学大师德鲁克说"在知识经济时代,高等教育已经变得如此昂贵,学校不能不负起责任;高等教育对一个人的发展已经变得如此重要,学校不能不负起责任;高等教育已经成为全社会关注和期待的焦点,学校不能不负起责任。"他的话形象地道出了大学担负起时代精神的必要性。在全球化、市场经济的考验面前,"当代大学正面临着都市化、市场化、功利化、教育大众化的多重压力,大学文化正在接受严峻的考验"[7]。有学者指出:"高等教育真正的危机,不是来自外部,而是来自高等教育内部,来自高等学校对大学精神的放弃"[8]。大学精神的式微已成为不争的事实。无论是时代发展的客观要求,抑或大学自身发展的内在之需,都凸显出大学精神的不可或缺。大学只有通过积极拥抱时代精神,才能承担起批判社会、引领时代精神发展的重任,才能成为真正的"社会之光"。

参考文献:

[1]陆九渊:《陆九渊集·语录下(卷三十五)》,中华书局1980年版,第470页。

[2]张君劢:《书院制度之精神与学海书院之设立》,《新民月刊》第一卷7—8期,1935年12月。

[3]马一浮:《复性书院开讲日示诸生》,马镜泉:《马一浮学校文化随笔》,中国青年出版社1999年版,第331页。

[4]苗春德:《宋代教育》,河南大学出版社1992年版,第164—165页。

[5]张廷玉:《明史·顾宪成传》,中华书局1977年版。

[6]韩延明:《高等教育面向市场背景下大学精神的铸就》,载《教育研究》,2007年第5期。

[7]柴葳:《我们需要什么样的大学文化》,载《中国教育报》,2005年10月20日。

[8]潘艺林:《大学的精神状况———高等教育批判功能引论》,中央编译出版社2004年版。

鄂尔多斯文化与鄂尔多斯地区高校校园
文化融合的实现途径

杨 梅

（鄂尔多斯职业学院）

摘 要：鄂尔多斯文化历史悠久，内涵丰富，是多民族人民共同培植的一种多元融合、风格独特的文化，是中华传统文化的组成部分和表现形态。高校肩负着传承文化的重要使命。目前，鄂尔多斯地区4所高校都是新建院校，校园文化建设还未形成规模和系统。将鄂尔多斯文化与校园文化融合，不仅有利于高校校园文化建设，还能推动地域文化发展。本文从鄂尔多斯文化融入鄂尔多斯地区高校校园文化建设必要性出发，就融合实现的途径进行了探讨。

关键词：鄂尔多斯文化；地区高校；校园文化；融合；途径

校园文化是一个学校的精神和灵魂，它承载着一个学校的教育理念和办学思想，能生动反映出一个学校的校风校貌，凸显一个学校师生的价值观念和审美标准。加强校园文化建设对提升学校品位、营造和谐校园氛围有重要的作用。

一、鄂尔多斯地区高校校园文化建设现状

目前，鄂尔多斯地区有4所高校，其中1所是本科学校，3所是专科院校。这4所高校都是新建院校，成立时间都不超过9年，搬入新校区时间也很短。因此，各校的校园文化建设还没有形成系统和规模，主要表现在以下几方面：

（一）重基础设施建设，轻校园文化建设

因为是新建院校，故鄂尔多斯地区几所高校把精力都放到基础设施建设中，新建生活区、教学区、功能区、运动区，校园高楼林立，绿树成荫。偶有校园文化建设，也处于起步阶段，呈零散分布，没有形成系统。

（二）重教学管理建设，轻精神文化建设

鄂尔多斯地区4所高校，2所由中等职业学校升格为专科院校，2所由几所院

校合并而成。升格或转型后,过去的管理方法、教学模式已经不能在新成立学校中运用,所以,4所学校把工作重点放到教学改革和管理建设中,力求尽快适应高等教育的教学模式,忽视校史馆等精神文化建设,也没有形成高品位、多层次、全方位、有特色的校园文化。

(三)重环境文化建设,轻校园文化熏陶

鄂尔多斯地区4所高校,面积大,布局好,标志性建筑物多,环境绿化、净化程度高,但在楼宇、道路、景观设施和雕塑等人文环境建设中缺少文化元素和符号,不能传递出本校独特的办学理念和价值观。此外,这4所高校的大学生,70%来自农村,大都是理工类学生,对文史哲知识知之甚少,缺乏文化的熏陶。

(四)重知识文化建设,轻地域文化建设

鄂尔多斯应用技术学院、鄂尔多斯职业学院、鄂尔多斯生态环境职业学院和内蒙古民族幼儿师范高等专科学校,都是培养应用技术和技能人才的学校,教学中,注重对学生专业基础知识、专业技能和职业素质的培育,忽视对学生传统文化、民族文化,尤其是地域文化的熏陶。

基于鄂尔多斯地区高校校园文化建设的滞后性,作为地域文化代表的鄂尔多斯文化还没有和鄂尔多斯地区4所高校校园文化有效融合,校园文化还未体现地域特点。因此,今后一个时期,4所高校的校园文化建设可广泛融入鄂尔多斯文化,凸显"鄂尔多斯"地域特色。

二、鄂尔多斯文化融入鄂尔多斯地区高校校园文化建设的重要性

鄂尔多斯文化历史悠久,内涵丰富,是多民族人民共同培植的一种多元融合、风格独特的文化,是中华传统文化的组成部分和表现形态。高校肩负着传承文化的重要使命。

(一)鄂尔多斯文化是中华传统文化的组成部分

鄂尔多斯文化是河套文化、朱开沟文化、青铜文化、草原文化等多种文化的融合,在华夏文化中属于黄河文化系统。其悠久的历史、独特的民族风格、璀璨的文化,成为中华传统文化不可分割的一部分。了解和挖掘鄂尔多斯文化的历史渊源、特性和内涵,展示鄂尔多斯文化的魅力,对推动鄂尔多斯经济社会发展、构筑文化大市及和谐鄂尔多斯有重要的作用。继承和弘扬鄂尔多斯文化已经成为鄂尔多斯地区高校学子的责任。

(二)鄂尔多斯文化融入鄂尔多斯地区高校校园文化建设是必然趋势

教育部在《完善中华优秀传统文化教育指导纲要》中指出,"加强中华优秀传统文化教育,是培育和践行社会主义核心价值观,落实立德树人根本任务的重要

基础"。作为中华优秀传统文化一部分的鄂尔多斯文化,博大精深。大汗故事、祭祀风俗、青铜文化、饮食文化、漫瀚调等优秀文化,影响着一代又一代鄂尔多斯人,其彰显出的"开放包容、诚信友善、不屈不挠、拼搏创新、艰苦奋斗、不断进取"的鄂尔多斯精神是鄂尔多斯地区高校学子必须学习的品质。

"一方水土养一方人。"根植于鄂尔多斯地区的高校校园文化必然会打上地域的色彩。鄂尔多斯地区 4 所高校,3 所坐落于鄂尔多斯市康巴什新区,1 所位于鄂尔多斯市东胜区。康巴什新区是鄂尔多斯市现政府所在地,东胜区是鄂尔多斯市旧政府所在地。两座城市都是文化中心。鄂尔多斯地区高校学子就学习和生活在鄂尔多斯文化的海洋中。此外,鄂尔多斯地区高校主要为鄂尔多斯地方培养技术人才,为鄂尔多斯地方经济社会服务,只有深入了解鄂尔多斯文化,学子才会更加热爱鄂尔多斯。鄂尔多斯文化融入鄂尔多斯地区高校校园文化建设已成为必然。

三、鄂尔多斯文化与鄂尔多斯地区高校校园文化融合实现的途径

将鄂尔多斯文化与鄂尔多斯地区高校校园文化有效融合,充分发挥其怡情养志、涵育文明的作用,是摆在鄂尔多斯地区高校的一道难题。解决这道难题,可采取以下几种途径:

(一)将鄂尔多斯文化融入鄂尔多斯地区高校校园物质文化建设

1. 融入人文环境建设

根据校园文化建设整体规划,命名楼宇、道路等建筑物,开展墙廊文化建设,修建、布置景观石、雕塑、书画、喷绘等文化作品时,要体现鄂尔多斯文化元素和符号。如将英雄人物、历史事迹融入墙廊文化建设,将卷云、蒙古包、青铜造型等线条纳入校园文化标识,营造独特的校园文化氛围。

2. 融入文化载体建设

设立鄂尔多斯文化特色校史馆,拓展图书馆学习功能,提升文化育人效果。加强院报、广播、电子屏、橱窗等传统媒体和官网、微信、微博等新媒体对鄂尔多斯文化的宣传,发挥舆论阵地在校园文化建设中的引领作用。

(二)将鄂尔多斯文化融入鄂尔多斯地区高校校园精神文化建设

1. 融入品牌文化建设

开展河套文化、朱开沟文化、青铜文化、祭祀文化、鄂尔多斯婚礼等文化专题讲座,开展鄂尔多斯文化建筑摄影大赛、观看有关鄂尔多斯历史或文化的影像和展板等活动,让师生知晓鄂尔多斯的悠久历史和文化底蕴,认识鄂尔多斯经济社会发展取得的巨大成就,不断增强爱我鄂尔多斯的归属感和骄傲感,满足师生的

文化需求,提炼形成有影响、有特色的文化品牌。

2. 融入识别系统建设

在学校视觉识别系统和形象识别系统设计中,在办公用品的格式、标识和各类旗帜、牌匾、门牌的规格与设计中,采用蓝(蓝天,象征宽广的胸怀)、绿(草地,象征欣欣向荣)、白(羊群,象征圣洁)等富有鄂尔多斯文化内涵的颜色和鄂尔多斯文化艺术造型,塑造学校整体形象,突出地域特点。

(三)将鄂尔多斯文化融入鄂尔多斯地区高校校园行为文化建设

1. 融入师德师风建设

用鄂尔多斯文化陶冶教师的情操,将鄂尔多斯正反两方面的历史名人引入师德典型案例教育,筑牢思想防线。开设鄂尔多斯文化课程,开展鄂尔多斯文化研究,让教师成为鄂尔多斯文化研究专家,并进一步促进鄂尔多斯文化研究成果的扩大和研究水平的提升。

2. 融入学生学风建设

在学风建设和学生日常管理中,以"诚信、爱国"等为主题,用鄂尔多斯文化中席尼喇嘛、成吉思汗等先进人物事迹和文化经典,培养学生"开放、创新、乐观"的品质和文明行为,自觉树立当代大学生的文明形象,争做社会主义核心价值观的积极践行者,形成文明、有礼、和谐、向上的校园文化氛围。

3. 融入党风政风建设

深入开展理想信念、鄂尔多斯党史教育和鄂尔多斯市情教育,加强党风廉政建设落实"一岗双责"制度,打牢作风建设的思想基础,建设一支政治强、业务精、纪律严、作风正的干部队伍,形成系统完备的党风政风建设体系。

4. 融入文化活动建设

以社会主义核心价值观为核心,依托康巴什这座4A级旅游城市,以"鄂尔多斯文化"进校园和教师协会及学生社团活动为平台,开展健康向上、情趣高雅、吸引力强的思想教育、科普活动、文娱体育、实地体验等有关鄂尔多斯文化的活动,传播鄂尔多斯文化经典,感受鄂尔多斯文化多元性,构建多层次、全方位、有特色的校园文化活动体系。

(四)将鄂尔多斯文化融入鄂尔多斯地区高校校园制度文化建设

融入管理制度建设。建立和完善符合大学精神要求的鄂尔多斯文化教育管理制度,规范新闻宣传、学术交流等活动,加强报告会、讲座的报备和管理,增强校园网、论坛、公众信息平台、报刊广播等文化宣传阵地的审核和监督,保障鄂尔多斯文化进校园工作有效开展。

鄂尔多斯地区高校校园文化与鄂尔多斯文化的融合不是一朝一夕能完成的,

需要鄂尔多斯全社会共同努力，共同参与。让更多的人了解鄂尔多斯文化，进而热爱鄂尔多斯，丰富其时代内涵，展现其强大的凝聚力和感召力，是每一个鄂尔多斯人肩负的使命。

参考文献：

［1］巴音道尔基：《浅谈北方民族与鄂尔多斯文化·论草原文化》，内蒙古教育出版社 2010 年版，第 227—245 页。

［2］《鄂尔多斯市"十二五"时期文化发展规划（2011—2015）》，第 1—69 页。

［3］黄东、翟翠娟：《新常态下职业院校校园文化建设研究》，载《职业技术》，2015 年第 9 期，第 6—8 页。

［4］户华为：《湘湖文化及其特征与历史定位》，载《湘潭大学学报》，2005 年第 3 期，第 84—88 页。

03

文化育人

"工匠精神"与高职院校"文化育人"

徐平利　　陈秋明

（深圳职业技术学院）

摘　要:精益求精的"工匠精神"在当代社会包含了专注力和洞察力、恪尽职守和技艺创新,以及"以客户为中心"等丰富的元素。"工匠精神"是大众主义文化立场下的高职教育所必须实行的育人使命。高职院校的文化育人工作应当抓住"工匠精神"这个核心命题,并以此作为高职教育供给侧改革和提高教育质量的金钥匙。"工匠精神"在高职院校文化育人过程中需要"引出来"而不是"塞进去"。深圳职业技术学院在引出"工匠精神"的文化育人实践中,做出了一些有益探索。

关键词:工匠精神;高职教育;文化育人

一、"工匠精神"的传统内涵与当代追求

（一）"工匠精神"的传统内涵

说到"工匠精神",一般是指传统社会从事手工业制造的匠人们的那种敬业爱岗和精益求精的精神。这种精神在人类制作和使用工具以及借此创造和享受美好生活的过程中,产生了极为重要的意义。

如今,中国工业化进程已经步入需要升级换代的新阶段,中央决策层提出要弘扬"工匠精神",正是要汲取传统工匠精神当中的积极元素并使之注入"中国制造"的过程中,这不仅是制造技术本身的需要,而且是作为制造者的"人自身"的需要,从更高的意义上讲,也是中华民族伟大复兴的精神需要。

那么,传统社会的"工匠精神"的内涵是什么? 其中又有哪些值得汲取的"精神元素"呢? 要解决这两个问题,我们首先要了解古代工匠及其精神的产生缘由。"工匠"这个词在中国上古时期的语言中是分开的,工是小工,匠是匠人——匠人是师傅,庄子的寓言所称道的都是匠人。

庄子通过大量的匠人故事来诠释他的"匠人之道":技兼于事,事兼于义,义兼

于德,德兼于道,道兼于天。(《庄子·天地》第十二)"工匠"是后人对所有手工制造者的统称,既有身份的含义,也有职业的含义。专业工匠是生产力发展到一定阶段能养得起他们时候才出现的,主要被官府控制和使用。①"工匠"职业在古代是世袭的,第一阶段是父传子,没有亲生儿子则收养子;第二个阶段是学徒制,可以传给外姓人,但是收徒条件严格,师徒关系如同父子。据此,工匠之"精神"的形成可能基于以下原因:由于工匠职业世袭,所以手艺代表家族荣誉,不得马虎;工匠服务于官方,而官方对做工标准要求极高;工匠地位低下,需要通过最好的产品挣得荣誉;后来的手工行会制度严格,保证了工匠精神的传承。

从以上分析可知,"工匠精神"的传统内涵包括:(1)把工作看作"天职",把自己和产品融为一体;(2)精益求精,质量第一;(3)匠心独运,技艺之美;(4)做人胜过做工,要做就做最好;(5)严守技术秘密和职业伦理,避免恶性竞争。

传统社会的工匠生长于农业时代,受制于那个时代的生产方式,因而也有一些在今天看来是消极的方面。比如,传统工匠封闭保守,为了避免竞争而限制技术的开放与分享;再比如,传统工匠单单专注于"自我产品",却容易忽视市场变化。因此,我们提倡弘扬"工匠精神",旨在汲取传统社会"工匠精神"的积极元素,如匠心独运、精益求精等,使之在推进"中国制造"的品质革命中重放光彩。

(二)从总理讲话看"工匠精神"的当代追求

2016 年"两会"期间,李克强总理在《政府工作报告》中第一次提到要培育工匠精神:"鼓励企业开展个性化定制、柔性化生产,培育精益求精的工匠精神,增品种、提品质、创品牌。"在历来被视为"政策风向标"的国务院常务会议上,李克强先后两次部署消费品标准和质量提升,强调培育和弘扬精益求精的工匠精神。在考察东风商用车重卡新工厂时,李克强说,"中国制造"的品质革命,要靠精益求精的工匠精神和工艺创新,其中关键是以客户为中心。② 2017 年 3 月 15 日,李总理在《政府工作报告》中再次强调:"质量之魂,存于匠心。要大力弘扬工匠精神,厚植工匠文化,恪尽职业操守,崇尚精益求精,培育众多'中国工匠',打造更多享誉世界的'中国品牌',推动中国经济发展进入质量时代。"

---

① 匠在官府,位在底层,这是中国古代工匠的生存状态。唐玄宗年间,仅工部少府监的工匠就达 19850 人。到了明朝,官府工匠人数进一步增加。明朝初期,轮班工匠就达到 20 余万名,分布在 62 个行业,每季在北京服役的工匠就达 11000 名。嘉靖年间,内府所管的住坐工匠达 12000 名,涉及 188 个手工专业。引自季迅如:《中国手工业简史》,当代中国出版社,1998,第 190 页。

② 《李克强:"中国制造"的品质革命要靠工匠精神》,http://politics.people.com.cn/n1/2016/0523/

从李克强总理的多次讲话中可以看出,传统社会的"工匠精神"已经被赋予了新的意义。首先,总理是在强调要大力提升"中国制造"的产品质量时,提出了"培育和弘扬精益求精的工匠精神",这说明"工匠精神"的核心内涵仍然是精益求精、恪尽职守和质量第一。其次,总理讲话提到"工匠精神"时还包括这样一些前言后语:"鼓励企业开展个性化定制、柔性化生产";"工艺创新";"其中关键是以客户为中心"等,这说明总理已经给传统的"工匠精神"赋予了新内涵。第三,总理强调,既要"弘扬"也要"培育"工匠精神,也就是说,既要弘扬传统工匠精神当中的积极元素,又要培育现代技术条件下工匠精神的新境界。总之,总理提倡的"工匠精神"是现代化中国应对工业4.0时代的当代追求,"精益求精"四个字的背后包含了专注力和洞察力、恪尽职守和技艺创新,以及"以客户为中心"等丰富的元素。

二、职业教育的文化立场及其育人使命

(一)大众主义的文化立场

现代学校职业教育发端于工业化早期大众受教育权的胜利,而后国家功利主义基于对技能人才与经济发展关系的认知而建立了学校职业教育制度体系。随着人力资本理论的流行和大众教育、民主教育的拓展,职业教育被上升到国家战略的高度。但是,无论职业教育如何发展,它的大众主义文化立场始终如一。

中国共产党的根本宗旨就是全心全意为人民服务。1949年确定的《共同纲领》提出:"中华人民共和国的文化教育为新民主主义的,即民族的、科学的、大众的文化教育。"①虽然建国后的教育政策和实践剧烈波动,但是教育"要密切联系群众"并把劳动大众利益放在至高位置的文化立场没有改变。1999年,中国高等教育进入大众化阶段,正是在这个历史时期,基于大众文化立场的高职院校得到了迅猛生长。2006年,时任国务院总理温家宝指出"职业教育为人人,职业教育体现社会公平";2014年,李克强总理提出"大众创业,万众创新",这也正是大众主义的职业教育蓬勃发展的历史时期。

(二)"现代工匠"与职业教育的培养目标

职业教育的培养目标是什么?是有素质有技能的劳动大众。无疑,大众主义的职业教育正是要全心全意为大众服务。工匠属于劳动大众,恰恰是有素质有技能的那部分人;现代工匠是适应于现代工业社会技术发展需要的专业技能人才。在这个意义上,职业教育的培养目标就是"现代工匠"。

---

① 杨金土:《30年重大变革——中国1979—2008年职业教育要事概录》,教育科学出版社2011年版,第3页。

2016年12月2日,推进职业教育现代化座谈会在北京召开。李克强总理在对会议的批示中指出:"加快培育大批具有专业技能与工匠精神的高素质劳动者和人才"。这个批示进一步明确了职业教育的培养目标:既具有专业技能,又具有工匠精神的劳动大众。这样的劳动大众"对于发挥我国人力和人才资源巨大优势、提升实体经济综合竞争力具有重要意义"。[①] 站在大众主义的文化立场上,职业教育的育人使命是培养"具有专业技能与工匠精神的高素质劳动者和人才"。

(三)高职教育的育人使命

高职教育是高等教育大众化的产物,也是大众主义职业教育"高移"的产物。这种"高移"从20世纪初叶开始,在"二战"以后随着工业化和民主化浪潮的持续深入而在世界各国得到普遍实施。也就是说,劳动大众接受高等教育的热情很高,各国政府在大学制度中为这种热情敞开了大门。职业教育不仅要培养技能人才,还要培养高技能人才;不仅要培养工匠,还要培养专业能力和综合素质更高的工匠。

在日常谈论中,人们习惯于根据传统把大学文化划分为两个阵营,一个是高职院校文化阵营,一种是学术性大学文化阵营。前者被看作大众主义的,后者被看作精英主义的。但是,在互联网时代,大众主义文化浪潮汹涌澎湃,传统意义上占主流地位的精英主义文化受到挑战,大众与精英之间的界限越来越模糊。

随着现代技术不断发展,大众主义的高等教育也会不断发展。高等职业教育的育人使命仍然是"具有专业技能与工匠精神的高素质高技能人才",这种大众主义立场不会改变。也许,在今后的职业分工和生活圈子分野中,高职院校的一些毕业生会进入精英阶层——技术精英、政治精英或者经济精英,但是并不意味着他们排斥了大众,而是说大众与精英在这里得到了融合。

三、工匠精神是高职院校文化育人的核心命题

(一)文化育人:高职院校人才培养方式的新转向

学校教育与企业培训不同,校园生活与网络学习不同,这种不同就在于学校是"文化育人"机构,而且校园生活能够产生环境熏陶和育人互动。如今,当慕课和开放大学对"实体大学"形成冲击的时候,我们常常对此反驳说,学生在大学里学习的不只是专业知识(显性课程),还有更重要的文化熏陶(隐性课程)。

但是,过去由于特别强调高职教育的职业性、市场性和就业性,在专业建设和

---

① 《李克强:加快培育大批具有专业技能与工匠精神的高素质劳动者和人才》,新华网,ht-tp://news. xinhuanet. com/politics/2016 – 12/02/

课程设置上专注于培养学生的"岗位技能",因而对"大学精神"和"文化育人"重视不够。如今,人们已经越来越认识到,职业教育对于经济发展的贡献不只是培养了人的"岗位技能",而且培养了人的"人文精神"。也有人把技能分作两种,一种是硬技能,一种是软技能,软技能就是人文精神,并指出软技能才是创新创造的源泉。比如,同样是做图书编辑工作,有人说他是在打工赚钱,有人说他在帮人出书,但是也有人会说,他是在加工精神食粮。这里,关于本职工作的不同认知恰恰反映了从业者的软技能有高有低。在这里,我们也可以借用李克强总理的话说,职业教育培养的人才既要有专业技能,更要有工匠精神。

事实上,目前中国高职教育的人才培养模式正在发生着"文化育人"的转向——从单单强调岗位技能向"技能"与"精神"并重转向,高职院校的"文化育人"被提升到了突出的位置。

有人可能会问,中职学校和高职院校的"文化育人"有什么不同? 显然,两者主要是"文化厚度"的不同,这种不同主要来自大学具有更为丰富的文化资源。当然,如果我们承认高职院校的"大学精神"的话,我们就必须彰显这种精神资源及其文化力量,大力推进高职院校的文化育人工作。

(二)工匠精神:高职院校文化育人的核心命题

大力推进高职院校的文化育人工作,为什么要把"工匠精神"作为核心命题? 这个问题涉及高职院校文化育人的特殊性。

高职院校属于大学,高职院校的文化属于大学文化;既然有大学文化,当然有文化精神,即大学精神。但是,高职院校的大学文化与大学精神却不同于通常概念中的大学文化和大学精神。通常概念中的大学文化和大学精神是针对学术性大学而言的,比如人们念叨最多的就是梅贻琦的"大师文化"和陈寅恪的"独立之精神、自由之思想"。之所以如此,是因为谈论大学文化和大学精神的都是学术性大学的教授学者,而高职院校很少有人谈论自己的大学文化与精神。

现在,既然高职院校的文化育人被摆在了突出位置,我们就必须要认真审视高职院校的"大学文化"和"大学精神",它们到底有什么不同之处?

我们已经知道,高职教育处在大众主义文化立场上,因此高职院校的大学文化就是大众主义的大学文化。高职院校培养有专业技能和工匠精神的劳动大众,或者简单说培养高素质工匠;高职院校的教师特别强调技术应用能力。可以认为,高职院校的大学文化中也需要"大师文化",但是如果说梅贻琦的"大师文化"指的是"学术大师文化"的话,那么高职院校的"大师文化"就是指"工匠大师文化"——高职院校培养"工匠大师"。

大学精神是大学文化的灵魂,是大学在长期发展中所形成的核心价值观。如果说陈寅恪的"独立之精神、自由之思想"指的是学术大学的"学术精神",那么高职院校的大学精神则更多地是指基于大众主义文化的"工匠精神",包括精益求精、恪尽职守、顾客中心、质量第一等核心价值观。

高职院校的文化育人有许多命题,比如专业文化育人、社团文化育人、制度文化育人等,但是高职院校的大学精神即"工匠精神"无疑是其中的核心命题,因为精神是文化的灵魂。

核心命题需要通过其他具体命题呈现出来,换言之,高职院校的"工匠精神"需要通过高职院校的其他文化育人载体"引出来"。

四、把"工匠精神"引出来:深圳职业技术学院"文化育人"的理念与实践

（一）"工匠精神"需要"引出来"

高职院校培养高素质工匠,它的大学精神是指基于大众主义文化的"工匠精神"。"工匠精神"既是高职院校文化育人的核心命题,也是它的题中之义。因此,"工匠精神"作为高职院校"大学文化"的灵魂,是高职教育在文化育人过程中自然生发出来的。

引出来,是去杂质的过程,也是认知方式的改变。就像一个雕塑师做雕塑,所谓"引出来"就是,雕塑师精心剔除石材上的多余杂质,让其中固有的雕像之美显露出来。文化育人,不只是挖掘某一课程的文化元素(如历史、职业道德)等,主要在于找到课程灵魂与职业灵魂的合一。德国职业教育之父凯兴斯泰纳最初在对德国职业教育进行顶层设计时,就把职业伦理、品性陶冶和社会精神作为核心要素,这是符合德国民族文化精神的,也可以说,这是符合"工匠精神"的。

"引出来"是一种教学理念,这种教学理念的核心就是把学生的"精神状态"引出来,让学生把生命投入到某项职业中去,这项职业就是"天职"。天职是一个人的天赋才能对于他的内在生命结构和外在行为状态的"召唤",这也正是"工匠精神"的显现。对于现代高职学生来说,他们的身体不只是肉体存在,不是老师用权威进行规训的客体,而是心灵在与外部世界互动过程中的统一。

（二）深圳职业技术学院"文化育人"的理念与实践

深圳职业技术学院(以下简称"深职院")秉承了深圳特区改革创新的品格与使命,始终坚持质量引领、内涵发展,不断为中国高职教育发展探路,书写了高职教育的多项第一。在新的历史时期,深职院应对"中国制造2025"对新型制造业

人才的需求,提出了"三个服务、五个定位、一个率先"的战略发展目标。① 多年来,深职院一直在探索高职教育"文化育人"的内涵、路径和方法,近年来在全国已经形成了一股浩大声势。在实施"文化育人"过程中,我们把激发学生的天赋才能、个性特征和职业志趣作为设置专业、开发课程和开展教学的基础,在此基础上培育当代学生的"工匠精神"和"企业家精神"。这其实是需要花费艰苦的"引出来"工夫的。

经过多年实践,我们积累了一些成功经验,这里仅从以下三个方面举例说明。

1. 专业文化育人

专业文化是专业特定的价值观、思维方式和行为习惯,蕴含着丰富的工匠精神内容。我们组织各专业对专业课程进行文化改造,促进专业教育与文化素质教育的有机贯通,提升学生的职业素养。我们鼓励学生选择与主干专业跨度大的拓展专业,例如文科艺术专业与理工科专业复合。2012 级至 2016 级学生中,已有37000 余人参加拓展专业学习,有 15000 多名同学已取得拓展专业证书。

实施"专业文化育人",使学生不仅有从业的专业能力和专注力,而且有应对市场变化的洞察力和自我调整能力。这是现代"工匠精神"的重要内容。

2. 创业文化育人

高职院校学生的创业教育,重在"教育"和"体验"。学生可以在创业体验中把"工匠精神"引出来。在这个过程中,学生体验了什么是"精益求精",什么是"质量第一",什么是"品牌效应",什么是"顾客中心"。"工匠精神"是一个创业者的必备素质。有"工匠精神"的学生,他们知道如何抓住机遇、如何整合资源,懂得脚踏实地、造福大众,不会投机取巧和"见金不见人"。

实施"创业文化育人",使学生树立了产品制造的质量意识、顾客意识和品牌意识。对高职院校学生来说,他们不被知识记忆而捆绑,他们着重去体验、感悟和激发悟性。这也是与企业文化相一致的,目前任何一个成功的企业都要承认,要重视用户体验。因此,实施创业文化育人,这是高职院校文化育人的一个突出特点。

在引出"工匠精神"的文化育人实践中,深职院在推进专业课程改革的基础

---

① 深职院在校第三次党代会工作报告和"十三五"规划中创造性地提出"三个服务、五个定位、一个率先"的战略发展目标,即始终坚持为党和国家服务、为深圳经济社会发展服务、为学生健康成长成才服务,努力成为职业教育创新发展的先行者、复合式创新型高素质技术技能人才的摇篮、企业家的摇篮、深圳中小微企业技术研发中心、深圳市民终身教育学校与中国职业教育师资培训重要基地,率先建成中国特色、世界一流职业院校,为世界职业教育发展贡献"深圳模式"。

上,还给学生提供了"五大平台"(孕育平台、深化平台、孵化平台、产业平台和展示平台)。在深圳举行的第二届全国"大众创业、万众创新"活动周中,深职院校友陈明星的听障群体垂直社交 APP"声活"得到李克强总理点赞。作为项目的联合创始人,陈明星深有感触地表示,"深职院是我创业梦想起航的地方,没有母校双创教育的洗礼,就没有我的今天!"统计数据显示,深职院应届毕业生一年内自主创业率保持在 5% 左右,毕业 3 年后自主创业率达 12.7%,远远超过全国平均水平。

3. 志愿者文化育人

志愿者文化是否能够引出"工匠精神"?答案是肯定的。通过志愿者文化培育"工匠精神",这是深职院"文化育人"的又一大亮点。

深职院是"志愿者之校",志愿者文化就像薪火一样在校园里传递,全校几乎每个学生都是志愿者。深圳市政府组织的大型会议和赛事活动,都可以找到深职院志愿者的身影。

事实上,志愿者文化不仅是学校育人文化,也是一种企业文化和商业模式。成功的管理者善于在企业内部培养志愿者,伟大的企业一定有深厚的志愿者文化,伟大的企业家一定具有志愿者精神。高职教育文化育人理念建立在大众主义的文化立场上,高职教育文化育人必须体现开放性、终身性和大众性,也应当体现慈善精神、体现公平与爱,在行动中扶贫帮困、帮助底层。深职院实施志愿者文化育人,培育了学生恪守职业操守以及服务社会的"工匠精神"和"企业家精神"。

五、结束语

把"工匠精神"作为高职院校文化育人的核心命题,似乎绕到了"专业能力"的后面,好像并没有在专业知识上面给学生多少东西。但是,有些"无用"实乃"大用",借用英国社会学家、大名鼎鼎的吉登斯教授的概念说,"工匠精神"具有很强的"市场能力"。吉登斯教授曾经提出过一个"市场能力"(market capacity)的概念,意思是在市场中技能工人的能力也是一种可以与资本家平等竞争的力量——谁更有力量,那要看谁是稀缺价值。① 既然"工匠精神"具有很强的"市场能力",那么高职院校的文化育人就要面向所有学生,培育和弘扬"工匠精神"。

我们应当把高职院校的"大学文化""大学精神"和"工匠精神"密切联系起来。无论世界变化有多快,唯有精神永恒。在高职院校文化育人中把"工匠精神"引出来,这是高职教育进行供给侧改革和提升教育质量的核心命题。

---

① 李强:《社会分层十讲(第二版)》,社会科学文献出版社 2011 年版,第 97 页。

大力弘扬墨子工匠精神,筑牢高职教育文化根基

夏 伟

（顺德职业技术学院）

摘 要:墨子思想闪耀着工匠精神的光辉,是我国职业教育的重要文化根基。现代工匠精神表现为甘于奉献的敬业精神、知行合一的实践精神、精益求精的制造精神、至善至美的创新精神。缺失工匠精神的根源是工匠文化的缺失,重塑工匠精神,需要建立支撑工匠精神的价值文化和制度文化。高职院校应肩负培育工匠精神的伟大使命。顺德职院把墨子思想作为学校培育工匠精神的文化基础,努力培养智慧型、国际化的现代幸福工匠。

关键词:墨子思想;工匠;工匠精神;工匠文化;高职教育

习近平总书记在 2016 年 5 月哲学社会科学工作座谈会上提出,要坚定中国特色社会主义道路自信、理论自信、制度自信,说到底是要坚定文化自信。文化自信是更基本、更深沉、更持久的力量。2016 年 8 月,"墨子号"量子科学实验卫星成功发射,我国在世界上首次实现了卫星和地面之间的量子通信。引领 21 世纪科学之先的量子通信卫星,为何会以一位 2000 多年前的思想家"墨子"命名?潘建伟院士说,以中国古代伟大科学家的名字命名量子卫星,将提升我们的文化自信。高职教育又应有什么样的文化? 如何建设高职教育文化? 高职教育应有什么样的文化自信? 如何树立高职教育的文化自信?

一、墨子思想是我国职业教育的文化根基

（一）墨子思想蕴含职业教育的理念

墨子还是一位百科全书式的教育家,其教育思想蕴含职业教育的理念,可以说墨子是开创我国职业教育的鼻祖。在政治理想上,墨子提出"兴天下之利,除天下之害"。主张通过"有力者疾以助人,有财者勉以分人,有道者劝以教人",建设一个人人平等、人人互助的"兼爱"社会。

墨子对教育的最大贡献,是打破了把人分为三六九等的"有差等"的教育观念,使"有教无类""人人可教"的平民教育成为可能。在人才培养目标上,墨子提出培养"厚乎德行、辩乎言谈、博乎道术"的"兼士"主张。注重培养学生良好的道德风范、严格的纪律规范、能言善辩的辩论技能和广博熟练的知识技能。在教育内容上,墨子实施分科教育。他的"谈辩""说书""从事"的教育分类,实际上即是文、理、军、农、工的分科教育。在教学方法上,墨子重视实践,强调创新能力。建立了主动施教、力行实践、正确评估的教育模式,其"不扣必鸣""述而且作""言行一致"的有关教育论述,对我国现代职业教育都具有深远意义。特别是与孔子的"述而不作"不同,他强调"述而且作",具有很强的创造性。

(二)墨子思想闪耀着工匠精神的光辉

李克强总理在2016年的政府工作报告中提到,要"培育精益求精的工匠精神,增品种、提品质、创品牌"。一时间工匠精神引发社会热议,工匠精神成为当前社会的讨论热点。香港墨教学会黄蕉风会长认为,李克强总理所谈论的"工匠精神"是"工匠精神"的"再提出",因为,距今2000多年的战国时代,就曾诞生鲁班和墨子两位世界级工匠,古老的"班墨精神"就是"工匠精神"。

毛泽东同志在评点古今人物时,就认为"墨子是一个劳动者,他不做官,但是他是比孔子高明的圣人。"古希腊哲学家亚里士多德认为:技术家比经验家更聪明。前者知道原因,后者则不知。凭经验的,知事物的所然而不知其所以然;技术家则兼知其所以然之故。孙中原指出:墨子既是经验家又是技术家,既是工匠又是大匠师。一般工匠"敏于动作",而大匠师的墨子,善于"总结理论,是理论家,所以他更有智慧。"就工匠的"敏于动作"而言,墨子能制作木鸢、车辖和守城器械,其木工技艺之高超,与鲁班不相上下。就"理论家"而言,墨论、墨守及墨子后学所演绎的《墨经》,充分展现了墨子在物理学、数学、逻辑学等各科知识上所达到的那个特定时代最高的认识水平。

二、工匠精神的时代内涵

在中国从制造大国迈向制造强国的进程中,工匠精神被赋予了新的时代内涵,它表现为:甘于奉献的敬业精神、知行合一的实践精神、精益求精的制造精神、至善至美的创新精神。

(一)敬业精神:甘于奉献

传统工匠,不管是官匠还是民匠,都属于底层劳动人民,他们都具有爱岗敬业、兢兢业业的美德。工匠们在自己的工作岗位上认真负责,尽心尽力,遵守职业道德。只有爱岗敬业的人、对事业和人生怀敬畏之心的人,才会在自己的工作岗位上勤勤恳恳,刻苦钻研,一丝不苟,精益求精,才有可能为社会做出崇高而伟大的贡献。

(二)实践精神:知行合一

工匠从学徒时起,就需要尽可能多地"知",除了要向师傅学习各种工具的使用和操练技术环节中的关键窍门外,还需要在平时自己操持技术时,对师傅所授的技艺"心得"不断加以揣摩和领悟;在"行"方面,工匠不仅需要对自己所制器物进行反复比较、总结,以期加以改进,还需要大胆实践自己的设计理念,勇于突破前辈的发明创造。可以说,"知""行"的结合程度,是影响工匠技艺造诣高低的最直接因素。

(三)制造精神:精益求精

工匠制造器物主要是凭借其技艺,按照近乎严苛的技术标准和近乎挑剔的审美标准,不计劳作成本地追求每件产品的精益求精。"工匠精神"是严谨、一丝不苟的,不投机取巧,必须确保每个部件的质量,对产品采取严格的检测标准,不达要求绝不交货。

(四)创新精神:至善至美

创新精神是工匠精神的灵魂所在。工匠精神是至善至美,注重细节,追求完美和极致,不惜花费时间精力,孜孜不倦,反复改进产品。不断提升产品和服务质量,不断完善使用的材料、完善设计和生产流程。工匠根据自己长期的技术实践经验和对技术方法的思考,对前人的发明产品或技艺进行改良式地创造。在科技飞速发展的今天,工匠精神也成为了推动科技创新的重要力量。正如美国发明家迪恩·卡门所说:"工匠的本质是收集改装可利用的技术来解决问题或创造解决问题的方法从而创造财富。

在新时期,弘扬工匠精神不再只是手工业者、产业工人的职业追求,而是每一个普通工作者的普世价值取向。

三、新时期工匠精神缺失的根源及重塑对策

(一)新时期工匠精神缺失的根源

"中国制造"一度成为低质价廉的代名词,模仿、造假、偷工减料、甚至为了赚钱而故意生产有毒食品等有违工匠精神的事情时有发生。

为何新时期我国反而匮乏工匠和工匠精神?除了短缺经济、卖方市场等原因之外,其根源是没有工匠文化作为支撑。长期以来,我国受"学而优则仕""劳心者治人,劳力者治于人"思想的影响,缺失整个社会鼓励工匠精神的文化。在世俗上,存在着对工匠根深蒂固的偏见,简单地视工匠为一线劳动、体力劳动者,认为从事此类工作缺乏职业地位和荣耀感。没有建立起支撑工匠精神的文化体系,也就无法实现中国制造业的转型升级,无法从一个制造大国顺利地走向制造强国。因此,重塑工匠精神的前提是重构工匠文化。

(二)重塑工匠精神的对策

1. 强化支撑工匠精神的价值文化

价值文化是深植于人的思想与行为中的信仰与观念,它影响着人们对事物的评价及行为方式的选择,对人的思想和行为具有规范和导向作用。

工匠是承继和发扬工匠精神的主体,筑牢主体,精神才有寄托。工匠精神的价值观是一种层次最高的文化形态,它需要国家最高层面的大力鼓励和实质性的长期激励,才能慢慢形成。要重塑工匠精神,需要重视工匠这一主体。

首先,国家要强化"人不分尊卑、职业不分贵贱"的价值观。习近平总书记指出:"要树立正确人才观,培育和践行社会主义核心价值观,着力提高人才培养质量,弘扬劳动光荣、技能宝贵、创造伟大的时代风尚,营造人人皆可成才、人人尽展其才的良好环境,努力培养数以亿计的高素质劳动者和技术技能人才。""努力让每个人都有人生出彩的机会"。每个人的具体情况不同,但只要以辛勤劳动为社会服务,实现自己的价值,这就是"出彩",这就是幸福。

其次,要大力表彰优秀工程师、优秀技工等工匠的典型事迹,让他们成为催人奋进的时代正能量。最近央视纪录片《大国工匠》中展现的我国现代工业中的工匠们,如未晓明"淋浴"在火花中,焊接核电站"心脏",焊接完成后,在管道上刻上自己的工号,以示终身负责。大国工匠们技术报国的价值,丝毫不逊色于其他职业。如佛山市政府于今年6月高规格召开首届"佛山·大城工匠"命名大会,向首批30名"大城工匠"颁发证书。佛山由此也成为建立评选制度、推动工匠精神落实的城市之一。

2. 建立支撑工匠精神的制度文化

首先,健全工匠人才发展制度,这是培育工匠精神的关键。在国家还没有出台《国家资格制度》之前,区域可率先试点制定《区域资格制度》,使各类教育证书、各种职业资格证书有一个比对、认定、评价的平台。不管是通过职业教育和培训取得职业资格证书的人员,还是通过普通教育取得学历证书的人员,都可以参照《区域资格制度》,任职相应的岗位,获得相应的待遇。并为工匠职业发展提供评价标准,提供晋升通道,最终实现学历证书与职业资格证书等价,职业教育与普通教育等值。

其次,加强对市场体系的规范和管理。假货盛行是工匠精神的天敌。如果市场秩序混乱,假货制造与销售得不到应有的处罚,那么就没有人会愿意去精益求精。政府要加强对市场中侵犯知识产权的情况的处理,杜绝造假、模仿、偷工减料,防止出现劣币驱逐良币等现象。

3. 大力发展支撑工匠精神的职业教育

中国科学技术大学原校长朱清时曾说过,"一个国家、一个社会需要多种多样的人才,既要有一流的科学家、教授、政治家等,更要有高素质的工人、厨师、服务员等高技能人才"。落实培育工匠精神的重点在于大力发展职业教育,培养数亿计的现代工匠。目前,我国职业教育学生规模明显偏小,层次明显偏低,体系不完善。特别是经济发达地区职业教育远不能满足经济社会发展对技术技能人才的需求。高职院校是培养大国制造技术人才的摇篮,理应负起时代的光荣使命,培养更多更合适的技术技能人才。同时,开展全面的在职培训,不断提高在职人员的技术水平。

四、顺德职院培育工匠精神造就幸福工匠的实践

(一)研究学习墨子思想,凝练校训

2015 年 4 月,学校成立了有校办、宣传部、发展规划处、高职所、人文社科学院等有关人员参加的学习小组,开展学习研究活动。组织了"文化素质教育特色项目"研究活动,通过项目形式加强对墨子思想的研究。积极对外学习交流。2015 年 10 月,组织到山东滕州中国墨子学会学习交流,参观墨子纪念馆、鲁班纪念馆。2016 年 7 月,组织参加在山东滕州举办的第十一届国际墨子鲁班学术研讨会,向会议提交论文 2 篇,在分组讨论会上,介绍了对墨子思想的研究情况,引起了与会代表的良好反响。加强校内宣讲教育。2016 年 5 月,邀请中国墨子学会专家来校作"墨子思想与职业教育发展"座谈会和报告会。已在《文化育人》等杂志上发表"厚乎德行,辩乎言谈,博乎道术——墨子的职业教育思想及启示"等论文。

凝练校训。通过对墨子思想的研究学习,结合学校办学实践,把"厚乎德行、辩乎言谈、博乎道术"12 字作为校训。"厚乎德行、辩乎言谈、博乎道术"出自《墨子·尚贤》篇,是对全体顺德职业技术学院师生提出的要求,即"德行敦厚、言谈雄辩、道术广博"。这 12 字具有极强的针对性、极高的概括性和极严密的逻辑性。"德行"除指道德品行之外,还指个人的道德行为必须符合正义的要求。墨子多处强调"行"的价值。如《经上》:"行,为也。""行"即"道德的实践","为"即不断地做事。

"言谈"是墨子对学生言说的一种能力要求。他强调要揣曲直、决嫌疑、处利害,同时,"言谈"还要求要有逻辑性。可以说,"言谈"展现为个人的内在才情、思辨能力和外在魅力。

"道术"是一种思想与方法的结合,是学识与能力的统一。正如哲学家张岱年所说的:"人或物所必须遵循的轨道,通称为'道'。日月星辰所遵循的轨道称为'天道',人类生活所遵循的轨道称为'人道'。"因此,"道"既是通向目的地的途径,也是一种方向和思想的指引;而"术",则更多地侧重于可操作的技术层面。今天我们培养技术技能人才,就是强调他们要有很强的操作之"术"。

(二)创新人才培养模式,培养智慧型、国际化的现代幸福工匠

根据办学定位和区域经济社会发展要求,把人才培养总目标确定为培养适应未来产业发展的高素质技术技能人才。在教育实践中,不断加强校企合作,创新人才培养模式,培养智慧型、国际化的现代幸福工匠。

1. 培养智慧型工匠人才

我国制造向智能制造发展。智能化制造的"智"是信息化、数字化,"能"是精益制造的能力,智能化制造最关键的是智慧人才的培养。

学校大力推进"智慧校园"建设,优化信息化应用与服务环境。推进智慧云平台及优化项目、数据中心扩容项目、学生全生命周期管理、实训室统一管理平台、实训室项目及网络安全等项目的建设工作。采用先进的校园管理 ERP 套装软件,加快实现学校架构管理、培养方案管理、学籍管理、排选课管理、学生财务管理、成绩管理、授课管理、排程管理、教材管理、师生自助服务等涉及学生全生命周期的关键流程,重构学校核心业务的管理体系。

利用现代信息技术变革传统教育方式,实现教学理念、教学模式、教育管理方式和工作推进机制的创新。创建智能化的教育信息生态环境,提升教师善用技术、善用资源、善于教学、善于评价的信息化能力。

创建智能化学习生态,使新一代信息技术深度融入每一名学生的学习生活,让每一名学生都能够便捷获取最适切的个性化学习服务,真正实现以学习者为主体、个性化多样化智能化的泛在学习和终身学习。努力培养适应"互联网 + "和智能化信息生态环境,具有较高思维品质、较强实践能力和终身学习能力的智慧型人才。

2. 校企合作培养国际化工匠人才

"一带一路"是实现中华民族伟大复兴的国家战略,涉及外交、金融、投资、贸易等多个领域。这使得培养"多层次、国际化"人才成为推动"一带一路"建设的关键。培养具备国际视野,熟悉国际惯例,具有跨文化交际能力,能直接参与国际竞争与合作的国际化人才,是当下亟待解决的任务。

2013 年起,连续 4 年,学校共 65 名烹饪与营养专业、旅游管理专业、酒店管理专业的学生赴马来西亚 UCSI 大学进行交换生学习。交换学习项目推动了学校国

际化办学发展,使参与的学生语言、专业技能得到了全面提升,拓展了国际化视野。

随着国家"一带一路"战略推进,中国跨国企业和教育资源也走出国门。学校与中国联塑集团控股有限公司合作成立"顺大—联塑学院",为跨国企业培养设计、涂装、贸易服务等技术技能人才,中国联塑集团将优先派往澳大利亚、泰国、美国、加拿大、迪拜等国家从事相关专业工作。"顺大—联塑学院"的成立为实现中国企业技术人才培养本地化和开拓国外市场做出积极贡献。

(3)学校的使命是致力于培养新一代幸福工匠

学校注重仪式教育,重视毕业典礼工作,在 2015 年、2016 年的毕业典礼上,学校分别以"应时代召唤,树工匠精神,创美好未来"、"坚定理想,勇于创新,做幸福的现代工匠"勉励毕业生。追求幸福是人生奋斗的动力之源,职业教育的重要使命就是要致力于培养新一代幸福工匠。在现代社会,工匠的核心不是"制作"什么,而是一种心态,是"一种生命态度,其价值在于一丝不苟,精益求精,一以贯之,至善至美,对匠心、精品的坚守和追求。"美国哥伦比亚大学的霍华德金森教授在《幸福的密码》研究中得出这样的结论:所有靠物质支撑的幸福感,都不能持久,都会随着物质的离去而离去。只有心灵的淡定宁静,继而产生的身心愉悦,才是幸福的真正源泉。学校希望毕业生在未来的工作生活中,心无旁骛、淡定宁静、坚守匠心、脚踏实地,做一名幸福的现代工匠。

3. 打造工匠文化,优化工匠生态

打造校园文化环境,必须有一套系统的构思,尤其要注重形成完整的育人链。顺德职院经过 17 年的努力,已经形成了以校门、智慧门、日景为中轴线、并向两边自然延伸的系列校园文化景点。但这些景点多属于自然景观,还缺乏人的要素的融入。因此,在文化景观建设中,已请入墨子像,还将把鲁班像、黄道婆像、爱迪生像等国内外一批重要的能工巧匠雕像请进校园,建成一个具有巨大影响的能工巧匠的特色雕塑艺术长廊,让学生在环境浸染中起到潜移默化的影响。

结语

我国现代高职教育发展历史只有 30 多年,高职教育的文化尚未形成。但我们必须认识到,高职教育发展一定要有自己的文化,树立文化自觉、自尊与自信。而且,只有长期坚持不懈地注重传承、弘扬优秀文化传统,并对传统文化进行适当的现代转换,使之成为今天学校办学的文化资源,才能筑牢高职教育的文化根基,树立高职教育的文化自信。

参考文献:

[1]孙中原:《墨学通论》,辽宁教育出版社1993年版。

[2]余同元:《传统工匠现代转型研究》,天津古籍出版社2012年版,第32页。

[3][美]亚克力·福奇著:《工匠精神缔造伟大传奇的重要力量》,陈劲译,浙江人民出版社2014年版。

[4]薛栋:《论中国古代工匠精神的价值意蕴》,载《职教论坛》,2013年第34期,第94—96页。

[5]李宏伟、别应龙:《工匠精神的历史传承与当代培育》,载《自然辩证法研究》,2015年第8期,第54—59页。

[6]曹顺妮:《工匠精神开启中国精造时代》,机械工业出版社2016年版。

[7]李广星:《墨学与当代教育》,中国书店,1997年版。

[8]李绍崑:《墨子:伟大的教育家》,湖南教育出版社1985年版。

[9]王继平:《把墨子请进职业院校》,载《中国职业技术教育》,2011年第34期。

当代大学精神建构与浙江经济职业技术学院
"和谐职业人"培养的创新实践

李海洁

（浙江经济职业技术学院）

摘　要：大学精神是大学对其自身使命、责任与目标的价值追求；人才培育则构成了大学的主体职能与基本价值。当代大学精神的系统建构，与学校人才培养过程密切相关，二者具有共同的价值内核，互为表里，相辅相成。浙江经济职业技术学院"和谐职业人"培养理念的提出，既符合"立德致用，和谐育人"等当代大学精神建构的具体要求，也是高职院校在新时期发展的必然选择。本文以大学精神为切入点，以浙江经济职业技术学院为典型案例，深入探讨高职培育"和谐职业人"的理论形成、路径实施及成果反馈的相关实践经验。

关键词：和谐职业人；大学精神；传统文化；和谐育人

作者简介：李海洁（1986—），女，山西临汾人，博士，浙江经济职业技术学院文化素质教育中心教师。

　　大学精神凝聚着大学发展和兴盛的灵魂，是一所大学整体面貌、水平、特色及凝聚力、感召力和生命力的体现，同时也是国家和民族人文精神的折射和反映。因此，人文精神积淀最为深厚的中国传统文化，是当代大学精神建设的重要思想资源。同时，大学精神作为一种文化的精神内核，其体系建构以人才培养为向度，不仅贯穿于教育培养实践的各个环节，构建成效更有赖于对人才培养质量的检验。浙江经济职业技术学院继承中华优秀传统文化，结合当前我国对于高职院校人才培育的总体要求，凝聚和提炼出"立德为本，致用为宗"的校训，并落实到人才培养的具体过程当中，提出高职院校"和谐职业人"的培养理念，将立德树人作为人才培育的根本任务，加强素质教育，强化职业道德，坚持育人为本、德育为先。其理论建构和相关实践的开展，既是大学精神的具体体现，又能够有效解决高职院校文化素质教育缺少系统顶层设计、教育资源分散、主题不突出等问题，从而使高职文化素质教育成果真正具体化、清晰化、规范化、可操作,为建设中国特色的高职教育提供理论和实践的参考。

一、"和谐育人"理论源流与嬗变

作为中华优秀传统文化核心价值与理论精髓的典型代表,"和谐"理念可谓源远流长,博大精深。其所蕴含的思想观念、思维方式、价值取向、道德情操等,在当代亦被赋予了与时俱进的崭新意义。随着和谐教育理念的逐步引入,立德树人、以人为本的人才培育理念也因此得到进一步确立。对于"和谐育人"理论的追本溯源,不仅对于当代大学精神的重建具有重要的参考作用,同时也对和谐教育及人才培养的具体实践提出了更高要求。

(一)传统"和谐"文化的理论内涵

"和谐"是中国传统文化独有的内在精神特质,是由若干具有内在逻辑联系的精神元素所构成的整体价值体系。"和""谐"本是同义,原指声音与节拍相和谐,后引申为多样性的辩证统一,是万事万物之间保持井然有序的必要条件。《周礼·天官·大宰》曰:"以和邦国,以统百官,以谐万民",即有此意。整体来看,以中和、均衡、协调、包容的态度,来调和多元、差异、矛盾、斗争,是和谐概念的基本精神。即《中庸》所谓:"中也者,天下之大本也;和也者,天下之达道也。致中和,天地位焉,万物育焉。"作为中国传统文化的核心和精髓,"和谐"理念贯穿于哲学、美学、教育学、心理学以及社会各个领域,对中华文明形成了广泛而深远的影响。

就理论范畴而言,传统文化中的"和谐"理念,首先具备哲学及美学属性。就哲学层面来看,其系统与外部客观世界之间及内部各要素之间,始终维持着一种相互作用、相互推进而又密切关联的互动形态,处于协调与平衡的状态之中;《管子·五行》有言曰:"人与天调,然后天地之美生。"所谓美,必须首先反映人类生命主体性、客观对象性以及生命主体精神的有益性,美的本质是引起人类生命主体精神有益性的整体和谐与统一。而人类教育理想在经历了求善、求真到求美的三次转换之后,在生态文明时代,必将以人与人、人与社会、人与自然的全面发展与和谐共生为基本诉求。从这个角度上来说,"和谐"理论同样具有教育学属性,其中的许多重要观念,如完善自身、修身立德、正心诚意、忠恕礼让等,对高校育人工作具有重要的启示作用。因此,不断挖掘中华传统文化中的和谐元素,加强和谐文化教育,创建和谐文化氛围,是高校和谐育人工作顺利开展的文化基础和基本前提。

(二)和谐教育理念的传承演进

和谐教育思想历史源远流长,具有深厚的历史文化积淀。汤一介先生指出:

"由'自然的和谐'、'人和自然的和谐'、'人与人的和谐'、'人自我身心态内外的和谐'所构成的'普遍和谐'观念是儒家的重要思想"[1]传统的儒家和谐教育理念,所追求的目标是要培养"成人",即全面和谐发展的人。《论语》有言曰:"老臧武仲之知,公绰之不欲,卞庄子之勇,冉求之艺,文之以礼乐,亦可以为成人矣。"所谓"成人"就是"仁""智""勇"等"三达德"的统一。西汉董仲舒在孔子仁智统一思想的基础上提出"才性之辨",进一步强调了能力、智力、品格、性情的协调统一。近代教育家蔡元培也明确提出教育要"以世界观为终极目的,以美育为桥梁,要进行体、智、德、美四育和谐发展";陶行知"手脑结合"等主张,同样也有和谐发展的含义。这些思想,以孔子开创的和谐统一的传统教育思想为基础,又吸收了近现代心理学知识,核心思想是身心和谐发展,使学生成为"一个完整的人"。

新时期人的全面发展及构建社会主义和谐社会的重大战略思想的提出,进一步肯定了教育作为社会系统的重要组成部分。和谐教育理念也逐步树立起以人为本的核心观点,强调从满足社会发展需要和受教育者自身发展需要的统一出发,实现人的全面发展。同时,以人为本、加强人文素质教育的理念也成为和谐教育的重要组成部分。联合国教科文组织指出,教育的最基本目的,须要使"人文教育与科学教育"相融合,真正"把一个人在体力、智力、情绪、伦理各个方面的因素综合起来,使他成为一个完善的人。"[2]无疑将文化素质教育提到了与专业素质同等重要的水平上来,强调了文化素养对于人的全面发展的重要作用。同样,季羡林先生说:"我们讲和谐,不仅要人与人和谐,人与自然和谐,还要人内心和谐。培育和谐文化,才能实现人内心的和谐。"[3]充分肯定了文化具有培育和塑造人的功能。张岂之先生亦指出:"作为'文化'核心的人文文化可简称为人的精神文化,其实质就是自我精神家园意识,就是学会做人。"[4]进一步概括了人文素质教育对于和谐教育理念的主导作用。

(三)现代"和谐职业人"理念的提出

我国的高等职业教育起步于 20 世纪 70 年代,经过多年的积累与发展,到2005 年前后,已取得了许多令人瞩目的成绩,以服务区域经济和社会发展为宗旨,以就业为导向,注重培养学生应用能力等特色办学定位已经深入人心。但是,随着现代高职教育发展的逐步深入,一些深层次的问题开始显现,整体存在着"泛职业性"的不足:"一是对培养目标理解不透,忽略了立德树人的根本任务;二是培养规格定位不准,忽略了职业教育的层级特征;三是职业发展分析不深,忽略了职业能力的动态发展。"[5]同时,强调专业技术特性的培养方向,遮蔽了文化育人的本质,无论是精神文化、制度文化还是行为文化,都难以形成与高等教育相适应的文化环境。片面强调高职教育特色等相关理念,容易导致培养模式上出现偏差。具体到办学实践中,课程设置、教学过程、教学手段、实际训练等环节,往往存在着功利主义、实用主义的倾向,学生在学习过程中,也容易滋生个人主义、技术至上的思想。高职院校开展文化素质教育迫在眉睫。

针对以上问题,浙江经济职业技术学院在借鉴和汲取中华优秀传统文化中和谐教育等理念的基础上,提出"立德为本,致用为宗"的校训,将立德树人作为高职院校人才培养的根本任务,加强素质教育,强化职业道德,坚持育人为本、德育为先,并在此基础上进一步提出高职院校"和谐职业人"的相关理念。一般来说,高职院校是以培养高等应用型人才为目标的院校,在实际的教学过程中非常注重职业知识的传授和职业技能的训练。此外,职业教育同样要重视人文素质教育,始终要把人格的塑造、职业道德、职业态度的培养放在首位。而"立德致用"与传统文化中的"和谐"教育理念一脉相承,不仅是当代大学精神承继文化传统的重要体现,同样也具有人性化及注重全面发展的特点,强调人才培养的全面性。毫无疑问,其核心仍然是要培养德才兼备、和谐发展的人,以形成符合现代社会需求的人才培养目标体系。

整体来看,"和谐育人"的相关理念在其自身的发展过程中经历了复杂变化,其理论内涵的阐发也因人有别,因时而异。但毋庸置疑的是,作为传统文化中被普遍认同的人文精神,"和谐育人"理念无疑是最典型的代表。它不仅在思想上集中体现了中国传统文化的核心主张与理想,同时也是当代大学精神的重要理论来源。对于这一概念滥觞与嬗变的基本阐释,对于当代大学精神的培育与重建无疑具有重要的参考价值。

二、高职院校"和谐育人"理念的现代诠释

从高等职业教育的发展演进来看,人才培养始终是其首要职能。随着高等教育改革的逐步深化,高职教育开始逐步向以提高质量为核心的内涵式发展模式转型。从外部来看,需要应对现时代经济社会发展对高职教育的新挑战;从内部来看,需要根据教育自身的发展规律以及高职教育发展的阶段性特点,突破发展瓶颈,获得更多可持续发展的动力。因此,高职院校"和谐育人"理念的现代诠释,是基于现时代时间与空间结构中外在宏观环境与内在微观环境对高职人才培养目标的综合诉求。

(一)高职培育和谐职业人的内外诉求

1. 时代发展的外在诉求

首先,高职教育面临着全球化、知识社会的新挑战。经济全球化带来了高新技术的飞跃式发展,职业岗位在全球范围内的流动性大大增强,对技能人才的岗

位迁移能力无疑提出了新的要求;知识经济时代的到来促使产业结构调整升级渐趋频繁,岗位内涵日益丰富,知识技术层面的积累和要求亦逐步提高,智力技能型人才成为市场的主要需求。其次,企业用人需求出现新的倾向。为顺应科技发展、产业转型的整体趋势,用人单位在生产、建设、管理和服务方面,对于一线技能型人才的要求随之发生了深刻变化。从以往强调专业技能、岗位适应性、职业规范性的外在标准,开始向职业态度、发展潜力、创新能力等内在层面转化。种种现实因素表明,劳动者的职业素质,已不可能仅局限于拥有一技之长。因此,高职教育培养的高素质技能型人才,必须能够成为高技能和责任心、短期适应性和长期发展潜力、规范性和创新性的和谐统一。

2. 职业教育阶段对于主体能力的内在诉求

作为职业教育的重要指导思想,以"职业能力"为基础目前已成为国内外职业教育界的共识。随着我国职业教育发展的逐步深入,对于职业能力的要求,也由原本的单一技能型培养,逐步转向强调综合素质和发展潜能的培养。尤其是强调专业技能与个性特征的职业实践环节,实践主体往往与典型性的工作任务情境相结合。这种个性特征与职业情境密切互动的新型模式,不仅对参与职业实践的个体状态制定了新的标准,更在知识、才能、技能以及态度等综合素质方面对职业院校学生的主体能力培养提出更高要求。因此,作为现代社会中生存生活的职业人才,首先必须具备从事职业活动和实现全面发展的主观条件,包括职业知识和技能、分析和解决问题的能力、信息接收和处理能力,经营管理、社会交往能力,以及不断学习的能力等。这也是职业教育阶段发展的本质特征。

(二)高职培育和谐职业人的政策依据

21 世纪的中国高职教育,在基于我国国情的基础上逐步确立了崭新的培养目标与办学方向。在国家相关权威性政策文献中,对于高职人才培养目标的描述,实际上已经包含了全面和谐发展的实质内容。例如,《教育部关于加强高职高专教育人才培养工作的意见》(教高[2000]2 号)文件指出,高职高专教育旨在培养"适应生产、建设、管理、服务第一线需要的,德、智、体、美等方面全面发展的高等技术应用性专门人才";"重点掌握从事本专业领域实际工作的基本能力和基本技能",同时,还需要"具有良好的职业道德和敬业精神"。类似定义,事实上都是对高职人才和谐发展的界定。此后,《教育部关于全面提高高等职业教育教学质量的若干意见》(教高[2006]16 号)对高职人才的全面发展给出了更加详细的定义,进一步强调"要针对高等职业院校学生的特点,培养学生的社会适应性,教育学生树立终身学习理念,提高学习能力,学会交流沟通和团队协作,提高学生的实践能力、创造能力、就业能力和创业能力",在强调思想道德品质及专业素质的同时,还对关键能力的培养给予明确要求。此外,联合国教科文组织助理总干事科林·鲍尔在第二届国际职业技术教育大会上亦提出:"技术和职业教育与培训不应该仅仅是'需要驱动',也应该由'发展需要'来驱动。技术和职业教育与培训应是人的整体教育的一个组成部分。"[6]第二届世界职教大会会议文件和与会发言人同样强调教科文组织倡导的"四个学会"中"学、做"与职业技术教育的密切关系,即"不能再像过去那样简单地理解学会做事的含义就是为了培养某人去从事某一特定的具体工作,使他参加生产某种东西。学习应有相应的发展变化,不能再被看作是单纯地传授多少有些重复不变的实践方法,即使这些方法仍具有一定的不应忽略的教育作用。"[7]可见,无论是国内政策文件,抑或是国际权威文献,在政策层面都已经逐步跨越了职业教育以技能训练和能力提升为主的初级阶段,开始强调职业人的可持续发展潜力。职业个人素质的全面发展已成为现代职业教育的必然要求。

(三)"和谐职业人"理论内涵阐释

基于以上诉求,浙江经济职业技术学院在十余年职业院校办学经验的基础上,结合高职教育的特点和规律,坚持"立德致用,和谐育人"的人才培养理念,始终将品德塑造放在首位,以树立良好的道德情操作为文化育人的根本要务,注重职业素质和人格素质的高度融合,在强化学生职业岗位应用能力培养的同时,注重人文素质教育。使高职学生成为既具备科学精神,又具备人文精神;既学会做人,又学会做事;既学会坚持,又学会创新;既有较强的实践能力,又有较强的可持续发展能力。并通过对文化素质教育体系的大胆探索,不断开拓,率先提出现代"和谐职业人"理论。

高职培育现代"和谐职业人"的基本内涵可以概括为"能力为重、专通结合、素能一体",其核心内涵可以概括为纵横两个维度。纵向来看,体现为"专业能力、通用能力和素质的和谐统一";横向来看,和谐职业人主要体现为四种素质的和谐发展。其中,能力是和谐职业人的落脚点,这是由职业教育的类型特征决定的。其次,素质是和谐职业人的重要依托,这是高职教育高等性的重要体现。高技能必须以高素质为强大的动力基础,任何单一地强调能力的训练,是难以达到提升能力的目的的。其三,和谐发展是职业人的本质规定。只有具备专业能力、通用能力和素质的和谐统一,才能实现高职人才主体性和社会性的内在统一。[8]

高职教育以培养生产、建设、管理、服务第一线高素质技能型专门人才为目标,同时也是由各层次的生态单元和内部多维生态系统中的各种因子构成的庞大网络。各个单元和因子之间相互联系、相互作用,形成一种复杂的结构,组成一个统一的整体,产生复杂的整体效应。[9]可以说,高职培育"和谐职业人"等相关理念,正是基于当代教育生态环境的综合诉求而提出的。

三、高职院校"和谐职业人"培养的具体实践

客观来说,"和谐职业人"相关实践的体系建构与落实,需要将高职学生置于整个职业生涯发展的生态环境当中,系统考察社会、企业对高职人才的总体素质要求,多维度、多层次揭示其内在诸要素的必然联系。在此基础之上开展的理论创新与操作实施的具体路径方能渐趋明朗。

(一)"和谐职业人"相关实践的系统建构

高职院校"和谐职业人"的相关理论,强调以学生为中心、以人为本,尊重并合理地引导每一个人的个性和差异性;在建构知识的同时,促进学生的全面发展。从理论的提出到具体的实践,必须加以系统建构,才能获得整体效应和积极的效果。

因此,首先,在教育的目标上,要强调能力与素质的统一。"能力和素质是同一个问题的两个方面和不同的表述。素质本质上是能力的基础,而能力则是素质的外在表现,素质诉诸于实践就表现为能力,离开素质,能力就成了无源之水、无本之木"。[10]高职教育的特点是加强职业能力的培养,而能力的背后是以整体性的素质为基础的。和谐职业人的培育强调能力的迁移和内化,增强发展的延展性;强调通过提升整体素质促进学生的能力发展,增强可持续性。

其次,在教育的手段上,要强调教学与训练的统一。高职教育作为"服务为宗旨、就业为导向"的教育,必须通过必要的训练,达到技能的熟练和规范的成型。但就训练而言,其目的指向专业单一、个性同一以及精神服从,行为指向规范、强制、灌输;而教育的目的,则指向人的灵性解放、个性发展和精神自由,行为指向教化、陶冶、引导。[11]从这个角度来看,高职和谐职业人的培育,应当实现由训练向教化的提升,是自我实践、文化化育、体验内化的过程,是自觉的、自发的、高效的、创造的。

最后,就教育的载体而言,要实现课堂与课余的统一。由于高职和谐职业人的培育不仅涉及一个独立的环节和专项的教学内容,更是一项系统工程。因此,在统筹教育载体时,应将课堂与课余有机地统一起来。在课堂内,注重专业课程和实训课堂中的人文教育渗透;在课余时间,注重发挥文化活动的系统化,强调校园环境的熏陶、管理过程的协调以及实践活动的内化等综合作用。

(二)"和谐职业人"培养的实践路径

本着价值引领、系统构建、有序递进、立体展开的基本原则,浙江经济职业技术学院培育"和谐职业人"的文化素质教育实践创新,以"七化"为实施路径,主要

内容包括:

1. 企业文化融化

企业文化与校园文化的相融共生是高职院校开放性办学的重要特点,是提高学生职业素质的重要方式。其举措主要包括以下几个方面:其一,在理念上,将企业先进文化引入校园和人才培养全过程,提升学校的职业素养。其二,在途径上,开设企业培训课程、模拟公司创业培训,同时开展社团对接企业、班级联系企业等活动。其三,发挥环境育人作用,建设专业文化廊、校友文化廊,实现专业实训室工厂化、公司化氛围营建,使学生提前融入职场氛围。

2. 传统文化内化

优秀传统文化内涵丰富的人生哲理与意蕴,是提升学生职业人文素质的重要思想来源。传统文化内化行动依托中国诗词学会诗教促进中心、省非物质文化遗产传承基地,建立了传统文化普及推广基地。主要举措有:开展以"诗教"为特色的传统文化艺术教育;二是建立以传统经典讲读为主要内容的"明德书院";三是开展传统文化普及活动。编辑出版传统文化相关普及读物等。

3. 课程建设深化

课程建设是文化素质教育的基础性工作。针对职业性、学制短、任务重的特点,坚持文化基础知识与职业核心能力结合,优秀传统文化与商文化结合,思政文化与心育文化结合。文化素质课程体系真正成为知识、能力、素质三者协调发展的基础平台。

4. 校园文化优化

优化和整合校园活动是提高"和谐育人"体系实施效果的重要途径。学校开展"爱之魂""学之境""诚之语""敬之歌""新之路"五大类主题活动,构建立体化校园活动体系,将"感恩""乐学""诚信""敬业""创新"等内化为学生的品格和素质。通过学校、二级学院、班级三个层次,学校负责宏观策划、检查推动、评价考核;二级学院负责具体实施、分类推进;班级根据要求个性化落实,惠及全体学生。

5. 社会实践悟化

社会实践是大学生感知就业创业、体验实践生活、感悟人生哲理、积淀生存智慧的良好载体。依托"职场精英训练营"和"四千工程",建立了联合企业、农村、社区的社会实践教育基地。具体举措包括,一是搭建"千名学子访创业校友""千名学子入农村社区""千名学子进百家企业""千名学子做百项课题"的"四千工程"。二是通过职场精英修炼营平台,每年选拔学生骨干进入修炼营培训,选派优秀学员进入世界500强企业浙江物产集团实习。三是形成志愿者服务品牌。

6. 专业渗透细化

专业教育中实现与文化素质教育的有机渗透融合是实施文化素质教育的有效手段。学校建立了将职业素质、专业文化建设纳入专业评价系统的机制和专业教学渗透人文素质教育的教学体系。规定专业课程必须有人文素质教育的内容。二是开展职业素质公开课、教学技能竞赛等方式,细化具体渠道、方式和载体。三是深入发掘各类专业课程中的文化内涵,形成了"一院一品"的专业文化格局,系统推进学生的职业素养教育和学生职业品格的养成。

7. 师资队伍强化

教师是实施文化素质教育的主体。依托联合国教科文职教中心师资培训创新项目和省中职师资培训基地,建立了师德教育培训基地。倡导专业伦理精神,定期开展"德艺双馨教师""十佳青年教师"评选活动,树立师德典型;培养文化素质教育带头人,建设职业指导队伍等;最后改革教师激励制度,将师德纳入教师绩效评价体系。

现代和谐职业人目标的构建与实施,不仅在内容上注重专能、通能、素质协调发展;同时,在途径上注重工学结合、实习体验、企业文化融入、专业课程渗透的统一;在层次上实现学校、二级学院、班级协同。七大行动齐头并进,最终实现系统整合的效果,是具有中国特色的系统化高职文化素质教育实践新模式。

(三)"和谐职业人"理论的实践评价体系

一般来说,专业技能和通用能力的评价可以采取一定的量化指标,而职业人的素质具有潜在性、基础性和积累性的特点。因此,评价和考核和谐职业人教育的成效不能绝对地采取短期功利的评价方式,而应使评价达到软化与硬化的有机统一。对于和谐职业人理论的实践评价体系的建构,应当充分利用事前的内容设计、事中的过程监督、事后的现场效果等手段,定性地评价教育效果;另一方面,借鉴量化考核的优点,力求使素质教育具备一般课程教学所具有的标准化的素质学分和素质证书。比如,制定《学生课余素质教育评价方案》,包括《学生课余素质教育学分评价体系》和《大学生素质拓展认证评价体系》等。素质学分进入每一个专业的培养方案,并颁发《大学生素质拓展证书》作为学生素质教育成果的评价载体等,根据素质潜在性、积累性的特点,探索融入过程性与结果性,定性与定量相结合的考核手段,从而实现素质教育考核由软化走向硬化。

高职院校"和谐职业人"等相关理论,是基于中华优秀传统文化的视角,结合"立德致用,和谐育人"等当代大学精神建构而提出的。它立足于全球化、信息化时代对"高素质技能型专门人才"的培养要求,遵循科技与人文相融合的绿色教育理念,以培养大批知识、技能与素质相协调、做人与做事相统一的和谐人才为目标。基于"和谐育人"基础之上的和谐职业人的成功培育,其相关实践能够在教育目的、教育手段、教育载体上具有明确的体系建构;同时,依据价值观引领、系统构建、有序递进、立体展开的基本原则逐层确立实践路径,最终具备严谨的考察及评价机制,真正能够形成为有理论依据、有实践路径、有操作可行性、有评价机制的多维度立体交叉理论与实践系统。

参考文献:

[1]汤一介:《儒学十论及外五篇》,北京大学出版社2009年版,第65页。

[2]联合国教科文组织国际教育发展委员会:《学会生存:教育世界的今天和明天》,教育科学出版社1996年版,第225页。

[3]季羡林:《季羡林说和谐人生》,中国书店,2008年版,第18页。

[4]周远清等:《论文化素质教育》,高等教育出版社2004年版,第212页。

[5]胡洪波:《我国高等职业教育应杜绝"泛职业化"现象出现》,载《中国教育报》,2010年8月5日。

[6]国家教育发展研究中心:《2000年中国教育绿皮书》,教育科学出版社2000年版,第541页。

[7]国际21世纪教育委员会:《教育——财富蕴藏其中》,教育科学出版社2003年版。

[8]邵庆祥:《高职和谐职业人的培养——基于教育生态学的视角》,载《中国高教研究》,2011年第4期。

[9]吴鼎福、诸文蔚:《教育生态学》,江苏教育出版社2000年版。

[10]韩庆祥:《素质教育的本质:"能力教育"》,载《高等教育研究》,2000年第4期。

[11]徐平利:《教育性还是训练性:职业教育的哲学思考》,载《教育发展研究》,2007年第9A期。

大学公共空间的教育属性与文化反思

蔡先金

（聊城大学高等教育研究院）

摘　要：大学公共空间不同于一般的公共空间，既体现出教育的"空间性"，又反映出空间的"教育性"，需要大学人在当下大学管理中来一次"空间转向"，迎接教育空间时代的到来。其实，无论是古代大学还是近现代大学，都十分注重公共空间创设，可以说，一部大学史也就是一部大学公共空间的创设与治理史，如班级制的教室建构、书院化住宿制、学术沙龙、习明纳讨论式教学、创客空间、虚拟网络课程，无不与教育公共空间创设相关联。审视当下的大学公共空间现状，也有许多令人不满意的地方，主要表现在公共空间的文化缺失，生活空间与教育空间分离，公共空间布局失调，网络教育空间不足，教育空间创设不足，为此要强化实体教育公共空间和网络教育公共空间转型与治理，实现从一般空间向文化空间、从实体空间向虚拟空间、从传统空间向现代空间、从落后空间生产向先进空间生产、从空间生产向教育空间治理转型，打造"空间育人"特色与品牌。

关键词：大学；公共空间；教育；文化

作者简介：蔡先金，聊城大学高等教育研究院教授。

　　时空是存在的基本属性，任何事物都处于一定的时空之中，若无时空则无世界，所以人们又会产生时空崇拜以及时间巫术（如日占）与空间巫术（如风水术）。然而，最为重要的问题却往往又为人们所忽视。相对于时间来说，空间在一定程度上更容易被忽略了，"常常作为我们的生活环境而潜在于我们生活的背景之中"①。人们越来越注意到空间对于人类生存的重要性，英国地理学家 R. J. 约翰斯顿认为："现代人类生存的最重要的事实，是社会的空间差异，而不再是自然界

---

① 吴治平：《空间理论与文学的再现》，甘肃人民出版社 2008 年版。

的空间差异。"①大学公共空间的教育文化属性还没有得到足够的认识，或者说，我们对于大学公共空间的领悟与理解并不像想象的那样令人满意，其实我们步入不同的大学公共空间时会得到不同的体验与感受，北京大学的公共空间不同于哈佛大学的公共空间，而哈佛大学的又不同于牛津大学的，大学独有的公共空间也就成为一所大学显著的文化特色。大学公共空间的文化建构既是我们应该着重思考的一个理论问题，也是一个实践的问题。我们现在以空间思维审视大学，从空间角度分析大学教育时，可能就会得到意想不到的效果，甚或对于大学公共空间理论获得某种关键性的意义。

一、大学公共空间的教育属性

人们过去对于空间的认识，大都是从单向度、可量化、脱离于人类实践活动的、作为"容器"角色的理解，所以就没有形成多少可观的空间理论，但是，古代哲学家对于空间却有一些独到的看法，古希腊时期亚里士多德就认为"空间看起来富含能量却又难以捉摸"。人类进入 20 世纪之后，空间才获得学术界高度重视，西方社会科学学界于是乎发生了引人注目的"空间转向"，对线性的历史——时间认识维度的局限性进行突破，对空间的重视逐渐成为新的潮流，曾被忽略的具有神秘魅力与研究价值的空间露出了真容。这一转向被认为是 20 世纪后半叶知识与社会科学发展中举足轻重的事件之一。在这样空间理论背景下，我们可以反思过去过分强调对于教育文化传统的传承，而忽略了对于教育空间关注的问题。

何谓大学公共空间？大学公共空间属于教育空间，而教育空间属于社会空间，地理学家约翰斯顿将社会空间定义为"社会群体感知和利用的空间"，在该空间中能够反映出社会群体的价值观、偏好和追求等。那么教育空间就是社会群体能够感知和利用的接受教育的空间，并非简单的地点或场所。大学公共空间，不仅是物质空间，还是文化空间，更重要的是教育行为空间和教育感应空间。从不同的角度，大学公共空间可以做出不同的分类，有实体公共空间，有虚拟的网络公共空间；有大型的教育公共空间，也有小型的教育公共空间；有优良的教育空间，也有劣质的教育空间。当空间为教育行为所界定之后，其意义远远超出地点与场景的内涵，微妙复杂得多，优质的大学公共空间能够显示出一种不可轻视的教育力量。

在中国大学教育改革与发展的同时，我们应该考虑教育的"空间性"与空间的

---

① （英）R. J. 约翰斯顿：《地理学与地理学家——1945 年以来的英美人文地理学》，唐晓峰等译，商务印书馆 1999 年版，第 177 页。

"教育性"两个方面的问题。我们的教育是不可以脱离空间的,即教育往往是通过空间来完成的,无论是课堂教学还是实验项目,无论是图书馆阅读还是科技活动,都离不开一定的空间。其实,空间也充当了教育的"角色",不同的教室空间布局可能会带来不同的教学效果,不同的图书阅览环境会给人不同的阅读体验,不同的大学公共空间会培养出不同特质的学生,这些无不表现出大学空间的教育属性。教育空间与空间教育,可以使空间与教育之间产生交互关系。法国社会学家亨利·列斐伏尔认为,空间不是简单意味着的几何学与传统地理学,而是一个社会关系重组与社会关系的建构过程。① 教育与空间之间不是互不相干的,在大学里两者可以相互作用,融为一体,形成一种特殊的社会空间,因此,教育空间应该是我们关注的一个重要的思考方向。大学公共空间,可以形成一种教育的场。这种场具有教育的磁性,具有文化的浓度,具有育人的氛围,受教育者栖居于这种文化的空间,就会有利于塑造理想的精神,高尚人们的灵魂,引导受教育者心中有诗与远方,向更高、更远迈进。

因此,大学人不但要有时间意识,还应该具有空间意识。我们教育工作者在教育教学改革与理论研究过程中,应该来一次"教育空间转向",其实许多教育者已经悄然行动起来了。现在审视我们大学教育改革与发展中涌现出的一些新事物,很多是与教育空间相关的,如创客空间、沙龙空间、书院空间,只是我们很少从教育空间角度予以自觉的认识与理论指导而已,可以说,还处于一种教育空间"自在自为"状态。在大学教育教学改革与发展中,我们应该自觉地转移到教育空间上来,发现教育生活中的"空间性",给予教育空间更多的青睐,教育空间的时代就一定会到来。在教育空间得到足够建设与塑造之后,大学就会具有神秘的空间魅力,大学上面的天空就会不同于一般机构上面的天空。

二、大学公共空间创设的历史回顾

大学的历史也是一部大学公共空间创设的历史。中国古代的大学在创建初期就非常重视空间的营造。西周中央设置的辟雍,圆形校址,围以水池。汉班固《白虎通·辟雍》云:"天子立辟雍何? 所以行礼乐、宣德化也。辟者璧也,象璧圆又以法天;于雍水,侧象教化流行也……外圆者,欲使观之均平也。又欲言外圆内方。明德当圆、行当方也。"北魏郦道元《水经注·谷水》云:"又径明堂北,汉光武中元元年立,寻其基构,上圆下方,九室重隅十二堂,蔡邕《月令章句》同之,故引水

---

① 参见(法)亨利·列斐伏尔:《空间与政治》,李春译,上海人民出版社 2015 年版,第 17—20 页。

于其下,为辟雍也。"东汉李尤《辟雍赋》云:"辟雍岩岩,规矩圆方。阶序牖闼,双观四张。流水汤汤,造舟为梁。神圣班德,由斯以匡。"诸侯设置泮宫,半圆环型,三面环水,《诗·鲁颂·泮水》曰"思乐泮水""敬明其德""怀我好音"。庄子还运用寓言方式想象出孔子营造的教育空间,"孔子游于缁帷之林,休坐乎杏坛之上。弟子读书,孔子弦歌鼓琴"(《庄子·渔父》)。后来的太学、国子监、弘文馆、崇文馆、书院,无不注重教育空间的设置。书学之地,文化隆盛,后人进入古人留下的教育空间遗址,无不肃然起敬,深受教化。中国传统的教育空间,传达与辐射出中国教育传统与教育精神,具有东方教育文化空间的特质与魅力。

西方人同样十分注重空间的设置,圆形斗兽场的空廓,教堂内部空间的肃穆,议会大厦内部空间的分区,无不传达出西方人某种特有的意识形态与文化特征。西方教育空间的创造力也十分突出,夸美纽斯发明的班级授课制度从某种角度来说也是一种班级教育空间的创设。牛津大学的书院制也是一种教育文化空间的创造,将生活空间、文化空间与教育空间统一起来,融为一体,用于实现育人的目的。这些教育空间模式影响至今。

西方沙龙是一种典型的文化空间。从 17 世纪开始,巴黎的名人(多半是名媛贵妇)常把客厅变成著名的社交场所,戏剧家、小说家、诗人、音乐家、画家、评论家、哲学家和政治家等参与其中,他们志趣相投,聚会一堂,高谈阔论。二十世纪的二三十年代,林徽因在中国也曾创设过一个"太太的客厅",成为当时一个著名文化沙龙。尽管一般的沙龙多为贵族或文人墨客的清谈场所,但是学术沙龙却在科学发展的历史上起到了十分重要的作用。影响深远的控制论思想就产生于 20世纪 30 年代由罗森勃吕特领导的一个学术沙龙,由于该沙龙每月 1 次在哈佛大学的餐厅中举行,所以控制论被称为"餐桌上的思想火花"①。大学中的学术沙龙既存在于某个空间,又可以丰富某个空间,给予某个空间带来文化的氛围以及文化的"遗留"。所以,学术沙龙成为高水平大学重要的学术空间存在,同样承担起了教育空间的作用。当然,后来"工作坊(workshop)"同样是一种人们思考、探讨、相互交流的空间形式。

习明纳(seminar)既是一种教学和研究制度,也是一种教育空间模式的创设。习明纳是由 19 世纪德国著名历史学家利奥波德·冯·兰克(1795—1886)发明的,是在德国政府支持下大学教学改革与发展的结果。习明纳是在一定的相对自由的空间,在教授指导下,由高年级学生和优秀学生组成研究小组,定期集中在一起,共同探索新的知识领域。通过习明纳的专题研讨班的授课方式,利奥波德·

---

① 许淳熙:《学术沙龙与科学研究》,载《科学学研究》,1996 年第 1 期,第 76 页。

冯·兰克培养出了包括魏茨（Georg Waitz）、吉泽布雷希特（Wilhelm von Giese-brecht）和聚贝尔（Heinrich）在内的大量历史学家，对历史学发展产生深远的影响。

以上提到的无论是班级教室空间还是书院化空间，无论是学术沙龙空间还是习明纳教学空间，都是大学实体的公共空间。随着互联网以及数字化时代的来临，教育网络虚拟空间迅速出现，在线学习成为现实。大学虚拟公共空间影响力十分强大，远远超出人们的想象。"大规模开放网络课程（Massive Open Online Course）"，简称慕课（MOOC），借助最先进的智能技术，开发出最优质的课程资源，为学习者提供个性化的学习支持，开辟了一个崭新的教育与学习模式，必将对传统的教师授课方式造成冲击。慕课是以连通主义理论和开放教育学为基础的，其特点显然就是大规模、开放式、网络化。2001年，麻省理工学院发起了开放课程（OCW）运动，在世界引起巨大反响。慕课最重要的突破发生于2011年秋，来自世界各地的16万人注册了斯坦福大学开出的一门《人工智能导论》免费课程。2012年美国斯坦福大学、哈佛大学和麻省理工学院纷纷推出在线课程平台，从而引发了高等教育领域慕课的兴起，一时被誉为"印刷术发明以来教育最大的革新"。2012年被《纽约时报》称为"慕课元年"。大学虚拟公共教育空间的出现，可谓是一项开天辟地的历史大事件，必将载入大学发展史。

从中国书院文化空间到国外的牛津大学住宿学院制，从班级制到学术沙龙，再到习明纳教学方式，一直到虚拟网络教育空间的出现，大学教育一路走来，就是教育空间创设的历程，或者可以说，由于教育空间的不断创设，也带来了大学的进步与发展。

三、当下大学公共空间问题的反思

当大学教育发展到今天这个地步，我们最需要的是一种必要的反思。倘若不进行必要的反思，那么我们的大学教育的发展甚至有可能会陷入盲动的、混乱的危险境地。反思是一种面向事物内在本质的深入的觉解，是一种洞察事物发展规律的幽玄的觉悟，是一笔只有觉醒的人才会拥有的稀有的财富。我们对于大学教育空间的反思，是十分必要的。当下大学在教育公共空间方面主要存在这些问题。

（一）公共空间的文化缺失

大学的公共空间就应该不同于一般社会机构所具有的空间，应该具有自身的文化特色与品位。我们许多大学的空间显得粗糙、浮躁，有的大而不当，有的小而局促，缺少精致与温馨，甚或缺少那份应有的尊严与敬畏，总的来说，这是大学空间文化缺失造成的。有的图书馆庞大的空间显得冷清与空旷，甚至散发不出书香;有的建筑空间没有一个值得玩味的故事,亦毫无风格可言;有的校园空间布局杂乱无章,索然乏味,形成不了一种教育的场。烦闷的空间,往往会产生负能量;杂乱的空间,往往与逻辑相悖;破碎的空间,往往与整体思维不和;局促龌龊的空间,培养不出绅士风度。只有诗性的空间,方可诗意地栖居;只有富有想象力的空间,方可培养创新与创造精神;只有文化的空间,方可成为真正的教育空间。倘若我国大学的高速扩张带来了校园空间文化缺失的问题,那么必将影响了大学的健康发展。空间与文化是密不可分的有机整体,大学公共空间是文化的物质表现,而大学文化则是空间发展的价值导引。大学公共空间的文化传承与文化塑造是一项十分艰巨而复杂的任务,需要建立科学的传承发展观,做到创新性发展与创造性转化。

（二）生活空间与教育空间分离

大学的公共空间应该没有多余的空间,应该都是对于受教育者产生教育影响的教育空间。古代传统书院的生活空间和教育空间是融合的,而现在制度化的现代学校教育却使二者分离。大学食堂空间仅仅满足简单的饮食需要,没有禅意的茶室,没有咖啡的飘香,缺乏饮食的文化,也没有闲暇的滋味,更不会产生"餐桌上的智慧火花"。大学生宿舍,有的脏乱不堪,缺乏基本的宿舍文明,没有阅读的场所,也没有教师与学生交谈的地方,罔谈书院化空间。一旦生活空间,空白乏力,文化荒漠,甚至龌龊不堪,无文化可言,无教育属性,这样的空间又如何能够教化出有教养的文明人? 大学的生活空间、文化空间与教育空间应该是三位一体,如此方可做到学术生活与非学术生活、教育活动与教养养成的统一。

（三）公共空间布局失调

大学和谐的公共空间布局可以为师生提供优良的学习环境和舒适的公共交往空间,可以体现出现代化大学校园精神文明建设、校园物质文明建设和校园文化内涵。现在有的大学公共空间布局很是失调,要么功能不完善,比如缺少必要的公共场所,没有大型美术展览的公共空间,没有充足的体育教育空间,没有可以享受音乐的音乐厅;要么布局杂乱,职工宿舍与教学区混杂,实验室与学生活动场所毗邻,小商小贩街区拥挤不堪而又堂而皇之成为校园内公共空间。这样的校园公共开放空间与教育空间之间存在差距,不符合师生的行为心理需求,更不会产生优美的意境,影响高素质人才的培养。大学校园公共空间布局需要进一步完善与优化,应该体现以育人为中心的办学理念。

（四）网络教育空间内容贫乏

现在的年轻大学生是数字原住民,虚拟的网络空间生活是他们现实生活的重要补充,然而,大学能够提供的网络教育空间却不足,主要表现在信息技术利用不足,教育内容提供不足,教师的信息技术知识与能力不足。在线教育,即"互联网+教育",是指利用信息技术,通过互联网进行教育内容传播和学习的活动。在线教育与过去所谓的 e – Learning 在概念上有所交叉,但亦有所区别。e – Learning 本义是代表电子化(electronic)的学习。美国是 e – Learning 的发源地,这不只是一种技术,重要的是通过技术手段令教育产生的巨大变革,这才是 e – Learning 的重大意义。随着网络的出现与普及,在线教育于 1998 年以后在世界范围内兴起,从北美、欧洲迅速扩展到亚洲地区,乃至全世界。"互联网+教育"已经远远超出原有的 e – Learning 范畴,正成为比特时代的大学教育的必要抉择。大学应该给学生更多、更为丰富的教育网络空间,让学生们享受到更多的大学虚拟公共空间。

(五)教育空间创设不足

教育空间创设是教育教学改革的重要内容,而且教育空间的变化可以带来教学组织方式以及教学方式的变革,这一点却没有引起大学人的足够重视,结果导致一些教学改革止步不前,主要是因为受到教育空间的限制,教学改革成了"带着镣铐跳舞"。我们有的大学教室空间还是只适应于灌输式教学而不适应于习明纳分组讨论教学方式,大学生宿舍还只是住宿的场所而非书院化的空间。我们很少提供学生创客空间和科研活动场所,很少提供沙龙空间,很少提供英语角,总之,我们很少从教育空间角度去考虑我们的教学改革工作,其实,只要我们的教育公共空间发生了变化,就可能会给大学教育教学方式带来新的变革。我们大学现在需要弥补教育公共空间的不足,创设更多的教育空间。

四、大学公共空间转型与治理

我们大学应该进一步发挥教育公共空间在传递与凝结大学文化、承载与诉说大学历史、呈现与塑立大学品位、促进和优化大学育人等方面的作用,强化实体教育公共空间和网络教育公共空间转型与治理,打造"空间育人"品牌。

(一)从一般空间转向文化空间

大学处于空间中,但是一般性的、文化贫乏的空间很多,而富有文化的空间却很少。创设文化丰厚、优美舒适的实体教育公共空间是很有必要的。要进一步优化大学公共空间的设计与布局,使学校各类建筑、公共空间的内外部结构体现出浓厚的人本气息和厚重的学术、文化氛围。教室、实验室、研讨室等教学科研场所在内部设施配备和组织方式上应按职能进行调整,满足不同教学组织形式的需求。要重构学生社区,打造具有特色的书院式新社区,推进学习与生活一体化。大学空间的文化应该具有温度、厚度、浓度、高度、广度,这是大学教育空间文化转向的方向。

（二）从实体空间转向虚拟空间

网络空间（Cyberspace）已成为人类社会的"第二类生存空间"，也已经成为我们认识现今教育的一个重要维度。我们大学不能只关注实体空间，而忽略虚拟网络空间创设。我们应该坚持以学生为本，打造"自由、开放、协作、分享"的学生网络学习空间，为实现翻转课堂、师生网络交流、学生自主学习提供平台与技术支持；应该进一步完善知识库、成果库、音视频库、试题库等学习数据库建设，为学生自主学习提供多元化、多形态的学习资源；应该以提供便捷、全面的服务为核心宗旨，构建专门的师生网络交流空间，让全校师生能够利用这个空间进行学术交流，促进不同专业学生之间的网络空间交往，促进不同专业、年级学生之间的思想交流；应该为学生提供网络创客空间，为学生网络创业提供平台与技术支持。

（三）从传统空间转向现代空间

大学空间的创设需要与时俱进，我们过去的教室空间布局适应于传统的灌输式、讲座式教学，并不适合于现代的翻转式课堂，也不适应于习明纳讨论式教学，我们只要改造我们的教室布局，装置必要的投影仪，多媒体教室可能就是一个现代的教育空间，给予受教育者一个耳目一新的效果。教室的设置与改造，可以影响我们的教育活动与教学方式，不同的教室空间重构，会产生不同的教育效果，圆桌形式容易对话，建构平等与民主的氛围，讲台方式容易产生主宰与主导心理感受。我们的学生宿舍，只要增加阅览室，增加咖啡沙龙，增加讨论的空间，增加文化的空间，那么生活空间和教育空间就会融合一体，现代大学空间的气息就会扑面而来。教育创客空间（Educational Makerspaces EM）和创客教育（Maker Education ME）对我们现在使用的教学和学习方法具有潜在的革命性作用。教育创客空间是理想的创客教育环境，只有创设更多的创客空间，才能适应蓬勃发展的创客教育的需要。

（四）从落后空间生产转向先进空间生产

空间生产是一项重要的人类生产方式。《老子》云："埏埴以为器，当其无，有器之用。凿户牖以为室，当其无，有室之用。故有之以为利，无之以为用。"在大学校园扩建或建设新校园的过程中，我们往往缺乏空间认识和空间规划理念，只是委托一般规划公司进行简单的粗糙的规划，然后又委托建筑公司进行一般性的建设，结果忽视了大学公共空间的结构优化与资源配置，导致空间内涵与创意的缺失。这种大学公共空间的生产就是一种落后的空间生产方式，平庸与乏味就在所难免了。落后的空间生产方式，简单地从实用主义出发，不知无用之大用的大道理，在物质层面上的投入很多，在文化层面上的投入却很少，结果是浪费了很多物质却丢掉了文化。现代大学文明同样应该表现在教育空间文明上，所以在教育空间生产上应该运用先进理念指导下的先进生产方式，方才可以生产出令人兴奋的教育文化空间。

（五）从空间生产转向教育空间治理

针对大学公共空间的现状，我们应该进行必要的空间修复与治理，这是当下应该考虑的问题。在科学的空间价值观指导下，推进大学公共数字空间、智慧空间、文化空间建设，提高大学公共空间的治理能力，消除一切有碍教育的空间障碍，并通过制度与技术等手段确保大学公共空间的优良品质。大学教育既然已经实质性地延伸到网络空间，那么网络教育空间治理也同样应该提到大学的议事日程。我们在公共空间治理上，应该做到善治，就治理主体而言，应该做到"善者治理"；就治理目的而言，应该做到"善意治理"；就治理方式而言，应该做到"善于治理"。善治是一种境界。大学公共空间治理体系的构建同样需要一定的境界，只有达到了一定的境界方才可以有"善态治理"之结果。

综上所述，大学公共空间不同于一般的公共空间，既体现出教育的"空间性"，又反映出空间的"教育性"，需要大学人在当下大学管理中来一次"空间转向"，迎接教育空间时代的到来。其实，无论是古代大学还是近现代大学，都十分注重公共空间创设，可以说，一部大学史也就是一部大学公共空间的创设与治理史，如班级制的教室建构、书院化住宿制、学术沙龙、习明纳讨论式教学、创客空间、虚拟网络课程，无不与教育公共空间创设相关联。审视当下的大学公共空间现状，也有许多不令人满意的地方，主要表现在公共空间的文化缺失，生活空间与教育空间分离，公共空间布局失调，网络教育空间内容贫乏，教育空间创设不足，为此要强化实体教育公共空间和网络教育公共空间转型与治理，实现从一般空间向文化空间、从实体空间向虚拟空间、从传统空间向现代空间、从落后空间生产向先进空间生产、从空间生产向教育空间治理转型，打造"空间育人"特色与品牌。

导师的补修课　研究生的必修课

——记用中华瑰宝指导做人修学的"翻转课堂"

隋允康

（北京工业大学机电学院）

摘　要：为制止学风下滑，寻找对策是博士生和硕士生导师的责任，为此，作者提出将钱令希院士的"身教胜于言教"改变为"身教和言教并重"；把杨叔子院士要求学生背诵的传统文化经典变通为学习它的"言教"教材。作者与年轻人一起，于2003年开始学习《弟子规》，陆续学习了《大学》和《中庸》，接着学习《论语》。已经持续了14年的学习，开始阶段是放在学术例会的前端，后来发展为每周两节课的专门学习，形成了研习文化瑰宝的翻转课堂。本文除了详述一套完善做法的来龙去脉和学习效果，还在本文的开始，从恩师钱令希院士故乡的一次纪念活动说明良好的人文环境对于人才成长的重要性，在本文的中间列举了自己在学习课堂上的发言，在结尾部分叙述了自己的体会。

关键词：学风建设；德行教育；传统文化经典；翻转课堂；研究生导师；人文环境

作者简介：隋允康，北京工业大学机电学院教授。

一、从地灵人杰说起

去年5月7日，恩师钱令希院士的故乡举行了"百年伯仲，双星闪耀"纪念大会，受恩师故乡江苏省无锡市鸿声镇的邀请，我和老伴参加了隆重的大会。"伯仲"或"双星"是指2016年冥寿分别为110岁和100岁的亲兄弟俩钱临照院士和钱令希院士，哥哥是物理学家，弟弟是力学家，两人又都是教育家。故里邀请了"伯仲双星"的各十位弟子和两家的几名子女参会。

恩师故里鸿声镇出现了6位钱氏家族院士（钱穆、钱伟长、钱俊瑞、钱临照、钱令希和钱易）和一名外姓院士（邹承鲁），因此人们称赞这片土地为风水宝地。风水宝地的说法，与我的想法是相契合的，这是因为，在来之前，我和老伴儿合作创作了一幅四尺写意国画,题款为"灵杰之地——钱氏兄弟院士故里鸿声镇",画中一只孔雀伫立在青石之上,周围是盛开的牡丹。为了弄清楚这儿为什么是"灵杰之地",我和老伴在会议召开的前两天,于5月5日,去参观离鸿声镇政府只有8.8公里远的"泰伯庙",接着去参观不足1公里远的"钱穆和钱伟长故居"。

对于泰伯和仲雍的景仰,缘起于我和研究生学习《论语》的过程。当我学《论语》"泰伯篇第八"时,了解到一个令人感动的故事。泰伯和仲雍是后来的周文王姬昌的大伯父和二伯父。吴越之地尊泰伯为其先祖,并在今无锡梅里建有泰伯庙。孔子赞叹曰:"泰伯,其可谓至德也已矣。三以天下让,民无得而称焉。"

百年伯仲纪念大会于5月7日召开。鸿山街道、弟子代表、家属代表陆续发言,缅怀两位院士的生平业绩。接着,我向鸿声镇赠送了我和老伴的画作,而且发言介绍创作此画的想法。

我说道:孔雀、牡丹、青石,都是为了渲染鸿声镇是地灵人杰之地。然而,我思考的却是——如何理解"地灵人杰"? 的确,"地灵"首先使人想到的是风水宝地,而我心目中的风水宝地一定有天地融合的要素,还要有天、地、人的合一,也就是说,"地灵"是天地人合一所产生"灵动"的简称。"地灵人杰",有"天地人合一之灵",才有杰出人才的涌现,亦即"人杰"。"地灵"为因,"人杰"为果。

既然广义的"地灵"是"天地人合一之灵",就有必要剖析其中"人灵"的内涵,其实它是一方宝地人文精神的传承和积淀。无独有偶,当今有伯仲院士,3500年前有伯仲大德——泰伯、仲雍。"千年双星"运化"蛮荒"转成"文明",可称为"文化伯仲",而"百年双星"则是"科学伯仲"。这样说的道理在于:包含上千年的人文传承。

"人灵"中还应当提到独特的钱氏家族,鸿声镇的钱氏始祖是五代十国时期的吴越武肃王钱镠(liú)(852年—932年)。钱镠生于浙江临安的一个寒微农家。目睹乱世,布衣崛起,保境安民,使吴越十三州免遭蹂躏。文天祥盛赞钱镠:"武足以安民定乱,文足以佐理经邦"。

钱氏后裔整理武肃王家训共600多字,例如,"个人"篇指出:"心术不可得罪于天地,言行皆当无愧于圣贤……""家庭篇"指出:"……勤俭为本,自必丰亨;忠厚传家,乃能长久。""社会篇"指出:"信交朋友,惠普乡邻。恤寡矜孤,敬老怀幼。……""国家篇"指出:"执法如山,守身如玉。爱民如子,去蠹如仇……"

大会之后,我写了一首《地灵人杰颂》,寄给了鸿声镇:"千年伯仲,泰伯仲雍,始建句吴,文化传统。钱氏祖翁,立德立功,武肃王镠,家训传颂。百年伯仲,钱家弟兄,临照令希,科教声鸿。"

总之,我认为"地灵人杰"中的地灵,最为重要的是人文精神的传承。推而广之,我相信:只要宝贵的人文精神在中华大地上不断线,中华大地就会成为灵杰之国! 由此反观那些否定祖国传统文化的想法,更加感觉他们实在是不负责,或者是太幼稚了。这就是拜访鸿声古镇的最大收获!

二、师长的启迪——变通钱先生和杨先生的做法

拜访鸿声古镇的另一收获是:知晓了恩师钱令希先生人格魅力的来源。恩师钱先生于1978年,将我从吉林省通化地区建筑设计室调转回母校大连工学院(现在的大连理工大学),直到1998年因为家庭原因,调到北京工业大学工作。20年来,担任他老人家的科研助手,从事计算力学和结构优化的教学、科研和指导研究生工作。耳闻目濡钱先生教诲,不仅在学问上受益匪浅,而且有幸在做人方面深受熏陶。

一般的老先生,多数都是愿意帮助年轻人的,可是常常限于自己的弟子圈内,而钱先生则不然,认识不认识他的,他都有求必应,哪怕中小学生给他写信,他都要作答,实在忙不过来,就委托我代笔回信。他的心态和做法,接近于佛家倡导的"无分别心"。现在明白了,钱先生高贵的人品,来源于他的故里鸿声,祖上之德他传承了,钱氏家训他奉行了。

钱先生对于教师们和学生们的影响是以身作则的作用,"身教胜于言教",钱先生做到了,可以说是"身教毋须言教"。自己在大连理工大学指导博、硕士生们,尚未考虑对他们的德行教育,只要同他们讲述自己在恩师钱令希院士感召下诚实做人、踏实研究的故事,他们就能够保持良好的学风。

1998年来到北京工业大学,发现这里的研究生不如大连理工大学研究生们好带,主要问题不是知识基础差,而是有一些混文凭的倾向。令我纠结的是:我指导学生花费的口舌中,七分用于讲做人,三分用于讲做学问。学风的问题每况愈下,原因在哪儿? 答案很容易找到,与大环境的浮躁直接相关。能不能找到解决的办法? 这是令人难以解决的问题。我一直在上下求索,寻找办法,当时还没有找到学习传统文化精华的途径。

看来,在浮躁的大环境下,简单搬来恩师钱令希院士"身教胜于言教"的范本还不行,必须做些改变,我想:它应当让位于"身教和言教并重"了。导师给学生们继续做好榜样,身教依然需要! 然而,如何对他们进行言教呢? 年轻人并不喜欢空洞的说教,"言教"确实不容易奏效啊,这也确实难为了我。

幸运的是,听华中科技大学杨叔子院士的一次讲学,使我产生了解决问题的灵感。杨先生要求自己的博士生:如果不能背诵《论语》或老子的《道德经》,就不可以进行学位答辩。于是我去找出这些经典阅读,浏览之后我产生了信心,如果

我用它们作为"言教"的教材，那就有可能使"言教"不落于空洞的说教，而成为辅助"为学"的"做人"之道。可是，我自己就很难背诵下来这些经典，又怎么能够要求学生去背诵？另外，这些经典是文言文，我也因之似懂非懂。推己及人，我应当把传统经典作为"言教"的教材而不是背诵的经文。

三、最初的摸索——始于学习《弟子规》

面对大环境的变化，我提出"身教和言教并重"，是对于钱令希先生"身教胜于言教"的改变之策；把背诵经典变为学习经典，则是我对于杨先生做法的变通。大的方略定下来了，接着进入操作的层面了。首先的问题，学习中国传统文化瑰宝，选哪一本经典作为"言教"的教材呢？《论语》和《道德经》都太艰深了，应当找一本浅显易懂的教材。找来找去，最后落在了《弟子规》。

《弟子规》是清康熙年间秀才李毓秀先生所作，基于《论语》等儒家经典组织成全部内容，三字一句共有 360 句，计 1080 个字。两句或四句连意，合辙押韵，朗朗上口，详述青少年学子应该恪守的伦理道德规范，先是"总叙"，然后分为七个部分：入则孝、出则悌、谨、信、泛爱众、亲仁、余力学文，描述了囊括在家、出外、待人、接物与学习上的具体行为守则。

我理解：《弟子规》很适合当作"小学生和中学生守则"，称它为内容压缩了的青少年版《论语》并不为过。作为深入浅出的《论语》等儒家经典入门读物，由于在青少年时期缺乏系统、恰当的"操行课"学习，不仅对于大学生和研究生，而且对于我，《弟子规》都应当是有待补学的必修课。

2003 年，我与青年教师及研究生一起，开始学习祖国传统文化，《弟子规》就是我们的第一本正式教材。我们没有另辟专门的"补修课堂"，而是在每周一次的"学术例会"的开始，十分自然地加进了学习一段《弟子规》的内容。众所周知，任何一位导师召开的"学术例会"上，在博士生和硕士生汇报自己一周的研究进展和存在的困难之后，他都要与同学们讨论解决问题的方案，给出具体的指导。而我召开的"学术例会"，却在每次纯学术业务例会的开始，加进了道德和文化修养的内容。

与此相关的问题是如何进行学习。首先是把《弟子规》的复印件发到每位年轻人的手里，每次例会时讨论内容相近的一或两段，即 24 个或 48 个字。通过学习，发现学生们比以前更加懂事了，机电学院办公室的老师对我讲：您指导的学生特别懂礼貌，尊重我们。尽管 2003 年"非典"肆疟，可是研究生们心态平静，安心做论文，年轻人的学风扎实多了。我相信自己找对了"身教与言教并重"的路径。

我组织青年教师及研究生一起学祖国传统文化瑰宝，已经持续了 14 年。学过《弟子规》之后,陆续学习了曾子的《大学》、子思(孔汲)的《中庸》,在这中间,又学习了两遍《弟子规》,接着学习《论语》,现在《论语》的"乡党篇第九"即将学完。

回顾往事,我发现具体的学习中有两点竟然是领先的做法:一个是学习《弟子规》,当时还没有听说在中国大陆有这方面的先例,而在十多年之后,社会上相当广泛地出现了学习《弟子规》的热潮;另一个做法是,当时我和年轻人共同参研的学习形式,酷似现在流行的翻转课堂。

四、逐渐完善——研习文化瑰宝的翻转课堂

我和年轻人研习文化瑰宝的做法,经历了越来越完善的三个阶段。

第一阶段是"从即兴讨论到讨论与发言相结合"。刚开始学习《弟子规》时,采取了即兴讨论的方式。我发现大家的看法往往停留于表面,这显然是由于准备不足的结果,为了能够深入下去,我敦请大家事先预习,并且一位安排学生主讲。每次主讲者发言之后,大家讨论,最后我发言并且总结。

第二阶段是"从口头发言到发言与多媒体相结合"。如何提高学习效果?既然正规的课堂总是有多媒体的运用,我们也不妨借鉴一下,于是主讲的学生和我都多了一项预先的功课——做 PPT。主讲同学提前做出发言用的 PPT,提前传到我的电子邮箱,我阅读修改后反馈修改意见。

第三阶段是"从发言准备到发言与总结相结合"。伴随着经验的积累,大家的学习心得越来越多,认识也更加深刻。我感觉应当把收获及时地总结,于是我安排主讲同学做学习记录,并且每次学习之后认真整理成为 Word 文档,传给我进行修改、润色,最后定稿;定稿后的记录传给大家阅读。

在学习中,不断地总结经验,逐渐形成了上述一套完善的做法。值得一提的是两个"助手"的作用,一个助手是班长,他除了安排同学的主讲计划,还在日常沟通我和研究生的联系;另一个"助手"是网络,遇到我和年轻人无论在理解一段欲学的话语或者为了做 PPT 而需要下载图片,网络都给予了充分的帮助。

回顾 14 年的学习,从在职和退休的角度看,经历了三个阶段:第一阶段是我、青年教师同我的博士生、博士后和大家的硕士生共同的例会;第二阶段是我、青年教师同他们的硕士生共同的例会,此时我的博士生和硕士生已经毕业,博士后已经出站;第三阶段是我同机电学院主要是计算力学的硕士生每周两节课的专门学习《论语》。

回顾 14 年的学习,从师生的关系看课堂,属于"翻转课堂式教学模式"(Flipped classroom teaching mode),这是 2000 年之后国际上出现的改变教师的单一讲课成为师、生互动的做法。其前提是学生在教师的安排下,预先在家完成知

识的自学,从而在课堂上的开始阶段,翻转了师生的位置,而由学生讲授,早期也有文章用 Inverting(使倒置,使反转)而不是用现在流行的 Flipped(快速翻转、急挥等)表达翻转之意。

如果说教师只是听,那就错了,当学生讲完之后,教师要总结,包括答疑解惑、讲述知识的运用、能力的发挥等,由于学生的主动参入,课堂不仅是活跃的,而且会有许多不可预见的情况出现,意味着会有对教师知识修养和学识见解的挑战。那个时期相关的大学教学的国际会议均有翻转课堂的论文出现。这当中互联网的发展和普及,对于翻转课堂的方法起到了支撑的作用。

虽然我那时并不知道国际上对于翻转课堂的探索,但是我们的做法居然与这一教学变革做法相契合,这也是很有趣的事情。

五、待补必修课——瞄准做人为学

常有人问我:"你不是指导博士生、硕士生研究计算力学和结构优化的教授吗? 干嘛同研究生们一起学《论语》呢?"我的回答是:"既然我们要面对浮躁的学术氛围,那就应该有对策,要使学生在攻读学位中,懂得做人之理,能够自律,乃至为他们的人生奠定伦理道德的基础。"

宋朝宰相赵普说"半部论语治天下",当今有人认为"半部论语保平安",这些看法确实是有道理的。人生风风雨雨,真的应有个保驾护航的法宝。儒家思想为主的传统道德,就具有如此的功能。这个信念成就了我作为理工科教师中另类的做法——同年轻人一起补修中国传统文化的课程。

我对青年教师和研究生们经常讲:要学、悟、行祖国传统道德的精华! 行是落脚点,也就是做,就要懂得——认真做论文是增长才干的途径,要在做学问中学做人,以做人促进做学问。

学习《论语》上的每一段话,我几乎都要准备两三天。我先是逐字逐句地把疑难的字义弄懂;反复推敲这段话的意思,译成白话文;接着则是深入地思考每句话,少则提出十几个问题,多则提出二十几个问题,学问学问,没有问修不成学,随着问题的解答,对一段话就有了深刻的理解;每一次整理一份 word 文档,为自己做幻灯片用,也为学生整理记录用。每次备课,我还要准备一些自己在学习方法和科研方法上的感悟内容,制成幻灯片,若时间有富裕,就给他们讲一下。

学习传统文化经典的"翻转课堂"模式很好用:师生共同研讨和领悟做人、做学问道理的过程。虽然在每一次的学习发言中,我讲的感想多、体会深,由于我比年轻人阅历多,加上我又迫切希望梳理一下自己的感想、体悟的缘故,但在古圣先贤的面前,我和研究生们一样,永远是个小学生。

在同参共研的学习中，我经常穿插讲述自己的故事，出自对于长辈们、老师们的敬爱，我尽管没有系统地学习圣贤之教，但大体上还是与之相符。若那时能像今天这样系统地学，就会成长得更好。

学习传统经典颇有"润物细无声"的作用，我同研究生们的交流反馈中，强调不造假、端正学风的话语越来越少，做人教诲与做学问指导的七、三开不知不觉地变成了三、七开甚至二、八开。

我还发现，科学研究的方法完全可以从古圣先贤那儿找到印证的话语。例如：一阶导数值等于零是函数取极值的必要条件。以一座山峰的顶点为例，登山未到峰顶时，向上爬，导数大于零；越过了顶点向下走，导数小于零；而停在顶点，导数等于零。如此，难以理解的中庸之道用这种几何描述，就豁然明朗了：中庸点就是作为纵坐标的函数取极值时的横坐标值，未及此点，函数值还要增长，过了此点，函数值就要下降，故曰"过犹不及"。

在没有建立函数概念的古代，古人仅用文字描述一些深刻的哲理，实在有大智慧！为此，我结合自己学习到的古圣先贤的论述，整理了自己常用的科学创新方法，制成了讲座的幻灯片，在大连理工大学和北京航空航天大学做报告，受到师生们的欢迎。

我曾经与两位年轻的副教授合写了一本《材料力学》，在机械工业出版社出版，我在每章的开头，都加了一个"赠语"，是与本章相关的语录，其中有老子、孔子、庄子、孟子、荀子、管子、孔汲、杨雄、程颢、程颐等人的论述。期望以此也能够熏陶本科生们，使他们在学习理工科课程时，略懂一点做人做学问的道理。

为此，我由衷地感谢孔子及其弟子，以及历来的学者，其中也括程灏、程颐、朱熹、张居正等我所敬仰的所有古圣先贤。其次把感谢奉献给启迪我的钱令希和杨叔子先生。我还感谢浮躁的文化生态环境，对此自己原本是抱怨的，但是从这个相抗争的初心出发寻找对策，才找到了学习传统文化精华的路子，所以也感谢它。第四个感谢致以创建网络世界的千千万万的人们，使我有了极其便捷且高效率的工具，以往则不然，当我去图书馆查询无果而归时，文科方面向家父请教，数学方面找著名的数学家徐利治教授答疑。最后，感谢共同参加一起学习的年轻人们，他们诚挚的态度、求知的渴望、热情的参与，给了我坚持下去的信心。

越学，我越感到补这个人生的必修课，实在是太有意义了。虽然我已经退休，但是还担任学校本科教学督导组咨询委员会主任的工作，每周我都要安排两节课同研究生们一起学习《论语》。老伴说："既然退休了，为什么还要与学生们学习？"我回答："补补自己在传统文化方面的缺课。"老伴说："那就在家自学呗！"我答："与研究生学有两个好处：对自己可以督促，不能松懈；对学生可以熏陶，影响他们。"

不过,影响面也确实太小了,我常想:如果每位博士生导师、硕士生导师都能像我这样发掘中国固有的文化瑰宝,升华自己,熏陶学生,就可以改变浮躁、造假的学术生态环境,能这样该多好啊!

进而又想到整个世界,如果各国的教授都能够用自己本土文化、道德的精粹影响自己学生,那么全球的学术界基本上就会出淤泥而不染了!

作为一名74岁的老教授,尽管是北京市学术道德和学风建设院士与专家宣讲团成员,毕竟影响面是很有限的。不过我深信:努力做好自己,或许会产生一点示范作用。我发自内心地庆幸自己在60岁之后竟然有了一个难能可贵的补课机会,今后,希望继续为自己和年轻人补课,师生用好翻转课堂,同参共研中华文化瑰宝。

参考文献:

[1]隋允康:《追求完美——献给母校校庆六十周年》,大连理工大学出版社2009年6月版。

[2]隋允康:《做人为学的必修课》,载《北京工大报》,2015年9月30日,第2版。

[3]王伟伟、元月:《隋教授带我们走进"德行之旅"》,载《北京工大报》,2016年3月25日,第4版。

[4]隋允康:《跟孔子学择友而交》,载《北京工大报》,2016年4月13日,第4版。

[5]隋允康:《多维度学习惜时珍道与自强不息》,载《北京工大报》,2016年5月20日,第4版。

[6]隋允康:《从百年追思到千年追溯》,载《大连理工大学报》,2016年7月16日,第3版。

[7]隋允康:《不谬 不妄 不因》,载《北京工大报》,2016年11月9日,第4版。

从文化育人视角下探讨大学文化建设

邱晓飞

（北京工业大学党委宣传部）

摘　要：近年来，随着我国高等教育的大众化深入推进，大学的发展开始由扩张式发展向内涵式发展转变，此时，又将大学文化建设提上了重要的位置。党的十八大报告提出："文化是民族的血脉，是人民的精神家园。"这一论述对文化、文化育人的意义，都阐述的十分深刻和透彻。所以在新的时期，要在坚持大学的发展过程中贯彻十八大精神，就要进一步加深对文化的认识，对文化育人的认识，努力推进文化与文化育人的建设。对于大学文化、文化育人的理解，不同的研究者有不同的观点，本文就文化育人的内涵、文化育人的内容和途径，谈谈观点和认识。

关键词：文化育人；学生文化；教师文化

作者简介：邱晓飞，北京工业大学党委宣传部部长，副研究员。

一、文化育人的内涵与发展

文化育人是一个古老而又常新的话题。最早的关于文化育人的话题来自《易经》："刚柔交错，天文也；文明以止，人文也。观乎天文，以查时变；观乎人文，以化成天下"。即文化就是用人文去化成天下；文化的本质是"人化"和"化人"，即文化是人创造的，又要用来"化人"；教育的使命是把自然的人培养成社会的人。作为自然的人，要熟悉天文，"以察时变"，顺应自然；作为社会的人，要讲求人文，"化成天下"，造福社会①。

大学是具有特殊功能的文化机构，它的根本属性就是文化，它育人的过程就是文化育人。2002 年，时任教育部副部长袁贵仁指出，大学是通过文化培养人才的；所谓的教书育人、管理育人、服务育人、环境育人，说到底都是文化育人。文化

---

① 张德江：《文化育人：大学文化建设最重要的任务》，载《中国高等教育》，2012 年第 17 期。

育人,指的是在文化传承与创新过程中,社会理想和价值观念沁入到人内心的进程,让受教育者变得更好、更纯洁、更善良,对别人更有用,同时提升受教育者自我认知的能力,使社会文化变为个体文化,从而实现人的自我完善与自我超越的过程。与知识教育不同,文化育人不是靠灌输和说教,而是以文化体验、文化熏陶、文化感染的方式,在给人带来精神享受的同时,增强人的文化认同感和精神境界,从而达到化育的目的。

2011年4月24日,胡锦涛总书记在清华大学百年校庆上提出:"要积极发挥文化育人的作用,加强社会主义核心价值体系建设,掌握前人积累的文化成果,扬弃旧义,创新立知,并传播到社会,延续到后代……推动社会主义先进文化建设。"这为我国新时期高等教育加强文化建设,充分发挥文化育人的作用指明了方向。大学的主要任务是治学育人,这就需要构建一个高品位、和谐的、富有情感的文化生态环境。办大学从一定意义上说就是办文化、办氛围,使受教育者在良好的文化氛围中熏陶和养成。

二、文化育人的内容

文化育人重在"化人"。大学文化的主体是大学人,是"教师"和"学生",他们既是大学文化的建设者,也是大学文化的受益者,在这个意义上,大学文化即人化,同时大学文化亦能"化人",即在大学文化发展中,通过教师和学生相互的影响和互动,使人的文化知识和文化能力得到提升。在这里,"化"既是手段,又是目的,是大学文化育人的出发点和归宿,是文化育人过程中大学发展和大学人发展的有机统一。

(一)学生文化:乐学、勤奋、创新

学生是大学文化主体中最重要的因素,是落实以人为本的科学发展观在大学人才培养上的具体体现。对于大学来说,"文化育人"首先要化育学生,这是以学生为本,是高等教育必须遵循的核心理念,就是坚持一切为了学生的成长成才,坚持一切着眼于学生的内在积极性,大学的一切工作要把培养学生、促进学生全面发展作为学校工作的出发点和落脚点①。

文化育人是一种"渗透"的过程。康德说过,"学生学的应该是思维活动,而不是思考的结果"。从学生的主体视角来看待文化育人工作,文化是一种渗透性的存在,文化的核心是价值观和思维模式,以知识为载体,渗透在学生的一切活动之中,渗透在学生的精神中。同样也形成了一种学生文化的形态,其特征是:乐学、

---

① 蔡劲松:《大学文化理论构建与系统设计》,文化艺术出版社2009年版。

勤奋、创新。

建设尊重知识、崇尚学术的文化。教育教学的根本任务如陶行知先生所言："教人求真、学做真人"。尊重知识、崇尚学术是每一个大学的基本价值取向，大学拒绝一切落后思想观念和教条禁锢和束缚，大学文化绝不能追逐实用功利，要保持独立的学术尊严和独特的学术品格。大学应该培养学生尊重教师、能够在课堂上学习专业知识，在课堂外博览群书，熟读经典，并且还能在掌握知识的基础上进行知识的传承、升华和创新。大学应该培养学生不唯上、不唯书、只唯实，在学术研究的自由氛围中培养其独立人格、独立思考、独立判断的学习能力；所以大学要尊重学术自由，尊重学生，以一种开放的心态，让学生走入学校的方方面面，走入教师的心灵，走入同学的心灵，让学生的成长过程中时刻意识到自身作为大学主体存在的重要性。

建设勤奋努力、追求卓越的文化。马克思说：在科学上没有平坦的大道，只有不畏劳苦沿着陡峭山路攀登的人才有希望达到光辉的顶点。学习知识的过程也是如此，只有勤奋努力，坚持不懈，才能掌握真本领。大学应培养学生勤奋的品质，形成勤奋学习的好习惯；另一方面，大学应培养学生坚持的韧性，志存高远，在认识世界、追求真理的道路上坚持不懈。首先，应帮助学生努力实现两个超越，一是在心理意识上的超越，另一是在学习方法上的超越。前者能帮助学生更深刻理解关于卓越的认识，后者能给他们一定的方法指导和成就激励。学校应注重以兴趣和创新为导向，构建多元化的学生选拔机制，以自由和人文为导向，设置多维度的课程体系，培养出具有执着追求和坚韧个性，具有强烈社会责任感和全面发展潜力与素质的学生，使其更好地承担社会发展赋予的历史重任。

建设自信自强、开拓创新的文化。自信自强是一种品格，开拓创新是一种态度。大学是一个民族和国家的理论思维和知识创新的最高水平。创造和传承知识的过程，就是不断地提出新知识、新思维、新理论的过程，也就是探求科学真理的过程。所以，大学应该培养这种敢于追求真理，勇于创新的自信心和决心。学校应该培养学生勇于探索、追求真理的精神；培养学生实事求是、精益求精，不因外在的原因而轻易地放弃对新知识的研究和追求，力戒浮躁；激发学生学习的能动性，使其在学习中充满激情，激发创新思维，形成自己的人生观和价值观。所以，学生应在学习中开拓思维，不断创新，建立自信自强的骨气和内在的张力。

(二)教师文化：乐教、爱生、正己、荣校

文化育人不仅要化育学生，也要化育教师。一支品德高尚、高素质、高智能的教师队伍是大学办学的基础条件之一。办学以教师为主体，尊重知识、尊重学术、尊重教师，把教师作为学校发展的第一动力，实施人才强校战略，允许真理和自由、讲求"和衷共济",让师生的积极性和创造性得到充分发挥,在人才培养的过程中发挥更大的作用,这在现代大学发展的过程中形成了共识。当然,我们所说的教师,不仅从事科研教学的专职教师、也包括高等教育实践中的管理者及服务人员,他们在文化育人的实践中形成了独特的教师文化:乐教、爱生、正己、荣校。

建设爱岗敬业、心怀大爱的文化。爱岗敬业是一种职业素养,也是一种人生的境界,绝非一句口号,这需要我们将青春和生命奉献给自己的事业。教师是一种职业,这种职业要求教师应心怀办好人民满意的教育、努力成长为优秀的教师的职业理想,应致力于培养学生的健康人格和积极乐观的生活态度,应不断掌握高等教育规律,丰富更新专业知识、提升表达能力、沟通技巧、领导力、养成良好倾听习惯,增强师生互动,引导学生自主学习,努力促成师生共成长。所以,作为教师,应心怀大爱,应坚持育人为本,把立德树人作为教育的根本任务。

建设热爱学生、育人为本的文化。教书育人是大学每一位教师的天职。对于每一位学生的成长,教师都是一份责任。作为大学,让每一名走出这个校园的学生不仅能够掌握好专业知识,更重要的是帮助他们树立正确的人生观、价值观,使他们能够有知识、有理性、有乐观的面对社会,面对未来。在教书育人的过程中,教师应秉持严而不苛刻、慈而不溺爱的育人理念,平等对待每一位学生;教师应保持与学生进行密切的课内外交流,尽可能了解每个学生的个性特点,增强教育教学针对性,对每个学生持积极乐观的态度和很高的期望,努力促进学生全面健康的发展;教师应以成熟理性的心态和学生进行交往,享受在与学生交往时收获的回应和爱,也感恩所遇到的回避与冷淡。所以教师应热爱学生,把促进学生全面成长和个性发展当成首要责任。

建设严律正己、育德为先的文化。教育育人、德育为先。教育教学的规律决定了教师的言行举止对学生具有示范性。只有教师树立了正确的价值观,学校才能为社会培养出合格的栋梁之材。教师应遵守国家宪法和法律,贯彻党和国家的教育方针;教师应热爱祖国,坚定对中国特色社会主义的信心,积极践行社会主义核心价值观,模范遵守社会公德,维护社会正义;教师应坚持学术研究有自由、课堂讲授有纪律的原则,不散布错误政治观点和有害言论信息;教师应言行雅正,衣着得体大方,自觉抵制有损教师职业声誉的言行。所以,教师应坚持"学为人师,行为世范",做到言传身教,为学生树立良好榜样。

建设热爱学校、崇尚奉献的文化。热爱就是最好的奉献,这是一种崇高的思想境界。这一境界要求我们尊重服务对象,把提供最好的服务作为实现人生价值的目标。作为教师,就要有热爱的态度、奉献的精神。教师应采取积极、正面的语言来描述学校、同事以及工作;教师应关心学校事业的发展,把个人的发展与学校的发展相结合,客观看待学校发展中的各类问题,采取适当方式积极建言献策;教师应积极维护学校的声誉和社会形象。所以教师应热爱学校,关心学校的发展,积极建言献策。

三、文化育人的思路与途径

文化育人最终要通过师生直接的选择,融入心里,形成自己的思想,所以学校引导师生积极的文化参与、文化融入,在大学文化传承实践中实现互动、实现主体内部的相互影响和大学文化的"化"人功能。

（一）建设大学的精神文化,培育文化品格

大学精神的核心应该是:崇尚人文、注重理性、自由独立、追求卓越。其中人文即贯穿在人们思维与言行中的信仰、理想、价值取向、人格模式、审美情趣等人文精神。从高等教育的实践证明,大学应该营造一种具有引领作用的文化生态,而这种文化,既要注重核心内涵和共性要求,又要追求特色,彰显特质。例如清华大学的特质是自强不息、厚德载物;北京大学的特质是思想自由、兼容并包。华中科技大学涂又光教授的"泡菜坛子说"形象地说明了一所大学的特质文化对学生的影响作用。每个学校都应精心制作自己的"泡菜水",既营养丰富,又味道鲜美、独特,使每一个在这个坛子中"泡"过的学生都能长久地带有这所学校的味道,这就是文化育人不可替代又不能避免的作用。

（二）建设大学的制度文化,培育文化规范

大学的发展以对人的尊重、对学术的敬畏、对遵守规则的自觉为文化基础。规则是制度的核心内容,制度表现为人民规范化的行为方式,以此推理,注重以制度的方式协调、规范组织行为,应当是大学制度文化的基本要素。制度约束的是集体人,制度的执行与构成也与人密不可分,所以制度要实现其应有的功效也需要人的自觉。这种自觉是大学文化自觉的重要组成,也就是说要重视制度的文化作用和育人作用。只有养成了大学人的规则自觉性,内化于心的文化自觉,才可能实现公正环境,也只有在这样的环境里,学识和修养才会成为被推崇和尊敬的唯一理由。所以在大学的规章制度建设中,要体现以人为本,突出对人的尊重,进行人性化管理,要有利于促进人的行文的文明规范、促进人自觉意识的养成与提升,使管理内化为人的行为自觉。例如,清华大学的制度文化的内涵是"规范自觉、严谨求新",在清华大学的文化传统中,从学校领导到普通师生甚至毕业多年的校友,对于制度都有着一种近似于天然的、自觉的意识和行为,这种自觉不但培养出清华人惯有的严谨作风,也使得清华人对真理的追求、思想的自由、精神的独立自觉地与对规范和道德的尊重、与对社会的责任相统一,在实施各项方针政策中,尽力尽心,积极主动,取得实效。

(三)建设大学的物质文化,培育文化基础

著名的教育家苏霍姆林斯基曾说过:"要让学校的每一面墙都说话,学校的每一面墙、每个角落、每块绿地都成为会说话的老师,使学生随时随地受到感染和熏陶。"所以,对大学来说,要在学校的物质文化建设中,包括校园环境、建筑布局、人文景观、教学设施与手段、各种办学条件等有形事物,在这些设计和管理中充分体现出对人的尊重和关怀,对真善美的追求,对学校历史的传承和对未来的探索,使人文的符号存在于每一个物质实体之中,形象地表达一所大学所倡导的理想追求和价值观念,使人走在校园里能感受人文氛围,学校文化的传承。例如,北京航空航天大学依托航天专业的专题性雕塑、艺术创意思维雕塑及音乐厅、博物馆构成了北航特色的大学艺境,让学术与艺术比翼齐飞,使学生能够得到学术与艺术双方面的熏陶与教育,提升学生素质,明确高校教育中"育人"的教育核心。

(四)建设大学的行为文化,培育文化魅力

大学行为文化是大学人在教学、科研、学习生活、人际交往中所表现出来的精神状态、行为规范和文化品位。大学行为文化最核心的应该是"学"和"行",学包括教师的学识、学生的学风、也包括大学教学科研行为中学术规范和学术创新;"行"体现的是大学生日常学习、工作、生活中的交际、交流,更重要的是价值观影响下的行为方式。行为文化是培养能力的主战场,大学育人的方向是让从走出校园的学生能够适应社会的发展和竞争的需要,具备生存和发展的多种能力,如解决问题分析问题的能力、表达能力、沟通能力、组织协调能力,这些能力的培养不能单纯地靠课堂教学活动来完成,就需要通过组织课堂之外的各种活动来培养和锻炼这些能力,即使是专业技能的培养,校园行为文化也是极好的实现的途径。所以要搭建好平台,载体要丰富、形式要多样、最重要的是要能尊重学生的兴趣,激发学生的内动力、创造力,全方位地促进学生成人成才、全面发展。

参考文献:

[1]王亚杰、乔建永:《加强校园文化建设 推动大学持续健康发展》,载《中国高等教育》,2014年第9期。

[2]乔彦军、吴伟全:《育人视角下大学文化建设的理念与路径》,载《山西高等学校社会科学学报》,2013年第3期。

[3]刘献君:《论育人文化》,载《高等教育研究》,2013年第2期。

[4]张德江:《文化育人:大学文化建设最重要的任务》,载《中国高等教育》,2012年。

［5］钟秉林、赵应生:《加快建设中国特色的大学文化——关于当年大学文化建设工作的若干思考》,载《国家教育行政学院学报》,2010 年第 9 期。

［6］蔡劲松:《大学文化理论构建与系统设计》,文化艺术出版社 2009 年版。

［7］北京工业大学教师道德与行为规范(试行)

传承发展中华优秀传统文化，彰显地方高校素质教育特色

——九江学院实施"文化育人"的认识与实践

甘筱青　李宁宁

（九江学院）

作者简介：甘筱青，男，博士，教授，博士生导师，九江学院省级"庐山文化传承与传播协同创新中心"主任；李宁宁，男，教授，九江学院庐山文化研究中心常务副主任。

　　党的十八大以来，习近平总书记多次强调要传承和发展中华优秀传统文化，增强文化自信。"十三五"规划建议提出，要"构建中华优秀传统文化传承体系，加强文化遗产保护，振兴传统工艺，实施中华典籍整理工程。"今年年初，中共中央办公厅、国务院办公厅印发了《关于实施中华优秀传统文化传承发展工程的意见》，进一步为高校履行文化传承创新使命，做好文化育人工作指明了方向。

　　文化是民族的血脉，是人民的精神家园。文化自信是更基本、更深层、更持久的力量。中华文化独一无二的理念、智慧、气度、神韵，增添了中国人民和中华民族内心深处的自信和自豪。传承和发展中华优秀传统文化对于建设社会主义文化强国，增强国家文化软实力，实现中华民族伟大复兴的中国梦，具有重要意义。

　　作为一所新建的地方性本科院校，我们在办学实践中深切感到，如何形成自己的办学和育人特色，如何使文化素质教育在传承优秀的传统文化的基础上，贯穿创新的理念和方法；特别是在高等教育面对新机遇和新挑战的大格局中，如何找准自己的发展定位，这些涉及学校改革发展的深层次问题，迫切需要我们在理论和实践两方面进行积极探索。几年来，我们把以庐山为地标的优秀的传统文化，作为学校宝贵的办学资源和文化依托，将文化的传承与创新，作为自觉的时代责任和历史使命，在凝练学科方向、突出特色科研、浓郁人文氛围、打造校园精神诸方面，取得了一系列的成果。我们把学校的地理区位优势、学科建设优势、非物

质文化传承优势和书院文化优势等,逐步转成育人优势,产生了良好的社会反响。

一、高校文化传承创新与"文化育人"

我们认为:要从教育变革和确立新的教育理念的高度,理解和把握高校注重文化传承与创新的深刻内涵和意义。高校的文化传承与创新,是建立在"以人为本"和"文化育人"的教育理念下的教育变革,是对单纯的知识育人和知识本位教育模式的超越,它倡导的是全面育人的教育理念。

高等学校文化传承创新使命的确立,既是对高校传承人类精神文化使命的强调,也是对教育本质的深刻诠释。坚持文化传承与创新,是高校实现素质教育目标和创新人才培养的必由之路;也是通过校园文化建设,涵养大学的人文精神、实现文化内化和文化育人的根本保证。

高校的文化传承与创新,首先是一个需要在教育理念上真正树立"以人为本""文化育人"的指导方针与原则,通过文化关怀和文化内化实现教育以人的全面发展为目标的根本要求。其次,在教育内容上,它是要将知识的传授与文化的传承有机地结合起来,以文化整体观的视野来认识和对待科学知识与人文知识的教育。知识是文化的基础,但知识教育并不是教育的全部目的。而努力实现知识与文化精神的相互贯通,是教育追求的理想目标。再次,在教育途径和方法上,它是要从根本上改变单一的知识传授和外在的知识灌输的教育途径和方法。把教育的重心放置于如何促进知识内化的各个具体环节,使科学文化知识转化为受教育者自身内在的科学和人文精神,尤其是通过校园文化建设,提供"润物细无声"的文化浸润和滋养,提升学生的文化素质和精神品格。

因此,在中华民族文化复兴的征程中,中国高等教育应该从文化育人的教育途径,在确保文明传承的同时,培养出个性彰显、充满活力、勇于创新的一代新人。无论是迈向世界一流大学,还是崇尚科技创新,以及追求高校自己的办学特色,高校都不应忽视文化传承和创新的意义和价值。文化是大学的精神血脉和灵魂,也是大学完成育人目标的内在动力和思想基础。

二、高校文化传承创新的实践途径

我们认为:高校的文化传承与创新,既是一个需要积极提倡和具有普遍意义的理念,同时也是一个需要结合高校自身的办学传统并予以具体落实的实践;尤其需要通过更新观念、创新机制与方法,寻找新的机遇和途径,从而形成务实有效、生动活泼的新格局。

文化的传承与发展,既不是一个抽象的理论命题,也不是空泛的倡导文化价值和文化育人的口号。高校的文化传承与发展,是高校作为民族历史文化精神的守护者和传承者的自觉担当,也是高校通过文化育人,实现民族文化发展和创新的历史使命。一个民族的文化是民族精神的结晶,是民族凝聚力与创造力的源泉。高校无疑是文化的传承和创新要地,要不断从优秀传统文化中汲取智慧和营养,从而为高等教育获得丰厚的精神和文化资源,也需要在适应社会发展需求中,高校不断激发出文化变革和文化更新的创造力。

地处赣北地区的九江市,区位优越,交通便利;山川秀美,物产丰富;历史悠久,文化昌盛。1861年九江正式开埠通商,同时促进了文化教育的开放格局。九江学院是于2002年由原解放军高等军需财专、九江师专、九江医专、九江教育学院合并组建的综合性本科院校,面向全国招生,全日制在校大学生规模达3.6万余人,作为区域高等教育中心,其文化影响和辐射面不仅覆盖赣北,而且波及到湖北、湖南、安徽省的部分地区。近些年来,我们在以下三个方面进行了一些探索性的实践。

(一)学校的发展目标要切合实际

作为一所地方性的综合型本科院校,我们认识到学校的发展既不能追求过高的发展目标,也不能停留在只求学科门类齐全但无特色的低水平当中。为此,我们认真研究和考察了九江的地域区位优势和丰富、深厚的历史文化传统和资源,明确提出了将一山(庐山)、一江(长江)、一湖(鄱阳湖)的资源优势,通过推进"山江湖"特色学科群的建设,转化为文化育人优势。

举措之一是积极依托以庐山为地标的优秀文化资源构建学科群。学校以江西省高校人文社科基地"庐山文化研究中心"为引领,形成了以"陶渊明研究""青阳腔戏曲研究""庐山宗教文化研究""白鹿洞书院文化研究""庐山旅游与建筑文化研究"和"九江历史文化研究"为特色的主要研究方向,使学校的文学、历史学、政治学、法学等学科展开了一系列卓有成效的研究。自2008年以来组织出版了"庐山文化系列丛书"1-5辑共25部专著。我校的庐山文化研究在国内外产生了较好的社会反响。学校把历代文化巨匠关于庐山的精美诗文,编入凸显地域特色的《大学语文》必修课本,并把《庐山文化》作为公共选修课,促使广大学生增强人文素质,热爱中华文化。

举措之二是积极对接九江沿江开发及工业园区建设构建学科群。学校以"沿江产业开发研究中心"为引领,做强相关工科专业及国际经济与贸易学科,带动物流与供应链管理、资源环境与城乡规划管理、报关与国际货运等学科发展;同时结合中央电视台在我校拍摄的《长江戏话》节目,提炼文化内涵。

举措之三是积极策应省委省政府关于鄱阳湖生态经济区建设构建学科群。

学校以"鄱阳湖生态经济研究中心"为引领,做强化学工程与工艺、环境保护等学科,带动生物学、动物学、循环经济和清洁生产、湿地保护和水体生态修复,生态旅游开发等学科发展;而鄱阳湖域的相关文化研究成果也进入课堂。

几年来,通过对"山江湖"学科群的投入和建设,已获得30多项国家自然科学基金、国家社会科学基金、教育部人文社科研究项目、美国中华医学基金会(CMB)资助项目等。我们抓住地域资源和文化特色,发挥人才聚集和学科综合的优势,使得学科建设不仅仅是为学科而学科的发展,而是以文化传承和创新为动力,注重文化育人,并主动融入地方的社会文化建设和经济发展,取得了较好的经济效益和社会效益。

(二)文化创新要追根溯源

高校的文化传承与创新,不仅是学者书斋里的文献整理和研究,也不仅是课堂上的文化知识的讲解与传授,同时需要我们深入到民间和文化的原生地,去整理、挖掘、保护和抢救历史文化遗产。尤其是对那些凝聚着民族精神和情感的非物质文化遗产的保护和抢救,在这个高速发展的社会和文化转型期,显得尤为急迫。高校应主动去承担这样的文化使命与责任,这也是高校应有的文化意识和文化眼光。

2007年以来,我们主动与地方政府合作,对赣北地区国家和省级非物质文化遗产进行了抢救性的挖掘与保护。我们秉承"资源共享、共同抢救、联合攻关、保护国宝"的合作理念,分别与湖口县和瑞昌市签订了传承保护"青阳腔戏曲文化"和"瑞昌剪纸"的合作协议,并在湖口县、瑞昌市建立了"青阳腔戏曲艺术教学实践基地""瑞昌剪纸教学实践基地"。2009年,全国高校首家非物质文化遗产陈列馆——九江学院非物质文化遗产陈列馆开馆。2010年6月11日,江西省高校首个非物质文化遗产研究基地落户我校。同时,我们将文化保护、学术研究和文化传承有机地结合起来,纳入学校的教育环节,作为教育实践的重要内容。我们组织教师在音乐专业开设青阳腔专业必修课,在美术专业开设瑞昌剪纸选修课。

(三)开展文化传承与发展的协同创新

为了更好地彰显庐山文化特色,促进文化传承与发展的协同创新,九江学院于2012年成立了"庐山文化传承与传播协同创新中心",并于2014年获批为江西省协同创新中心。庐山文化传承与传播协同创新中心由九江学院牵头,依托江西省人文社科重点研究基地——庐山文化研究中心,协同单位包括郑州大学、南昌大学、庐山管理局(白鹿洞书院)、北京大学高等人文研究院、清华大学国家大学生文化素质教育基地、中国人民大学公共外交研究院等,在各高校之间,高校与地方政府之间,形成了文化遗产保护、文化传承与传播、儒学传承与创新、文化资源开发之间的协同创新机制。

三、文化传承创新与经典诠释对话

我们认为：作为凝聚人才和文化的高地，高校的文化传承与创新的侧重点，应该立足在创新上。特别是在促使传统的优秀文化向现代转型中，高校责无旁贷地要研究如何在文化创新的意义上，将传统文化的内容与文化价值，有效地融入到现代教育的实践之中。

文化的传承与创新，离不开面对传统文化典籍做出新的文化诠释。而无论是"我注六经"还是"六经注我"的传统的学问方法，或者是通过"大众读经"式的普及化运动，都还或多或少停留在传统思想方法的窠臼，难以适应培养高素质人才的需要。尤其是在中西文化的交流和对话中，我们还缺乏开阔的文化视野和缺少有效的对话途径。

《论语》是反映孔子思想的儒家重要经典，蕴涵着中国传统文化的精粹。但在十八、十九世纪欧洲哲学家眼里，整个东方哲学只有原始宗教而无理性思辨，只有一般思想而无哲学，其中黑格尔的观点就具有代表性。他认为："孔子只是一个实际的世间智者，在他那里思辨的哲学是一点也没有的——只有一些善良的、老练的、道德的教训，从那里面我们不能获得什么特殊的东西"。[4] 显然，黑格尔对孔子和中国哲学有相当的隔膜；而由于西方中心意识的作祟，他对中国先秦哲学的形态与性质存在明显的误判。由于黑格尔作为哲学大师的权威性，他的上述偏见至今在西方还有着广泛影响。

冯友兰先生曾在《中国哲学史》第一卷的前言中指出，在诸子的著述中，虽然没有"形式上的系统"，但有"实质上的系统"，不过这需要我们去加以梳理；中国哲学的发展、进步和创造性，隐藏于一些并不为人注目的注疏之中，这需要我们进一步地去挖掘探讨。

2008 年以来，我们组织了以九江学院学者为骨干的研究团队，围绕"孔子思想公理化结构"这个研究课题，先后召开 10 余次专题学术研讨会，历时三年多时间，完成了阶段性的成果，于 2011 年 6 月出版了《论语的公理化诠释》一书[5]。我们用公理化的方法诠释《论语》中包含的孔子思想，既不同于采用现代观点重新发现《论语》的意义与价值；也不同于运用、更不是取代传统的解经方法，重新对《论语》作一番疏证。我们借鉴斯宾诺莎《伦理学》的表述方式，运用公理化的方法，在符合《论语》原意的基础上，以孔解孔，从《论语》本身的叙述中寻绎、提炼出众多的概念和判断，将它们纳入逻辑推理体系，即以基本假设、定义、公理为基本要素，推导证明众多蕴含在《论语》中的客观命题，从而将隐含在《论语》中的逻辑体系凸显出来,从而为理性地诠释《论语》提供一条新的解读途径,便于东西方人士超越不同文化语境的局限,共同用理性的方式理解孔子思想。

《论语的公理化诠释》一书的出版,得到学界的广泛关注和肯定。

文化的传承与创新既需要创新观念与方法,也可以通过新的文化创意活动,在传统的文化主题和背景中注入新的时代内涵与活力。毗邻九江学院的白鹿洞书院,是享誉世界的千年书院。朱熹创制的"白鹿洞书院学规",成为影响深广的教育原则。而嵩山脚下的嵩阳书院,因宋代洛派理学家程颢、程颐、司马光、范仲淹等在此讲学,而成为宋代知名的四大书院之首。2008年起,由我校与郑州大学共同发起的"白鹿——嵩阳书院文化之旅"的主题活动,已每年一次、连续举办了9届。通过两校领导、教师、学生之间围绕"书院文化"这个主题开展的互访、考察、交流和研讨活动,不仅促进和深化了两校之间的校际合作和文化交流,也促成当代大学生在走进、体验和领悟传统书院及其文化的"游学"实践中,获得开阔的文化视野和丰富的精神文化的滋养。而如何建构千年书院与当代大学教育那一种跨越时空的接续和对话,是我们这些拥有丰富历史文化资源的高校,在进行文化传承与创新的实践中需要努力探求的一项内容。2010年5月,依托于"嵩阳书院""岳麓书院""白鹿洞书院"的郑州大学、湖南大学、九江学院三所高校的师生代表齐聚白鹿洞书院,举办了以"千年之辩——书院文化与当代大学教育"为主题的论辩会。郑州大学与九江学院两校学子分别组成辩论队,就书院文化与当代大学教育问题展开了激烈的"唇枪舌战"。这是一次接续千年的书院之间的对话,也是当代大学生感受传统文化、思考当代教育的一次生动实践。它为古代文化之间与当代高校教育的接续和对话,探索了一条实现的途径。

文化为魂,育人为本。几年来,我校以书院文化为主题、以学生参与为主体的文化实践活动,得到了广大师生的积极响应,无论是开展以"书院文化与大学人文精神"为主题的演讲、征文、摄影、书法、绘画等活动,还是在全校范围内开展的以"书院文化与当代大学教育"为主题的辩论赛,或是"走进白鹿洞书院"的实地考察活动,同学们表现出的对书院文化的敬仰、面对历史文化表达出的个性纷呈的思考、探究和追问,常常令人感叹不已。尤其是在各项活动中呈现出的青春气息和风采,以及发自肺腑的对人文情怀的向往,则更加令人欣慰。

四、文化传承创新与校园文化建设

我们认为:在高校的文化传承与创新中,办学理念和校园文化建设,是非常重要的教育元素,这是与显性知识教育不同的隐性文化教育。我们在坚持依托地域文化资源、创建有特色的校园育人环境的同时,追求提升学校办学的文化内涵和人文境界。

九江学院坐落于秀美的庐山之麓、长江之滨、鄱湖之畔,人文与自然的和谐之美是得天独厚的优势。学校领导班子高度重视"文化育人"工作,按照"以优美的自然环境陶冶人、以高雅的人文景观启迪人、以深厚的传统文化熏陶人"的要求,融山水和人文于一炉。优美的自然环境与以地域文化为代表的中国传统文化,在这里得到了充分的交融与展现。

学校充分利用秀美的自然条件,打造具有浓厚地域文化特色的人文景观,营造浓厚的人文氛围,拓展教育教学的内涵。以陶渊明、周敦颐、朱熹、黄庭坚等一批历史文化名人名石雕遍布学校的道路、山水湖湾、庭院廊桥,以"白鹿洞书院学规壁照""爱莲说浮雕""流芳桥""栖贤桥""竞知楼""厚德楼""立信楼"等建筑形制和寄托的文化寓意,使师生时时、处处能感受到文化气息的浸润,在潜移默化中受到熏陶。九江学院有着两大文脉相传,周敦颐在这创建"爱莲堂",其著名散文《爱莲说》中的"出淤泥而不染,濯清涟而不妖,中通外直,不蔓不枝,香远益清,亭亭净植",朱熹集儒学之大成而制定《白鹿洞书院学规》中的"博学之,审问之,慎思之,明辨之,笃行之",引导广大师生思索和恪守做人做事做学问。中国科学院院士杨叔子先生在家乡大学——九江学院捐资设立了"爱莲奖学金",用来表彰在思想道德、文化修养方面表现突出的同学,激励广大同学做一个"知识上更富有,思维上更聪明,能力上更突出,身心上更健康,人格上更高尚"的无愧于时代的青年。

我们把创制学校校训、校徽、校歌的和凝练学校的办学特色的过程,既当作是明确办学理念、达成思想共识、形成精神追求的过程,也是厚实文化底蕴和积累教育资源的过程。那一种能深入人心并被切实传承的校园文化,就是最好的隐形教育的资源和环境。

我们将学校的办学特色之一,确定为弘扬以庐山为地标的优秀传统文化,厚实大学人文精神。并将这样的办学理念贯穿于学校的校训、校徽和校歌当中,充分表达了我们对传承与创新历史文化的领悟和期待。"竞知向学、厚德笃行"的校训,就是勉励广大师生"贵学、明志、修身、重行",使自己"成为一个品德高尚、学识广博、知行统一、全面发展的人"[6]。学校校徽内环中部水平线上方为庐山五老峰剪影,下方为象征长江和鄱阳湖的水波纹,二者组合,寓意九江学院乃人文福地,既得天地之灵秀,又富人文之化育。校徽内环上方为一跃动的白鹿,与庐山白鹿洞书院相关联。白鹿跃动,既象征着九江学院莘莘学子敏慧活泼、蓬勃向上的精神风貌,又展示着他们成就学业、造福社会、走向世界的壮志情怀,更寓含着九江学院对千年文化教育传统的延续与创新。我们注重美育,"立于礼、成于乐",在全国征集评选校歌,既是对濂溪书院与白鹿洞书院的文脉传承,也是对"立德树人、文化传唱、服务社会、求新图强"的追求。

"有形"的文化景观和文化氛围的营造,固然是校园文化建设的重要载体,但"无形"的精神文化建设,及校园的精神气象,更值得我们关注。那就是营造优良的校风、教风和学风,以良好的风气和氛围熏陶人、感染人、影响人,这是实现文化育人的基础。学校连续三年开展了"校风建设"各项活动,而如何在学校打造一个高规格的、有持续性和广泛影响力的文化品牌,以此提升学校的文化品质,引领校园风尚,九江学院的濂溪讲坛可以说是一个成功的范例。讲坛开坛10年多来,已举办讲座153期,现场听众达16万余人,视频点击率逾20万余次。讲坛已成为学校加强大学生思想政治工作、提高学生综合素质、培育人文精神的重要阵地,先后邀请国内外知名专家学者来此做客,中国科学院院士杨叔子和潘际銮、中国工程院院士袁隆平、原外交部部长李肇星、经济学家周其仁、教育家张楚廷等来校讲座。

学校自2014年以来将国学素养教育作为学校特色教育之一,实施九江学院国学素养教育"七个一"工程,取得了明显效果。国学素养教育"七个一"工程是指办好一个班、开好一门课、编好一本书、建好一个网、写好一批文章、组织一项比赛和支持一个社团。办好一个班就是办好"国学经典研读班",由学校庐山文化研究中心实施,通过中国传统书院的教学组织和培养方式——"会读制"和"实践体悟"来研习传统经典。开好一门课就是开设一门国学选修课,推动国学经典进课堂。将"国学经典研读班"所开设的系列经典会读课程适时地推向全校,以综合教育选修课的形式,开放给全校学生修读。编好一本书就是编写一本国学经典读本。立足于完整的现代人格的培养,从加强自我心性修养,融合自由、民主、平等、法治等现代价值的维度,编好一本国学经典读本。建好一个网就是建设一个"大学生国学素养教育"专门网站。发布相关信息,组织视频会读,进行师生互动,开展网络学习。写好一批文章就是组织学生在对国学经典研读的基础上,撰写相关文章,在"大学生国学素养教育"专门网站上展出。组织一项比赛就是由校团委牵头,结合纪念"五四""一二九"等活动,每学期组织一次校级国学经典诵读大赛,凝练品牌。支持一个社团就是充分发挥学生在国学素养养成中的积极性与创造性,积极引导"南山国学社"投入并带动周边同学参与国学经典学习,切实支持"南山国学社"组织学生开展健康向上、丰富多彩的校园文化和社会服务活动,将国学的文化精神落到实处。

聚庐山灵气,如长江奔流,展鄱湖浩瀚。内涵丰富、特色鲜明的地域文化催生了九江学院校园文化,并成为校园文化建设过程中取之不尽的资源宝库。而通过文化的传承与创新的实践，我们迫切感到一所地方高校为地域文化的继承与弘扬所应承担的时代责任和使命，同时为了培养德智体美全面发展的高素质人才，我们也迫切地感到"文化育人"的改革要求和压力。要真正实现由"知识传授"向"文化育人"的转变，是一个艰巨的改革与实践过程，任重而道远。我们将以贯彻《关于实施中华优秀传统文化传承发展工程的意见》为契机，大力推进学校的"人才培养、科学研究、服务社会和文化传承创新"，努力提高高等教育质量，在促进社会主义文化事业大发展大繁荣中做出应有贡献！

参考文献：

［1］胡德海：《教育学原理》，甘肃教育出版社2006年版，第226页。

［2］刘智运、胡德海：《对教育本质的再认识》，载《北京大学教育评论》，2004年第4期。

［3］张楚廷：《人文素质教育的教育学原理》，载《湖南文理学院学报》，2003年第28卷。

［4］黑格尔：《哲学史讲演录》第一卷，商务印书馆1981年版，第119—120页。

［5］甘筱青：《论语的公理化诠释》，江西人民出版社，2011年6月版。

［6］杨叔子、余东升：《坚持"以人为本"走素质教育之路》，载《中国高等教育》，2010年第7期。

红歌传唱：井冈山精神跨越时空的讴歌

王金海 李 霜

（江西财经大学）

摘 要：革命战争年代，红歌是伴随着二十世纪二三十年代中共第一个农村革命根据地——井冈山革命根据地的建立而产生的，歌曲中所凝结的井冈山精神，是中华民族优秀传统文化的积淀，不仅体现了中国共产党和人民军队的性质和宗旨，也体现了马克思主义的世界观、方法论和共产主义理想信念的光辉，是中国共产党一整套革命精神和优良传统的重要源头，时隔今日依然显示出极其重要的作用。红歌传唱是井冈山精神跨越时代的讴歌。

关键词：井冈山精神；红歌；讴歌

作者简介：王金海，江西财经大学党委宣传部；李霜，江西财经大学艺术学院。

一、跨越时空的井冈山精神概述

滔滔赣江，巍巍井冈。在这片红色土地上，以毛泽东为代表的中国共产党人点燃了革命的星星之火，为中国革命开辟出一条成功之路，培育出薪火相传的井冈山精神。

"井冈山是革命的山、战斗的山，也是英雄的山、光荣的山"，不忘峥嵘岁月，铭记先烈功勋，就要弘扬跨越时空的井冈山精神，让这笔宝贵财富传承下去。正如习近平总书记在考察时指出的，要结合新的时代条件，坚定执着追理想、实事求是闯新路、艰苦奋斗攻难关、依靠群众求胜利，让井冈山精神放射出新的时代光芒。这些要求，蕴含着我们党一以贯之的价值追求，指引我们传承红色基因、激发奋进力量，在决胜全面小康、实现中国梦的新征程上砥砺前行。

翻阅历史，井冈山精神就诞生于土地革命时期苍苍莽莽的井冈山根据地，是无数革命先辈在建立红色政权、探索革命道路的实践中用鲜血和生命铸就而成的。而今时隔多年，现在的我们依然可以清晰地感知到井冈山精神就像是一颗熠熠闪耀的红星，在跨越时空的今天依旧散发出无尽的光芒。

二、井冈山精神的深邃内涵

井冈山精神的诞生,离不开革命根据地的伟大开创。二三十年代的中国,在毛泽东、朱德同志的正确领导下,井冈山根据地大力发展党组织,深入开展土地革命斗争,巩固扩大红军力量,建立湘赣边界工农政权,成为中国共产党领导的革命武装第一个立足点。它是马列主义与中国革命实际相结合的产物,是中国共产党和人民集体智慧的结晶,是中国共产党领导的民主革命进程中第一座历史丰碑。与此相应,通过艰苦奋斗,开创中国式民主革命道路的革命精神就是井冈山精神。而在巩固和发展井冈山革命根据地的斗争实践中,红军创造了人民军队建设的一系列重要经验,形成了以"胸怀理想、坚定信念,实事求是、勇闯新路,艰苦奋斗、敢于胜利,依靠群众、无私奉献"为主要内容的井冈山精神,对中国革命的进程产生了广泛而深刻的影响,有着极为丰富深邃的精神内涵。

坚定信念、艰苦奋斗,是井冈山精神的灵魂。正是因为有了崇高的理想信念,才会产生在艰苦卓绝的环境中战胜一切困难的超凡勇气,产生在战场上冲锋陷阵、英勇杀敌的顽强斗志,产生在敌人屠刀下慷慨就义、视死如归的英雄气概,才能经受住血雨腥风的洗礼和考验。

实事求是、敢闯新路,是井冈山精神的核心。井冈山斗争始于革命低潮时期。在这一历史关键时刻,我们党坚持实事求是、调查研究,把马克思主义基本原理同中国革命具体实践相结合,以大无畏的革命胆识,开创了以农村包围城市、武装夺取政权的中国革命道路,创造性地制定了党领导军队的一系列组织制度和纪律,引领中国革命不断走向胜利。

依靠群众、勇于胜利,是井冈山精神的基石。在井冈山革命斗争中,毛泽东、朱德等党和红军领导人身先士卒、以身作则,带领井冈山军民克服种种困难险阻,冲破重重包围封锁。始终相信和依靠群众,关心和帮助群众,同广大人民群众结下了鱼水深情。正是因为我们党始终代表最广大人民的根本利益,与广大人民群众保持血肉联系,才赢得了广大人民群众的拥护和支持,从而使井冈山革命根据地得到巩固和扩大。

党的十八大指出,要建设社会主义文化强国,就要大力弘扬民族精神和时代精神,弘扬中华民族的优秀传统文化。井冈山精神是中华民族几千年来积淀的优秀传统与人文精神在革命战争年代的彰显和高扬,是我们民族精神的重要组成部分。井冈山精神源远流长,博大精深,内容丰富而意义深远,是中国人民的精神瑰宝,奠定了中国共产党人精神的基础,无论是在理论还是实践上都具有不可磨灭的价值。在我国不断深化改革开放和持续发展现代化建设的新历史时期,同新的实践、新的历史任务和时代发展结合起来的井冈山精神,仍然是我们艰苦奋斗、敢闯新路、勇于胜利的强大的精神动力。

三、红歌:井冈山精神的红色基因

(一)红歌产生的红色历史背景

在战争年代,巍巍井冈山这片红土地上曾经产生了大量优秀的革命歌曲,它们立足战争生活,汲取了当地民族民间音乐的养分,深深地扎根在广大人民群众心中。回顾1927年以来,当秋收起义的部队驻扎在井冈山之后,为了保存和壮大革命的力量,为了抒发战士们与当地人民血浓于水的情感,党组织和人民政权十分重视革命文艺的宣传作用,谱写并传唱了许多脍炙人口的歌曲。例如,"三大纪律六项注意"和"三大任务"的制定,不仅明确了队伍建设的方向与宗旨,还密切了红军与人民群众的联系,不论是军民之间血肉联系的画面,还是打土豪分田地的情景,红歌都成了描述这些事迹、歌颂革命历程的最好载体。在这些歌曲中,通过对当地自然风光的描述以及对军民携手抗敌事迹的颂扬,表达了军民万众一心、同仇敌忾、奋勇杀敌的决心和志气,例如《双双草鞋送红军》《当兵就要当红军》《十送红军》《毛委员和我们在一起》等。另外,在井冈山至今还传唱着当年井冈山革命根据地的许多歌谣,如"红军打仗为工农,铲除一切寄生虫""穷人最先得好处、人人都有土和田"……这些歌谣所描述的红军在井冈山革命根据地打倒土豪劣绅的情景,凸显了红军为民除害的正义精神,而像另一些井冈山歌谣诸如"一心跟着共产党,坚决革命最积极""土豪劣绅都打倒,山林土地回老家""死了要埋井冈山,活着就跟共产党"描述了当地群众对红军的欢迎和信任,在党的领导下,根据地广泛开展了打土豪分田地运动,代表了农民群众的利益,激发了人民群众投身革命的无限热情。这一曲曲"为主义而牺牲"的胜利凯歌,这一幕幕惊天地、泣鬼神的英勇壮举;这一座座英雄们用生命铸就的悲壮丰碑;这一幅幅烈士们用鲜血描绘的青春中国之壮丽画卷,无不令闻者动容,见者落泪! 由于这类歌曲伴随着上世纪二三十年代中共第一个农村革命根据地——井冈山革命根据地的建立而产生,因此又被社会赋予了它们一个政治色彩十分鲜明的名字,称为"红色经典歌曲"或"革命歌曲",简称"红歌"。

(二)红歌蕴含着的井冈山精神

红歌的诞生,一方面结合了江西本土民歌的精髓,另一方面又融入了红军在井冈山上日常生活中的点点滴滴,既能展现当时的日常风俗,又富有浓烈的军民感情色彩。在当时,红歌是工农革命的有力武器,它不但能动员人民参军参战,粉碎敌人的军事"围剿"和经济封锁,而且可以在鼓舞苏区人民坚持艰苦的革命斗争方面发挥着巨大的作用。绝大多数红歌从创作到普及,靠的仅仅是文艺宣传队的口耳传唱,这种传播方式虽然有很大的局限性,但却能筑起战士和人民的深厚感情,便于革命力量的保存和发展。

时至今日,红歌依旧是一种犀利的战斗力、一种旺盛向上的正能量。红歌不仅歌词美、曲调美,并且内涵美,一首红歌便是爱国主义教育的良好教材。在物欲横流的今天,人们用红歌来呼唤理想、点燃激情,红歌承载着中国共产党和新中国的难忘历史,表达了全国各族人民共产主义的理想信念。传唱红歌既是对岁月的回忆、历史的缅怀;又能给人鼓舞、催人奋进,教育着一代代人成长,坚定为共产主义奋斗的理想和信念。

生活中,红歌是一份思念,也是战士和人民之间情感的升华;战场上,红歌宛如奋勇向前的号角,使人们迸发出革命的激情;岁月里,红歌是不朽的精神财富,激励着一代又一代的中国人奋发向上。它不仅在中国革命时期发挥重要的作用,也在新中国建设和改革的各个时期都发挥出它不可比拟的功能。它唱响了热爱祖国的旋律,激发人们的工作热情,成为一种可塑性极高的现实凝聚力,体现出时代精神与民族精神,具有独特的艺术魅力和深厚的美学意蕴。

这一首首或优美或宽广或舒缓的红歌,既体现了中国共产党人对共产主义理想的坚定信念和不懈追求,体现了艰苦奋斗的坚韧意志;又体现了实事求是、敢闯新路的科学态度,体现了依靠群众、勇于胜利的优良作风。归根到底,红歌中所凝结的井冈山精神的本质是中国共产党人世界观、人生观、价值观的集中体现,是对崇高理想信念的不懈追求和努力奋斗。

四、红歌传唱是跨越时空的井冈山精神的现在传承

(一)《中国红歌会》的兴起和发展

随着时代的发展,红歌的传播途径也日新月异。电影、电视、电台、网络的技术传播已经取代了当年文艺宣传队的口耳传唱,成为新时期主流传播方式,这充分体现了现代媒体发展的多样化。

井冈山作为中国爱国主义教育示范基地之一,已逐步成为进行革命传统教育和爱国主义教育的理想课堂。在今天这个科技飞速发展的社会,作为井冈山精神的载体——红色影艺事业也随着井冈山风景旅游业的发展而繁荣腾飞。大批以井冈山精神为主题的影视作品前赴后继地出现在人民的眼前,最为耀眼的影视成果莫过于江西卫视于2006年为了纪念长征胜利70周年全国首创推出的大型原创栏目《中国红歌会》等。它把优秀的红色文化与观众喜爱的电视音乐选秀节目巧妙地结合起来,利用好自身积淀已久的红色文化资源,大胆的融入时代元素,通

过电视、网络、新闻等媒体的强势传播,着力打造一个充满感动、蓬勃向上的电视栏目,把真挚动人的革命歌曲一次又一次地唱响至全国乃至全世界,与此同时,井冈山精神也随着红歌的传播而全面普及到世界上的每一个角落。

(二)红歌大合唱

"红歌"作为一种具有独特魅力和思想内涵的艺术形式,我们在欣赏其艺术魅力的同时,还必须深入挖掘其丰富的思想内涵和精神实质,充分发挥其美育功能和社会教育功能。当今社会,红歌也被越来越多的大学生所喜爱。譬如江西财经大学每年举办的"12.9"大型红歌咏唱活动就早已成为一种文化传统,深入人心。

每年的12月初,寒风凛冽,但依旧掩不住江财人高涨的热情。因为,在江西财经大学的大礼堂总能响起高亢嘹亮的歌声,这就是我校最具特色的、以唱响红歌为主题、以培养学生中国精神为目的的"12.9"大合唱比赛。在歌咏比赛中,有许许多多的令人激情澎湃的红歌传唱。如:《毛委员和我们在一起》,该歌曲每句歌词后的"哟咳罗咳",唱起来朗朗上口,有助于烘托出一种庄严的气势,不仅描写出了在井冈山时期军民鱼水之情,更培养了学子对于红军的崇敬之情,更利于井冈山精神的发展。《四渡赤水出奇兵》,"横断山,路难行。天如火,水似银。亲人送水来解渴,军民鱼水一家人。横断山,路难行,敌重兵,压黔境,战士双脚走天下,四渡赤水出奇兵。"瞬间把我们带入了那个战火纷飞的年代。《红军阿哥你慢慢走》,"红军阿哥你慢慢走勒,小心路上就有石头碰到阿哥的脚指头,疼在老妹的心里头,红军阿哥你慢慢走勒。"悠扬的歌声仿佛互诉衷肠,将红军离别时感情刻画得栩栩如生。这一首首红色歌曲,唱响在大礼堂,一个个红色故事,讲述在大礼堂,一幕幕红色传奇,演绎在大礼堂。

由此可见,红歌既不像教科书那样照本宣科,也不像实地考察那样艰难施行,大合唱比赛是最简洁同时也是最有效的井冈山精神的宣传方式。我校以红歌比赛为载体,扩大井冈山精神的影响力,促进了井冈山精神的传播与发展,既树立了我校的红色旗帜,也使得我校学子井冈山精神的认知大大提高。

(三)各大高校新生军训拉歌现状

随着高校新生陆续入学,一年一度的军训拉开帷幕,军训的内容包括除了我们已知的站军姿、停止间转法、行进间转法外,还有必不可少的拉歌练习,而红歌传唱在军训的拉歌中,也起到了举足轻重的作用。所谓的拉歌是指训练之余的一种娱乐方式,部队中最常见,一般拉歌分两队或多队,由一人指挥,全队跟着应和,最常见的是连队与连队之间拉歌,那是相当壮观的场面。

歌曲也是文化和精神的一种传递工具,在拉歌过程中,同学们一般会唱着振奋人心的红歌,比如《战士就该上战场》《团结就是力量》《打靶归来》等。通过这些红歌传唱,同学们唱出了新时代的感动,在一声声洪亮有力的歌声中,将红色经典文化继承与发扬下去。如今,随着一届届高校新生的入校离校,一首首红歌也教育着一代代人成长,人们在唱红歌中受到教育,在红歌中汲取丰富的政治营养,从内心深处感受到歌声中所蕴含的"坚定执着追理想、实事求是闯新路、艰苦奋斗攻难关、依靠群众求胜利"的井冈山精神,从而更加坚定永远跟党走的决心,永远为共产主义奋斗的理想和信念。

综上所述,有那么一种历史,我们不能遗忘,那就是中国历史;有一种精神,我们必须传承,那就是井冈山精神。"坚定信念、艰苦奋斗,实事求是、敢闯新路,依靠群众、勇于胜利"这 24 个字被称为革命的灵魂。从毛主席在井冈山建立革命根据地那刻开始,井冈山已是一片圣地,当红歌唱响,跨越时代的井冈山精神将更加永恒。

参考文献:

[1]张东杰:《唱响红歌　弘扬民族文化精神》,载《中国科教创新导刊》,2011年第 29 期。

[2]赵季红:《红歌文化的初步研究》,载《新乡学院学报(社会科学版)》,2011年第 6 期。

[3]黎小龙:《影视作品中红歌的文化价值》,载《电影文学》,2012 年第 5 期。

[4]罗俊芳:《论中国红歌热的当代价值》,载《安徽职业技术学院学报》,2008年第 3 期。

[5]于丽芬、陈洪玲:《论中国红歌及蕴含的政治价值》,载《大连海事大学学报》,2011 年第 6 期。

[6]陈敏、饶勇:《中国红歌会当代教育价值实现》,载《南昌高专学报》,2011年第 6 期。

[7]何洋:《从"中国红歌会"看艺术经典的现代价值》,载《吉林省教育学院学报》,2011 年第 4 期。

用好主渠道　筑好主阵地　唱好主旋律

——高校红色文化育人"三建三创三树"模式的创新与实践

肖池平

（赣南师范大学）

作者简介：肖池平（1981—），男，教育部高等学校人文社会科学重点研究基地——赣南师范大学中国共产党革命精神与文化资源研究中心讲师，法学硕士，研究方向为校园文化与思想政治教育。

习近平总书记在全国高校思想政治工作会议上指出"高校立身之本在于立德树人"，强调"要更加注重以文化人以文育人""既要重视显性教育，也要重视潜移默化的隐形教育，实现入芝兰之室久而自芳的效果"。这些论断，精辟阐述了新形势下文化育人的重要性和高校办学育人的着力点。

红色文化凝结着中国共产党人浴血奋斗的红色基因和革命精神特质，是中国化马克思主义的产物和我们党的主流文化，也是高校立德树人最好的营养剂。赣南是原中央苏区的核心区域，中央苏区是井冈山革命根据地的延续与壮大，而我们党在此铸就的苏区精神则是井冈山精神的传承与发展。长期以来，赣南师范大学秉承"立足红土地办学、以苏区精神育人、为苏区振兴服务、做苏区精神传人"的办学传统，坚持用好主渠道、筑好主阵地、唱好主旋律，深入推进红色文化育人的理念创新、内容创新、载体创新，形成了"三建三创三树"的品牌特色。

一、用好主渠道：着力建"红色智库＋红色课堂＋红色班级"

坚持把红色文化育人融入学校的办学理念和教学科研全过程，出台了《关于把苏区精神融入大学生思想政治教育的实施意见》《关于推进红色资源进校园"十个一"工作方案》等制度措施，建构了"红色智库＋红色课堂＋红色班级"三位一体的育人新模式。

一是建"红色智库"。学校依托组建的教育部人文社会科学重点研究基地——中国共产党革命精神与文化资源研究中心和江西省博士后创新实践基地，大力开展红色文化研究，并将研究成果直接运用于学校人才培养和教学改革实践。学校在国内党史理论界率先提出了"中共革命精神史"的学科概念，该论文成果被《新华文摘》全文转载并列入封面要目。创办了全国高校首个专门研究红色文化的学术刊物《红色文化学刊》。学校近三年获批国家科技部重大支撑计划项目、国家社科基金项目等省部级以上课题50余项，在CSSCI学术期刊上发表相关论文20余篇，不仅取得了具有原创性和国内较高水平的研究成果，而且为学校推进红色文化育人提供了智力支撑。

二是建"红色课堂"。组织编写了《中央苏区历史大讲堂》《红色文化与大学生社会主义核心价值观读本》《用红色文化引领大学生思想政治教育》等红色教材和《苏区精神研究》等专著，把红色文化教育列入人才培养方案和思想政治理论课、党团课教学计划，同时面向全校学生常态开设"明湖讲坛"和"苏区研究论坛"，邀请校内外专家学者作红色文化专题讲座。学校通过深入挖掘红色文化资源的育人价值，形成了以苏区精神培养扎根基层优秀人才的文化素质教育体系，学校开设的《中央苏区历史大讲堂》课程被评为国家级精品课程，以苏区精神育人的特色项目先后获评国家级教学成果二等奖、全国高校校园文化建设优秀成果二等奖、全省高校党的基层组织建设创新成果一等奖。

三是建"红色班级"。坚持以原中央苏区地名和革命英烈的名字命名，从大一新生入校到毕业离校全程化开展"红色班级"创建活动，学生毕业后依照届次接力传承下去，以此促进班风学风的有形化建设。目前，学校建有"瑞金班""兴国班""于都班""赞贤班""公略班"等10余个红色班级。团中央书记处第一书记秦宜智现场观摩了"兴国班"主题班会并给予高度评价；学校2个"红色班级"团支部先后获评全国高校践行社会主义核心价值观"示范团支部"和"活力团支部"；《中国教育报》等媒体对我校命名和创建"红色班级"的做法作了专题报道。

二、筑好主阵地：着力创"红色展馆＋红色社团＋红色基地"

坚持把抓党建与思想引领工作有机结合起来，深入挖掘赣南等原中央苏区的红色资源优势，努力拓展新形势下大学生思想政治教育的有效途径，开创了"红色展馆＋红色社团＋红色基地"三位一体的育人新格局。

一是创"红色展馆"。创办了全国高校中第一个以某个时期革命斗争历史为主题的"中央苏区历史博物馆"以及"中央苏区红色文化育人探索与实践展馆"两个"红色展馆"，并被确定为"江西省大学生爱国主义教育基地"和"全省青少年革命传统教育基地"，该馆获赠了一面曾在天安门广场升起的国旗，学校获批为全国高校博物馆育人联盟首批会员单位。近五年来,学校两个"红色展馆"充分发挥了资政育人的"名片"和"窗口"作用,接待校内外参观人员10余万人次,已成为青少年学生加强爱国主义和革命传统教育的生动课堂。

二是创"红色社团"。成立了大学生思源协会、苏区精神宣讲团、映山红合唱团、大学生明湖廉洁学社等"红"字号学生社团,坚持以重大党史事件纪念日和节假日为契机,开展红色经典诵读、红色故事沙龙、红色影片展播、红色动漫制作、"我们的长征"红色定向越野赛、红色文化行为艺术展演、红歌赛等一系列红色主题活动。学校应邀在全国高校学生理论社团研讨会上作主题发言,大学生思源协会获评"全省高校优秀社团",学校代表队获全省大学生党员"两学一做"电视竞答赛第二名。

三是创"红色基地"。以共和国摇篮瑞金、苏区模范县兴国、长征出发地于都等原中央苏区核心区域和红色摇篮井冈山为依托,与原中央苏区所在县(市、区)共建了10余个"革命传统教育基地"和"红色文化教育实践基地"。尤其注重发挥学校的专业和人才优势,把传承红色文化融入美丽乡村建设和教育扶贫等工作,与赣州市政府联合成立了"美丽乡村特色小镇规划设计与发展研究中心",承担并完成了地方政府和企事业单位委托的多个重大项目,如学校作为策划设计单位,与万安县共同打造的田北农民画村被誉为"中国农民画之乡"。着力实施青年马克思主义者培养"双百工程",每年重点培养100名大学生骨干和100名学生党员骨干,采取"辅导报告 + 分组研学 + 调研考察 + 实践体验"的方式,深入"红色基地"感悟红色文化。学校多次获评"全国大学生暑期三下乡社会实践活动优秀单位""全国大学生暑期实践季专项行动优秀实践团队""全国大学生百优理论文章"等荣誉。

三、唱好主旋律:着力树"红色网媒 + 红色精品 + 红色典型"

坚持把红色文化育人有机融入校园文化"第二课堂",让青年学生在红色文化的熏陶砥砺中自觉传承红色基因、当好红色传人,塑造了"红色网媒 + 红色精品 + 红色典型"三位一体的育人新形象。

一是树"红色网媒"。积极顺应互联网的发展大势,推动红色文化育人传统优势同新媒体新技术有机融合,创办了《红井水》红色主题网站和"青春赣师""红土赣师"等红色微信、微博,组建了新媒体发展中心和网络宣传员、网络评论员等专业化队伍,开展了以红色文化题材为原型创作网络文学、动漫故事等活动。注重加强对红色史料的搜集整理和宣传教育,出版了一套红色教育故事丛书《红色记忆》,每季度向全校各班级刊发一期《红色青春》刊物,动态介绍党的革命文化和学校开展红色文化育人的进展与成效,着力增强红色文化育人的时代感和吸引力。

二是树"红色精品"。组织师生创作了《红四军转战到赣南》《苏区干部好作风》《长征从这里出发》《血沃红土》《十送红军》《红军不怕远征难》等一大批红色精品剧目,其中不少作品荣获全国一等奖,近五年师生创作或表演的红色项目在省级以上竞赛获奖达 2000 余人次。连续六年应邀参演"五月的鲜花"全国大学生校园文艺会演。参编的赣南采茶戏《快乐标兵》荣获中宣部"五个一工程"奖。在校研究生主演的原创民族歌剧《回家》荣膺第 27 届中国戏剧"梅花奖",填补了江西省男演员未获该奖的空白。学校赣南民间区域文化艺术研究中心获批为江西省文化艺术科学重点研究基地。

三是树"红色典型"。注重发掘典型,用榜样的力量感染人、鼓舞人、带动人,通过校园红色景点建设、道路场馆命名、开设红色文化专栏、加大窗口展示和主题宣传、举办红色书画摄影展览和英雄报告会等方式,大力宣传红色英模的感人事迹,使青年学生学有榜样、做有标尺。涌现出一批如"扎根红土地、丹心育人才"的全国优秀教师和全省优秀共产党员高淑京、全省"龚全珍式向上向善好青年"梅荣清、在涌泉敬老院坚持二十余年如一日尊老敬老的"化工学子"以及"不爱都市爱山村"的优秀特岗教师曾且茹、第十届中国优秀志愿者个人奖获得者曹永祺等在内的杰出代表。

春风化雨,润物无声;一分耕耘,一分收获。通过从入学到毕业"全过程教育"、从课堂到实践"全方位开展"、从教师到学生"全员化参与",学校培养了一批又一批打上苏区精神烙印、扎根基层就业创业的优秀师资和应用型人才。近年来,学校"党建 + 红色文化育人"的经验做法,先后在新华社《国内动态清样》和全国高校党建工作会议等进行推介交流,省委鹿心社书记、省政府刘奇省长对学校坚持以党建和思想政治工作为引领、狠抓内涵建设和特色发展取得的成绩专门做出重要批示。

"文化滋养心灵,文化涵育德行,文化引领风尚"。以红色文化育人,贵在行动自觉,重在落地生根,难在持久深入,要在长效机制。在新的时代条件下,要更加深入学习贯彻全国高校思想政治工作会议精神,按照习近平总书记提出的"把红色资源利用好、把红色传统发扬好、把红色基因传承好"的要求,坚定文化自信,坚守育人初心,坚持久久为功,努力打造"有特色高水平"的红色文化育人成果,以实际行动回答好"培养什么样的人、如何培养人、为谁培养人"这一高校思想政治工作的根本问题。

大学文化的育人功能及实施途径

任遵诺　文素俭　薛彦华

（河北师范大学教育学院）

摘　要:高等教育在由精英阶段向大众化阶段过渡中,学生综合素质整体下降,成为当今大众化阶段需要解决的任务之一。大学文化以不同的方式渗透到学生的情感、思维、行为和价值判断中,帮助其健康成长,进而满足社会发展和文化进步的需求。因此,大学文化的育人功能,对大学文化的发展和学生素质的提升具有重要影响,文章从价值导向、凝聚激励、行为规范和能力提升四个方面分析了大学文化在人才培养中的作用,又从优化大学环境的物质文化、凝练大学的精神文化、规范大学的行为文化、完善大学的制度文化等四个重要途径切入,分析了实现大学文化的育人功能的途径。

关键词:大学文化;育人功能;实施途径

作者简介:薛彦华,河北师范大学教育学院院长。

现代知识经济社会中,大学担负着传承知识和传播文化的重任。《国家中长期教育改革和发展规划纲要(2010—2020 年)》中提出,“坚持以人为本、推进素质教育是教育改革发展的战略主题,是贯彻党的教育方针的时代要求,核心是解决好培养什么人、怎样培养人的重大问题”。全方位研究大学文化育人功能的含义及实施,不仅有利于深化大学文化建设,而且有利于提升人才培养质量。

一、大学文化育人功能的内涵

大学文化是社会文化中的关键组成部分,以大学为载体,以培育人才为使命的特殊文化形态。从中世纪现代大学开始,大学就承担着传承、创新文化的责任与使命,帮助学生形成健全的人格品质,带动学生综合素质的提升。大学文化是基于教学经历所形成的大学精神财富和物质财富的综合。[1]大学文化的根本是塑造人,通过教育传递文化是实现育人功能的重要方式。“大学文化育人功能的基础是对优秀的大学文化的'化',这个'化'是将积极的人文意识和科学意识、'做人之道'和'处事之道',深入到个人内心深处,凝结成组织的精神风貌。"[2]

从《关于进一步加强和改进大学生思想政治教育的意见》中涉及的校园文化的育人功能的重要性,可以看出政府及国家重要领导人密切关注育人功能。北京师范大学校长钟秉林在谈及大学文化育人的内涵时,认为它是一个由精神、制度、物质和行为四个层面综合而成的复杂文化系统,他谈到文化育人是要让师生以高度的使命感承担起服务社会和人民的重任,从而实现其人生价值,达到育人的目标。本文将大学文化育人功能的内涵概括为:大学文化实施对象为学生,将大学当成媒介,通过学校的教育和熏陶作用,把大学文化包含的人生目标、主观意识、行为举止等方面的内容,渗透到学生的综合素质中,使其符合国家和社会进步的需要。大学文化对学生的人生目标、举止规范、情操等方面都会产生影响,有利于推动国家和社会的发展。大学文化育人功能与高校质量培养目标发挥的效果是相同的,大学文化育人功能对全面推动学生的发展起到目标引领、情绪控制和行为激励的作用。

二、大学文化的育人功能的分析

大学是研究学术、崇尚科学、传授知识、创新文化、塑造人品格健康发展的阵地。大学在不同的历史阶段担负的历史责任也有所不同,现今大学的功能除了有教学、科研、为社会服务之外,也含有传递、创造文化。育人功能是大学文化的根本功能,在目前大学"重科研轻教学,重学科轻培养"功利目标引导下,重提大学文化的育人功能尤显必要。因此,在今后大学发展中必须增强对大学文化育人功能的关注度,促进学生综合素质的提升。

大学文化的育人功能具体包括以下四个方面:

(一)价值导向功能

价值导向功能相对尤显重要。它是大学通过学习将学校内的特色文化中蕴含的教育思想与理念赋予到学生身上,指引其走向正确的人生方向。[3]在学校特有的文化环境中,将学校中的培养目标和舆论风气渗透到学生价值观的形成中,健全和完善学生的品格,培养其形成正确的人生目标。它不仅有助于培养学生正确观念和思想,也有助于浓厚大学文化氛围的形成,带动大学文化环境朝着更健康的方向发展。经由以上解析可得,该功能具体体现:第一,指引学生形成正确的观念。现今大学已不是与社会脱离的"象牙塔",他们会受到各种思想、理论、观念的交汇和碰撞,优秀的大学文化会帮助他们指明正确的方向,将学生的思想和行为引领到正确的道路上来,帮助其健康成长。第二,帮助健全学生的品格。大学通过德智体美劳的多方面协调发展,帮助其形成适应环境的能力,并有助于学生形成辨别是非的思维。随着大学在积攒教学实践经验过程中形成的浓厚学习氛围,有助于制约学生不适宜的行为,形成其规范的作风。大学中成立的学生会等活动,有助于他们形成良好的交流能力和社会适应能力。学术自由和教授治学,有利于培养学生树立学术自由、追求科学和公平的品格。丰富多彩的社团活动和竞技活动,有利于学生形成善于合作和拼搏的精神。第三,帮助提高学生的思想境界。学生生活在学术气息浓厚的校园环境中,可以培养其愉悦的生活态度和坦然面对沮丧的思想境界,从而更好地增加学生生活的幸福感。学校中举办的学术讲座和科技创新等一系列学术活动,可以帮助学生在活动中形成勤于思考的习惯、沉着冷静的态度和勇于探索、钻研的精神,同时也可以增强大学生的文化素养。大学文化以不同的方式将大学目标倡导的价值观和理想信念渗透到学生思想中,塑造学生形成独立的人格。

(二)凝聚激励功能

凝聚激励功能是大学在历史发展中形成的共同的理想信念,潜移默化地影响着师生的思想和举止,增强师生对学校环境文化和各项制度文化的认同和归属,使其形成对问题统一的价值判断和行为选择,朝着共同的理想使命和奋斗目标努力。[4]它具体体现在:第一,有助于凝聚师生的思想。大学文化以不同的方式渗透到大学师生的情操中,帮助师生树立集体主义意识和群体精神,老师和学生在学校优雅的文化环境中将个人的奋斗目标和与学校的目标与要求融合在一起,全面提高自己的能力,并共同为学校的发展做出努力。第二,有助于改善师生的举止。大学文化的作用主要表现在教师为了加大学生主动学习的力度,应大力改变教师的授课方法,加强教师的学术研究行为,便于形成求真、求实的学术气息。对学生而言,学生生活在有学术气息的环境中,大学文化通过不同的模式养成学生主动学习的心向。教师和学生置身于良好的大学文化环境中,彼此相互影响、相互感染,易于在人生目标和思想情感方面逐渐趋于一致,并以整体的力量一起为学校的发展目标奋斗。由此可见,将教师和学生的思想汇集在一起,有助于大学形成一个学术整体。大学文化正是通过该功能,帮助师生形成和实现共同的愿望。

(三)行为规范功能

行为规范功能是指大学文化通过校内的行为准则及长期形成的道德标准,以不同的方式制约着学生的思想和举止,它对于学生的成长奏效显著。[5]大学的制度文化以强硬的手段管理着学生的举止,防止其出现不良举止,同时学校作风渲染着学生的举止,对其产生一定的强制效果。通过上述阐述,可以看出大学的制度文化以及校园风气、教学风气、班级风气类似于学校课程中的隐性课程,逐渐渗透到学生的思想和行为举止中,对学生产生的影响是内在且深远的。[6]大学文化正是以这些隐性课程的方式对学生起到思想引导、丰富情感、规范行为的作用,无形中支配和约束他们的行为。[7]行为规范功能是大学文化建设中不可缺少的一部分,有利于形成良好的校园风气,健全和完善学生的人格品性。

(四)能力提升功能

教育本身即通过文化培养人的活动。大学文化除了担负着传播知识、完善品质外,还应以全方面发展人为引领航向。大学文化带动学生的成人成才,并且效果显著。学生可以通过感受、参与大学文化建设,来扩充自身的知识含量,同时着重提升自身的能力。科学知识能够活跃学生的思维活动,增强其对科学事实的辨别、推导和论证的能力,大学文化中隐性的人文精神可以增强学生观察事物的洞察力和灵敏性。[8]因此,目前在推进大学文化前进的道路中,我们应注重培养学生的艺术情操,同时注重引导其形成正确的道德品质,促进学生身心素质和综合能力的提升。在推进大学文化形成进程中,为了全面提升学生的能力,还应特别强调塑造学生新思想的形成。大学可以通过定期举办一些新的学术论坛,引领学生形成新思想,并提高学生的创新能力,带动整个社会形成敢于开拓进取、勇于探究钻研的环境。大学文化以一种动态的、有魅力的、高级的文化形式,对社会文化机体的每个领域的发展都有重要影响,是推动社会向前的源泉和动力,为社会输出更多全面协调发展的人才。

三、大学文化育人功能的实施途径

为了更好地实施育人功能,一方面,我们在钻研其内容的同时,将内容和育人功能作为出发点和落脚点。从优化大学物质文化、凝练大学精神文化、规范大学行为文化、完善大学制度文化出发,最终为我们的国家培养出具有发展、创新、管理能力的综合性、全面性、创新性实用型人才。

(一)优化大学物质文化,推进环境育人功能

物质文化建设中主要有校园环境、校园建筑,教学设施、仪器设备、图书馆、校园网,以及特色化的学科专业、模式迥异的课程组合、学术造诣不同的教师队伍等。[9]随着我国高等教育的迅猛发展,目前有些学校存在着只看重规模的扩张、硬件设施的改进,往往会忽略到学校物质文化的深层含义,并且缺乏具有象征性和代表性的设施。学校发展的速度和规模被作为重要的目标追求,导致大学物质文化环境的建设过程中经常会出现这样一种误区,有些学校毫无目的地跟风扩大校区规模,增加新校区,与集约型建设模式相悖,从而忽略了本校的实际现状和个性特征,更忽视了大学文化的协调性。

首先,要多多关注大学校园物质环境建设,比如说重点放在实验室、博物馆、教学楼、寝室楼、图书馆、室内外体育场和园林规划绿化以及山石水体等的布局和设计中的物质文化与内涵,借助学校校园文化传播渠道,渲染和传播学校健康向上、积极进取的和谐环境。依照本校已经存在的物质文化历史资源和优良的传统,尤其是大学校园公共建筑设施的布局规划,可以结合大学本身的实际情况,将交流研究、沟通技能、业余生活、户外运动等与自然化环境下的地势地貌、道路桥梁、植物绿化统一协调起来,建成具有个性鲜明、布局合理、功能齐全、环境怡人、充满学术气息的大学校园。其次,学校应该做到大力营造积极的学习氛围、教学氛围和交流氛围,营造一个软硬兼顾的大学物质文化环境。良好的大学物质文化氛围,应具备明确的发展思路和办学理念、系统规范的管理制度、强烈的社会责任意识与历史传承感,同时也要拥有与高精尖的专家学者有着相同的价值取向的信念追求。教师作为社会责任感和职业使命感的大学文化建设中的一分子,应该具有很高的综合素质,很强的沟通交流能力,很正直的师德师风。作为传道授业解惑者的教师,应该加强自身的素养,才能更好地完成教学目标,发挥最大的影响。最后,还要优化育人的环境,努力拓展情感教育培养途径,从而培养出有担当、有理想、有抱负、有实学的创新型人才。

(二)凝练优秀传统精神,实现精神育人功能

在当今这个时代,具有多元趋势的百家文化竞相绽放的场景下,大学文化中的精神文化处于统领地位,但有些学校往往会缺失凝聚大学精神文化的能力,并且对学校未来的发展规划和前景预测不够详尽。有些学校在建设过程中,会盲目地去追求学校规模的壮大和建筑设施的美观新潮,却忽略掉学校长年遗传下来的精神财富和历史文化的积淀和底蕴,并没有做到承前继后,致使学校自身所具有的彰显独特魅力和个性的文化被盲目地埋没,削弱了这些学校的文化历史厚重感,同时也淡化了学校本来固有的综合竞争力,这些都是重物质、轻人文精神观念的表现。

伴随着经济和科技的高速发展,多元文化大发展的盛况下,我国社会的全面迅猛发展,大学文化也凝练着我国优秀的文化传统,因此凝练优秀传统精神,也显得尤为迫切和重要。"在美国当代的德育学家马斯里考纳(T. Lickona)看来,每个专业知识的教授对于道德影响来说是一个'沉睡的巨人',蕴含的潜力非常大。他列举了其中一些科目中可以当作范例的一些应用例子。例如:数学和科学课中科学家的贡献、生活和治学态度;语文课中文学上榜样的道德模范影响;历史课中历史英雄的德行与自律意识;在体育课与健康课中展示适度的自我控制对个人健康和品行的关键等。"[10]大学文化始终坚持把学生作为主体,大学精神文化的教育

始终关注全方面培养人才、全方面教书育人以及全方面德育智育的过程。正处当今时代,大学精神文化建设一切工作都是以培养人为目的的,所以,学校应该最大力度地充分激发人的主观思想,提升人的多方面品质,并以实现人的各种恰当要求为动力,这是人们所追求的理想,应该更加注重向前自由翱翔的目标。

首先,要根据本校的实际情况和未来发展道路考虑,大学思想教育在社会主义道路中处于引领地位,大学精神文化建设的关键方面就是要遵循我国倡导的价值观。不但要传播学科文化知识,而且还应注重各种能力的培养。其次,对于大学精神层次文化方面的建设,我们应通过继承和发扬人类长期发展中的历史文化、改善先进的科学技术水平的方式来建设优秀文化强国,充分利用我国得天独厚的历史人文环境,来深化发展我国的文化底蕴。其一,面对我国历代遗留下来的瑰宝,应根据本校现实发展的个性特征,充分挖掘其内在价值,发挥它在教育领域上的应用。最大潜力地巧妙运用古代各个流派的精神瑰宝,倡导诚信和文明礼貌教育。其二,要注意观察当前形势,在传承文化的过程中,最大潜力地发挥自身优势。现如今我国正处在信息丰富的时代,我们应对历史悠久的精神财富适时地进行取舍,培养学生形成发散思维的习惯。其三,要主动坚定地遵循将本校的精华传播出去的原则,把其他学校甚至是国家的精华接收到本校,扩大文化视觉,尽全力地将全人类的实践经验作为来源,积极吸取和借鉴其他国家先进优秀的精神文化,以此来不断丰富完善大学精神文化的多样性,保留了大学精神文化的创新性和先进性。最后,要有选择性地汲取其他优秀院校的人文理念和宝贵的文化精华,以兼容并蓄的胸怀,积极"引进来,走出去",努力地承前继后,以不断继承和创新的态度进行吸收和消化,从而使大学精神文化更凝练、更具吸引力。

(三)规范大学行为文化,实现服务育人功能

大学行为文化建设最终起到约束大学人举止的效果,具体实现来说,主要从老师的教学方式和方法、以及学生的学习风格和接受能力、服务管理人员的管理方式、优良校风的建设入手加以实施。[11]大学行为文化建设,有些学校只是像例行公事一样策划着过于表面化、形式化、娱乐化和简单化的文体活动,然而这些活动表面上看似轰轰烈烈,但实际上没有起到真正的教育作用。当今社会一些学校盲目地跟风和追求时髦,一味地追着热点走,同时也缺少对本校真正时局以及校内的实际情况的真正了解,这就导致了大学文化活动越来越走向庸俗化和低层次化。并且参与者大多数是一些才艺表演的文艺骨干学生,对其余学生来说只是作为过客和看客,所以只是小部分人参加,在很大程度上也就阻碍了校园文化活动的拓展。

首先,学生是大学行为文化建设的主力军,应该从学生本身出发,积极推动建

设大学行为文化的发展道路。大学行为文化建设主要有学生、教师和管理者。在行为文化建设过程中,要充分地考虑到学生的独特属性,具体指其可创造性。不但要发挥学生们丰富的想象力和创造力,使之成为大学行为文化建设的主力军,而且也要注重学生的发散思维和协调举止,这也就是说,一方面,我们要始终坚持让学生在大学行为文化建设中真正体味到大学文化所带来的灵魂精髓、情感陶冶和魅力所在,使学生们的精神世界能够受到优秀的大学文化的感染和熏陶。另一方面,我们要努力让学生做到在精神上继承、行为上落实大学文化,具体的实施步骤就是,在大学校园中要不断改善学生的举止行动是我们的起始和终止,从而彰显文化建设的先进性和时代性。其次,教师是决定一个大学建设成功与否的关键媒介,教师的举止是大学行为文化建设的关键构成要素,它对人的品质提升的影响是显而易见的。而教师的学术造诣、工作态度、教学特色、人格魅力等教师素质修养方面的内容,同样也在大学行为文化建设中发挥着重要的角色作用。所以,大学行为文化的建设,需要教师更加坚定有效地引导其育人功能。推进教师对个人人生思想目标的树立和实现,不单单要促使教师认真地斟酌、查验、批判其教学经验,以循环的方式来使其发挥最大作用,舍弃其中很多与当今社会所倡导的主流价值观不一致的东西,并且需要将那些具有顽强生命力的精髓与已有的行为文化知识的学习融合到一起来。[12]再次,大学的管理者如辅导员和后勤人员的行为模式、思维逻辑都是大学文化的最直接体现,都是对在校大学生的思想和行为能起到一个潜移默化的影响和示范作用。学校的管理者工作中,大学的管理者们要时刻重视管理层面教育的发展,包括专业知识、道德品质修养等在内的全方面提升,将大学生造就成为全能人才。在关注学生身心健康的同时,也要注重锻炼学生适应环境的独立性,促使其承担起艰巨的社会责任,最终在大学行为文化建设的过程中,顺利完成建设美好祖国大好河山的社会光荣使命。最后,也可以从行为载体建设入手,大学行为文化的载体有活动载体、媒介载体、符号载体,需要通过这些载体来充实丰富运用到大学行为文化建设的内涵中。

(四)完善大学制度文化,发挥提升育人功能

近些年,我国高校的大学制度文化建设往往会作为临时性、象征性的号召与措施出现,不但缺乏长远的系统规划,而且在总体规划中也不够系统和完善。大学制度文化建设往往只注重管理学生举止,而在进行过程中,学校的管理者们并没有做到将这些制度与学校整体规划的目标联系在一起,并且还缺少相对完善的规划格局和对未来的前景预测。大学制度文化建设未做到与学校的专业安排师资搭配、和课程设置等的有机结合,这就在很大程度上阻碍了大学文化的正常运行。大学社团里面缺乏完善的流程和章程、奖惩与激励设置。大学制度文化作为

大学向前发展的基础和制度保障,它也得到了全校教师和学生一致认同,并且积极主动接纳与履行行为规章制度,大学制度文化建设也是大学各组织能够向前进步的标尺,也是大学文化的关键要素,它起到了带动师生不断进步的作用。

首先,要不断丰富和完善大学制度文化,尤其把重点放在制定具有符合大学本身实际情况并独具特色的大学章程和规章制度上,坚持"党委领导、教授治学、校长治校、政校分开、管办分离"的原则。其次,大学的制度文化建设始终关注学生,最终目的都是为了学校的正常运转和快速发展而服务,一切都是以更好地服务学生为原则和宗旨,并将此作为根据和缘由,从而进行规章、办学章程的制定,管理条例的实行。最后,在学生培养方面,制度一定要根据学生群体的实际特点,始终紧紧地跟随着时代的步伐,制定符合本校的管理模式章程,要帮助学生规划自己的未来,并促使其进行不懈的努力,发扬不断拼搏进取、坚持到底的精神。最终为我们的国家培养出具有发展、创新、管理能力的综合性、全面性、创新性实用型人才。

大学文化的育人功能,深深地关系到一个国家、一个民族、一所学校、甚至是一个学生的理论思维修养和知识创新的发展水平,承载着祖国未来的兴衰,担负着祖国的重大责任,寄托着祖国未来的种种希望。在我国核心思想引领下,我们既要保持自己的办学特色和方法,又要将其他教师的优秀实现方法与我们自己拥有的精华紧密地结合在一起,始终坚持大学文化育人的理念,探索新的实现方法和途径,最终对于实现大学育人这个责任重大的任务,具有非常关键性的意义。

参考文献:

[1]孙雷:《论大学文化的育人功能及实现途径》,载《中国高等教育》,2008 年第 22 期,第 30—32 页。

[2]丁玲、李忠云:《新时期大学文化育人功能的探析与思考》,载《山西师大学报(社会科学版)》,2008 年 S2 期,第 121—123 页。

[3]王明清:《育人功能:大学文化的本体功能》,载《黑龙江高教研究》,2009 年第 12 期,第 109—111 页。

[4]韩延明:《强化大学文化育人功能》,载《教育研究》,2009 年第 4 期,第 89—93 页。

[5]施卫华:《大学文化育人功能及实现路径研究》,载《思想教育研究》,2016 年第 5 期,第 117—120 页。

[6]孟娜、李忠云:《论大学文化的育人功能及其强化》,载《高等农业教育》,2013 年第 1 期,第 23—26 页。

[7]夏湘远:《大学校园文化建设与大学生道德养成教育》,载《大学教育科学》,2006 年第 3 期,第 91—93 页。

[8]沈婷、甄月桥、朱茹华:《大学文化的育人功能与实践启示》,载《四川理工学院学报(社会科学版)》,2016 年第 3 期,第 93—100 页。

[9]彭宗德:《大学物质文化建设》,载《黑龙江社会科学》,2008 年第 1 期,第 191—192 页。

[10]袁桂林:《当代西方道德教育理论》,福建教育出版社 1995 年版。

[11]石维富:《试论大学行为文化建设的基本策略》,载《中国成人教育》,2013 年第 20 期,第 33—35 页。

[12]石中英:《知识转型与教育改革》,教育科学出版社 2001 年版。

打造立足区域、专注育人的特色大学文化建设

——山东理工大学文化建设探索与实践

徐启达　姜素锦

（山东理工大学党委宣传部）

摘　要：文化是大学赖以生存发展的重要根基和血脉，传承和创造优秀文化是高校的使命。当前，山东理工大学正处于推进建设有特色、高水平、国内知名的教学研究型大学的关键时期，学校高度重视大学文化建设，坚持立德树人根本任务，在努力建设格调高雅、底蕴深厚、求真争鸣、丰富多彩，能够体现办学传统、区域特色和时代特征的大学文化方面做出了积极探索与实践。

关键词：区域文化；立德树人；特色鲜明；以文育人；以文化人

大学文化是大学的根基与血脉，是大学的灵魂。建设大学文化，是立德树人的根本要求，是凝聚人心、形成合力的重要举措，是实现大学发展目标的内在动力。近年来，山东理工大学在推进各项事业发展的过程中，坚持以文育人、以文化人，大力推进人文与科学相融通、传承与创新相结合的大学文化建设，为学校建设有特色、高水平、国内知名的教学研究型大学的目标提供源源不断的内生动力。

一、注重顶层设计，让文化蕴含理工特色

学校党委高度重视大学文化建设，通过加强整体规划，加强建章立制，使大学文化特色更加突出、地位更加明显、育人功能更加显著。

2014年5月，学校印发关于《推进中华优秀传统文化教育工作实施办法》的通知，旨在充分发挥中华优秀传统文化在培养优秀人才、推进国内知名的教学研究型大学建设进程中的创造性转化和创新性发展作用，从思想文化课程建设、传统文化载体建设、校园文化环境建设、发挥示范引领作用等四个方面对推进优秀传统文化工作做出部署安排。

2015年6月，学校出台《关于进一步加强大学文化建设的意见》，提出今后一

段时间学校大学文化建设的总体目标和具体目标,重点围绕精神文化、制度文化、学术文化、活动文化、环境文化、宣传文化六个方面整体推进大学文化建设。

2015 年 10 月,学校印发《视觉形象识别系统管理办法(试行)》及《视觉形象识别系统管理手册》。《办法》及《手册》规定了学校校标、中英文标准字、标准色等基本要素和使用规定,确立了学校完整统一的对外视觉形象,充分体现了学校的形象特色,展示了学校办学理念和大学精神。学校以 60 周年校庆和第三次党代会为契机,督促各部门、单位对网站、布告栏、宣传橱窗、背景喷绘等涉及形象识别系统元素的内容进行完善,有序推进相关标识的更新和更改工作。

2016 年 9 月,学校发布《山东理工大学"十三五"大学文化建设发展规划》。规划在《山东理工大学"十三五"发展规划纲要》的指导下,客观分析了学校大学文化建设的发展基础与面临形势,分析了客观存在的短板问题,明确了大学文化"十三五"期间的发展目标和工作思路,具体提出了 5 个方面的主要任务,确定了 4 项工作措施,积极推进学校大学文化建设。

二、搭建宽广平台,让文化登高望远

学校依托地域文化特色和专业学科优势,党委宣传部、校团委、齐文化研究院、马克思主义学院等部门单位联合发力,积极搭建文化建设平台。

学校以山东文化大省和淄博文化名城建设为契机,制定《文化名城建设工作组 2016 年度工作任务规划》,积极推进校城融合。深层介入淄博市文化名城创建工作,积极参与淄博市一节(齐文化节)、一坛(稷下学宫论坛)、一会(齐文化研讨会)等重大文化活动,积极参与地方历史文化保护开发、文化创意产业、公共文化服务等。发挥齐文化研究优势,以学校人文社科专业人才为依托,深入挖掘齐文化资源,大力开展齐文化典籍整理、传统地域文化研究,产出一批齐文化学术与创作作品。整合人文社会科学的人才资源与学术优势,加强文化团队建设,创建高端文化建设平台,拟成立淄博研究院,打造"稷下智库",增强服务地方的文化功能。

2017 年 3 月,学校聘任曾任教育部人文社会科学研究基地山东师范大学齐鲁文化研究中心首席专家的王志民教授担任齐文化研究院院长,致力于将齐文化研究打造成校城融合发展的品牌、文化建设的亮点。近年来,先后举办齐文化研究院发展研讨会,与国家教育行政学院联合举办"国学经典教育"专题研修班,组织齐文化研究基地首席专家王京龙教授和《管子学刊》编辑部主任于孔宝编审参加第 22 届世界历史科学大会淄博卫星会议等,为学校更好地挖掘利用以齐文化为代表的优秀传统文化开拓新的空间。

2015年，山东省委高校工委在我校设立山东省高校优秀传统文化与人才培养研究基地。学校成功申报山东省高校思政课改革项目"优秀传统文化与思想政治理论课有机融合的教学组织创新"，设立山东省高校思想政治理论课教师发展研究基地。

2016年，学校面向校内外人员设立齐文化校园文化景观统一规划招标课题，开展专题立项研究，形成《山东理工大学校园文化景观统一规划》，向淄博市申请《齐文化校园建设规划》立项项目。研究平台和项目平台的搭建，为建设弘扬大学文化提供了坚实支撑。

学校积极组织参加山东省创意文化节。在连续4届创意文化节中，学校众多优秀学子登上全省展示创意的舞台，获奖近百项，成绩斐然。学校还持续强化文化讲坛、文化活动平台建设，创新拓展网络文化、社团文化、廉政文化平台等。

三、打造文化品牌，让文化深入人心

学校坚持树立文化品牌，加强特色项目建设，不断扩大文化影响力。

2014年，学校在历届大学生科技文化艺术节的基础上，整合全校力量，举办以"立德树人筑梦理工"为主题、师生共同参与的首届科技文化艺术节。三届科技文化艺术节的成功举办在推进校园文化繁荣发展、提升校园文化育人功能、展现师生良好精神面貌、促进教风学风建设等方面发挥了积极作用，充分展示了学校文化建设的成果和师生良好的精神风貌。

2014年6月，学校打造"稷下艺韵"品牌，充分发挥校内专业师资和学生社团在建设高雅校园文化方面的独特优势，开展高水平文艺作品的创作、展演及艺术知识普及，进一步提高校园文化活动的层次，提升师生文化艺术修养，截至目前，已成功举办了大型舞蹈专场演出、鲁泰纺织乐团专场音乐会、"江山颂歌——高雅艺术进校园音乐会"专场演出等多场大型活动。

2015年5月，学校举办"清廉如水"廉政文化作品征集活动，广大师生创作了一大批以清廉为主题的优秀作品，充分展示了学校廉洁教育和廉政文化建设的成果，对营造风清气正的校园环境，引领崇尚廉洁的校园文化起到了积极作用。

2015年10月，学校举办首届社团文化节，开展社团发展论坛、"社"彩缤纷——百团风采展等28项精彩活动。社团文化节将继续促进我校学生社团蓬勃发展，对校园文化建设、学生成长成才起到重要推进作用。

学校持续强化"稷下大讲堂"文化品牌，使"稷下大讲堂"更富文化内涵、更具齐鲁文化特色，先后举办了《稷下学与秦汉大统一》《概论国学》《多元化进程中的文化建设与民族复兴》《向国学学什么》等10余场传统文化报告会。

2016 年 5 月,学校 60 周年华诞。以校庆为契机,凸显"文化校庆"主题,挖掘历史积淀,凝练理工精神,做好系列文化活动,积极向海内外展示学校形象和办学成果。发布校庆一号、二号、三号、四号公告;征集和发布校庆标志;发布校庆宣传标语;制作和维护校庆专题网站;设计校庆日环境氛围渲染方案,制作图书馆校训景观,制作路灯校庆主题宣传牌等;开设校报校庆专栏;制作校庆专题宣传片,开设广播电视校庆专题;编辑出版《回望甲子　春华秋实——山东理工大学 60 周年校庆回忆文编》《山东理工大学史话》《山东理工大学校史(续编)》《山东理工大学 60 周年宣传画册》;牵头组织书画展等相关校庆活动。

四、推进优秀传统文化教育工作,让传统文化底色更浓

学校突出地域文化特色,深入挖掘中华优秀传统文化资源,广泛开展中华优秀传统文化教育实践活动。

学校将中华优秀传统文化融入到思想政治理论课和形势与政策课教育教学过程中,成功组织策划了"优秀传统文化与思想政治理论课有机融合的教学组织创新"课题项目。开设了《中国传统文化》选修必修课,并增设中国历史、文学、艺术、科技相关选修课程。承办淄博市"中华优秀传统文化大讲堂"活动,通过稷下大讲堂、名师名课报告会、学术报告会等,邀请中国人民大学国学院王子今教授等多位专家来校讲解优秀传统文化。

2016 年,王京龙、邱文山、巩曰国等多位教授走进国家教育行政学院"国学经典教育"研修班开设齐文化专题讲座,王京龙教授的研究论文《齐文化作为民族和国家软实力的突出优势》被《光明日报》刊发。

2017 年,学校举办淄博市区域文化(高青文化和淄川文化)进校园讲座两次。

通过多年实践和推进,学校用中华优秀传统文化滋养了广大学生,在加强学生人格修养、培育民族精神、提升人文素质等方面起到了积极的促进作用。

五、加强基层文化建设,让基层文化助推学校发展

基层文化是大学文化重要组成部分,是二级学院持续发展的强大内驱力。二级学院在大学文化建设规划的引领下,以提高学科核心竞争力、提升文化品位为立足点,凝聚力量,树立品牌,不断提升基层文化内涵。

近年来,学校各二级学院根据学校工作部署,结合各自学科专业特点,打造具有学院特色的文化品牌,在学院文化建设工作中迈出了坚实步伐。2016 年,学校相继推出商学院之特色文化体系、国防教育学院之军地文化助推育人文化、文学与新闻传播学院之以传统文化载体深化育人文化、机械工程学院之创新文化、鲁

泰纺织服装学院之校企合作特色文化、建筑工程学院之特色教育文化、体育学院之体育文化等七项典型文化建设事迹报道,传递文化力量。2017 年,学校将启动特色二级学院文化创建活动,出台《山东理工大学特色学院文化创建实施意见》,以引导二级学院建立起与学校文化互相融合又各具特色的文化体系,逐步形成风格突出、专注育人、内外结合、丰富新颖、特色鲜明的基层特色文化。

"一带一部"背景下湘商文化的教育传承研究

廖 佚

（湖南商务职业技术学院宣传统战部）

摘 要: "一带一部"战略是中央对湖南发展的新定位和新要求,积极把湖南发展置身于全国发展大局之中,努力将区位通道优势转化为经济竞争优势,培育和提升核心竞争力。在这一背景下进行湘商文化的教育传承,是以湖南商科院校的湘商文化育人现状为基础,对新时期运用湘商文化,以文化人,培养独具特色的湖湘高素质湘商人才,实现湘商文化教育传承与创新的路径进行研究,包括教育功能的主要体现,教育传承的要素构成,教育传承的目标定位,教育传承的问题探析,教育传承的模式创新等。

关键词: "一带一部";湘商文化;教育传承

作者简介: 廖佚,湖南商务职业技术学院宣传统战部副部长,管理学硕士、副研究员。

一、湘商文化的教育传承要义

湘商文化是中华优秀传统文化的重要组成部分,是湘商在经商过程中创造的所有物质财富和精神财富构成的商业文化体系,它既继承了融合儒、释、道三教三位一体的理学思想精髓,又将"心怀天下"的报国情怀与"气化日新"的进取精神等渗透到整个湘商的精神世界,成为他们的灵魂,指导和维系湘商的经营活动。一直以来,湘商文化都以隐性或显性的形态影响着地方经济社会发展,近年来,随着湘商的崛起和文化交流的不断加强,湘商文化也走到中国文明舞台。

2013 年 11 月,习近平总书记赴湘考察时指出,湖南应发挥作为东部沿海地区和中西部地区过渡带、长江开放经济带和沿海开放经济带结合部（简称"一带一部"）的区位优势,提高经济整体素质和竞争力。[1]为贯彻落实习近平总书记指示精神,湖南提出加快实施"一带一部"发展战略,并将之作为未来统领湖南发展的宏大战略,积极把湖南发展置身于全国发展大局之中,努力将区位通道优势转化为经济竞争优势,培育和提升核心竞争力。新的历史时期,湘商文化必将为引领、推动地方经济社会发展做出卓越贡献。

2017 年 1 月,中共中央办公厅、国务院办公厅印发了《关于实施中华优秀传统文化传承发展工程的意见》并发出通知,要求各地区各部门结合实际认真贯彻落实。[2]《意见》提出:要围绕立德树人根本任务,遵循学生认知规律和教育教学规律,按照一体化、分学段、有序推进的原则,把中华优秀传统文化全方位融入思想道德教育、文化知识教育、艺术体育教育、社会实践教育各环节,贯穿于启蒙教育、基础教育、职业教育、高等教育、继续教育各领域。那么在"一带一部"背景战略下,对中华优秀传统文化的重要组成部分——湘商文化进行发掘整理,进而开展教育传承,培养具备湘商文化底蕴的高素质湘商新人,为建设新湖南贡献智慧和力量,这是我们高等教育应有的担当与行动。

二、湘商文化的教育功能分析

湘商文化的教育功能主要体现在理想人格的锻造、价值取向的引导、思维方式的培养、社会行为的规导四个方面。无论是理想人格、价值取向,还是思维方式,都更多地涉及人的心理层面的内容,是大学生内在修养的重要组成。相对来说,社会行为则是受文化影响而形成的自觉行为,是内在修养的外在表现,由大学生的心理状态决定。

(一)塑造理想人格

"人格"作为外来词引入,一方面是指人的性格、气质和能力等的总和,另一方面是指人的道德品质,即道德人格。前者是对国外学者人格理论的继承,而后者则是具有中国特色的人格理念。虽然我国对"人格"一词的发掘与接受较晚,但是悠远而深邃的中华传统文化却早已蕴含了人们对"理想人格"的深刻理解,如儒家倡导以圣人、君子为人们所追求的理想人格,而法家则以能法之士为理想人格追求。从文化的视角来看,理想人格本质上是为寓于特定文化场域中的人们所崇尚和效法的人格,是一种文化精神或理想在人身上的集中体现,是人存在和发展的目标。总之,特定文化的熏染是其内部成员理想人格形成的重要手段。不同文化场域中的大学生也有值得他们去努力追求,积极效法的人格,那便是大学中特定文化所倡导的理想人格。湘商文化具有塑造商科大学生理想人格的功能,一般来讲,就是社会责任感的培养和性格的塑造。[3]

(二)引导价值取向

价值取向是价值哲学的重要范畴,是指价值主体在面对或处理各种关系时所持的居于优势地位的价值观念和立场以及由此表现出的基本价值倾向与价值追求。价值取向一经形成便会影响主体的价值选择与价值评价,从而在影响价值主体心理意志的前提下指导和调节其行为方式,是一个形成态度并通过思想与行为表现态度的过程。可以说,价值取向是一种人格倾向,更是一种文化倾向,表现为价值主体对特定文化的认知和认同结果,因此特定文化的浸染必然是人们价值取向形成的重要影响因素。湘商文化具有的文化特征同样对大学生的价值取向具有引导功能。

(三)培养思维方式

所谓思维方式,就是"主体从一定的思维角度出发,按照一定的运思程式,依据一定的运思尺度,采用一定的运演方法,通过一定的表现形式来反映、评价、选择客体的模式",体现为主体对客体认知过程的思维轨迹。知识理论的不断积累和完善,将使得商科学子在其领域内具有特有的判断、推理与分析方式。这就需要我们把湖湘商人的职业意识、职业价值观、职业素养展示在学生面前,并通过多种途径和手段逐步渗透到学生的意识中,引导当代大学生树立积极向上的职业意识,培养认真踏实的劳动态度和文明经商的行为规范,积极自觉地成为"责任、创新、和谐、诚信、务实"湘商精神的传承者和践行者。

(四)规导行为方式

湘商文化的育人功能不仅主要体现在从心理层面上对大学生进行理想人格塑造、价值取向引导与思维方式培养,而且也表现在对具体行为层面的行为方式的规范与导向。这需要我们不断完善人才培养方案,形成系列文化课程开发、文化课堂教学、文化活动实践、文化育人目标检测为一体的湘商文化育人工作链条,把湘商文化贯穿教育教学,融入师生身心,培育独具特色的高素质商科领军人才。

三、教育传承的路径探析——以湖南商务职院为例

(一)打造三大载体,物化湘商文化

学校高度重视湘商文化载体建设,着力打造了"一院一廊一网"三大湘商文化宣传阵地。

1."一院",即湘商文化院。投资 200 余万元,建设了湖南省商业文化领域第一个集教学(培训)、研究、展示于一体的大型文化设施——湘商文化院,占地 680 平米,由"厚重历史""百年砥砺""继往开来""经营之道与湘商精神"4 个部分组成,汇聚了从远古时期至今的珍贵图片和声光电技术,全景式地展示了湘商的奋斗历程,是省内外商科院校学生的重要德育教育基地,得到国家部委和省市领导的充分认可。

2."一廊",即湘商文化长廊。在长达两百米的校园长廊内,悬挂三一重工董

事长梁稳根、远大集团董事长张跃等各行各业当代湘商代表人物的画像,并配以事迹介绍和经典格言,图文并茂地展示他们的人生历程和突出业绩,在长廊旁的绿化地带配以"诚信""责任"等大型石刻,使其成为了大学生领略湘商精神的"活"素材。

3. "一网",即湘商文化专题网。精心打造了极具湖湘特色的湘商文化专题网站,分为"聚焦湘商""魅力湘商""湘商论坛""项目推荐"等八大版块,全方位汇集湘商精华,多角度诠释湘商力量,年访问量达 100 万余次,深受广大师生和社会人士的喜爱,在深度传播湘商文化、构建终身教育体系及建设学习型社会中发挥了积极作用。

(二)组建三支队伍,研传湘商文化

1. 研究团队。作为湖南省社科院确定的湘商文化研究基地,学校牵头组建了一支由我校专业带头人、湖南省社会科学院湘商研究中心专家、湘商企业专家组成的高水平研究团队,围绕"湘商文化的时代内涵及时代意义""提升湘商文化影响力的对策"等展开研究,立项了中国首批湘商文化 6 个省级、厅级研究课题,编辑出版《湘商文化教程》系列教材面向各大高校公开发行。

2. 宣讲团队。精心选拔出 8 名政治素质强、理论水平高的教职工,组成了以学校党委委员为团长的湘商文化宣讲团,每年深入各系部开展巡回宣讲,并将"湘商文化"列入思政课教学计划,进行专题讲授。

3. 讲解团队。选拔优秀学生组成"湘商文化讲解团",主要负责湘商文化院展览事务的讲解服务。讲解团成员统一培训、统一着装,从最初的 5 人发展到现在的 40 多人,他们在讲解活动中不仅提升了个人素质,也深刻地受到了湘商文化教育。

(三)构建三大平台,弘扬湘商文化

1. 教育宣讲平台。依托湘商文化宣讲团,面向师生开展宣讲活动,做到所有班级全覆盖、师生无遗漏,使湘商文化家喻户晓、湘商精神深入人心;设立"湘商文化大讲堂",每年邀请知名湘商代表举办讲座十余场,受众师生 10000 余人次。现已有中国商会著名活动家、湘商文化首倡者伍继延,世界华人华侨精英联合会法国分会主席、法国湖南商会会长文菲博士等来讲堂宣讲。

2. 展示推介平台。在学校校报、广播节目上开辟"湘商学苑"专题专栏,成为学生们学习和交流湘商精神的园地;每年举办一次湘商文化艺术节,以歌舞小品、器乐表演等各种形式展示湘商风采;以真实故事为依据,摄制体现当代学生为实现湘商新人梦想而不懈奋斗的招生微电影《追梦》,在各大网站及招生场地播放;同时通过微博、微信等信息技术手段,丰富湘商文化传播渠道。

3. 示范引领平台。一是名家名师引领,聘请一批知名湘商企业家为客座教授,结合实战经验、创业智慧和人生信仰等讲授相关专业课程,并指导学生实习实训,充分发挥示范效应助推学生成长成才;二是典型引领,每年在大学生中评树刻苦学习、励志成才、甘于奉献、助人为乐等"四类"青春榜样,挖掘身边先进典型,激励共同成长;三是设立湘商奖学金,激发学生学习积极性,营造优良学风。

(四)开展三类实践,践行湘商文化

1. 励志进取实践。针对一年级新生,开展"五个一"主题教育实践活动,着重培养"奋斗精神"和"诚信意识"。参观一次"湘商文化院",每天行走"湘商文化长廊";举行一次"诚信为本"宣读会;开展一次以湘商精神为主题的班级团学活动;举办一次读书周,研习湘商文化;进行一次历时半月的军事训练,磨炼坚强意志。同时,还组织演讲、征文等比赛,使主题教育实践活动贯穿全年。

2. 创新合作实践。针对二年级学生,开展技能竞赛活动和社会实践活动,着重培养"创新精神"和"团队意识"。一是每年举办"技能竞赛月"活动,学生同台竞技,全员参与,同时积极选派优秀学生组队参加校外各级各类技能竞赛;二是利用寒暑假开展社会实践,对优秀团队和个人进行宣传和表彰;三是充分利用学校"湘商创业园"平台,号召学生在园区自主组队创建公司,学校派专业老师进行指导,以此增强学生的竞争意识、创新意识和团队精神。

3. 敬业奉献实践。针对三年级学生,开展现场顶岗实习,着重培养"敬业精神"和"责任意识"。每年安排毕业班学生到企业开展为期半年的现场教学和顶岗实习,为其成为企业"未来员工"做好准备,同时组建以学生党员为骨干的"校园湘商先锋队",要求他们在工作中敬业奉献,充分展现湘商新人的精神风貌。组织开展丰富的志愿服务活动,让广大学生在崇商重商的同时不断强化社会责任担当。如"传递爱心,点燃希望"爱心助学活动已开展8年,参与学生达2000多人。

参考文献:

[1]湖南省委宣传部理论处:《以"一带一部"新战略提升湖南发展新优势》,载《湖南日报》,2016年10月10日。

[2]新华网:中共中央办公厅、国务院办公厅印发《关于实施中华优秀传统文化传承发展工程的意见》。

[3]http://news. xinhuanet. com/politics/2017 - 01/25/c_1120383155. htm. 2017 - 01 - 25

[4]王元元:《论塑造理想人格的认识论途径和手段》,东华大学2012年硕士学位论文。

04

国际比较

"同分异构"视域下的中西方大学文化演进与发展

李成恩　侯铁珊

（大连理工大学）

摘　要：借用化学学科中的"同分异构"理论对中西方大学文化进行界定和分析，是将自然科学领域的理论与方法应用于中西方大学文化问题研究的一种尝试。通过运用"同分异构"理论及其方法，对中西方大学文化结构和历史演化机制进行了论述，并对中西方大学文化"同分异构"现象及生成机理进行了分析，认为中西方大学文化可在一定程度上被视为"同分异构体"；为科学解释中西方大学文化间存在的差异、矛盾和冲突等现象，进而实现彼此间的融合与转换提供了新的理论依据。

关键词：中西方大学文化；"同分异构"；演化驱动

作者简介：李成恩，大连理工大学党委副书记。

"文化是民族的血脉，是人民的精神家园"。[1]大学作为文化传承与创新的主阵地，是文化涵养与传播的源泉。[2]大学组织经过了千余年的发展和演化，早已从最初的学者社团（行会）演变为传播普遍学问的场所、探索高深学问的机构、面向社会需求的服务站、文化传承与创新的基地、独立思想和批判的中心。[3]作为大学的灵魂，大学文化既是一种发源于社会文化、植根于大学校园的亚文化，也是一所高校得以生存与发展的根基和精粹。[4]鉴于大学文化之于大学的核心地位和重要作用，需要通过不同的视角和方法对大学文化问题进行研究与剖析。当前，在全球化浪潮和中华传统文化复苏的大背景下，如何发展和建设中国特色大学文化，已成为解读中国大学文化命题的关键所在。由于大学文化是一种历史文化现象，加之中国现代大学始于对西方大学模式的比较研究，始终是中国大学文化问题研究领域的热点。为此，本文通过移植和借鉴化学学科中的"同分异构"理论，对中西方大学文化结构和历史演化机制进行论述，并对中西方大学文化"同分异构"现象及生成机理进行分析，力争探索一条将自然科学领域的理论和方法运用于中西方大学文化问题研究的新途径。

一、"同分异构"理论在大学文化研究中的初步运用

自中国第一所现代意义的大学诞生以来,中国的现代大学文化就一直徘徊于文化"同质化"与"异质化"的历史抉择之间,摆在中国大学面前的选项似乎只能"非此即彼"。尽管近代以来有不少专家学者提出过诸如"以中为体,以西为用"的大学文化折中主义思想,但其实质上只是将中外多元文化进行简单的叠加而略显机械和生硬,更缺乏科学的理论解释和切实可行的方法。如果将大学文化置于全球视野进行观察,就会发现在日益开放的世界中"既有多元文化的相互冲突,又有多元文化的相互融合,人们就是在这种多元文化的冲突和融合中不断深化对大学的本质及其办学规律的共同认识,并在各自的文化传统和哲学思想的基础上办出具有不同国家鲜明特色的大学,这就是大学本土化与大学国际化辩证统一的过程"。[5] 由此可见,中西方大学文化间的冲突与融合、交流与交锋,正体现出了二者是一种既矛盾又统一的客观存在,而这种文化现象与化学学科中的"同分异构"现象非常相似。那么,能否利用"同分异构"理论解释和分析中西方大学文化间的"异同"问题,进而将其应用于中西方大学文化的分析和比较研究之中,将是一项有益的尝试。

作为化学学科中的常用概念,"同分异构体"(isomer)是指具有相同的分子式、但原子排列顺序不同的一组有机物。"同分异构体"之间分子式相同,空间结构相异,其物理化学性质通常是不同的;其中,"碳链异构""官能团位置异构"和"官能团类别异构"是造成"同分异构"现象的主要原因。众多研究已经验证,相同化学成分的物质在不同的物理、化学条件下(简称理化条件)就可以产生一系列"同分异构体";同样,在一定理化条件下,"同分异构体"之间也存在着相互转化的可能,因而具有很强的应用价值。遵循"同分异构"理论的基本逻辑就会发现,一旦中西方大学文化间的"同分异构"关系得到确认,就可以利用"同分"而"异构"的理论观点分析中西方大学文化间"和而不同"的文化现象,进而为解析大学文化结构、研究大学文化演化机制、探寻大学文化发生效用的作用机理,提供新的研究思路和分析方法。

二、中西方大学文化结构的"同分异构式"解读

如果将中西方大学文化视作"同分异构体",那么二者间就应当具有相同的成分(大学文化结构要素),并在基本结构中存在一系列的"官能团"。关于大学文化的结构与组成,研究者们基于不同的观察与研究视角给予了不尽相同的解释,

存在着大学文化构成"三分说""四分说"和"多分说"等不同认识。有研究者基于文化的三层次结构理论(即文化由精神、物质、制度三方面构成),认为大学文化应由精神文化、物质文化和制度文化三个部分组成;[6]也有研究者认为大学文化包含着大学精神文化、大学物质文化、大学制度文化和大学环境文化四个部分,[7]或认为大学文化是由精神文化、制度文化、行为文化、环境文化等构成的。[8]而持"多分"观点的研究者认为,大学文化可以包括如大学理念、大学精神、发展规划、规章制度、校园环境等多重要素。[9]

实际上,就大学文化的基本构成而言,无论"三分说""四分说"或者"多分说",研究者常因研究方法和研究目的不同,而将某一大学文化结构要素的内涵叠加到其他元素之上,这种现象与"同分异构体"中的正丁烷和异丁烷极其相似(具体如下页图1所示)。在图1中,以大学精神文化、物质文化、制度文化等为代表的大学文化基本结构要素,起到了"同分异构体"中"碳骨架"的支撑作用;大学文化结构"三分说"是将"四分说"中的如大学环境文化或行为文化要素内涵纳入了大学物质文化要素之中,这就导致了因"碳链异构"而出现对于大学文化结构认识上的"异构"现象。鉴于文化的多元性和复杂性特征,为便于本文的分析和探讨,笔者较倾向于将大学文化的基本构成划分为精神、制度、物质和行为4个维度,[10]即大学文化是以大学为载体,在长期的办学过程中由"大学人"所共生、共享、共同传递的价值取向、生活方式和行为方式,包括大学的精神文化、物质文化、制度文化和行为文化4个基本结构要素。[11]

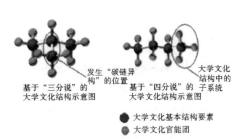

图1 中西方大学文化同分异构体结构示意图

如图1所示,在每个大学文化基本结构要素上,都还附着若干具有文化功能的子要素,这些子要素可被视为"大学文化官能团"。大学文化基本结构要素及其关联的"大学文化功能团",共同组成了大学文化结构中的子系统。以大学精神文化结构要素为例,该结构要素通常包含大学精神、大学理念、大学校训,以及一所大学的校风、学风、教风、管理作风等子元素("大学文化官能团");其中大学精神、理念、校训等子元素属于价值层面的精神文化;而校风、学风、教风、管理作风等子元素则属于实践层面的精神文化。[12]以此类推,在大学物质文化、制度文化和行为文化结构要素上,也分别附着有不同的"大学文化官能团";这些"大学文化官能团"既是大学文化的基本构成单位,也是大学文化发挥效用、彰显特色的功能性载体。在现实中,不同国家和地区的大学,因其所处的内外部环境、大学理念和大学的历史文化传统各不相同,会"特异性"地对某一个或几个大学文化结构要素("大学文化官能团")格外重视,这将导致不同大学间的文化结构存在差异,这种差异可解释为在大学文化结构子系统中可能存在"官能团位置异构"或"官能团类别异构"的情况。通常,地理空间距离越远,不同大学间的文化结构差异越大,而大学文化结构差异又直接导致了大学文化传统与文化表现的差异,从而形成了各自的大学文化特色,这正是中西方大学文化间存在巨大差异性的原因所在。考虑到文章篇幅的限制,暂不对"大学文化官能团"的具体类别进行详细介绍。

三、"同分异构"现象下的中西方大学文化历史演化机制

马克思主义文化观认为,文化是人类在社会劳动和社会实践中的产物,具有社会性和历史性。[13]所以,探究中西方大学文化产生同分异构现象的原因,还是应当回溯到历史长河中逐渐还原其本来面目。

（一）大学文化的演化驱动力

文化人类学家认为,大学文化具有历史性与未完成性、保守性与开放性、国际性与本土性三大特征。[14]根据组织文化演化理论,大学文化作为一种耗散结构系统,其历史演化动力来源可以分为自然演化和强制演化两种方式。[17]大学文化的自然演化驱动力多来自大学组织内部,即大学文化在"大学人"共同"劳动"过程中逐渐形成和发展变化的内生态过程,这一过程与生成"同分异构体"所需的化学条件非常类似。而大学文化强制演化驱动力多来自大学组织外部,是一个组织的文化之所以得以变异和发展的主要原因,[18]例如社会、政府给予大学文化的压力和影响,这种外来压力式的作用过程与生成"同分异构体"所需的物理条件非常类似。因此,大学文化的历史演化驱动力提供了中西方大学文化"同分异构体"生成所需的"理化条件",而中西方大学文化在差异性的历史演化驱动力的作用下,最终演化出了独具特色的文化结构和文化现象。

（二）自然演化主线下的西方大学文化

英国著名高等教育家埃里克·阿什比（Eric Ashby）在《科技发达时代的大学教育》（Adapting Universities to a Technological Society）一书中指出:"大学是继承西方文化的机构。"[19]植根于西方文化土壤之中的西方大学文化,深受以强调科

学和理性为特征的西方人本主义文化影响,而以自然演化驱动为主线。

古希腊文化是欧洲文化的源头,被誉为"欧洲文明的母亲"。[20]苏格拉底于公元前 392 年创办了修辞学校,柏拉图于公元前 387 年开设了阿加德米学园,亚里士多德于公元前 384 年创办了吕克昂学园(亦称逍遥派学校),它们共同开创了西方古代高等教育的先河。这些具有独立、民主、自由和教派团体特征的希腊早期高等教育机构,无处不闪耀着古希腊文化的光芒———"对真理的渴求、明晰的头脑、敏锐的洞察、深刻的判断"。[21]其后,古罗马的亚历山大里亚大学、罗马大学、君士坦丁堡大学等,[22]均是对古希腊教育文化传统的继承和延续。当然,从严格意义上讲,这个时期的西方古代高等教育机构虽有大学之名,还不是真正意义上的现代大学,但却开创了西方大学文化演化的历史先河。

希伯来文化是西方文化的另一个源头,也被称之为基督教文化或《圣经》文化。[23]以基督教文化为代表的欧洲中世纪宗教文化对西方大学文化的发展影响深远。西方大学最早就是在修道院学校或大教堂学校的基础上发展起来的,高深学问和教会传统的结合使大学成为了"世俗的教会"。[24]无论是最早的博洛尼亚大学、巴黎大学,或是后来的牛津大学与剑桥大学,欧洲中世纪大学始终无法挣脱教会与皇权的控制和束缚,欧洲中世纪大学文化的演化驱动力也逐渐由古典时期的自然演化驱动向着强制演化驱动的方向倾斜。随着欧洲资产阶级力量的壮大和资产阶级文化的发展,欧洲中世纪大学一度成为了宗教文化和封建文化的代名词,此时的西方大学文化是滞后于社会文化发展步伐的,这在一定程度上反映出西方大学文化的独立性与保守性。当然,欧洲中世纪大学文化的发展也并非止步不前,牛津大学和剑桥大学就先后将弘扬人文主义精神的大学理念注入了自身的文化血液之中。尽管宗教文化主导着欧洲中世纪大学的文化,但继承了希腊文化独立、民主、批判基因的欧洲中世纪大学,仍然在同教会和统治者的妥协与斗争中获得了较高的办学自主权,大学因而被称之为"象牙塔"。也就是说,现代大学所具有的学术自由、大学自治与服务社会等文化属性和功能在那个时代就已经存在了。[25]正是源于西方古代大学文化对科学和真理不断追求的历史传承,中世纪大学培养出了一批伟大的学者和改革家,客观上推动了欧洲的文艺复兴和宗教改革。

历史的车轮是无法停止的,欧洲现代大学的出现使西方大学文化发展进入了快车道。依据弗里德曼(John Friedman)提出的高等教育"从边缘走向中心"理论,[26]西方大学在由古典大学向现代大学演化的过程中,其组织角色与地位不断发生着变化,大学也逐渐由社会的边缘进入到了社会的中心,从最初的"象牙塔"到"社会服务站"直至成为推动经济社会发展的"发动机"。[27]在这个过程中,大学文化在维系西方大学办学传统、引领创新精神的过程中发挥了重要作用,西方大学文化也再次回归了自然演化驱动为主的发展轨道。在德国启蒙运动思想的推动下,始建于1694年的哈勒大学成为了德国和整个欧洲的第一所现代意义大学。[28]1809年,由洪堡等人创建的柏林大学,从根本上改变了世界高等教育发展的历史走向。在英国,1836年经合并成立的伦敦大学,取消了宗教课程和对学生宗教信仰的限制,由此引发了英国的新大学运动。美国的现代大学最早源于英国大学模式,早期的哈佛大学延续着英国古典大学的文化传统,神学院曾经占据了很大的比重;但是,美国大学在积极借鉴和吸收了德国现代大学文化精髓的基础上,[29]结合美国本土的实用主义哲学与自由市场经济思想,逐渐发展和演化出了以教学、科研与社会服务三结合为特征的美国现代大学文化,代表和引领了世界大学文化发展的方向与潮流。

纵观整个西方大学文化的历史演化历程,可以看出,西方大学文化与西方文化是一脉相承的。两千多年来,西方大学文化始终在"变"与"不变"的历史选择中交替前行。由于西方大学文化一贯具有的自治、独立的文化传统,使得自然演化驱动成为了推动西方大学文化发展演化的主驱动力。

(三)强制演化主线下的中国大学文化

研究中国大学文化转型问题的学者认为:"既然文化具有传承性,是历史积淀的结果,那么我们观察现在中国大学文化的问题,又必须从中国历史文化特别是中国高等教育文化的历史传统中去找原因。"[30]自古以来,中国高等教育深受"儒道释"文化影响,重伦理、讲仁义,主张"家国天下""天人合一"和"因果轮回",同时,又长期依附于大一统的中央集权国家,具有附庸政府、集权管理、实用主义等显著特征。因此,中国大学文化的发展驱动力,始终是以国家干预下的强制演化驱动力为主。

中国古典式大学文化阶段可以从先秦时期一直追溯至清朝末年,几乎横亘了整个中国古文明史。由于中国的古代文明较之西方古代文明更为久远,所以,中国的高等教育文化史远早于西方。"成均"相传为尧舜时期的高等学府,在古代典籍中一直是国家最高学府的代名词。"辟雍"为西周时期周天子设立的贵族学校,视为"天子之学"。战国时期的"稷下学宫"为齐桓公所建,曾是诸子百家的云集之处,荀子还曾担任过学宫的"祭酒"。公元前124年,汉武帝下令于长安设立"太学",专门讲授儒家经典。"国子监"则是隋朝以后历朝历代的中央官学,其内涵和架构与"太学"差异不大。"书院"起源于唐代,兴盛于宋代,是中国古代的一类地方性或私人性的高等学府。林林总总的书院与太学、国子监共同组成了中国古代的高等教育体系。虽然书院的举办者公私兼有,但其教育宗旨、理念和内容却与太学和国子监无异。当然,严格意义上讲,中国古代的高等教育机构还不能被称为大学,但其主要特征和功能却与现代大学相似。[31]中国古典式大学文化对封建统治者和封建文化的绝对依附,使得中国古代大学从来就没有西方大学式的独立与自治传统。可以说,完全"儒化"了的中国古典式大学文化既是中华文化的传承者、传播者,也是中国封建皇权和封建制度的卫道者。它一方面成就了辉煌灿烂的中华五千年文明,一方面也造就了世界历史上维系时间最长的封建社会。

自清朝末年的洋务运动开始,中国大学文化进入到了近现代大学文化发展阶段。中国的近现代大学始于对西方大学模式的效仿,西方大学文化与传统也随之走进了古老而封闭的中国。清政府出于自身考虑于1895年创建了北洋大学,被认为是中国近代史上的第一所现代大学。其后,又于戊戌变法期间创建了京师大学堂,积极倡导"中学为体、西学为用"的办学理念。然而,制度移植的合理性并不意味着大学文化可以照搬。[32]因此,"中国近代社会经历了数千年未有之变局,在社会转型和文化断裂的历史巨变时期,中国大学在移植、融合西方大学模式的发展历程中面临着多种文化困境"。[33]于是,众多有识之士在思考与实践中不断探寻中国大学文化发展之路。中国民主革命的导师孙中山先生在创建中山大学之际,将源自《中庸》的"博学、审问、慎思、明辨、笃行"作为其校训,并勉励当时的大学生"要立志做大事,不要做大官",打破了"学而优则仕"的传统高等教育文化禁锢。中国现代大学之父蔡元培先生在主持北京大学期间,坚持"思想自由,兼容并包"的办学原则,提倡学术自由、教授治学、沟通文理。正是蔡元培先生对北京大学文化的革新,才使得北大能够成为五四运动的策源地和新文化运动的中心。清华大学终身校长梅贻琦先生执掌学校17载,使通才教育、教授治校等理念深入人心,也使清华大学一跃成为中国最著名的大学。[34]南开大学的创始人张伯苓先生则积极倡导以"允公允能,育才救国"为核心的大学理念,被视为南开人独特的价值取向和精神品质。[35]抗日战争期间,中国共产党在延安创建了多所大学,为中国近现代大学文化发展注入了革命的清流,更成为中国特色大学文化的历史渊源和宝贵财富。百年中国近代史,满是动荡、变革与抗争,但政权的频繁更迭却让中国近现代大学获得了一定程度的自由与自治,使中国大学文化摆脱了国家强制演化的单一驱动形式,为中国大学文化的回归创造了历史机遇。同时,由于西方文化在近代中国社会中的强势地位,使得中西方大学文化在交流、交锋的过程中,"更加激起了中国近现代大学在文化选择方面对民族文化的认同,对西方文化的排斥"。[36]中国的大学文化"始终在抄袭外国和回归传统之间摇摆,时断时续,杂乱无章,在理论和实践上都没有找到中国特色的发展模式"。[37]

新中国的建立标志着中国大学文化走进了社会主义大学文化发展新阶段。

1949 年初期,由于西方的封锁,新中国全面学习苏联经验,使得这个时期的中国大学文化带有典型的苏联大学的文化印记,政府主导下的强制演化驱动再次成为中国大学文化发展的主动力。党和政府的"直接领导＋指令性计划"极大地缩短了大学文化的抉择、调整和适应的过程,为新中国高等教育的快速发展赢得了宝贵时间。当然,受苏联大学文化影响,新中国的大学文化也出现了大学文化趋同、缺乏特色的现象。[38]随着改革开放步伐的不断深入,中国社会主义大学文化发展迎来了历史黄金期。改革开放初期,在思想大解放浪潮的推动下,刚刚走出"十年浩劫"阴影的中国大学,面对西方大学固有的大学自治、学术自由等文化精髓,在思想和行动上存在着准备不足,中国大学文化的又一次"西方化"实践依旧难言成功。20 世纪 90 年代以来,在"211 工程""985 工程"以及"2011 计划"政策推动下,中国跻身于世界高等教育大国行列,为全面推进高等教育的内涵式发展创造了坚实的基础。当前,在我国建设一批"国际知名、有特色、高水平大学"和若干"世界一流大学"的进程中,中国大学急需得到大学文化的润滑与保驾护航,以促进学校在大学精神、办学理念、学科结构、人才培养、科学研究、管理制度、社会形象等方面树立自己的文化旗帜,为国家、民族以至全人类的发展做出自己的文化贡献。[39]时至今日,中国大学经过反复地实践和探索,基本上明确了以"党委领导、校长负责、教授治学、民主管理"为代表的中国特色大学文化理念,彰显了东方智慧,体现了中华文化对其他先进文化的尊重与包容。

回顾中国大学文化的发展历程,可见中国大学文化始终与中国主流文化和中华民族的命运紧紧相连;中国大学文化既是中华传统文化的继承者,也是推动文化改革、创新的实践者。由于中国大学文化从来就没有西方大学文化的独立与自治传统,也不具备西方大学文化生长和存在的基本条件,所以,国家主导下的强制演化一直是中国大学文化发展的主驱动力。如同在经济领域中常被提起的"政府"和"市场"概念一样,大学文化的自然演化驱动犹如"市场"手段,强制演化驱动犹如"政府"手段,不能简单地评论哪种方式更好,只能说哪种方式更适合。引用党的十八届三中全会关于深化经济体制改革的有关论述:"处理好政府和市场的关系,使市场在资源配置中起决定性作用和更好发挥政府作用。"未来的中国特色大学文化建设与发展,也要处理好自然演化和强制演化之间的关系,努力做到不偏废、不菲薄,总体而言,中西方大学文化是自然演化和强制演化共同作用下的历史文化现象,并与本地区民族文化传统一脉相承。通过归纳与分析,可见西方大学文化的历史演化更趋向于以自然演化为驱动主线,而中国大学文化的历史演化则更倾向于以强制演化为驱动主线,造成二者间演化驱动主线各异的原因在于各自所根植的本土文化存在着天然差异,具体表现为西方文化重个人、重竞争、重法制,中国文化重社会、重和谐、重信义。[40]以大学办学理念为例,西方大学的办学理念着重突出对自由、真理和理想的追求,主张先"小我"后"大我",充分彰显了对个人价值的推崇;而中国大学的办学理念则多侧重于对伦理道德的推崇,如德行与操守、爱国与奉献、国家与社会等,主张先"大家"再"小家",更多体现了对社会价值的关注。因为文化的核心内容是价值观念。[41]因此,中西方大学文化更多的时候是作为不同类型文化体现其自身价值的一种显示性"工具",而诸如大学精神文化、物质文化、制度文化、行为文化等大学文化结构子系统及"大学文化官能团",则是中西方大学文化体现其"特色"的工具化载体。

四、结论

《大学》开宗明义地提出"大学之道,在明明德,在亲民,在止于至善",这与"柏拉图倡导的'哲人治国'理念和亚里士多德倡导的'自由教育'思想,共同开创了人类探索大学的本质及其办学规律的历史先河,是人类文化宝库中的珍品"。[42]中西方大学文化组成相同、起源相似、使命相通,同为人类社会的智慧结晶与历史文化产物,可被视为一对"同分异构体"。中西方大学文化不同的演化路径和历史文化渊源,是造成彼此间出现"同分异构"现象的主要原因,而中西方大学文化间的"同分异构"现象又为科学解释二者间存在的差异、矛盾和冲突问题,以及彼此间可能实现的相互融合与转换提供了理论依据。未来,在重构和发展中国特色大学文化过程中,通过对"大学文化结构子系统"和"大学文化官能团"进行识别和筛选,再对其进行"中国特色化"的加工和改造,使其更好地适应中国文化传统和现实国情,进而在大学文化自觉和文化自信中不断提升中国特色大学文化的建设质量与发展水平。当然,将"同分异构"理论运用于对中西方大学文化问题的分析和探讨,还只是一种理论借鉴和初步尝试,尚有许多问题有待于日后深入研究和探讨。

参考文献:

[1]胡锦涛:《坚定不移沿着中国特色社会主义道路前进为全面建成小康社会而奋斗——在中国共产党第十八次全国代表大会上的报告》,载《求是杂志》,2012年第22期,第3—25页。

[2]张卫良、姜国俊:《内涵式发展:高等教育的必然选择》,载《人民日报》,2013年1月22日。

[3]刘宝存:《何谓大学——西方大学概念透视》,载《比较教育研究》,2003年第4期,第7—13页。

[4]邓磊、杨甜:《大学的文化性格与中国大学的文化功能》,载《光明日报》,2012年11月27日。

[5][42]王冀生:《中国大学文化百年研究》,载《大学教育科学》,2005年第4期,第5—9页。

[6]张岱年、程宜山:《中国文化与文化争论》,中国人民大学出版社1990年版,第3—4页。

[7]王冀生:《大学文化的科学内涵》,载《高等教育研究》,2005年第10期,第5—10页。

[8]张慨、李长真:《试论新时期的大学文化建设》,载《光明日报》,2003年2月26日。

[9]陈勇江:《当代中国大学文化的特殊本质及其内容》,载《南京航空航天大学学报》,2003年第6期,第47—51页。

[10]蔡劲松:《大学文化的四个层次》,载《中国教育报》,2007年11月13日。

[11]大连理工大学:《大连理工大学文化建设纲要(2012—2020年)》,http//news. dlut. edu. cn/2012/0618/43272. shtml.

[12]卢晓中:《大学精神文化刍议》,载《教育研究》,2010年第7期,第82—87页。

[13]费孝通:《对文化的历史性和社会性的思考》,载《思想战线》,2004年第2期,第1—6页。

[14]刘晖:《论大学文化的特征、嬗变与功能》,载《高教探索》,2006年第3期,第29—32页。

[15]Karl E,Weick. Educational Organizations as Loosely Coupled Systems[J]. Administrative Dcience Quarterly,1976(1):19.

[16]Brooks B. The Natural Selection of Organizational and Safety Culture with in a Small to Medium Sized Enterprise(SME)[J]. Journal of Safety Research,2008,(39):73—85.

[17]许文:《关于大学文化演化问题的研究》,载《人民论坛·学术前沿》,2011年第5期,第174—175页。

[18]邢以群、叶王海:《企业文化演化过程及其影响因素探析》,载《浙江大学学报(人文社会科学版)》,2006年第2期,第5—11页。

[19]Ashby E. Adapting Universities to a Technological Society[M]. San Francisco:Jossey Bass Publishers,1974:59.

[20]Cowley W H,Williams Don. International and Historical roots of American

Higher Education[M]. New York:Garland Publishing Inc. ,1991.

[21]朱维之:《希伯来文化》,上海社会科学院出版社 2004 年版。

[22]李素菊:《国外不同类型大学人才培养观的变革》,载《北京青年政治学院学报》,2007 第 1 期,第 52—57 页。

[23]Orlando Patterson. Freedom in the Making of Western Culture[M]. New York:Basic Books,1991.

[24]约翰·S·布鲁贝克:《高等教育哲学》,浙江教育出版社 1998 年版,第 128 页。

[25]Terence Karran. Academic Freedom in Europe:A Preliminary Comparative Analysis[J]. Higher Education Policy,2007,20:289—313.

[26]Friedman J R. Regional Development Policy:a Case Study of Venezuela[M]. Cambridge:MITPress,1966.

[27]李立国:《什么是现代大学》,载《中国人民大学教育学刊》,2013 年第 6 期,第 22—30 页。

[28]弗·鲍尔生:《德国教育史》,人民教育出版社 1986 年版。

[29]Daniel Fallon. The German University,A Heroic Ideal in Conflict with the Modern World[M]. Boulder:Colorado Associated University Press,1980.

[30]廖可斌:《中国大学文化转型:历史、现状及路径》,载《浙江社会科学》,2013 年第 2 期,第 12—23 页。

[31]李成恩、侯铁珊、常亮:《中外大学文化的同分异构现象与启示》,载《国家教育行政学院学报》,2014 年第 4 期,第 8—12 页。

[32]朱汉民:《书院精神与书院制度的统一——古代书院对中国现代大学建设的启示》,载《大学教育科学》,2011 年第 4 期,第 3—5 页。.

[33][36]吴立保:《中国大学的文化困境与文化创新》,载《中国高教研究》,2013 年第 6 期,第 43—47 页。

[34]房保俊:《百年中国大学理念的变迁及启示》,载《现代大学教育》,2010 年第 1 期,第 66—70 页。

[35]周景春:《中国大学理念的文化哲学审视》,东北师范大学 2009 年学位论文。

[37]罗荣渠:《现代化新论(增订版)》,商务印书馆 2004 年版,第 351 页。

[38]米靖:《中国大学文化百年进程若干问题初探》,载《江苏高教》,2007 年第 4 期,第 22—25 页。

[39]周茂兴:《高校在文化传承创新中大有作为》,载《中国教育报》,2011 年

11 月 28 日。

　　[40]陈峰君:《东西方文化的异同及东方文化对西方文化的吸取》,载《国际论坛》,2000 年第 3 期,第 62—68 页。

　　[41]王南、侯振武:《文化自觉、文化自信、文化自强何以可能》,载《毛泽东邓小平理论研究》,2011 年第 8 期,第 13—17 页。

洞悉哈佛大学建筑空间设计背后的校园文化

曹盛盛

（清华大学）

摘　要：本文基于作者在哈佛大学研究期间对大学校园环境的深入考察和亲身体验，从建筑风格、建筑格局、阅读空间的多样化设计，从校园雕塑、学生社区、空间布置的文化传承性，从教室布局、户外座椅、宿舍环境的交互性设计，以及从校园通用设计、学习区域的家具和救助系统的完备性来探索哈佛大学如何将多元文化、历史人文、学术自由和尊重平等的精神融于校园建筑空间中的一物一景，进而为我国研究型大学校园文化建设提供借鉴。

作者简介：曹盛盛，清华大学教育研究院博士，哈佛大学访问学者，副教授。

根据对相关研究关键词分类统计发现，国内关于大学文化的研究还停留在大学文化的基本内涵等方面的研究，涉及微观的精神文化、制度文化、行为文化、物质文化、校园文化等方面的研究较少，特别是可操作性的实践研究缺乏，在大学文化载体的大学校园文化、学生文化、教师文化、管理文化（组织文化或制度文化）等方面也缺乏专门、细致的研究。这就要求未来的研究更加关注大学文化的微观领域的研究。① 为此，本论文就大学的校园建筑空间作为研究切入点，探索与每位师生息息相关的每个物理环境的细节如何来体现和贯彻大学校园管理文化，教学文化和行为文化的精神。

大学的文化精神首先是大学的科学精神。哈佛大学 1643 年所制定的校徽上镌刻的便是一个拉丁文词汇："VERITAS"，其原意是美丽和踏实，而实意则是真理。因为真理是美的，同时追求真理必须要有踏实的态度；据说它取自一句拉丁文格言："Amicus Plato，Amicus Aristotle，sedMagis Amica VERITAS"，即"让柏拉

---

① 师玉生：《国内关于大学文化问题研究的现状与反思》，载《黑龙江高教研究》，2015 年第 7 期，第 14—17 页。

图与你为友，让亚里士多德与你为友，更重要的,让真理与你为友"。① 从此,"真理"也便成为哈佛大学的校训。正是这种对知识和真理的追求形成了大学的科学精神。这种科学精神,就是实事求是的精神,献身科学、服膺真理的精神;它是"有感情情调的约束科学的一系列价值和规范的总和",包括公有性精神、普遍性精神、独创性精神、无私利性精神和合理的怀疑性精神等。②

校园建筑作为大学文化的重要物质载体,它为教学教育活动提供了可能性和机会;对使用它的人们的行为给予支持和限制;暗含特定的思想和理论。它不仅为青少年学习知识、接受教育、与人交往提供了最重要的物质环境,而且它还默默地扮演着"隐性课程"的角色,担负着以教化为目的的精神与文化功能。③ 哈佛正是通过大学建筑空间中每个环节的设计来完成对于大学科学精神灌输与传承。通过在每个精心设计的环境中与教授和同学的交流和共鸣中来继承价值观和审美观。正如曾经在哈佛大学执教的凯文·瑞安博士针对学校德育提出了品格教育途径的 6 个"E",即榜样、风气、解释、情感、体验、追求优异。④ 大学建筑空间就是哈佛来完成这些品格教育的重要的无声传播者。

一、多元文化的汇聚地

亨廷顿在《文明的冲突》一书中提到,美国今后所面对的最重要的挑战是来自不同文明体系不同信仰体系的碰撞和冲击,但差异和冲突并不意味着不可调节,因而对信仰的理解要最终落实于获得文化自觉和自信,形成美美与共的多元和谐共处。⑤ 为此,大学从学生主导的团体到校园范围的行政计划都会有很多举措来提高学生对多样文化的认知。例如在哈佛的通识教育中,就非常注重文化信仰价值观的教育,在文化自觉的基础上倡导多元和谐。在课程中大学设置了一些以西方文化为中心的课程,如"美国音乐剧与文化""西方历史中的人类与神",同时放眼世界,关注文化背后的价值冲突和不同信仰价值体系,如日本文化,中国哲学,

---

① 吴咏慧:《哈佛琐记》,允晨文化教育实业出版股份有限公司 1987 年版,第 115 页。
② 冒荣:《校园文化和大学的文化精神》,载《南京航空航天大学学报:社会科学版》,2001 年第 4 期,第 21—25 页。
③ 隐性课程是由美国教育社会学家杰克逊(Philip Jackson)1968 年在其著作《教室生活》(Life in Classroom)中最先提出,是指学生在学校环境中可以无意识地或非正式地接受某种影响。
④ [美]凯文·瑞安、卡伦·博林:《在学校中培养品德:将德育引入生活的实践策略》,苏静译,教育科学出版社 2010 年版。
⑤ 蔡瑶:《美国大学价值观教育的合法性危机及其应对——以哈佛大学 2007 年通识教育改革为例》,载《湖北民族学院学报:哲学社会科学版》,2014 年第 6 期,第 160—164 页。

东亚文明,伊斯兰教等。通过学习使得有不同的文化团体聚在一起与更大的社区分享传统促进理解和建立沟通。当学生以一种不仅接受其他文化,而且了解其他传统和信仰的观点毕业时,这为他们更好地进入社会做好准备。① 这些准备让他们意识到与那些以不同方式看待世界的人一起工作的意义和乐趣。同样,这种接受多元性文化的精神也体现在大学环境的设计中。

(一)多元和谐的建筑群

哈佛,作为美国历史最悠久的大学,其建筑可谓是大学风云变幻的重要"见证人"。经历了300多年的历史变迁,每一栋留下的建筑已超脱原有的物理空间的属性,成为拥有不同灵魂与文化品质的个体。从风格上来看,它们可谓兼容并蓄,百家争鸣。不仅有简洁的乔治王朝风格的马萨诸塞州大厦(1718);带有古希腊艾奥尼亚式壁柱装饰的美式联邦建筑风格的大学楼(1813);具有浓厚意大利风格的塞亚大楼(1869),有北方文艺复兴风格的维尔德大楼(1870),新哥特式建筑风格的马修斯大楼(1871);具有典型的理查森式的雄伟与奢华的赛维大楼(1880);还有规模庞大、外形新颖出彩的罗斯金哥特风格的纪念堂;将文艺复兴风格、安妮女王风格与哥特式风格杂糅与一体的海明威体育馆(1878);以粉红花岗岩与砂岩作为主要建材的新罗马风格的奥斯汀大楼(1881)。这些建筑尽管风格各异,但却和谐地融合在一起,正如评论家蒙哥马利斯凯勒对哈佛建筑的赞美:"不同时期的建筑家在尊重并吸取前人的设计经验,尽力趋同,减少差别。"②事实上,哈佛校园的建筑设计中,一直遵从一个原则,即认为校园整体的最成功之处,莫过于规避"夺人眼球的庞然大物",周遭环境的流畅与和谐视为要义。正因为这样,哈佛校园的建筑可以避开"英雄式"的耀眼建筑,在接纳各种风格的同时,兼顾历史建筑的特点,做到新老融合,低调从容地发展。

(二)多样化的建筑格局

哈佛不仅建筑风格多样,而且在建筑格局上也反映着不同时期教育理念的演变。如哈佛大楼、斯托顿大楼和马萨诸塞州大厦共同构成了一座轮廓清晰的三面封闭的四方形庭院,这种结构可以追溯到剑桥大学的伊曼纽尔学院,两者都信奉清教徒主义,更重要的是当时哈佛大学监察委员会中的大多数成员毕业于伊曼纽尔学院,这种人才流动带来的管理文化和审美观在校园的建筑格局中得以体现和延续。这也说明当时大学与社会之间保持一定的距离。而位于老校区北端,曾耗

① Julia Quinn - Szcesuil, Diversity Celebrations on Campus ,Fall 2012 CollegeXpress. com
② 库尔森(Jonathan Coulson)、罗伯茨 (Paul Roberts) 、泰勒 (Isabelle Taylor):《大学规划与校园建筑》,电子工业出版社2014年版,第65页。

资巨大的霍顿礼拜堂其入口的方向改变了传统的朝向庭院之内的做法,而是面向西面,这与当地民居的朝向一致。这种开放式的设计反映了中世纪学者们同处栖息、共学共进的教育理念。哈佛将自己视为社会的一个有机部分,而不是隔绝尘世的象牙塔。而 1813 大学楼的建立,花岗岩外墙辅以古希腊艾奥尼亚式壁柱与红砖楼群形成鲜明对比,它的出现使得大楼前形成一块相对封闭式的学术园地,标志着学校关注从社会大众又转向学校内部。这些建筑格局的微妙变化反映大学在发展中不断寻求学校内部建设和对社会服务平衡点的漫长历程。

(三)气质各异的阅读空间

哈佛的建筑除了外部风格多样外,其内部设计也别有用心。匹配建筑的文化气质,其内部空间也呈现相应的气质。以图书馆为例,哈佛大学图书馆(体系)是世界上最大的高校图书馆,其拥有 1900 万册的藏书,号称世界第四大"百万图书馆"。① 哈佛校园里就有 49 个分馆。这些图书馆由于历史发展和功能需求各不相同,所以内部设计也有所差异。如全校最大的威德纳图书馆(Widener Library),其内部设计典雅高贵,殿堂式的自习室开阔通透,高大半弧形的古典风格穹顶透着金色的阳光,让学习行为变得庄严而有神圣感。深棕色的实木长桌,经典的哈佛座椅,还有每个座位上的古铜色灯罩的台灯,以及自习室两旁的人物雕塑都让学者似乎穿越时空与历史上的学者进行灵魂与智慧的交流。而作为美国第一个本科图书馆的勒蒙特图书馆(Lemont Library),其内部设计则多了功能设计,少了古典装饰。空间的使用更接近现代的学习方式,增设了很多研究室,朗读室,演讲厅和教室,让图书储存与资料使用结合更紧密。而用书架围成的一个个自习室成为图书馆的一大特色。此外,在科学中心的图书馆由于靠近本科生上课最近的地方,所以其内部设计更为简洁,把重点放在如何提升空间效率。为此,这里放置很多资料分类柜和自动移动式书架,地下室书架比其他图书馆更高;学生个人自习区的设计更为紧凑,每个座位设计精简化。而设计学院图书馆秉承现代主义风格的内部设计,包豪斯设计学院的模型展出和一排档案柜上的柱头装饰让空间内顿时弥漫现代与历史交融的研究气氛。即便在洗手间内,墙上应景地张贴了一些当年师生考察世界各地卫浴设施的图片,瞬间提升小空间内的学术气息,轻松而诙谐,让人眼界大开。

哈佛通识教育的目标中明确提到,希望学生能认识自我作为这个传统的产物和参与者的角色,通过学习,使学生认识到文化冲突,在跨文化差异谈判中存在的困难以及各种矛盾产生的传统根源;学会如何读懂文化和审美表达,了解世界各

---

① 李麟、辛志成:《哈佛大学凭什么出名》,同心出版社 2012 年版。

地艺术、宗教和思想史,有助于学生欣赏自己的传统和其他民族的传统,更清楚地认识自己的身份。① 而大学建筑空间的风格和设计的多样化,以及其所蕴涵的多样化信仰、多样化的文化以及不同时期的大学教育理念,让身处其中的学生有更广阔的视野,更包容的胸襟去接受各种文化,了解各种思想,用多元化的思维去协调不同的文化冲突和理念冲突。让他们在这个空间中能纵观人类文明,了解各国文化,从而更好地清楚自己的角色,更从容地面对未来的挑战。

二、人文历史的传承地

美国"新文化地理"的代表人物之一的詹姆斯·邓肯把文化景观列为人类储存知识和传播知识的三大文本之一(书写文本与口头文本为其他两类)。② 在形形色色的文化景观类建筑中,纪念性建筑(包括一些历史性建筑)具有形式与内容的双重纪念性,并以其深刻的教育内涵和突出的德育功能而自成一体。18世纪法国建筑师杜列所说:"纪念性建筑的个性,如同它们的本性一样,是服务于传播和净化道德的。"③"一座典雅、高贵和气派的建筑,应像晨钟暮鼓那样,它日日夜夜、月月年年在提示该城市的广大居民,教他们明白做人的尊严和生命的价值;教他们挺起胸来走路,堂堂正正地做人。"④曾任美国斯坦福大学第一任校长的乔丹(Jordan)在他的开学献词中曾这样描述校园:"那些长长的连廊和庄重的列柱也将是学生教育的一部分。四方院中每块石头都能教导人们知道体面和诚实。"⑤。由这些具有纪念性的建筑所形成的空间本身就是重要的教育资源,形成了正如挪威建筑理论家舒尔兹提出的"场所精神",它会随着历史进程不断地影响人们的生存与发展,成为人类文明的一部分。在哈佛校园内,这种精神不仅表现在建筑本身,而是创造性地衍生为空间中的每个雕塑、每幅油画、每张照片、每行文字,以更灵活更多样的艺术形式记录历史的瞬间使其成为永恒的精神。

(一)灵魂人物的形象展现

在哈佛校园里,人们总会在不经意中结识了历史人物,他们总以不同艺术形式得以展示。其中最受关注的莫过于大学楼前方的哈佛铜像,尽管这个雕塑上有

① Report of the Taskforce on General Education, the president and fellows of Harvard college, 2007:5-6[EB/OL].[2017-03-10]http://www.fas.harvard.edu/curriculum - review/gened_essays.html.
② 唐晓峰:《地理学与"人文关怀"》,载《读书》,1996年第11期,第63页。
③ 陈志华:《外国古建筑二十讲》,三联书店2002年版,第201页。
④ 赵鑫珊:《建筑是首哲理诗》,百花文艺出版社1998年版,第63页。
⑤ 陶郅、陈子坚:《人文素质的回归》,载《新建筑》,2002年第4期,第29—32页。

并不符合历史真相的"三个谎言",但这不影响慕名前来的莘莘学子对这位清教牧师约翰·哈佛的敬仰,感恩其将自己积蓄的一半财产和图书馆无偿捐赠给学校的慷慨举止。以此为开端,哈佛学子继承了为学校捐赠的精神,并建立了世界排名第一的高校捐赠基金——哈佛大学基金。截止到2012年,这笔基金总额达307亿美元(约合1903亿人民币),占学校总资产的70%—90%的,基金保证了学校日常工作的开支。不仅如此,捐赠也成为支撑美国高等教育发展的重要经济来源。①除了雕塑,哈佛还通过各种情景的还原来纪念历史人物。例如,哈佛最为著名的威德纳图书馆由于赞助人遭受泰坦尼克号海难的故事使得这个图书馆成为哈佛最有传奇色彩、最富标志性意义的建筑。进馆踏上27级的台阶——因哈瑞27岁罹难,入门左右镶有大理石刻"这座图书馆由威德纳的母亲捐赠,这是爱的纪念。上阶中层即是精致的威德纳特藏室,藏有3500册由这位大二就展示出才情、颖悟绝人的青年藏书家所拥有的珍罕善本书。壁炉上方威德纳英俊的肖像深情地凝视着每一个来参观的学生。而房间外的大厅展出了威德纳在校时的个人资料,参加社团谱写的曲子,还有出事当天波士顿报纸上关于泰坦尼克沉没的噩耗。所有的这些让人们似乎跨越世纪来到了威德纳的那个年代,一幕幕场景在脑海浮现。这栋以12根巨柱照面的希腊科林西式楼馆,从1915年6月24日开馆以来就成为哈佛最上镜的一栋建筑。它与纪念世界大战牺牲校友的纪念教堂隔着成荫的榆树遥遥相对,成为哈佛图书馆的灵魂。

(二)学生社区的集体回忆

哈佛具有优良的寄宿制的传统,宿舍是学生重要的活动场所,在这里留下了很多美好的回忆。这些回忆包括宿舍楼的建设、学生的成长、情感的表达、活动的纪录等。如位于Brattle街的Cronkhite研究生宿舍楼里就展出宿舍楼的模型图,并在走廊里挂着当年修建宿舍楼的工地照片,让人感受到工程师们为此楼所付出的艰辛和智慧。此外,楼内的每个房间门口都有一块铜牌,有的刻着在这个房间曾住过的有特殊贡献的学生名字,也有刻着捐赠者的名字。这些信息赋予了宿舍更多的内涵和意义,也使得住在里面的学生有不一样的联想与感受。

相对于研究生宿舍,本科生宿舍活动更为丰富,他们组成了具有哈佛特色的校园生活。哈佛大学现有1296个本科生社团,其中110个社团的成员人数超过150人,83个社团成员在10人以下,2006—2007学年哈佛大学在校本科生总数为

---

① 华金龙、王振华:《哈佛大学德育途径及其启示》,载《鸡西大学学报:综合版》,2014年第1期,第30—31页。

6715人,平均5个本科生就有1个社团。① 这些社团活动很多是在宿舍展开。与国内的大学宿舍不同,哈佛的宿舍是不同专业的男女生住在一起,这里成为他们四年校园生活的主要的情感归宿。而宿舍内部的空间布置更像是一本宿舍历史文档。如著名的本科生宿舍 Kirkland House,宿舍楼内有一个装修古典雅致的会客厅,学生会以宿舍的名义邀请喜欢的偶像来这里交流。而这些偶像影像也被定格在厅外的展示墙上,它们记录了宿舍楼里曾经拥有的激动和欢乐。而宿舍的地下室更是别有洞天,这里挂着学生设计的各类活动标识,方形的柱面上挂着曾代表本楼出战的团队成员的合照,这些珍贵的黑白照片传达着拼搏与团结的宿舍文化。最有意思的在地下室尽头的墙面和地面上都是学生的粉笔画创作,五彩缤纷,主题各异,透过这些图案,让人感受到很多宿舍生活的细节和哈佛学生丰富细腻的内心世界,让人激动又觉得神奇。可见,本科生宿舍通过对内部公共空间装饰的共同参与,记录了哈佛生活空间流动的历史,这也继续提醒并激发后来新生的集体荣誉感,帮助其更快融入集体生活,在这里他们和谐相处,增进友谊,一起探讨,一起学习,留下一生中最美好的回忆,并将这份美好带入并影响未来的生活。

(三)活动参与的历史定格

哈佛鼓励学生参与各种活动,在他们的文化中,个体的参与就是对集体的贡献,所以学校非常重视对于活动的过程记录以及对智慧贡献者的纪念。在校园里几乎每个学院都会设置照片墙,这些照片不仅记录了一些重要人物的历史瞬间,而且照片本身就是一个艺术作品成为建筑空间画龙点睛的一部分。如在教育研究生院演讲厅外面的走廊两侧挂着曾在这个讲坛上留下足迹的演讲者照片与演讲的精神。这些图片不仅体现教育学院对于这些参与者的喜爱与感谢,即便在剧终人散后依然留住这些灵魂人物的面容,鼓励和鞭策教育人肩负身上的重任,为推进人类教育做贡献。而在法学院,其教学楼走廊的墙面上展出学院优秀学员在课堂里演讲时的照片,也有教师们在探讨问题时投入的印象。这些照片不仅是摄影艺术作品,也记录这个空间对于他们的留恋。每当学生经过走廊,看着这些榜样们学习工作时的状态就更添责任感与使命感,也就更加珍惜这里与每位同学和老师交流和相处的时光。同样在肯尼迪政府学院,在回形走廊一端休息的空间里,展出很多各国政府官员到学院交流的照片,这些瞬间历史记载了学院真实的一面,这些人物的参与和积累也成了学院独特的

---

① 哈佛学院. 哈佛一览[EB/OL]. (2008 - 04 - 24)[2017 - 3 - 12]. https://college. harvard. edu /student /organizations,and http://www. harvard. edu /harvard - glance.

文化磁场和场所精神。

三、自由思想的交流场

哈佛非常重视师生之间、学生之间和教师之间的交流。为了帮助学生更好地学习,学校将导师制和寄宿制配套,对学生进行全方位的辅导,如住宿辅导、专业辅导、学习咨询等;为了帮助青年教师的成长,学校会为青年教师配上指导者。根据2007年到2013年数据显示,青年教师配以正式指导者的比例在逐年增加,其中配有正式指导者的女性副教授比例由2007年的35%增加到2013年的72%。另外,同事间相处越来越和谐,学院更能包容教师的家庭责任。① 这些互助型政策实际是鼓励校内人员有充分的良性的交流,共同打造和谐正气充满温情的校园氛围。正是通过这种面对面的直接接触,彼此展示自我、学会分享、学会互助,并产生强烈的归属感,这不仅对他们的求知解惑有重要的帮助,而且也是促进学生道德成长的重要手段。哈佛大学校长陆登庭曾说过,"从某种意义上说,哈佛是在做一项教育实验,强调人们之间的相互了解、相互学习,使他们更人文地去了解对方"。

（一）教室设计提升互动机会

教室作为教学行为发生的主要的场地,它是师生智慧交流的重要空间。在这里,很少能看见国内常见的排排座的设计,教室里大都用移动式座椅,这些座椅自带写字台,有的还带着放置书包的空间,它们方便了教学中小组讨论时2座位变化的实现。教室里除了讲台方向的黑板外,在侧墙上都会安装长长的白板,学生小组讨论时可将内容直接写在黑板上,便于整理思路,与大家分享。这些教室周围会有一些小型讨论室,可供课堂分组后每个小组的讨论。除了教室内,教室外的公共空间也为师生交流提供方便。例如法学院教学楼的走廊里,公共大厅里摆放着各种组合与风格的座椅,有的像是颇有情趣的咖啡座,有的像是在家里的客厅,有的由移动方凳组成一个大长椅,有的是靠在窗边的单人折叠躺椅,在这里可以找到满足不同人数和不同喜好的座位,或是围着壁炉,或是看着窗外的美景,或是在温馨的灯光下,总之,让师生在舒适优雅的情景中舒心而自由地畅谈。

（二）户外座椅促成自然交流

哈佛现任校长德鲁·福斯特认为,"大学最重要的是维持一种创造性的张

---

① 曹盛盛:《美国研究型大学人才引进与环境支持初探——以哈佛大学,麻省理工学院为例》,载《比较教育研究》,2016年第5期,第32—37页。

力,既要关注目标性强的工作,也要重视看似结果不显见的事物。在一个以结果而非意义论成败的世界,获取实际且能立刻运用的技能经常压倒了更加伟大和长远的教育目的"。言中之意,哈佛不能只停留在眼前的成败,为了更为长远的目标,学校鼓励促成那些看似无结果但却很有意义的行为。同样,促进教学外的师生之间的学术交流和心灵沟通是校园内不可缺少的一部分。这正应和了校园内很多座椅的设计,它们似乎提示着来往匆匆的人们,可以休息一会儿,谈谈心,聊聊天。

在哈佛学生的印象里有三个地方的座椅为他们留下了特殊的回忆。一是科学中心前广场上的椅子,这里既有建筑学院学生设计的雕塑般的系列长凳,也有可坐四个人的小圆桌,还有服务于午餐的自带帐篷的长餐桌。同学们下课后可以在这里聊天、讨论,或是参与旁边的象棋游戏,或聆听乐队的演出,其乐无穷。二是在纪念堂北侧墙外临时摆放的休闲座椅群,这些座椅是专门为这个空间设计,形式多样但风格统一,座椅的外围被一圈临时的低矮的篱笆围着,形成相对独立的空间。学生在这里讨论作业,或安静地看书,偶尔听到欢快的鸟鸣声和"唐纳喷泉"旁嬉戏奔跑的孩子,特别的惬意。三是哈佛老校园里散布在院子各个角落的彩色金属椅,这也是让很多夏季来访的游客印象最深的一幕。香港道源国际景观规划设计有限公司创始人严鹤曾这样描述过他觉得惊艳的场景:"在这片梦幻的场地上居然还零散地安置着一些仿佛艺术品般的座椅。它们色彩斑斓,风格各式地隐藏在草坪树林、光影和人群之中,好像一种无言的诉说。只要你坐下来,就会感觉一切都在变化着,一切都在自然中,身后的建筑在轻声细语地和着鸟儿的歌声,吟唱着学校的颂歌,一切和谐而又美好,轻松而又自然。游走于这样的氛围之中,你始终想不起来你现在置身于一座世界闻名的学府之中。"①

美国学者拉普卜特认为,建筑环境是一种非言语的交流途径,他的一项重要推论是:"建筑环境会引导行为范型,建筑环境会提醒人们怎么去活动,怎么去配合,应该做什么。"②这些无处不在的校园座椅群就像一个个安静的小精灵,在悄无声息地提醒你,你的身体需要什么,你的心灵需要什么,生命中有很多美好的风景可以去慢慢品味,很多美丽的心声可以倾诉与分享。

(三)宿舍空间增强文化归宿

在本科生的宿舍区,学生往往是若干个住一套房间,卧室并不宽敞,但共同拥

---

① 严鹤:《哈佛大学校园景观》,载《园林》,2014 年第 10 期,第 106—109 页。
② 拉普卜特:《建筑环境的意义——非言语交流的途径》,田园城市文化事业有限公司 1998
年版。

有一个客厅,几个人在这个空间内一起学习,探讨问题,增进了解。不仅如此在宿舍楼的地下室里虽然没有非常规则的空间格局,但这里拥有设备先进的健身房,讨论室,钢琴房。在不规则的流动空间里恰到好处地放置了一组组舒适的沙发,供学生们使用。同样在研究生宿舍,由于每人独用一个房间,平时很少有机会与宿舍其他同学交流,所以宿舍楼的每一层会开辟出公共的空间,供学生一起学习或讨论。与国内大学不同,这里会提供公共的厨房供学生加工食物使用。这里设备一应俱全,干净而方便,旁边有一些桌椅,想象着同学在这里一边做菜一边聊天,生活与学习自然地结合在一起,其乐融融。哈佛大学通过这些设计营造出充满学术气息的生活氛围,为学生创造了一个"小社会",体现了"大教育"理念,让学生浸没在教育的海洋里,而不是向学生身上泼几瓢知识的水而已。实际上,最有效的功课往往在最漫不经心的时刻获得,可能在喝茶、吃饭甚至是晚上狂欢作乐的时候。[1]

四、平等与尊重的传递场

哈佛大学历任校长坚信学术自由对于发现真理的重要性,因此坚持学术自由的办学理念,并努力保护和捍卫学术自由。而学术自由精神还包括一种宽容精神。西方学者房龙在《宽容》一书中将其解释为"容许别人有行动和判断的自由,对不同于自己或传统观点的见解的耐心公正的容忍。而爱因斯坦 1934 年为美国一家杂志所撰写的一篇关于宽容的文章中则说道:"宽容就是对于那些习惯、信仰、趣味与自己相异的人的品质、观点和行动作恰如其分的评价。这种宽容不意味着对他人的行动和情感漠不关心。这种宽容还应包括谅解和移情。"他还强调,"最重要的宽容就是国家与社会对个人的宽容。"[2]同样对于以追求真理为己任的哈佛自然吸收了宽容的精神,一方面它体现在对不同学术见解的学者之间的互相尊重和理解上,另一方面也体现在对弱势群体的帮助与平等地尊重。

(一)周全的通用设计系统

"通用设计"是由著名的建筑师、产品设计师和设计教育者 R・L・马赛(Ronald L. Mace)教授最早提出的基于无歧视的民主观念——机会均等和权利平等哲学基础之上的概念,它是指"与性别、年龄、能力等差异无关,适合所有生活者的

---

① 王恩铭:《美国名校风采》,上海外语教育出版社 2000 年版。
② 〔美〕海伦. 杜卡斯、巴纳弗:《爱因斯坦谈人生》,霍夫曼编,高志凯译,世界知识出版社。

设计"①。1975年,美国政府发布了《关于所有残障儿童享有平等教育法案》后,很多校园开始纷纷完善教学环境的通用设计以保障学生在校园内学习的可行性。②

哈佛的建筑设计同样也是如此。不同的是在这所著名的大学中,更要突显其对残障人士的关照,贯彻教育公平理念。在校园里,通用设计基本保证所有人学习生活无阻碍。这不仅体现在校园环境设计中,如建筑外坡道,建筑内外纵向移动的电梯,大楼自动开门按钮,电梯内按钮的位置和形状设计,门牌的盲匹配,可自动控制的带鸣叫声的红绿灯等。而且也体现在对残障学生行为特点的考虑。如这里每个洗手间都有一个为无障碍厕位,它的空间比其他厕位大,而且里面装有设计周到的扶手,其他装置如衣钩、取纸器和垃圾桶的位置都有所调整,有的还安装给孩子换洗尿布的折叠式台面。公共空间的洗手台和自饮水台面都有高低位的设计,方便轮椅者使用。在教室里的移动椅子上的桌面都有差异性设计以满足左撇子的需求。在大学的体育场内,观众台较便利的位置会留出来供轮椅者使用。曾经有位毕业于北大的哈佛硕士告诉我:她的宿舍楼内有一位高位瘫痪的女生,她借用一辆专用的座椅,基本独立完成相关的学习与生活任务。这在国内没法想象,或许她在幼儿园就被淘汰了。不仅如此,校园里经常会看到一些盲人学生和安装假肢的学生,周围学生对他们充满尊重和敬佩,更令我感动的是,若发现他们有不便,大家很自然地悄悄地帮他们消除通行的障碍,让其没有察觉,从而维护了他们的尊严。

(二)"去中心化"的教学空间

爱因斯坦曾说:"正像在一切文化生活领域里一样,自由而无拘束地交换意见和交换科学研究的结果,是科学健康发展所必需的。"③"科学的发展,以及一般的创造性精神活动的发展,还需要另一种自由,这可以称为内心的自由,这种精神上的自由在于思想上不受权威和社会偏见的束缚,也不受一般违背哲理的常规和习惯的束缚。"④

哈佛在校园空间安排中非常重视如何将学生的自由思想得以释放。与中国大学习惯突出行政大楼的做法,这里的行政办公机构常常设在大教学楼内。领导管理层和教学科研在空间不是隔离而是接近,这可以说是西方文化中亲民性、平

---

① 曹盛盛:《如何提升城市建设中的通用设计——以美国剑桥市公共建设为例》,载《创意设计源》,2016年第3期,第25—32页。

② 曹盛盛:《平等与尊重——美国通用设计理论的演变和实践发展》,载《装饰》,2016年第5期,第108—110页。

③ 《法西斯和科学》,载《爱因斯坦文集(第3卷)》。

④ 《自由和科学》,载《爱因斯坦文集(第3卷)》,第180页。

民性的一种表现。同样的理念也应用在教室的设计里。这里的座椅可以自由移动,若是固定的,也是按照 U 形或扇形方式展开,或是圆桌的方式上课,这种鼓励讨论的空间,削弱了教师的权威地位,突出了以"学生为中心"的办学理念。不仅如此,舒适的学生座位和座位上隐性话筒保证了学生具有平等的发言的权利,而设置周到的显示屏保证教室里每个角落的学生都能清楚地看到老师的板书。不仅如此,在课堂里,教室为了听到学生讨论的内容,会很主动地蹲下身,认真倾听学生的心声。

这种灵活的课桌椅安排能使学生相互交流,学习环境显得轻松自如。有些教室与资料室、工作间洗手间直接相连。设计时既考虑了功能性,又方便了学生的使用,充满了人情味。①

(三)完善的生命防护系统

人的生命最为珍贵,在校园里,学生和教职人员的安全是校园管理最为重要的部分。在哈佛校园里,每走几百米就有紧急求助器的设置,这些求助器形状像灯柱,低位处设有电话键盘和求助按钮,顶端会统一安装蓝色的灯,24 小时工作。这些求助器的布局会根据建筑空间的特点而定,如在空旷的广场里,在人多的公共空间,在人少的胡同里,在宿舍区的门口等。这些安装地点的选择不仅考虑人们能容易看见,方便使用,而且考虑该位置周围是否容易出现可能的危险。这些求助器的设置为师生紧急求助或安全夜行提供保障。另外,在学校里,无论是办公楼、教学楼还是宿舍楼,每个楼道甚至每个房间内都安装火警报警器和灭火器。同时在楼里会合理地设计专门供紧急时候撤离的门,这些门大都安装警报声,平时一般不使用。不仅如此,在每个教室或宿舍公寓里,学校都会提供相应的楼道平面图,告知人们有紧急情况时应如何出逃。除此之外,对于一些有了百年历史的老建筑,学校为了保护建筑本身选择在其有窗的墙面外另设出逃楼梯或阳台,保证出事时楼内的人能尽快撤离或容易被施救。校园从各方面硬件设施保证师生能在一个安全的环境中安心地学习和生活。

可见,在哈佛校园里,多元和谐的建筑群,多样化的建筑格局,气质各异的阅读空间使得大学成为多样文化的汇聚地;校园中灵魂人物的形象展现,学生社区的集体回忆,活动参与的历史定格使大学成为人文历史的传承地;提升互动机会的教室设计,促成自然交流的户外座椅,增强文化归宿感的宿舍空间使得大学成为自由思想的交流场;而周全的通用设计系统,"去中心化"的教学空间和完善的

---

① 宋晟、张庆余:《中西方大学校园建筑文化比较》,载《南方建筑》,2004 年第 6 期,第 39—42 页。

生命防护系统使得大学成为平等与尊重的传递场。这些环境中的一物一景都像是文化使者,默默传达着古老文明的思想和理念;它像是忠诚的伙伴,温和地帮助人们良好行为习惯的形成,不断完善学生的品格。在这校园里,你可以纵观历史,了解世界,认清自己,逐渐成为包容、仁爱、有独立思想和自由精神的人,为进入丰富多样而又充满变幻和挑战的未来生活做好准备。

精英教育的契机与危机——以牛津大学为例之理性探析

张睦楚

（云南师范大学教育科学与管理学院）

摘　要:长期以来,英国牛津大学作为全球顶尖研究型大学,始终践行着"精英教育"的理念。研究以牛津大学面临着一系列的契机及危机进行分析,对牛津大学"精英教育"的动向与特点进行剖析,提出牛津大学"精英教育"主要面临的契机有人才与经费的保障、别具一格的培养过程、精神促进的作用,由此牛津大学一直处在发展之中。与此同时,牛津大学也面临着来自国内、国外的质疑与挑战,其大学不免处于危机之中。当前全球的高等教育系统已逐渐走入大众化的进程,因此对牛津大学这一"精英教育"契机与危机的探讨对我国高等教育的大众化发展进程有着极大借鉴意义。

关键词:精英教育;高等教育;牛津大学;契机;危机

作者简介:张睦楚(1984—),女,云南昆明人,国家公派联合培养教育学博士,任职于云南师范大学教育科学与管理学院。主要从事中西文化交流史、高等教育、教育史研究。

牛津大学作为英国高等教育的发源地,也作为英国第一所著名的国立大学,在学术理念、科学研究、人才培养方面几个世纪以内始终全球领先,成为了世界一流大学的标榜院校。据泰晤士报高等院校 QS 排行榜的最新排名,牛津大学名列全球高校第二位,在各方面的表现都尤为突出,尤其是在国际学者意见、本国和跨国雇主做出的质量评估、师生比例方面更是名列前茅,这份排行榜作为关于世界高等院校声望最权威的榜单,体现出了牛津大学教育的独特魅力。总的来说,牛津大学从中世纪起即肩负起继承和弘扬优秀文化和人才培养的重任,培养人才的宗旨始终秉承着"造就国家精英"的原则,早在 1852 年该校学者约翰·亨利·纽曼(John Henry Newman)就曾对牛津大学的教育特质进行预言:"高等教育的唯一目的应当是通过教学传授知识;高等教育的唯一原则也应当是培养精英",在此后几百年的时间里,牛津大学也大多提倡"精英教育"的逻辑,培养出了全英国乃至全世界最精英的人才——共培养了 5 位国王,26 位英国首相——这 26 位首相比全英国的首相一半还多。也恰恰是基于"精英教育"的原则,牛津大学也培养了多位外国首脑(如美国前总统克林顿),近 40 多位诺贝尔奖获得者及一大批著名的科学家,如经济学家亚当·斯密、化学家罗伯特·波义耳、天文学家哈雷等,从数量上来看,这些毕业于牛津大学的高层次政治家和国家精英人才比其他所有大学(包括剑桥大学在内)加在一起还要多,也恰恰是由于牛津大学所培养出的这类"精英人才"在国家政治、经济、文化发展过程中做出了巨大贡献,因此牛津大学在工业革命后迅速崛起成为全英国甚至是全球首屈一指的卓越大学。[1] 然而,随着高等教育大众化及全球高等教育国际化进程的愈演愈烈,牛津大学的"精英教育"理念也面临着不小的挑战。在契机与危机的多重交织下,对牛津大学在调整自身战略以适应现实要求的经验探索,有利于与牛津大学相似的世界顶尖高校以更有效、更契合的方式推动高等教育新型范式的成功转型。

一、精英教育的契机

(一)人才与经费的保障:精英教育的可能存在

牛津大学作为英国顶尖研究型大学联盟——罗素大学集团的成员,与剑桥大学、帝国理工学院、伦敦政治经济学院、伦敦大学学院并称为"Great5 超级精英大学",所谓"G5 超级精英大学"代表了英国最顶尖的科研实力、最高的师生质量以及英联邦对其最为巨大的经济支持,人才与经费无疑是一所"精英大学"开展"精英教育理念"的双重保障。首先,精英式的人才培养在很大程度上取决于采用何种人才选拔模式,由于牛津大学作为英联邦首屈一指吸收精英、培育国家栋梁之材的一流大学,因此牛津大学的招生选拔模式即是一种体现出精英人才选拔的"筛子"。在招生方面,牛津大学有一套极为严格的选拔制度,仅招收最有创造潜力、学术能力的世界范围内的优秀学生进行培养,例如以伊顿公学为首的英国公学,即为牛津大学输送了国家一流的精英预备人才。恰恰是由于牛津大学网罗了全英最顶尖的学子,又聚集了世界范围内的大批精英教师及大量优秀的教育资源,加之牛津大学在几百年的办学历史中始终秉承"精英教育"的理念,因而在英国高等教育范围内甚至是全球高等教育范围内,所培养出的精英人才也不可避免地刻上"国家精英"的烙印。其次,牛津大学的精英教育也得益于充足的教育经费的投入。牛津大学作为英国"罗素大学集团"的顶尖院校,每年从国会获得巨大的经费以开展学术研究,这些费用大多投入顶尖的学术研究领域当中,早在 2014

年 11 月工程与物理科学研究委员会(Engineering and Physical Sciences Research Council, EPSRC)资助量子技术中心(Quantum Technology Hubs)1.2 亿英镑(约合 1.82 亿美元),此次投入的一年之后,由牛津大学牵头,组织伯明翰大学(University of Birmingham)、格拉斯哥大学 (University of Glasgow)和约克大学(York University)共同创建了英国最大的工学实验室,也由此包括牛津大学在内的这些大学的研究收入有了极大幅度的增长,[2]牛津大学副校长伊恩·沃姆斯利(Ian Walmsley)就该年度牛津大学所获得的经费发表意见,他认为该年度牛津的资金申请数量与往年相比基本持平,但是研究收入的增加来源于"大笔奖励",这是由于 2015 年度英国大学的科研经费再次进行了调整,其全国各大学根据研究卓越框架(Research Excellence Framework, REF)的评估结果进行了调整,在该年度的 2 月 20 日,英格兰高等教育基金会(Higher Education Funding Council for England)发布了高校科研经费调整方案的初步规划,在国会 10 亿英镑(约合 14.952 亿美元)的科研经费预算下,提高世界排名靠前院校的研究科研经费,在这一调整之下,英国顶尖大学所获得的经费更是有了巨大的增长。

(二)促进卓越:别具一格的培养过程

牛津大学从中世纪起即是国家精英人才培养的场所,这所院校不仅仅有十分严格的学术训练,还沿袭了近一个世纪来的精英培育模式,其独特的导师制是牛津大学培养精英人才的独特教育模式,而学院制也是为精英人才的培养提供了契合的、优越的学术环境。首先,牛津大学所采用独特的学院管理模式(College System)对学生的培养过程中不断注重"精英"模式的塑造,其招生及培养过程始终贯穿其中。一方面,每一名申请者的入学决定是由学院所颁布,学生在学的衣食起居均由所在学院负责,这保证了每一名就学学生的培养过程是"特别的""精英的"。在这种培养精英人才的理念指导之下,牛津大学在人才培养方面也创先采用了导师制的培养制度,导师制在实践中逐渐形成的发展特点汇聚成了牛津大学导师制的内涵:以能力培养为目标,以正式或非正式的个别性导师课(tutorial)为指导方式,遵循导师指导过程中师生交流与思维碰撞为核心的教学制度。[3]牛津大学所采用的这种导师制度贯穿了精英人才培养的理念,为学生学习提供了更大的自由空间,使得学生学习的主动性和积极性有了很大提高,学生也因而具有更为广阔的自我发展空间,恰恰是在这样的条件保障之下,才能够诞生出世界级的优秀人才和世界级的创新理念。另外,学生所在学院还为学生分配与之专业相匹配的学习同伴(Fellows),并给予学生一对一的专业学术辅导。再者,牛津大学为了应对新时期对人才的需求,分别面向研究生开展了"个人技能计划"(Personal Skills Projects)及"语言支持计划"(Supporting Language Learning),由于牛津大学恰当平衡了"精英智识"及"职业能力"教育的重要性,因此牛津大学的毕业生在世界"大学毕业生就业能力排行榜"中排第 5 位,在英国大学中位列第一。[4]与此同时,为了更加凸显牛津大学"精英教育"的特质所在,牛津大学也强调大学需要有宽松的学术氛围,因为只有在自由的学术氛围中才能充分地实现学术自由,只有不受外来的政治和经济的影响,精英院校才能充分保障其学术的精进,大学才能培养出精英式的人才,因此可以说精英大学的人才培养,也必须依赖于牛津大学独立自由的教育学术传统。

(三)精神的力量:精英教育之魂

精英教育不仅仅体现在具体的教育培养过程当中,同时也作为一种精神支持,成为牛津大学的发展理念之魂。长期以来,英国政府始终坚持传统的教育思想和贵族的等级观念,同时受"培养绅士"的教育理念,其"绅士品格"的培养无疑是整个国家精英教育意识的直接体现。早在 17 世纪英国教育学家约翰·洛克(John Locke)即在《教育漫话》中提出绅士精英应具备的四种品质:德行、智慧、教养及学问,这四种品质正是英国培养精英国民的必备素养。[5]约翰·亨利·纽曼(John Henry Newman)也在《大学的理念》(The Idea of University)中提出他的教育思想,主张把公学、文法中学以及牛津、剑桥大学办成培养贵族子弟的学校。[6]这种精英教育其后的精英理论是西方政治学说史上有着重要地位的一种学说,其理论渊源可以追溯到古希腊柏拉图的"哲学王统治",以及意大利文艺复兴时期的马基雅维利(Niccolo Machiaveli)关于统治权利和统治技巧的研究,直到 19 世纪末 20世纪初,精英主义理论在英国逐渐成为了与民主主义相匹配的重要学说,倘若在高等教育范畴下检视精英主义的内涵,无论是精英人才的选拔机制、培养机制,其后均依托的是一种精英主义的"精英情操",这种"精英意识"体现在牛津大学之上即是认为在教学和科研群体中的特定人员或成员因其明显超于常人的优点,都享有异于常人的优势——牛津大学此类的全英顶尖大学无疑需要承担起对这群人或是这类人的"精英式教育"。因此培养一种智力、能力异于常人的优秀人群的目标即是整个英国精英教育标准的最根本核心,这种精神在两百年后移植到了美国新大陆,建立起了学术享誉百年的哈佛大学,而哈佛大学的办学理念也恰恰沿用了英国牛津大学这种精神,体现在了对于精英式教育模式的不懈追求之上,美国高等教育领域专家克拉克·科尔也认为"在最精英的大学当中非常强调优秀,而这种所强调的优秀,需要比较高的智力活动,也需要对这种较高的智力活动进行培育"。[7]这一点在该国首相特蕾莎·梅(Teresa May)担任新首相后的第一次英国内政策演讲中得到再一次强调,英国首相特蕾莎·梅说"我希望英国成为世界上最伟大的精英统治国家,在这里每个人都可以按照自己的才能获得机会。"[8]

二、精英教育的危机

（一）对高等教育的损害

英国牛津大学的精英教育虽然对国家经济发展及社会推动具有着极大的促进作用,其精英人才培养也取得了历史性辉煌的成就,该校在全球范围内都是"精英教育"院校的杰出代表,但是牛津大学的这一理念的发展并非一帆风顺,而是或多或少受到各方学者、公共舆论的诟病。自从12世纪牛津大学创立之初,国王和贵族阶层希望为自己的后代提供一种良好的教育,并期望将来他们能够掌管、延续家族的辉煌,这样的一种办学初衷,导致了一种教学理念的确立,这种特殊的教学理念即是精英教育,即是为社会培养精英人才,这种培育人才的模式内涵就在于由优秀的个人组成精英阶层领导大众,而教育的目的就是筛选和发现精英,并培养和磨炼他们的能力。精英教育作为精英人才培养的必要条件,个人所接受教育塑造的人格高低与人文文化、精神关系与国家的软环境息息相关,精英大学所采用的精英教育模式不仅仅涉及国家人才的思想感情和精神境界问题,还涉及这个国家的主流思想。这种英国大陆四处蔓延的"精英教育"理念就受到公众的不断批判,公众普遍认为精英式的教育不足以成为整个国民发展的最核心力量,这种牛津大学传统的教育理念也不足以成为整个英国高等教育的主流趋势。英国牛津大学著名的人文地理学教授丹尼·道灵（Danny Dorling）就严厉地指出英格兰教育（尤其是某些顶尖的英国高校,意指牛津大学及剑桥大学一类的顶尖院校）正在发展成为一种"极端精英主义",这种"极端的精英教育"给英国的高等教育带来极大的威胁。正是由于这些院校施行了"精英教育",因此学校的考试极为变得"毫无必要的苛刻",另一方面精英大学为了选拔出"精英的受教育者",不得不以学生的家庭经济情况作为挑选的"筛子",因此高等院校的学费自然也变得昂贵。评论家特里·伊格尔顿（Terry Eagleton）也严厉批评了英格兰的教育是一种"为新资本主义服务的机构",在这种机构中孩子是顾客,学生是消费者,而教师则是机器上的齿轮,为了更好地执行全国所奉行的"精英教育",教育者需要不断的检查教学过程是否遵循了这一理念,学生、教师和学校也都受制于"精英"的桎梏,家长和学生都极端重视排名而忽略了高等教育所应当具有的本质内涵,因而精英主义的教育不免沦向了负面深渊。[9]

（二）社会阶层的固化

众所周知,在早期英国教育的目的一开始就为国会定义为筛选和发现精英,并培养及磨炼受教育者的能力,因此英国的高等教育很大程度上是培养精英及国家公民,其教育的内涵在于培育优秀的个人,兼培育精英阶层领导大众。[10]因此在培养模式及方式上,与美国高等教育"实用性质"有着极大的不同,英国的高等教育倾向于精英类型的教育,阶级通过各种社会资本和经济资本的传递,为牛津大学入学学生预留教育资本,大部分进入牛津大学就读的学生来自私立中学,弱势背景学生在招生过程中处于明显劣势,据统计牛津大学历来的入学生有一半来自伊顿公学,而伊顿公学的学生大多是贵族的后裔,或是大财团的后裔,很容易理解这部分阶层所形成的利益集团往往也垄断了英国最优质的精英教育的机会。可以想象,教育本就是精英级普通人最大的分歧点之一,而教育又恰恰加剧并稳固了精英主义对于两类群体的特性区别。英国前教育研究协会(British Educational Research Association)会长麦克尔·巴萨(Michael Bassey)就批评本国的牛津大学通过收取高额的学费以施行所谓精英类型的教育,造成了英国社会流动性下降的现实,使得牛津大学中就读的经济弱势学生就读率从 2004 年的 20.8% 下降至了 2014 年的 18.5% 的比例,[11]麦克尔·巴萨教授随后大力抨击了牛津大学并不是培养具有 A – Levels 优秀学业成绩学生的"圣地"(Best Destinations),这一批评严重伤害了牛津大学的权威性。[12]为了缓和公众对牛津大学"精英教育"对于阶级固化的抨击,新任牛津大学校长路易丝·理查森教授(Prof. Louise Richardson)曾在 2016 年声明牛津大学为了保持一流大学的活力而一直奉行"优秀者至上"的信条,并非仅仅选择"非富即贵"的学生进入大学,牛津走出去的很多领袖人物,本身并不是来自精英家庭,而是受益于教育,被教育改变了命运。总的来说,与美国这一新大陆不同,英国是世界上对"阶级固化"程度较高的国家,社会严格划分为"上层(upper)""中层(middle)"和"工薪阶层(working class)",针对不同阶层人群的教育方式也分为大众教育和精英教育,顾名思义针对社会上层阶层的无疑是精英教育,针对工薪阶层的教育也无疑具有着大众教育的特质。这两类截然不同的教育类型无疑并没有缩短两类社会阶层的差距,而是进一步加剧了两个阶层的社会地位、经济地位加剧,由此而来也可以说牛津大学的所采纳的精英教育并非是社会公平的稳定器,而是社会阶层固化的加剧者。

(三)国际化的冲击,质量下降

近年来英国经济不景气,政府对教育经费的投入逐渐缩减,加之本年度英国脱离欧盟之后,原本欧盟为英国提供的 16% 的研究资助,自英国脱欧之后将不复存在,自然使得经费更为紧张,因此牛津大学也免不了"另辟蹊径",大量招收海外留学生以填补大学集团高额的运作经费。在招收海外留学生的过程中,牛津大学除了录取一些合格的海外留学生之外,甚至还招收了一些富有的、但却成绩较差的海外留学生,利用他们所缴纳的远远超过于本国学生所应缴纳的学费,来弥补牛津大学发展过程中所需资金的缺口,但是由于现实的原因,即使是牛津大学这一世界顶尖院校也未能较好地选拔优秀的国际学生。现阶段在牛津大学就读的学生总数超过 1.65 万人,其中来自 130 多个国家的国际学生占了 1/3[13],英国作为曾经的欧盟成员,其本国的大学虽然有一定的欧盟学生配额限制,对欧盟学生的学费也十分优惠,自从英国宣布脱欧之后,很多英国大学会摆脱欧盟学生配额限制,释放更多国际生源指标,无疑会有更多的国际学生申请入学,尤其是中国学生,但英国教育协会却认为这一现象并不会改变现有的学生构成比例,这是由于英国脱欧会让欧盟学生减少,为了平衡国际学生数量,英国大学会相对缩减招生,预计中国学生入学要求将会持续提高。[14]同时,脱欧让英国大学失去了"欧盟"这一重要背景和资源,不少中国学生可能会选择法国、德国等教学质量一流且费用更便宜的欧盟国家完成学业。同时,签证政策也将加剧这种情况,英国新上任首相特雷莎·梅(Theresa May)授意内政部和教育部,共同研究新政策以收紧学生签证的发放,英国学联国际官员穆斯塔法·拉加(Mostafa Rajaai)指出,收紧的英国留学签证制度或导致英国国际学生数量大幅度减少。[15]可见,随着高等教育国际化的愈演愈烈,牛津大学精英教育的内在质量也逐渐受到国际化潮流的影响,其最显著的变化即是大学内在质量管理的力量逐渐减弱,而经济驱动的功能在逐渐增强,同时由于英国本国的政潮的不断更迭,其大学受到国际化形式、区域变化的影响也逐渐凸显。

三、一种超越的调试

　　众所周知,在全世界的高等教育系统方面来看,牛津大学从一定程度上形成了现今以英语语系的欧美国家为主流的高等教育体系(Anglo - Saxon Higher Education System),例如与牛津大学具有极大渊源的剑桥大学、美国的哈佛大学、耶鲁大学及斯坦福大学现今的教育模式方面也深深烙印上了"牛津"品格,英美体系的高等教育十分注重学生对于学科热情的培养,注重以一种"精英理念"的培育。当然,牛津大学这种特殊的"精英教育理念"一方面使其自身的发展具有着不可比拟的优势,另一方面也陷入了某种现实的困境。倘若对这一理念进行再检视,可以说所谓的精英主义教育并非意味着仅仅上层阶层所接受到的教育,而是应当让各自阶层适合各自所属阶层的教育,这种精神需要不断游离在"效率"与"公平"之间,也需要不断游离于"精英"与"大众"之间,尤其是在当今高等教育逐渐进入到大众化的阶段,一些西方欧美国家的高等院校已在上个世纪完成了高等教育大众化的成功转型,甚至已经进入到了普及化的阶段,在这一高等教育发展潮流及社会进程的背景之下,一些世界知名顶尖院校甚至在二者之间还要更为偏向"公平"

及"大众",这一观念在学者伯顿·克拉克解释得尤为精辟:"当今的社会已是后工业化社会,其社会所需要的大学不仅仅意味着纯研究的生产和受过高等教育的精英再生产,而是以知识为基础的社会在整个社会范围内都需要受过教育的人,尤其是全面发展具有综合素质与能力得以全面发展的人才。"[16]可见,英国的高等教育对于精英人才的培养的逻辑起点应当不仅仅在于是工具理性的,而应是基于对教育理念不断沉淀的自我意识、逐渐完善的自我认知,超越某种功利性的价值判断,而进行整体性的终极意义之上的选择,"成为金字塔"顶端的精英教育,不应当仅仅是一种目的,而是一条通往更远方的路。

参考文献:

[1]别敦荣、蒋馨岚:《牛津大学的发展历程、教育理念及其启示》,载《复旦教育论坛》,2011 年第 9 期,第 72—77 页。

[2]Oxford knocks Imperial off Research income top spot. The World University Rankings[EB/OL]. [2015 – 10 – 29][2017 – 1 – 25]https://www. timeshighereducation. com/news/university – of – oxford – knocks – imperial – college – london – off – research – income – top – spot

[3]王辉、王卓然:《牛津大学导师制发展探究及启示》,载《黑龙江高教研究》,2012 年第 9 期,第 23—25 页。

[4]盘点全球大学毕业生就业前景英国 11 所名校上榜[EB/OL]. [2016 – 12 – 01][2017 – 01 – 21]http://www. jyb. cn/world/gjsx/201612/

[5](英)约翰·洛克:《教育漫话》,杨汉麟译,人民教育出版社 2015 年版,第 128 页。

[6]周常明、刘亮:《论西方大学精英教育模式的形成——对精英培养制度和人文传统的探析》,载《成人教育》,2009 年第 10 期,第 45—48 页。

[7]克拉克·科尔:《高等教育不能回避历史——21 世纪的问题》,浙江教育出版社 2001 年版。

[8]李韧竹、罗朝猛、方勇:《发达国家教育的另一面》,[2016 – 11 – 25][2017 – 01 – 05]http://www. jyb. cn/Theory/jysd/201611/

[9]Danny Dorling. England schools extremists Europe test exclude elitism. The Guardian[EB/OL]. [2016 – 2 – 23][2016 – 12 – 17]http://www. theguardian. com/education/2016/feb/23/england – schools – extremists – europe – tests – excludes – elitism.

[10]Andrew Read. Background about the UK Research and Innovation Campus. UK Research and Innovation[EB/OL]. [2014 – 08 – 12]. http://

www. bbsrc. ac. uk/innovation/access – research/uk – research – and – innovation – campuses/

[11]Chris Havergal. Reducing in equality in resell group universities has halted. Educational News [EB/OL]. [2014 – 09 – 23]. http://www. educationnews. org/in-ternational – uk/reducing – in – equality – in – resell – group – universities – has – hal-ted.

[12]Michael Bassey. Can the Russell Group really improve A level standards? The Telegraphs[EB/OL]. [2013 – 06 – 26][2016 – 11 – 13] http://www. telegraph. co. uk/education/educationopinion/10140596/Can – the – Russell – Group – really – improve – A – level – standards. html

[13] Studying at Oxford of University. Undergraduate Admission [EB/OL]. [2013 – 05 – 17][2017 – 1 – 13] https://www. ox. ac. uk/admissions/undergradu-ate? wssl = 1

[14]《英国脱欧对留学的影响》,载《中国教育报》,[2016 – 07 – 06][2017 – 01 – 17] http://www. jyb. cn/world/cglx/201607/

[15]Rep Tania Sauma. The National Campaign Against Fee & Cuts endorses Mo-stafa Rajaai for National Union of Students International Students Officer [EB/OL]. [2015 – 02 – 19][2017 – 02 – 25] http://anticuts. com/2015/02/19/ncafc – endor-ses – mostafa – rajaai – for – nus – international – students – officer/

[16](美)伯顿·克拉克:《高等教育新论——多学科的研究》,张民选译,浙江教育出版社2001年版。

试论大学知识生产范式之演变

安娜丽　　陈·巴特尔

（南开大学周恩来政府管理学院，内蒙古民族大学教育科学学院）

　　摘　要：大学作为知识传递和知识创造的核心场所，其传授的知识类型和生产范式并不是亘古不变，而是随着社会的变迁而不断变化。大学发展历程主要经历了三个阶段：中世纪大学、现代大学及当代大学。中世纪大学的知识范式逐渐从原始知识向以神学为统领的形而上学知识转变；在文艺复兴时期，作为现代型知识的鼻祖西塞罗式哲学统领了大学思潮，并成为新的知识生产范式；从17世纪起，大学知识逐渐向科学知识转变，至今，科学知识生产范式不断分化并对当今时代影响重大。大学学科是大学知识生产范式的重要载体，分析不同时期大学学科的发展及其变化，可以探寻大学知识生产范式的演变过程。

　　关键词：大学知识；知识范式；学科演变

　　作者简介：陈·巴特尔（1964—），男，蒙古族，南开大学周恩来政府管理学院教授，博士生导师，南开大学民族研究中心主任，内蒙古民族大学特聘教授，研究领域是教育管理、高等教育、原住民及少数民族文化与教育。

　　安娜丽（1987—）女，蒙古族，南开大学在读博士生，内蒙古民族大学宣传部，研究领域是少数民族高等教育政策及管理。

　　"范式"一词是美国科学家托马斯·库恩提出，用来解释科学发展过程。基本含义为常规科学所赖以运作的理论基础和实践规范，是从事某一科学的研究者群体所共同遵从的世界观和行为方式。"范式"一词有两种不同的使用方式，一是指它代表着一个特定共同的成员所共有的信念、价值、技术等构成的整体，其二是指整体的一种元素，即具体的谜题解答。哲学大师福柯提出了知识型，知识型可以看作类似于世界观，它是哪个科学史一部分，对于所有知识领域都是共同的。它是哪一时期人都无法逃脱的思想结构。福柯所理解的知识型是一定时期的知识总体或基本构成原则，"在任一既定的文化和时刻中，永远存在着一个唯一的知识型,它界定了所有知识可能的条件,无论它是显见于一种理论之中,还是默默地潜伏在一种实践之中。"知识型在构成要素上比库恩的范式所包含的要素更为广泛,可以说,是对范式的扩展。因此,本文所使用的知识生产范式一词更倾向于福柯提出的知识型含义,它更倾向于知识的范式、知识形态或知识的政体,但是与知识型不同之处在于是指知识生产者群体思想结构建构着所生产的知识。一旦某种知识生产范式成为社会主导性知识生产方式,它便影响着所有知识的生产者、生产方式及知识类型。

每一个较大规模的现代社会,无论它的政治、经济或宗教制度是什么类型的,都需要建立一个机构来传递深奥的知识,分析、批判现存的知识,并探索新的学问领域。① 大学自诞生之日起,就担负起知识传递的职能。无论时代如何变迁,大学围绕着的知识,却从未动摇过,其知识生产范式却在不断地变迁。知识生产范式是一个时期所有知识生产、辩护、传播与应用的标准,也是生产知识的群体所被建构的思想结构。如果一种人类的认识经验符合那一时代知识生产范式的要求,那么它就能够获得"知识"的殊荣和权力,并被允许以"知识"的名义进行传播和应用;反之,则会被排斥在知识王国之外。② 大学作为研究高深学问的场所,其知识生产范式并不是一种渐进的累积过程,简单地提出新的科学知识或修正原有科学结论,而是一种结构性、整个科学研究的"范式转化"过程。③ 当原先的知识生产范式出现了危机,新的知识生产范式逐渐出现并替代原有知识生产范式。

大学知识生产范式随着社会的变迁而不断变化。从中世纪的大学起,大学生产知识范式逐渐从原始知识向以神学为统领的形而上学知识转变,而在文艺复兴时期,作为现代型知识的鼻祖西塞罗式哲学统领了大学思潮,并成为新的知识生产范式起着承上启下的作用。从 17 世纪起,大学知识逐渐向科学知识转变,至今,科学知识不断分化对当今时代影响重大。本文以大学学科为载体,分析大学每一阶段的学科及其分化,阐释其知识生产的范式及引领知识变迁的思潮,从而探寻大学知识生产范式的演变过程。

一、中世纪大学形而上学知识生产范式的形成

中世纪大学出现在 12 世纪末的西欧社会,并逐渐形成系和学院,开设规定的

---

① [美]约翰·S·布鲁贝克:《高等教育哲学》,王承绪等译,杭州教育出版社 2001 年版,第13 页。
② 石中英:《知识转型与教育改革》,教育科学出版社 2001 年版,第 20 页。
③ 库恩,旧的范式出现了持续的严重危机,不能很好地解释和解决科学研究中一连串新事实新问题等。

课程,拥有稳定的教师和学生,实施正规的考试,颁发毕业证等。中世纪初期,西罗马帝国灭亡后,西欧文化教育领域为一片空白,这时基督教会成为知识的承担者和传播者。在教会的努力下,逐渐出现了修道院学校、大主教区学校和教区学校,并在教会学校中形成"七艺"学习课程,包括文法、修辞、逻辑、算术、几何、音乐及天文。

中世纪大学是分科培养人才的开始,一般来说,每个大学设有四科:文学、法学、医学和神学。文学属于基础教育,学习内容为拉丁语和"七艺","七艺"又分为"三艺"和"四科"。第一阶段学习"三艺",即文法、修辞和逻辑,通过考试后获得"学士"学位,再进行"四科":算术、几何、天文和音乐的学习,学习结束后通过考试获得硕士学位。

中世纪大学赋予了从古代继承下来的知识等级观念以制度形式。[①] 中世纪知识体系分为两个阶段,第一个阶段,直接从古代的教育理论和实践中直接继承而来,以自由学科为基础,分为三艺和四科两种类型;第二个阶段来源于翻译运动,将西欧所不知的希腊和阿拉伯的哲学、医学和科学著作翻译为拉丁文。这个新的知识体系改变了既存的知识形态,大学成为它的接受者。亚里士多德对中世纪大学影响重大,并由此扩展到整个非亚里士多德科学。亚里士多德所做的工作就是用共同的词汇构造一个共同的理论框架,提出了科学就是一种有组织的知识体系的概念,这个体系是一种有着不证自明的原理、结论,并且是一种以形式和质料的形而上学为基础的综合的自然哲学和宇宙哲学,由此产生了一种关于存在的定性的和非数学的概念,决定了随后的自然科学的发展。在巴黎大学,评注了亚里士多德大部分著作,在波洛尼亚大学把重点放在研究西塞罗的《论创造力》和《支持赫伦纽斯》,也对欧几里得和托勒密的著作进行了学习。13世纪起,经过教皇敕令和大学法确定,课程内容逐渐趋于稳定。文科主要是"七艺";法律主要分民法和教会法;医学主要包括希波克拉底和盖伦的医学著作、阿维森纳的医门的律令、伊萨克·尤德的热症和饮食编等书;神学除圣经以外,主要学习埃尔·朗巴德的四册意见集。[②]

在中世纪大学中,伦理学、自然史、形而上学、数学、天文学等并不属于常规必修课,而是"非常设课",它们的授课时间一般都在公共假日,或者是在平时时间的下午。中世纪大学自创办起,教会就想对其施加控制。教会了解统治人们的思想

---

① [美]希尔德·德·里德－西蒙斯:《欧洲大学史第一卷》,河北大学出版社2008年版,第307页。

② 蒋洪池:《从中世纪大学的学术生活看学科文化的特点》,载《高教探索》,2007年第2期。

就需要掌握教育,因此教会宣布没有批准,任何人不准教学,并对准备申请教学的人进行审查,是否符合教会的要求①。教会通过影响教学内容控制大学,"七艺"不再是"自由艺术",学习文法是为了阅读《圣经》,修辞是为了训练宣扬教义的口才,辩证法是为了宗教信条进行辩护,算术和天文知识是为了计算宗教祭典的日期和占卜星象,几何是为了绘制教堂的图纸,音乐是为了宗教仪式服务。

这一时期,大学的知识生产范式主要为形而上学的知识,逐渐建立其"一神论"或更加明晰、确定、可靠的知识。形而上学作为一种知识型,认为世界是从某一个特殊的本源派生出来的,真正的知识是揭示了世界"本体"的知识,而世界本体是存在于感觉世界之外的,因此获得这种知识的途径不是感觉,而是逻辑②。形而上学的知识不仅可以帮助神学家们进行"上帝存在"本体论的证明,而且也可以演绎出神学知识体系。"唯名论"和"唯实论"之争就是在形而上学的范围内并采用形而上学的方式进行的。神学家及基督教徒改造了形而上学的知识观,与宗教神学融合在一起,使得宗教神学知识在整个中世纪享有绝对真理的美名,成为一种霸权知识,控制着整个精神生活。从 11 世纪至 16 世纪,实用的自然知识都是在形而上学和神学知识体系之外发展起来的,没有合法的知识资格。

形而上学知识生产范式虽然促进人类文化的发展,但是却存在缺陷:一是对本体的追求使得知识分子对现实生活熟视无睹,使得本体论发展为玄学;二是形而上学知识的绝对性和终极性,妨碍了对已获知识的怀疑,思辨、引经据典风气盛行。

二、文艺复兴时期近代欧洲大学的知识生产范式

美国教育家赫斯伯格:"大学是所有社会机构中最保守的机构之一;同时,它又是人类有史以来最能促进社会变革的机构。"近代早期的大学是社会变革的中心,是社会的思想先锋,大学与社会上的各种运动、特别是思想运动有着密不可分的关系,人文主义、宗教改革和科学革命都与大学密切相关。文艺复兴对大学课程影响重大,它以多种形式,影响着传统的神学、法学、医学和文学。在中世纪,神学是最重要的学科,虽然神学院在宗教改革的成功付出了一些努力,但是宗教改革却导致神学院失去了主导地位。大学课程中的法学以罗马法为基础,自罗马法重新发现以来,一种广义上的西塞罗科学的历史类型出现了。这一种科学类型不仅不倾向于亚里士多德科学体系,还运用文献学和历史学方法巧妙避开了后期经

---

① 佛罗斯特:《西方教育的历史和哲学基础》,华夏出版社 1987 年版。
② 石中英:《知识转型与教育改革》,教育科学出版社 2001 年版,第 57 页。

院哲学的严格科学方法,并重塑了科学体系。

在近代初期,就存在着种类繁多的科学①门类,构成了不同的争论领域:亚里士多德科学;具有神学取向的一元化科学,包括拥有严格亚里士多德方法的司各脱主义,赫耳墨斯主义和犹太教神秘哲学在内的各种形式的新柏拉图主义;最后是具有历史学和语言学倾向的西塞罗科学。这些概念虽然不局限在大学里,但是对大学的学院及大学知识范式产生影响。由于不同种类科学间的紧张关系,还因为不同科学对政治的依附关系,产生了一种使大学成为某一特殊学科占据领导地位的学术动力。

文献家从彼特拉克经过瓦拉到波利齐亚诺、伊拉莫斯发展了一整套文献评论方法,这一方法催生了西塞罗哲学。西塞罗哲学把历史视为最重要的知识储存所,辩论和逻辑的结合成为探索知识的工具,这种文献学方法、历史学观念与经院神学是对立的。西塞罗主义确立了16世纪的文献学和历史研究,成为1500至1800年间大学所讲授的所有历史科学和文献科学的出发点,而按字母顺序排列的百科全书的出现即是继承西塞罗主义的结果②。

欧洲大陆南方大学和北方大学在文艺复兴和宗教改革时所扮演的角色不同。北方大学因其组织化程度较高,使得大学引导了宗教领域的变革;南部意大利的大学组织性不是很强,不是一个具有凝聚力的团体,使得个体的学者能够进行原创性的研究,这是文艺复兴个人主义的一种形式。可以说人文学者产生于博洛尼亚大学,1321年,乔万尼·德·维吉利奥被市政当局任命为古典文学教师,负责讲授古代"伟大作者"和诗歌。他对奥维德《变形记》的评论显示出他已用人文主义的方式处理文本。大学中的古典文学教师可以看作是早期人文主义者,教师所教授的有关古典文化的教学科目在文艺复兴时代被称为 studia humanitatis,译成英文就是 the humanisties,中文的意思就是"人文学科",在15世纪这些科目指的是语法、修辞、历史、文学、道德哲学等。人文主义者逐渐使得"对话体"逐渐在大学文学部中广泛使用,诗学、历史和道德哲学逐渐被添加到传统的科目中。15世纪中叶,人文研究在意大利大学中的文学部确立了牢固的地位。16世纪,人文主义的影响从文学部扩展到高级学部——医学、法学和神学。文献研究的方法让学者们具备了语言学、历史学及哲学技能,使用原始语言研究专业领域的重要作品,更好地理解文本,并改造他们的学科。同时,这种批判的精神,使得学者们开始质疑

① 这里的科学门类包括科学、艺术、法学、百科全书、历史和哲学

② [美]希尔德·德·里德-西蒙斯:《欧洲大学史第二卷》,河北大学出版社2008年版,第522页。

和挑战旧观念。如医学院的学者开始质疑中世纪的医学文本,他们到处搜寻手稿,发现新作品,使用希腊文重新翻译古代作品。在神学研究中,学者瓦拉及伊拉斯谟对《新约》的评注成为洞察神学争论的契机,这些对教会改革和宗教改革运动产生了持久深远的影响。

1400年,文艺复兴时期的欧洲从中世纪继承了29所正在运行的大学,在15世纪创建了28所新的大学,大学总数几乎翻了一番,在1500年至1625年间,又新建了18所大学,总数为73所。文艺复兴时期,世俗统治者和城市政府创造了一些新大学,他们相信社会将会从大学学习中受益,专门的知识可以解决难题,对知识充满渴望。

表1 14-18世纪大学学科门类发展情况

14世纪以前	文艺复兴时期(14—16世纪)	17—18世纪
文法	文法	文法
	文学	文学
	历史	历史
修辞	修辞	修辞
辩证法	辩证法	逻辑学
		伦理学
算数	算数	算数
		代数学
几何	几何学	三角法
		几何学
	地理学	地理学
		植物学
		动物学
天文	天文	天文
	力学	力学
		物理学
		化学
音乐	音乐	音乐

资料来自曹孚:《外国教育史(第二版)》,人民教育出版社1979年版,第21页。

从大学新增教授席位上可以看出科学的重要性与日俱增:1546年,牛津和剑桥设立了五个教授席位：神学、希伯来语、希腊语、民法、医学；1575 年，格雷莎姆学院设立了数学和天文学席位；1583 年，爱丁堡大学设置了数学和自然哲学席位；1619 年牛津大学设立了萨维里几何学席位①。近代自然科学的发展始于数学，从17 世纪开始，数学方法开始越来越频繁地被运用到解释自然结构当中。但是整个16、17 世纪，牛津和剑桥大学核心学科仍为古典学科，几乎没有发生根本性改变，绅士教育成为主流，课程核心内容为古代语言、历史和文学，对近代自然科学持有排斥态度。直到 18 世纪，牛津仍保持着古典人文主义学科体系，而在剑桥大学，从 17 世纪末开始，开设了更多与近代自然科学有关的课程。

随着世俗力量和城市文化的不断发展，中世纪经院哲学的成熟，人们必然要打破亚里士多德形而上学的思想僵局，去寻找新的思想及表达方式。经过文艺复兴的洗涤，大学知识从以神学为统领的形而上学知识向以人文主义为导向的形而上学型转变。文艺复兴促使两种思潮的诞生，一是自然主义，一是人文主义。自然主义要求人们以"自然"的眼光看待"自然"，致力于发现"自然"本身不可变更的规律，将自然世界从中世纪的宗教世界中分离出来，为近代科学事业的发展提供了哲学基础。而人文主义导致了"人的发现"，唤醒了人文世界。文艺复兴促使自然世界和人文世界从宗教世界中独立出来，成为新的知识领域。对于新兴的人文知识和自然知识，大学反映迟钝，因此逐渐丧失了知识中心的地位，而大学之外的科学院及学会承担了知识创新的任务，推动了自然知识的进步。知识生产范式则从经院哲学向理想主义哲学和经验哲学转变，而经验哲学派生出的实验科学推动了自然知识的发展。

三、现代大学科学知识生产范式的确立

18 世纪末，随着学术专业化，百科全书式的研究传统被专业化研究所取代，大学教授逐渐从社会各类活动中退出成为专职教授。讲座制下的研究所和习明纳建制，德国实施私授讲师制度也成为促进专业化的因素之一。大学开始以科研作为大学的立身之本，以科研成就评价教师的方式，改变了传统的教师评价体系。科学研究不再是过去的以爱好为主要特征，而是在每一个细化学科内部，成为某一学术领域的权威，教师成为专业的学术研究者。马克思·韦伯称其为"学术成为物质意义上的职业"，具有了双重属性，即精神追求和物质回报并存。通过科研、学术自由的思想及制度上的一系列改革措施，德国大学得到长足的发展，促进

---

① ［美］罗伯特·金·默顿著：《十七世纪英格兰的科学、技术与社会》，范岱年等译，商务印书馆 2000 年版。

了知识的分化,逐渐成为 19 世纪知识创新的核心。

19 世纪,施泰因·哈尔贝格对德国进行具有现代资产阶级性质的改革,主要在三个领域:王国最高行政改革、城市自治和农业立法。同时,还对军事和教育进行改革。教育领域主要由时任内政部文化教育司负责人威廉·冯·洪堡推动,他将改革定位三个方面:实施义务教育、完善完全中学的教育计划及建立柏林大学。柏林大学成立后对传统大学的突破主要在:使科研研究开始成为大学的使命。洪堡指的科学能够统领所有学科,是世上万般知识的最终归宿,也就是哲学。这种科学不追求自身之外的其他目标,只进行纯知识的探索。一旦大学确立崇尚科学信念之后,知识便会朝向专业化发展。19 世纪,哲学内部逐渐发生知识的分化,很多学科从哲学院独立出来成为新的学科。柏林大学顺应了知识分化发展的趋势,促使知识专业化发展,带动了科学的进步。

哲学院的地位发生了变化,之前哲学院作为“低级”学院为升入神学、法学等“高级”学院做准备。在长时间里,它承担着培养中学师资的任务。康德提出哲学院应成为自由探讨真理的机构,而不是“低级”学院。柏林大学的核心任务是发展科学,哲学院成为大学核心机构,新的人文学科和自然学科从哲学院中分化出来,而哲学院成为规模最大的学院。哲学开始成为传统四类学科中最重要的一科,而一些精密科学如数学、物理学等从哲学学科走上讲坛,为学科体制化开辟了道路。德国大学的改革一开始便植根于“科学不但包括根据哲学方法来研究人文学科,也包括思辨的和非科学的哲学”。谢林、黑格尔的自然哲学在学术界占主导地位,学术研究几乎与哲学研究同义,可以说哲学因素已经渗透到教育之中并通过改革促进了科学的发展。从康德开始到黑格尔,发展起的辩证法和唯物论掀起了科学革命,谢林的自然哲学证明了自然的变化发展和规律,预测了今后的发展方向,为理论思维运用到自然科学领域提供了哲学依据,有力地抵制了机械论。

表 2 1810 年 10 月柏林大学各学院教师构成

哲学院	57%
神学院	8%
法学院	8%
医学院	27%

来源:黄福涛主编:《外国高等教育史》,上海教育出版社 2003 年版,第 161 页。

柏林大学开设了研讨班和研究所,这一举措在普鲁士大学得到推广。研究所用于自然科学,研讨班用于人文科学。自此,大学内部的自然学科和人文学科得以分化,其方法、手段获得制度性的保障。19世纪中期,德国大学的实验室逐渐成为研究中心,甚至部分实验室成为国际上科研活跃的中心。

表3　19世纪末世纪初德国大学基本情况一览表

校名	成立年代	分科	特重科目	学生数	教授数
柏林大学	1809	哲、神、法、医	哲、法、医	14512	705
波恩大学	1818	哲、神、法、医	医	2657	262
布劳斯鲁大学	1811	哲、神、法、医、农	医、农	5517	260
法兰克福大学	1914	社会、经济、哲、自然科学、医、法学	社会、经济医、自然科学	4070	248
格莱夫林大学	1456	哲、神、法、医	医	993	155
哥廷根大学	1734	数学、哲、神、法、医	医、数学	2429	234
哈勒大学	1694	哲、神、法、医、农、自然科学	自然科学、农学	2560	214
基尔大学	1665	哲、神、法、医	医学	1601	191
科恩大学	1919	法、经济、社会、哲	经济、社会	4609	173
柯尼斯堡大学	1544	哲、神、法、医	哲学	1782	202
马尔堡大学	1527	哲、神、法、医	神学	2159	
明斯特大学	1743	哲、神、法、医	神学	2787	171
厄兰根大学	1743	哲、神、法、医	医	2280	110

校名	成立年代	分科	特重科目	学生数	教授数
慕尼黑大学	1472	哲、医、兽医、法、经济、神	医科化学	7068	357
维尔茨堡大学	1582	神、医、法、哲	医	2747	128
莱比锡大学	1409	医、兽医、法、哲、农、神	法学	5460	325
耶拿大学	1558	神、医、法、经济、哲、数学	医、教育	4015	198
图宾根大学	1477	哲、神、医、经济、法、自然科学	神、医	2533	141
弗莱堡大学	1457	哲、神、医、数理	医	3020	158
海德堡	1386	哲、神、医、数理	史、医、哲	2516	218
吉森大学	1607	神、农、法、哲、森林、医、兽医	化学	1655	157
罗斯托克大学	1419	神、医、法、哲、经济	医	842	113
汉堡大学	1919	哲、法政、医学、数理	航海、商、医	1620	290

资料来源：整理自钟鲁斋编著《德国教育》，商务印书馆版。

华勒斯坦指出："19 世纪思想史的首要标志就在于知识的学科化和专业化，即创立了以生产新知识、培养知识创造者为宗旨的永久性的制度化的机构。多元学科的创立乃基于这样的一个信念：由于现实被合理地分成了一些不同的知识群，因此系统化的研究便要求研究者掌握专门的技能，并借助于这些技能去集中应对多种多样、各自独立的现实领域"[1]。19 世纪初德国大学的改革正是顺应了当时科学研究专业化的历史潮流，为大学现代知识的专业化提供了条件，因此德

---

① 华勒斯坦：《开放社会科学》，北京三联书店 1999 年版。

国成为当时世界的知识中心。

19 世纪起,现代科学学科不断地涌现,技术学科在大学领域中得到快速发展,1860 年德国将一批工业学校升级成为大学,各地创办的科技学院相继升级成为大学。"这些新型的大学学院从最初起就有一个优先的目标,即发展那些被认为能够给当地工业直接带来益处的学科。"①此时的科学专业化尚处于初级阶段,科研活动虽然成为大学里的一部分,但是科研活动主要是一种个人的活动。随着科学的工业化进程加速,传统的德国大学难以承担企业化大科学的责任。20 世纪以后,吸收了德国优点并进行本土创新的美国大学成为一种新的模式。

四、当代大学实用主义科学知识生产范式的扩展

1862 年莫雷尔法案实施后,威斯康星、宾夕法尼亚、密执安等州相继设立农工学院或工程技术学院,有的州把赠地资金用于现有大学设立的农工主修计划,促进了实用学科的发展。同时,法科、医科、商科、教育等专业也相继获得建制,发展运用科学学科成为各州大学的重要任务。实用科学技术全面地进入美国大学内部,逐渐在学科体系中占据重要位置。随后,威斯康星思想的确立让大学除了传授、创造知识之外,拥有了第三职能即服务社会的职能。美国大学朝着适应社会需要的方向发展,发挥了新的活力。20 世纪以后,美国大学成为世界主流大学竞相模仿的模式。

美国大学与德国大学不同,洪堡的大学理念重视纯科学的研究,排斥实用性,虽然德国工业大学最后实现了大学与工业的联合,但是科研的地位始终高于应用学科,大学与社会需求保持距离。而美国不同,美国的实用主义哲学将应用科学研究放在重要地位,始终将科学研究与现实需求紧密结合起来。实用主义哲学最早可以追溯到殖民期的美国。美国文化学者布鲁克斯指出,基督教精神在美国早期表现为两大原则:新教伦理和清教秉性。形成两条思想主线,一是出自清教徒虔诚的超验主义倾向,在爱德兹那里形成哲学传到爱默生;另一条把握一切机会摄取好处的倾向,起源于清教主义的讲究实际,在富兰克林那里形成哲学。② 在皮尔斯、詹姆斯、杜威等理论者的努力下,实用主义成为一种哲学思潮,这种思潮不仅对美国影响重大,甚至影响着目前多数国家的大学机构。

杜威完善了实用主义知识观,他重视经验与自然的关系,尤其是经验法在认知发展中的作用,由此提升了自然科学及科学技术在知识领域中的地位。他认

---

① 殷企平:《英国高等科技教育》,杭州大学出版社 1995 年版。

② 盛宁:《传统与现状:对美国实用主义的再审视》,载《美国研究》,1995 年第 4 期。

为,只有那些改造自然的、控制自然的,有实效性、工具性的知识才有价值。实用主义哲学在美国教育改革中发挥着重要作用,带动了大学从教学和科研向第三职能社会服务转变。同时,彻底改变了美国大学以古典人文课程为核心的知识体系,大大提高了自然学科与应用性学科的地位,并使后者逐渐居于主流。通过以学生需要为基础的自由选课制的确立等一系列变革,美国大学最终脱离英、德大学模式走上自主发展道路。

19世纪初到20世纪中叶,随着生产力的发展和社会分工的不断变化,自然科学逐渐向专业化方向发展,生物科学、航空科学、微观物理学等科学不断涌现,哲学、社会科学也随之发生变化。两次世界大战后,科学技术成为各国大学的核心学科。在实用主义科学知识生产范式的影响下,美国的自由选课制度、灵活多样的大学晋升制度及创业型大学的不断扩展,已成为世界大学相继模仿的模板。

结语

在大学的演变历史中,每种学科都有可能成为主导学科,中世纪的神学逐渐被法学取代,随着18世纪出现的对自然概念的重新解释,哲学又取代了法学的主导地位。哲学在18世纪后期变得尤为重要,并在19世纪的一段时间内拥有主导性学科的地位。20世纪,随着实用哲学的兴起,自然科学学科成为主导学科,并影响着大学与政府、社会的关系。

纵观大学知识生产范式的变迁,可以看出哲学思潮作为思维逻辑对于知识的生产和选择发挥着重要作用。哲学思潮的影响是长久的、持续的,能够扫清人们的思想障碍,又能够为人们提供指导思想。中世纪的经院哲学在后期成为禁锢人们思想的统治工具,而在文艺复兴之后,笛卡尔的机械论成为主流思潮。随后,德国大学哲学的兴起,唯物论和辩证法成为为理论思维运用到自然科学领域提供了哲学依据,并有力地抵制了机械论。而近现代美国实用主义思潮又让大学知识更加实用。

知识生产范式演变背后的逻辑主线是时代哲学思潮的变化,当人们普遍接受某一哲学思潮时,会本能地排斥其他思潮。在大学知识生产范式中,哲学思潮成为教师和学生思想指南,当某一种知识符合时代哲学时,那么这种知识便进入大学课堂,反之,则被排斥在大学之外。而这种哲学思潮持续发挥作用时,就成为一种知识生产范式,教师和学生及管理者选择知识、排斥知识的思维模式,决定了大学要生产何种知识,知识生产范式所包含的概念、方法被大学内部的教师和学生所接受,成为知识传授和创新的方式。

参考文献:

[1][美]约翰·S·布鲁贝克:《高等教育哲学》,王承绪等译,杭州教育出版社 2001 年版。

[2]石中英:《知识转型与教育改革》,教育科学出版社 2001 年版。

[3][美]爱弥尔·涂尔干:《教育思想的演进》,李康译,上海人民出版社 2006 年版。

[4][美]希尔德·德·里德-西蒙斯:《欧洲大学史第一卷》,河北大学出版社 2008 年版。

[5][美]希尔德·德·里德-西蒙斯:《欧洲大学史第二卷》,河北大学出版社 2008 年版。

[6]蒋洪池:《从中世纪大学的学术生活看学科文化的特点》,载《高教探索》,2007 年第 2 期。

[7]盛宁:《传统与现状:对美国实用主义的再审视》,载《美国研究》,1995 年第 4 期。

[8]宋清波:《论哲学对德国成为世界科学中心的影响》,载《汉江论坛》,2010 年第 6 期。

[9]吴洪富:《理性大学·学术资本大学·民主大学》,载《高等教育研究》,2012 年第 12 期。